"十二五"国家重点图书出版规划项目
航空航天精品系列

信号与系统公式及要点习题及精解

王宝祥 胡航 编

哈尔滨工业大学出版社

内 容 简 介

本书由 11 章组成,各章均由公式及要点,选题精解和习题组成。第 1 至 4 章为信号部分,第 5 至 9 章讨论系统分析,第 10 章为离散傅里叶变换,第 11 章讨论系统的状态变量分析。全书选题精解共 224 题(其中三分之一选自考研试题),习题 170 题,书后附有习题答案。

本书可供电子与通信类有关专业的教师和学生使用,亦可作为"信号与系统"的学习者自学、复习、考研的参考书。

图书在版编目(CIP)数据

信号与系统公式及要点习题及精解/王宝祥,胡航编.
—哈尔滨:哈尔滨工业大学出版社,2014.12
ISBN 978-7-5603-4996-1

Ⅰ.①信⋯　Ⅱ.①王⋯ ②胡⋯　Ⅲ.①信号系统-高等学校-题解　Ⅳ.①TN911.6-44

中国版本图书馆 CIP 数据核字(2014)第 257355 号

责任编辑	张秀华
封面设计	卞秉利
出版发行	哈尔滨工业大学出版社
社　　址	哈尔滨市南岗区复华四道街 10 号　邮编 150006
传　　真	0451-86414749
网　　址	http://hitpress.hit.edu.cn
印　　刷	哈尔滨工业大学印制厂
开　　本	787mm×1092mm　1/16　印张 18.5　字数 430 千字
版　　次	2015 年 1 月第 1 版　2015 年 1 月第 1 次印刷
书　　号	ISBN 978-7-5603-4996-1
定　　价	38.00 元

(如因印装质量问题影响阅读,我社负责调换)

前　言

　　本书是高等工科院校电子与通信工程、信息与控制、应用电子技术等专业"信号与系统"课程的辅助教材。全书共分 11 章,每章开始给出基本计算公式和内容要点,其后为相当数量的选题精解和部分习题,书后给出了习题答案。

　　解习题仍然是目前检验学生掌握理论知识最常用的方法。学习者常常觉得定理的内容叙述容易理解,而要用于解题甚觉困难。为此,我们将"选题精解"作为本书的主要部分(70%以上),使读者花费较少的时间就能学会对理论多角度的理解和应用。

　　选题精解共 224 题,其中 38% 选自国内 43 份考研试题,其余为作者主编的"信号与系统习题集"的部分题目和教学过程中积累的例题、思考题等。对每个选题均给出基本解题步骤和结果分析,叙述力求精练,对较难易混的选题,给出多种解法,以相互印证。另有习题 170 题,书后给出参考答案。

　　本书由王宝祥、胡航编写,张晔、李绍滨等参加部分章节的编写工作,全书由王宝祥主编。在本书编写过程中受到哈尔滨工业大学信息工程教研室许多老师的支持和帮助,本书的编写和出版得到哈尔滨工业大学出版社的大力支持和帮助,编者在此一并致谢。

　　由于编者水平有限,书中难免有错误和不妥之处,诚恳地希望读者批评指正。

编　者

2014 年 1 月

目 录

第1章 信号分析的理论基础 (1)

1.1 公式及要点 (1)
1.1.1 正交函数 (1)
1.1.2 奇异函数 (1)
1.1.3 信号的时域分析与变换 (2)
1.1.4 离散信号表示——序列 (3)
1.1.5 卷积计算 (3)
1.2 选题精解(11题) (4)
1.3 习题(8题) (10)

第2章 傅里叶变换 (12)

2.1 公式及要点 (12)
2.1.1 周期信号的傅里叶级数计算 (12)
2.1.2 典型周期信号的傅里叶级数和频谱特点 (13)
2.1.3 非周期信号的傅里叶变换 (15)
2.1.4 傅里叶变换的性质 (15)
2.1.5 周期信号的傅里叶变换 (16)
2.1.6 抽样信号的傅里叶变换 (16)
2.1.7 典型信号的傅里叶变换及频谱图 (17)
2.1.8 已调信号频谱 (19)
2.2 选题精解(35题) (21)
2.3 习题(24题) (46)

第3章 拉普拉斯变换 (52)

3.1 公式及要点 (52)
3.1.1 基本概念 (52)
3.1.2 常用函数的拉普拉斯变换 (52)
3.1.3 拉普拉斯反变换 (53)
3.1.4 拉普拉斯变换的基本性质 (54)
3.2 选题精解(11题) (54)
3.3 习题(10题) (63)

第4章　Z变换 ……………………………………………………………………(66)

4.1　公式及要点 ……………………………………………………………(66)
4.1.1　Z变换及其收敛域 ………………………………………………(66)
4.1.2　Z反变换 …………………………………………………………(67)
4.1.3　Z变换性质 ………………………………………………………(69)
4.1.4　Z变换与拉普拉斯变换的关系 …………………………………(69)
4.2　选题精解(20题) ……………………………………………………(70)
4.3　习题(14题) …………………………………………………………(83)

第5章　连续系统的时域分析 ……………………………………………………(86)

5.1　公式及要点 ……………………………………………………………(86)
5.1.1　系统的基本概念 …………………………………………………(86)
5.1.2　系统的时域分析法 ………………………………………………(86)
5.2　选题精解(15题) ……………………………………………………(89)
5.3　习题(13题) …………………………………………………………(107)

第6章　连续系统的频域分析 ……………………………………………………(110)

6.1　公式及要点 ……………………………………………………………(110)
6.1.1　系统的傅里叶变换分析法 ………………………………………(110)
6.1.2　无失真传输条件 …………………………………………………(111)
6.1.3　物理可实现系统的条件 …………………………………………(111)
6.2　选题精解(20题) ……………………………………………………(111)
6.3　习题(14题) …………………………………………………………(129)

第7章　连续系统的复频域分析 …………………………………………………(132)

7.1　公式及要点 ……………………………………………………………(132)
7.1.1　系统的拉氏变换分析法 …………………………………………(132)
7.1.2　系统函数表示法 …………………………………………………(133)
7.1.3　系统稳定条件 ……………………………………………………(134)
7.2　选题精解(32题) ……………………………………………………(134)
7.3　习题(25题) …………………………………………………………(171)

第8章　离散系统的时域分析 ……………………………………………………(176)

8.1　公式及要点 ……………………………………………………………(176)
8.1.1　离散系统的数学模型 ……………………………………………(176)
8.1.2　差分方程的经典解法 ……………………………………………(176)
8.2　选题精解(16题) ……………………………………………………(178)
8.3　习题(17题) …………………………………………………………(191)

第 9 章 离散系统的 Z 域分析 .... (194)

9.1 公式及要点 .... (194)
9.1.1 Z 变换分析法 .... (194)
9.1.2 离散系统的系统函数 .... (194)
9.2 选题精解(22题) .... (195)
9.3 习题(16题) .... (214)

第 10 章 离散傅里叶变换 .... (218)

10.1 公式及要点 .... (218)
10.1.1 离散傅里叶级数(DFS) .... (218)
10.1.2 离散傅里叶变换(DFT) .... (218)
10.1.3 离散傅里叶变换性质 .... (218)
10.1.4 离散傅里叶变换与 Z 变换的关系 .... (219)
10.1.5 快速傅里叶变换(FFT) .... (219)
10.2 选题精解(15题) .... (219)
10.3 习题(10题) .... (230)

第 11 章 系统的状态变量分析 .... (232)

11.1 公式及要点 .... (232)
11.1.1 状态方程的建立 .... (232)
11.1.2 连续系统状态方程的求解 .... (234)
11.1.3 离散系统状态方程的求解 .... (235)
11.2 选题精解(27题) .... (236)
11.3 习题(19题) .... (269)

习题答案 .... (274)

第1章 信号分析的理论基础

1.1 公式及要点

1.1.1 正交函数

1. 两函数正交条件

两实函数 $f_1(t)$ 和 $f_2(t)$ 在区间 (t_1,t_2) 内的正交条件

$$\int_{t_1}^{t_2} f_1(t)f_2(t)\mathrm{d}t = 0 \tag{1.1}$$

两复函数 $f_1(t)$ 和 $f_2(t)$ 在区间 (t_1,t_2) 的正交条件

$$\int_{t_1}^{t_2} f_1(t)f_2^*(t)\mathrm{d}t = \int_{t_1}^{t_2} f_1^*(t)f_2(t)\mathrm{d}t = 0 \tag{1.2}$$

式中 $f_1^*(t),f_2^*(t)$ 分别是 $f_1(t),f_2(t)$ 的复共轭函数。

2. 完备正交函数集

在区间 (t_1,t_2) 内,用正交函数集 $g_1(t),g_2(t),\cdots,g_n(t)$ 近似表示函数 $f(t)$,有

$$f(t) \approx \sum_{r=1}^{n} C_r g_r(t) \tag{1.3}$$

其均方误差为

$$\overline{\varepsilon^2(t)} = \frac{1}{t_2-t_1}\int_{t_1}^{t_2}\left[f(t)-\sum_{r=1}^{n}C_r g_r(t)\right]^2 \mathrm{d}t \tag{1.4}$$

若当 $n \to \infty$ 时,$\overline{\varepsilon^2(t)} \to 0$,即

$$\lim_{n\to\infty}\overline{\varepsilon^2(t)} = 0 \tag{1.5}$$

则称此函数集为完备正交函数集。

常用完备正交函数集

(1) 三角函数集:$1,\cos\omega_1 t,\cos 2\omega_1 t,\cdots,\cos n\omega_1 t,\cdots,\sin\omega_1 t,\sin 2\omega_1 t,\cdots,\sin n\omega_1 t,\cdots$

(2) 复指数函数集:$\mathrm{e}^{jn\omega_1 t},n=0,\pm 1,\pm 2,\cdots$

(3) 沃尔什函数集:$\mathrm{Wal}(k,t)$

1.1.2 奇异函数

1. 单位阶跃函数

$$u(t) = \begin{cases} 0 & (t<0) \\ 1 & (t>0) \end{cases} \tag{1.6}$$

2. 单位冲激函数

$$\begin{cases} \int_{-\infty}^{\infty} \delta(t)\mathrm{d}t = 1 \\ \delta(t) = 0 \quad (t \neq 0) \end{cases} \tag{1.7}$$

单位冲激函数与单位阶跃函数的关系

$$\int_{-\infty}^{t} \delta(\tau)\mathrm{d}\tau = u(t) \tag{1.8}$$

$$\frac{\mathrm{d}u(t)}{\mathrm{d}t} = \delta(t) \tag{1.9}$$

单位冲激函数的性质

(1) 偶函数 $\delta(t) = \delta(-t)$ (1.10)

(2) 时间尺度变换 $\delta(at) = \dfrac{1}{|a|}\delta(t)$ (1.11)

(3) 与连续函数 $f(t)$ 的乘积 $f(t)\delta(t) = f(0)\delta(t)$ (1.12)

由此可导出 $\dfrac{\mathrm{d}}{\mathrm{d}t}[f(t)\delta(t)] = f(0)\delta'(t)$ (1.13)

$$t\delta(t) = 0 \tag{1.14}$$

3. 单位冲激偶

$$\delta'(t) = \begin{cases} \dfrac{\mathrm{d}\delta(t)}{\mathrm{d}t} & (t=0) \\ 0 & (t \neq 0) \end{cases} \tag{1.15}$$

单位冲激偶的性质

(1) 单位冲激偶的积分等于单位冲激函数

$$\delta(t) = \int_{-\infty}^{t} \delta'(\tau)\mathrm{d}\tau \tag{1.16}$$

(2) $\delta'(t)$ 具有抽样性

$$\int_{-\infty}^{\infty} f(t)\delta'(t)\mathrm{d}t = -f'(0) \tag{1.17}$$

(3) 单位冲激偶的面积等于零

$$\int_{-\infty}^{\infty} \delta'(t)\mathrm{d}t = 0 \tag{1.18}$$

1.1.3 信号的时域分析与变换

1. 任意信号表示为阶跃信号之和

$$f(t) = f(0)u(t) + \int_{0^+}^{t} f'(\tau)u(t-\tau)\mathrm{d}(\tau) \tag{1.19}$$

2. 任意信号表示为冲激信号之和

$$f(t) = \int_{0^-}^{t} f(\tau)\delta(t-\tau)\mathrm{d}\tau \tag{1.20}$$

3. 信号的时域变换

信号的翻转 $f(t) \to f(-t)$

信号的时移 $f(t) \to f(t \pm t_0)$

信号的展缩 $f(t) \to f(at)$

1.1.4 离散信号表示——序列

1. 单位函数序列

$$\delta(n) = \begin{cases} 1 & (n=0) \\ 0 & (n \neq 0) \end{cases}$$

2. 单位阶跃序列

$$u(n) = \begin{cases} 1 & (n \geqslant 0) \\ 0 & (n < 0) \end{cases}$$

3. 矩形序列

$$G_N(n) = \begin{cases} 1 & (0 \leqslant n \leqslant N-1) \\ 0 & (其他 n) \end{cases}$$

以上三序列有如下关系

$$u(n) = \sum_{k=0}^{\infty} \delta(n-k) \quad 或 \quad u(n) = \sum_{k=-\infty}^{n} \delta(k)$$

$$\delta(n) = u(n) - u(n-1)$$

$$G_N(n) = u(n) - u(n-N)$$

4. 正弦序列

$$f(n) = \sin \omega_0 n$$

值得指出的是①ω_0 的最大值为 π；②设 $\omega_0 = \dfrac{2\pi}{a}$，当 a 为无理数时，$f(n)$ 不是周期序列，而当 a 为有理数时，序列周期 N 为 a 的某个整数倍。

1.1.5 卷积计算

1. 两函数卷积的解析计算

两连续函数的卷积

$$g(t) = f_1(t) * f_2(t) = \int_{-\infty}^{\infty} f_1(\tau) f_2(t-\tau) d\tau \tag{1.21}$$

两离散函数的卷积

$$g(n) = f_1(n) * f_2(n) = \sum_{m=-\infty}^{\infty} f_1(m) f_2(n-m) \tag{1.22}$$

2. 卷积的性质

(1) 交换律 $\quad f_1(t) * f_2(t) = f_2(t) * f_1(t)$

(2) 分配律 $\quad f_1(t) * [f_2(t) + f_3(t)] = f_1(t) * f_2(t) + f_1(t) * f_3(t)$

(3) 结合律 $\quad [f_1(t) * f_2(t)] * f_3(t) = f_1(t) * [f_2(t) * f_3(t)]$

(4) 卷积的微分 $\quad \dfrac{d}{dt}[f_1(t) * f_2(t)] = f_1(t) * \dfrac{df_2(t)}{dt} = \dfrac{df_1(t)}{dt} * f_2(t) \tag{1.23}$

(5) 卷积的积分 $\displaystyle\int_{-\infty}^{\infty} [f_1(\lambda) * f_2(\lambda)] d\lambda = f_1(t) * \int_{-\infty}^{t} f_2(\lambda) d\lambda =$

$$\int_{-\infty}^{t} f_1(\lambda) d\lambda * f_2(t) \tag{1.24}$$

由性质(4),(5)可推论
$$\frac{\mathrm{d}f_1(t)}{\mathrm{d}t} * \int_{-\infty}^{t} f_2(\lambda)\mathrm{d}\lambda = f_1(t) * f_2(t) \tag{1.25}$$

3. $f(t)$ 与奇异信号的卷积

(1) $f(t)$ 与冲激信号卷积
$$f(t) * \delta(t) = f(t) \tag{1.26a}$$
$$f(t) * \delta(t - t_0) = f(t - t_0) \tag{1.26b}$$

(2) $f(t)$ 与冲激偶的卷积
$$f(t) * \delta'(t) = f'(t) \tag{1.27}$$

(3) $f(t)$ 与阶跃函数的卷积
$$f(t) * u(t) = \int_{-\infty}^{t} f(\lambda)\mathrm{d}\lambda \tag{1.28}$$

类似地
$$f(n) * u(n) = \sum_{i=-\infty}^{n} f(i) \tag{1.29}$$

根据以上关系推广可得
$$f(t) * \delta^{(k)}(t - t_0) = f^{(k)}(t - t_0) \tag{1.30}$$

式中 k 表示求导或求重积分的次数,当 k 取正整数时表示求导次数,k 取负整数时表示求重积分的次数。

1.2 选题精解(11题)

1.1 判断下列信号是否是周期性的,如果是周期性的,试确定其周期。

(1) $x(t) = 2\cos(3t + \frac{\pi}{4})$ 　　(2) $x(t) = \left[\sin(t - \frac{\pi}{6})\right]^2$

(3) $x(t) = [\cos 2\pi t]u(t)$ 　　(4) $x(n) = A\cos(\frac{3\pi}{7}n - \frac{\pi}{8})$

(5) $x(n) = \mathrm{e}^{\mathrm{j}(\frac{n}{8} - \pi)}$ 　　(6) $x(n) = \cos(\frac{n}{4})\cos(\frac{\pi n}{4})$

解
(1) 设 $x(t)$ 为周期信号,周期为 T,则有
$$x(t) = x(t + T)$$
$$2\cos(3t + \frac{\pi}{4}) = 2\cos\left[3(t + T) + \frac{\pi}{4}\right]$$
所以　　　　　　　　　　$3T = 2\pi k$ 　　(k 取最小整数)
$$T = \frac{2\pi}{3}$$

即 $x(t)$ 的周期为 $\frac{2\pi}{3}$。

(2) $x(t) = \left[\sin(t - \frac{\pi}{6})\right]^2 = \frac{1}{2}\left[1 - \cos(2t - \frac{\pi}{3})\right]$

$x(t)$ 的周期为 $T = \pi$。

(3) $x(t) = [\cos 2\pi t] u(t)$

因为 $t < 0$ 时 $x(t) = 0$，显然为非周期信号。

(4) 设序列 $x(n)$ 为周期序列，周期为整数 N，则有
$$x(n) = x(n+N)$$
$$A\cos\left(\frac{3\pi}{7}n - \frac{\pi}{8}\right) = A\cos\left[\frac{3\pi}{7}(n+N) - \frac{\pi}{8}\right]$$

应有 $\qquad \frac{3\pi}{7}N = 2\pi k \qquad$ （k 取最小整数）

$$N = \frac{14}{3}k = 14 \qquad (k \text{ 取为 } 3)$$

所以，假设成立，$x(n)$ 为周期序列，周期为 14。

(5) 设 $x(n)$ 为周期序列，周期为整数 N，则有
$$e^{j(\frac{n}{8} - \pi)} = e^{j[\frac{1}{8}(n+N) - \pi]}$$

应有 $\qquad \frac{N}{8} = 2\pi k \qquad$ （k 取最小整数）

$$N = 16\pi k$$

因为 π 是一个无理数，所以任何整数 k 都不能满足上式，故假设不成立，$x(n)$ 为非周期序列。

(6) 设 $x(n)$ 为周期序列，周期为整数 N，则有
$$\cos\left(\frac{n}{4}\right)\cos\left(\frac{\pi n}{4}\right) = \cos\left[\frac{1}{4}(n+N)\right]\cos\left[\frac{\pi}{4}(n+N)\right]$$

应有 $\qquad \frac{N}{4} = 2\pi k \qquad$ 及 $\qquad \frac{\pi}{4}N = 2\pi k \qquad$ （k 为整数）

即 $\qquad N = 8\pi k \qquad$ 及 $\qquad N = 8k$

由于前式不能成立，即 $\cos\frac{n}{4}$ 为非周期序列，所以 $x(n)$ 为非周期序列。

1.2 函数集 $1, x, x^2, x^3$ 是否是区间 $(0,1)$ 的正交函数集。

解 根据两函数的正交条件
$$\int_0^1 g_i(x)g_j(x)\,dx = \int_0^1 x^i x^j\,dx = \frac{1}{i+j+1} \neq 0 \qquad (i \neq j)$$

所以，此函数集在 $(0,1)$ 上不满足正交条件，故不是正交函数集。

1.3 函数集 $\cos t, \cos 2t, \cdots, \cos nt$（$n$ 为整数）是否是在区间 $\left(0, \frac{\pi}{2}\right)$ 中的正交函数集。

解 两函数正交条件
$$\int_0^{\frac{\pi}{2}} g_i(t)g_j(t)\,dt = \int_0^{\frac{\pi}{2}} \cos it \cos jt\,dt =$$
$$\frac{1}{2}\left[\frac{\sin\left(\frac{i+j}{2}\pi\right)}{i+j} + \frac{\sin\left(\frac{i-j}{2}\pi\right)}{i-j}\right] \qquad (i \neq j)$$

由上式可知，只有 i, j 同时为偶数或奇数，上式为零，否则上式不为零，故此函数集在 $(0,1)$ 内不满足正交条件，不是正交函数集。

1.4 已知 $f(t)$ 的波形如图选 1.4.1 所示，试画出下列函数的波形图。

(1) $f(3t)$

(2) $f(t/3)u(3-t)$

(3) $\dfrac{\mathrm{d}f(t)}{\mathrm{d}t}$

(4) $\int_{-\infty}^{t} f(\tau)\mathrm{d}\tau$

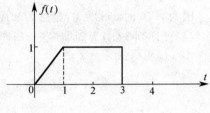

图选 1.4.1

解 画信号波形图,应注意标出函数的初值终值及其他关键点的值。

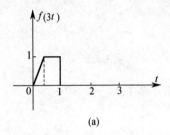

(a)

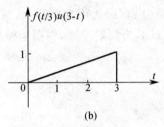

(b)

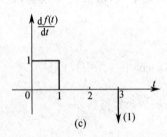

(c)

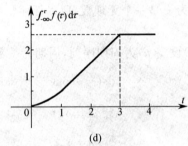

(d)

图选 1.4.2

1.5 已知 $f(t)$ 的波形如图选 1.5.1 所示,试画出 $g_1(t)=f(2-t)$ 和 $g_2(t)=f(-2t-3)$ 的波形图。

解 画 $g_1(t)$ 波形,需要先后进行平移和翻转,可有下面两种次序。

(1) 如图选 1.5.2：$f(t)\xrightarrow{\text{翻转}}f(-t)\xrightarrow{\text{右移}}f[-(t-2)]=f(2-t)=g_1(t)$

(2) 如图选 1.5.3：$f(t)\xrightarrow{\text{左移}}f(t+2)\xrightarrow{\text{翻转}}f(2-t)=g_1(t)$

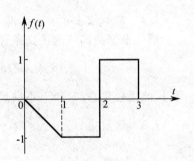

图选 1.5.1

画 $g_2(t)$ 的波形,要先后进行平移、翻转和压缩,可按多种次序进行。

(1) 如图选 1.5.4：$f(t)\xrightarrow{\text{压缩}}f(2t)\xrightarrow{\text{右移}}f\left[2\left(t-\dfrac{3}{2}\right)\right]=f(2t-3)\xrightarrow{\text{翻转}}f(-2t-3)=g_2(t)$

(2) 如图选 1.5.5：$f(t)\xrightarrow{\text{翻转}}f(-t)\xrightarrow{\text{左移}}f[-(t+3)]=f(-t-3)\xrightarrow{\text{压缩}}f(-2t-3)=g_2(t)$

(3) 如图选 1.5.6：$f(t)\xrightarrow{\text{右移}}f(t-3)\xrightarrow{\text{压缩}}f(2t-3)\xrightarrow{\text{翻转}}f(-2t-3)=g_2(t)$

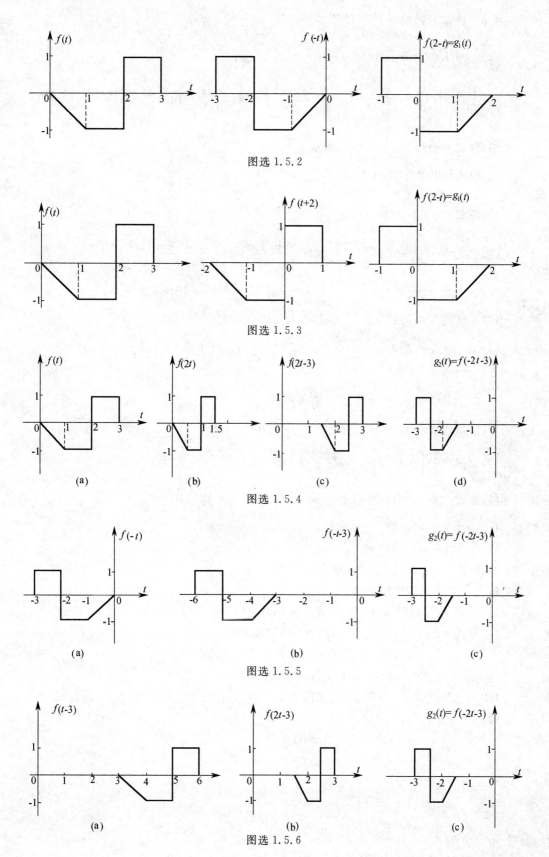

图选 1.5.2

图选 1.5.3

图选 1.5.4

图选 1.5.5

图选 1.5.6

1.6 计算下列积分

(1) $\int_0^\infty \delta(t-2)\cos[\omega(t-3)]dt$ (2) $\int_0^\infty \delta(t+3)e^{j\omega t}dt$

(3) $\int_{0^-}^\infty e^{-2t}\delta(\lambda-t)dt$ (4) $\int_{0^-}^\infty \delta'(t)\dfrac{\sin 10t}{10t}dt$

解

(1) 原式 $=\cos[\omega(2-3)]=\cos\omega$

(2) 原式 $=e^{-j3\omega}\int_0^\infty \delta(t+3)dt=0$

(3) 原式 $=e^{-2\lambda}\int_{0^-}^\infty \delta(\lambda-t)dt=\begin{cases}e^{-2\lambda} & (\lambda\geqslant 0)\\ 0 & (\lambda<0)\end{cases}$

(4) 原式 $=\dfrac{\sin 10t}{10t}\delta(t)\Big|_{0^-}^\infty - \int_{0^-}^\infty \delta(t)\left[\dfrac{\sin 10t}{10t}\right]'dt = -\dfrac{d}{dt}\left[\dfrac{\sin 10t}{10t}\right]\Big|_{t=0} =$
$-\dfrac{10t\cos 10t-\sin 10t}{10t^2}\Big|_{t=0} = 5\sin 10t + 50t\cos 10t\big|_{t=0} = 0$

1.7 化简下列各式

(1) $\int_{-\infty}^t \delta(2\tau-1)d\tau$ (2) $\dfrac{d}{dt}\left[\cos(t+\dfrac{\pi}{4})\delta(t)\right]$

(3) $\int_{-\infty}^\infty \dfrac{d}{dt}[\cos t \cdot \delta(t)]\cdot \sin t\, dt$

解 (1) 原式 $=\int_{-\infty}^t \dfrac{1}{2}\delta(\tau-\dfrac{1}{2})d\tau = \dfrac{1}{2}u(t-\dfrac{1}{2})$

(2) 原式 $=\dfrac{d}{dt}\left[\cos\dfrac{\pi}{4}\delta(t)\right] = \dfrac{\sqrt{2}}{2}\delta'(t)$

(3) 原式 $=\int_{-\infty}^\infty \delta'(t)\sin t\, dt = -\sin't\big|_{t=0} = -\cos t\big|_{t=0} = -1$

1.8 计算下列卷积

(1) $t[u(t)-u(t-2)]*\delta(1-t)$

(2) $[(1-3t)\delta'(t)]*e^{-3t}u(t)$

解

(1) 原式 $=t[u(t)-u(t-2)]*\delta(t-1)=(t-1)[u(t-1)-u(t-3)]$

(2) 原式 $=\delta'(t)*e^{-3t}u(t)-3t\delta'(t)*e^{-3t}u(t)=$
$[e^{-3t}u(t)]' - 3[(t\delta(t))'-\delta(t)]*e^{-3t}u(t)=$
$-3e^{-3t}u(t)+\delta(t)+3e^{-3t}u(t)=\delta(t)$

1.9 已知函数 $f_1(t)$ 和 $f_2(t)$ 如图选 1.9 所示，试计算卷积积分 $f_1(t)*f_2(t)$。

解 图(a) $f_1(t)=1+u(t-1)$
$f_2(t)=e^{-(t+1)}u(t+1)$
$f_1(t)*f_2(t)=[1+u(t-1)]*e^{-(t+1)}u(t+1)=$
$\int_{-\infty}^\infty e^{-(\tau+1)}u(\tau+1)d\tau + \int_{-\infty}^\infty u(t-\tau-1)e^{-(\tau+1)}u(\tau+1)d\tau=$
$\int_{-1}^\infty e^{-(\tau+1)}d\tau + \int_{-1}^{t-1} e^{-(\tau+1)}d\tau = 1+(1-e^{-t})u(t) = \begin{cases}1 & (t<0)\\ 2-e^{-t} & (t\geqslant 0)\end{cases}$

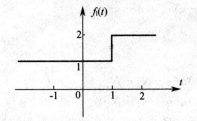
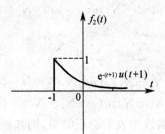

(a)

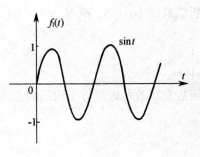
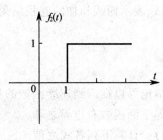

(b)

图选 1.9

图(b)　$f_1(t) = \sin t u(t)$
　　　　$f_2(t) = u(t-1)$

$$f_1(t) * f_2(t) = \sin t u(t) * u(t-1) = \int_{-\infty}^{\infty} \sin \tau u(\tau) u(t-\tau-1) d\tau =$$

$$\left[\int_0^{t-1} \sin \tau \, d\tau \right] u(t-1) = [1 - \cos(t-1)] u(t-1)$$

1.10　已知序列 $x_1(n)$ 在 $N_1 \leqslant n \leqslant N_2$ 之外皆为零，序列 $x_2(n)$ 在 $N_3 \leqslant n \leqslant N_4$ 之外皆为零，那么此二序列的卷积 $y(n)$ 在 $N_5 \leqslant n \leqslant N_6$ 之外皆为零，试以 N_1, N_2, N_3 和 N_4 表示 N_5 和 N_6。

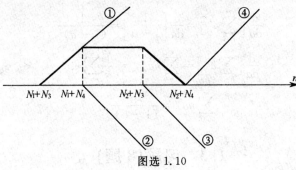

图选 1.10

解　设 $x_1(n) = u(n-N_1) - u(n-N_2)$
　　　$x_2(n) = u(n-N_3) - u(n-N_4)$

则　$x_1(n) * x_2(n) = \sum_{m=-\infty}^{\infty} [u(m-N_1) - u(m-N_2)]$

$[u(n-m-N_3) - u(n-m-N_4)] =$

$\sum_{m=-\infty}^{\infty} u(m-N_1) u(n-m-N_3) - \sum_{m=-\infty}^{\infty} u(m-N_1) u(n-m-N_4) -$

$$\sum_{m=-\infty}^{\infty} u(m-N_2)u(n-m-N_3) + \sum_{m=-\infty}^{\infty} u(m-N_2)u(n-m-N_4) =$$

$$\sum_{m=N_1}^{n-N_3} - \sum_{m=N_1}^{n-N_4} - \sum_{m=N_2}^{n-N_3} + \sum_{m=N_2}^{n-N_4} =$$

$$(n-N_3-N_1)u(n-N_1-N_3) - (n-N_4-N_1)u(n-N_4-N_1) -$$
$$(n-N_3-N_2)u(n-N_3-N_2) + (n-N_4-N_2)u(n-N_4-N_2)$$

若用曲线图表示卷积结果,则如图选 1.10 所示。图中有四条直线表示卷积结果中的四项,粗线表示四线相加的卷积结果。可见卷积结果以 N_1+N_3 和 N_2+N_4 为两边界,所以

$$N_5 = N_1 + N_3$$
$$N_6 = N_2 + N_4$$

实际此结论可以推广到连续函数的卷积,即两函数卷积的左边界等于两函数左边界之和,右边界等于两函数右边界之和。

1.11 计算下列各式之值

(1) $\sum_{n=0}^{\infty} a^n$ ($|a|<1$)   (2) $\sum_{n=k}^{\infty} a^n$ ($|a|<1$)

(3) $\sum_{n=0}^{\infty} na^n$

解 (1) 此式为等比级数之和,故有

$$原式 = \frac{1}{1-a}$$

(2) $\sum_{n=k}^{\infty} a^n = \sum_{n=0}^{\infty} a^n - \sum_{n=0}^{k-1} a^n = \frac{1}{1-a} - \frac{1-a^k}{1-a} = \frac{a^k}{1-a}$

(3) 由题 1 知 $\sum_{n=0}^{\infty} a^n = \frac{1}{1-a}$

因为
$$\frac{d}{da}\left[\sum_{n=0}^{\infty} a^n\right] = \frac{d}{da}\left[\frac{1}{1-a}\right] = \frac{1}{(1-a)^2}$$

又
$$\frac{d}{da}\left[\sum_{n=0}^{\infty} a^n\right] = \sum_{n=0}^{\infty} na^{n-1} = \frac{1}{a}\sum_{n=0}^{\infty} na^n$$

所以
$$\sum_{n=0}^{\infty} na^n = \frac{a}{(1-a)^2}$$

1.3 习题(8题)

1.1 判断下列离散时间序列是否是周期信号;若是周期信号,试确定其周期。

(1) $f(n) = A\sin\left(\frac{3}{4}n + \frac{\pi}{4}\right)$ (2) $f(n) = A\cos\left(\frac{\pi}{4}n + \frac{\pi}{7}\right)$

(3) $f(n) = A\sin\frac{\pi}{5}n + B\cos\frac{\pi}{3}n$ (4) $f(n) = A\sin\frac{1}{6}n + B\cos\frac{\pi}{3}n$

1.2 试画出下列各信号的波形。

(1) $f_1(t) = \frac{d}{dt}[e^{-2t}\delta(t)]$ (2) $f_2(t) = \int_{-\infty}^{t} 2\delta(-2\tau)d\tau$

(3) $f_3(t) = \dfrac{\mathrm{d}}{\mathrm{d}t}[\mathrm{e}^{-3t} u(t)]$ (4) $f_4(t) = u(t^2 - 16)$

(5) $f_5(t) = \mathrm{sgn}[\cos 2\pi t \cdot u(t)]$

1.3 求下列函数的微分和积分。

(1) $f_1(t) = \delta(t)\cos t$ (2) $f_2(t) = u(t)\cos t$

(3) $f_3(t) = \mathrm{e}^{-t}\delta(t)$

1.4 已知函数 $f(1-2t)$ 如图习1.4所示，试画出 $f(t)$ 的波形，并写出 $f(t)$ 的表达式。

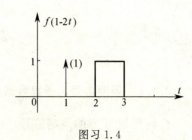

图习1.4

1.5 计算下列积分。

(1) $\displaystyle\int_{0^-}^{7} \mathrm{e}^{-2t} \sum_{k=-\infty}^{\infty} \delta(t-3k) \mathrm{d}t$

(2) $\displaystyle\int_{-\infty}^{\infty} u(t)\mathrm{e}^{-t}[\delta(t+1) + \delta(t-1)] \mathrm{d}t$

(3) $\displaystyle\int_{-\infty}^{\infty} \mathrm{e}^{-at^2} \dfrac{\mathrm{d}^2 \delta(t-3)}{\mathrm{d}t^2} \mathrm{d}t$

(4) $\displaystyle\int_{-\infty}^{\infty} t^2 \mathrm{e}^{-j\omega t} \delta(2t-k) \mathrm{d}t$

1.6 试计算下列函数的卷积积分 $f_1(t) * f_2(t)$。

(1) $f_1(t) = f_2(t) = u(t)$

(2) $f_1(t) = u(t)$ $f_2(t) = \mathrm{e}^{-\alpha t} u(t)$

(3) $f_1(t) = \delta(t+1) - \delta(t-1)$

       $f_2(t) = \cos(\beta t + \dfrac{\pi}{4}) u(t)$

1.7 试判断下列叙述或等式是否正确，并加以验证或说明。

(1) $x(n) * [h(n) \cdot g(n)] = [x(n) * h(n)] g(n)$

(2) $a^n x(n) * a^n h(n) = a^n [x(n) * h(n)]$

(3) 如果 $y(t) = x(t) * h(t)$，则 $y(2t) = 2x(2t) * h(2t)$

(4) 如果 $y(n) = x(n) * h(n)$，则 $y(2n) = 2x(2n) * h(2n)$

(5) 如果 $x(t)$ 和 $h(t)$ 是奇函数，则 $y(t) = x(t) * h(t)$ 是偶函数。

1.8 设 $x(n)$ 是一离散信号，且 $y_1(n) = x(2n)$，$y_2(n) = x(\dfrac{n}{2})$，试判断下面各说法是否正确。如果正确，试确定两信号基波周期之间的关系。如果不正确，可举例说明。

(1) 如果 $x(n)$ 是周期的，则 $y_1(n)$ 也是周期的。

(2) 如果 $y_1(n)$ 是周期的，则 $x(n)$ 也是周期的。

(3) 如果 $x(n)$ 是周期的，则 $y_2(n)$ 也是周期的。

(4) 如果 $y_2(n)$ 是周期的，则 $x(n)$ 也是周期的。

第2章 傅里叶变换

2.1 公式及要点

2.1.1 周期信号的傅里叶级数计算

任何周期为 T 的周期信号 $f(t)$，若满足狄利克雷（Drichlet）条件，可展为傅里叶级数。

1. 三角形式的傅里叶级数

$$f(t) = \frac{a_0}{2} + \sum_{n=1}^{\infty}(a_n\cos n\omega_1 t + b_n\sin n\omega_1 t) \tag{2.1}$$

其中 $\omega_1 = \frac{2\pi}{T}$，$a_0, a_n, b_n$ 为相关系数。

$$a_0 = \frac{2}{T}\int_{t_0}^{t_0+T} f(t)\mathrm{d}t$$

$$a_n = \frac{2}{T}\int_{t_0}^{t_0+T} f(t)\cos n\omega_1 t \mathrm{d}t \quad (n=1,2,\cdots)$$

$$b_n = \frac{2}{T}\int_{t_0}^{t_0+T} f(t)\sin n\omega_1 t \mathrm{d}t$$

亦可写成

$$f(t) = \frac{a_0}{2} + \sum_{n=1}^{\infty} A_n\cos(n\omega_1 t + \varphi_n) \tag{2.2}$$

或

$$f(t) = \frac{a_0}{2} + \sum_{n=1}^{\infty} A_n\sin(n\omega_1 t + \varphi_n) \tag{2.3}$$

其中 $A_n = \sqrt{a_n^2 + b_n^2}$，$\varphi_n = -\arctan\frac{b_n}{a_n}$，$Q_n = \frac{\pi}{2} + \varphi_n$

$$a_n = A_n\cos\varphi_n, \quad b_n = -A_n\sin\varphi_n$$

A_n, a_n 为频率的偶函数；φ_n, b_n 为频率的奇函数。

2. 指数形式的傅里叶级数

$$f(t) = \frac{1}{2}\sum_{n=-\infty}^{\infty} \dot{A}_n \mathrm{e}^{jn\omega_1 t}\mathrm{d}t \tag{2.4}$$

其中

$$\dot{A}_n = \frac{2}{T}\int_{t_0}^{t_0+T} f(t)\mathrm{e}^{-jn\omega_1 t}\mathrm{d}t \tag{2.5}$$

与三角形式的傅里叶级数比较，其相关系数存在如下关系

$$\dot{A} = \begin{cases} a_n + \mathrm{j}b_n & (n<0) \\ a_0 & (n=0) \\ a_n - \mathrm{j}b_n & (n>0) \end{cases}$$

3.周期信号的对称性与傅里叶级数系数的关系,见表 2.1。

表 2.1 周期信号的对称性与傅里叶系数的关系

$f(t)$ 的对称条件	展开式中系数特点
纵轴对称(偶函数) $f(t)=f(-t)$	$b_n=0, a_n=\dfrac{4}{T}\int_{t_0}^{t_0+\frac{T}{2}} f(t)\cos n\omega_1 t \mathrm{d}t$
原点对称(奇函数) $f(t)=-f(-t)$	$a_n=0, b_n=\dfrac{4}{T}\int_{t_0}^{t_0+\frac{T}{2}} f(t)\sin n\omega_1 t \mathrm{d}t$
半周重叠(偶谐函数) $f(t)=f(t+\dfrac{T}{2})$	无奇次谐波,只有直流和偶次谐波分量
半周镜像(奇谐函数) $-f(t)=f(t+\dfrac{T}{2})$	无偶次谐波,只有奇次谐波分量

2.1.2 典型周期信号的傅里叶级数和频谱特点

典型周期信号的傅里叶级数和频谱特点见表 2.2。

表 2.2 典型周期信号的傅里叶级数和频谱特点 $\left(\omega_1=\dfrac{2\pi}{T}\right)$

信号名称	波形	a_0	a_n	b_n	特点	
					对称性	含频率分量
矩形脉冲		$\dfrac{E\tau}{T}$	$\dfrac{E\tau\omega_1}{\pi}\mathrm{Sa}\left(\dfrac{n\omega_1\tau}{2}\right)$	0	偶函数	直流分量和余弦分量
对称方波		0	$\dfrac{2E}{n\pi}\sin\left(\dfrac{n\pi}{2}\right)$	0	偶函数,奇谐函数	奇次谐波的余弦分量
对称方波		0	0	$\dfrac{2E}{n\pi}\sin^2\left(\dfrac{n\pi}{2}\right)$	奇函数,奇谐函数	奇次谐波的正弦分量

续表 2.2

信号名称	波形	a_0	a_n	b_n	特点 对称性	特点 含频率分量
锯齿波		0	0	$(-1)^{n+1} \cdot \dfrac{E}{n\pi}$	奇函数	正弦分量
锯齿波		$\dfrac{E}{2}$	0	$\dfrac{E}{n\pi}$	去直流后为奇函数	直流和正弦分量
三角波		$\dfrac{E}{2}$	$\dfrac{4E}{(n\pi)^2} \cdot \sin^2\left(\dfrac{n\pi}{2}\right)$	0	偶函数 去直流后为奇谐函数	直流和奇次谐波的正弦分量
三角波		0	0	$\dfrac{4E}{(n\pi)^2} \cdot \sin^2\left(\dfrac{n\pi}{2}\right)$	奇函数 奇谐函数	基波和奇次谐波的正弦分量
半波整流		$\dfrac{E}{\pi}$	$\dfrac{2E}{(1-n^2)\pi} \cdot \cos\left(\dfrac{n\pi}{2}\right)$	0	偶函数	直流和基波、偶次谐波的余弦分量
全波整流		$\dfrac{2E}{\pi}$	$(-1)^{n+1} \cdot \dfrac{4E}{(4n^2-1)\pi}$	0	偶函数	直流和基波以及各次谐波的余弦分量

2.1.3 非周期信号的傅里叶变换

1. 傅里叶变换定义式

$$F(\omega) = \int_{-\infty}^{\infty} f(t) e^{-j\omega t} dt \tag{2.6}$$

$$f(t) = \frac{1}{2\pi} \int_{-\infty}^{\infty} F(\omega) e^{j\omega t} d\omega \tag{2.7}$$

频谱密度函数 $F(\omega)$ 为复函数

$$F(\omega) = |F(\omega)| e^{j\varphi(\omega)}$$

$|F(\omega)|$ 是 ω 的偶函数，$\varphi(\omega)$ 是 ω 的奇函数。

2. 周期信号和非周期信号频谱的关系

$$F(\omega) = \lim_{T \to \infty} \frac{T}{2} \dot{A}_n \qquad (n\omega_1 \to \omega, \omega_1 \to d\omega)$$

$$\dot{A}_n = \frac{2}{T} F(\omega) \bigg|_{\omega = n\omega_1}$$

2.1.4 傅里叶变换的性质

傅里叶变换的性质见表 2.3，其中 $F(\omega)$，$F_1(\omega)$ 和 $F_2(\omega)$ 分别为 $f(t)$，$f_1(t)$ 和 $f_2(t)$ 的频谱。

表 2.3 傅里叶变换的性质

性质	时 域	频 域
线性	$\sum_{i=1}^{n} a_i f_i(t)$	$\sum_{i=1}^{n} a_i F_i(\omega)$
时移	$f(t \pm t_0)$	$F(\omega) e^{\pm j\omega t_0}$
频移	$f(t) e^{\pm j\omega_0 t}$	$F(\omega \mp \omega_0)$
时频展缩	$f(at) \quad (a \neq 0)$	$\frac{1}{|a|} F\left(\frac{\omega}{a}\right)$
	$f(at \pm b) \quad (a \neq 0)$	$\frac{1}{|a|} e^{\pm j\frac{b}{a}\omega} F\left(\frac{\omega}{a}\right)$
对称性	$F(t)$	$2\pi f(-\omega)$
时域微分	$\frac{d^n}{dt^n} f(t)$	$(j\omega)^n F(\omega)$
频域微分	$(-jt)^n f(t)$	$\frac{d^n}{d\omega^n} F(\omega)$
时域积分	$\int_{-\infty}^{t} f(\tau) d\tau$	$\pi F(0) \delta(\omega) + \frac{1}{j\omega} F(\omega)$
卷积定理	时域 $f_1(t) * f_2(t)$	$F_1(\omega) \cdot F_2(\omega)$
	频域 $f_1(t) \cdot f_2(t)$	$\frac{1}{2\pi} F_1(\omega) * F_2(\omega)$

2.1.5 周期信号的傅里叶变换

周期信号 $f(t)$ 可表示为指数形式的傅里叶级数

$$f(t) = \sum_{n=-\infty}^{\infty} \frac{1}{2} \dot{A}_n e^{jn\omega_1 t}$$

其中 $\omega_1 = \dfrac{2\pi}{T}$，$T$ 为信号 $f(t)$ 的周期。

$f(t)$ 的傅里叶变换为

$$F(\omega) = \mathscr{F}[f(t)] = \sum_{n=-\infty}^{\infty} \frac{1}{2} \dot{A}_n \mathscr{F}[e^{jn\omega_1 t}] =$$

$$\pi \sum_{n=-\infty}^{\infty} \dot{A}_n \delta(\omega - n\omega_1) \tag{2.8}$$

$\dot{A}_n$ 可由式(2.5)求得。

2.1.6 抽样信号的傅里叶变换

1. 均匀抽样定理

一个在频谱中不包含有大于频率 f_m 的分量的有限频带信号，由对该信号以不大于 $\dfrac{1}{2f_m}$ 的时间间隔进行抽样的抽样值唯一确定。$\dfrac{1}{2f_m}$ 称为奈奎斯特抽样间隔，$2f_m$ 称为奈奎斯特抽样率。

2. 时域抽样

抽样脉冲序列 $p(t)$ 为周期信号，其频谱为

$$P(\omega) = \pi \sum_{n=-\infty}^{\infty} p_n \delta(\omega - n\omega_s)$$

其中 $p_n = \dfrac{2}{T_s} \displaystyle\int_{T_s} p(t) e^{-jn\omega_s t} dt$，$T_s = \dfrac{2\pi}{\omega_s}$ 为均匀抽样的抽样间隔。

抽样后的信号 $f_s(t) = f(t) \cdot p(t)$，根据频域卷积定理，其频谱为

$$F_s(\omega) = \frac{1}{2\pi} F(\omega) * P(\omega) = \frac{1}{2} \sum_{n=-\infty}^{\infty} p_n F[(\omega - n\omega_s)] \tag{2.9}$$

3. 频域抽样

设连续频谱函数 $F(\omega)$ 对应的时间函数为 $f(t)$，抽样冲激序列

$$\delta_{\omega_1}(\omega) = \sum_{n=-\infty}^{\infty} \delta(\omega - n\omega_1)$$

抽样后的频谱函数

$$F_1(\omega) = F(\omega) \cdot \delta_{\omega_1}(\omega)$$

根据卷积定理可得

$$f_1(t) = \frac{1}{\omega_1} \sum_{n=-\infty}^{\infty} f(t - nT_1) \tag{2.10}$$

其中 $\omega_1 = \dfrac{2\pi}{T_1}$ 为抽样速率。

2.1.7 典型信号的傅里叶变换及频谱图

典型信号的傅里叶变换及频谱图见表2.4。

表2.4 典型信号的傅里叶变换及频谱图

信号名称	$f(t)$	波形图	$F(\omega)=\|F(\omega)\|e^{j\phi(\omega)}$	频谱图
矩形脉冲	$\begin{cases} E & (\|t\|<\frac{\tau}{2}) \\ 0 & \|t\|>\frac{\tau}{2} \end{cases}$		$E\tau\mathrm{Sa}(\frac{\omega\tau}{2})$	
单边指数脉冲	$Ee^{-at}u(t)\quad(a>0)$		$\dfrac{E}{a+j\omega}$	
双边指数脉冲	$Ee^{-a\|t\|}u(t)\quad(a>0)$		$\dfrac{2aE}{a^2+\omega^2}$	
钟形脉冲	$E\cdot e^{(\frac{t}{\tau})^2}$		$\sqrt{\pi}E\tau\cdot e^{-(\frac{\omega\tau}{2})^2}$	
余弦脉冲	$\begin{cases} E\cos\frac{\pi t}{\tau} & (\|t\|<\frac{\tau}{2}) \\ 0 & (\|t\|\geqslant\frac{\tau}{2}) \end{cases}$		$\dfrac{2E\tau}{\pi}\cdot\dfrac{\cos\frac{\omega\tau}{2}}{\left[1-\left(\frac{\omega\tau}{\pi}\right)^2\right]}$	
升余弦脉冲	$\begin{cases} \frac{E}{2}\left(1+\cos\frac{2\pi t}{\tau}\right) & (\|t\|<\frac{\tau}{2}) \\ 0 & \|t\|\geqslant\frac{\tau}{2} \end{cases}$		$\dfrac{E\tau}{2}\cdot\dfrac{\mathrm{Sa}\left(\frac{\omega\tau}{2}\right)}{1-\left(\frac{\omega\tau}{2}\right)^2}$	
三角脉冲	$\begin{cases} E\left(1-\frac{2\|t\|}{\tau}\right) & (\|t\|<\frac{\tau}{2}) \\ 0 & (\|t\|\geqslant\frac{\tau}{2}) \end{cases}$		$\dfrac{E\tau}{2}\mathrm{Sa}^2\left(\frac{\omega\tau}{4}\right)$	

续表 2.4

信号名称	$f(t)$	波形图	$F(\omega)=\|F(\omega)\|e^{j\phi(\omega)}$	频谱图
梯形脉冲	$\begin{cases} \dfrac{2E}{\tau-\tau_1}\left(t+\dfrac{\tau}{2}\right) \\ \quad (-\dfrac{\tau}{2}<t<-\dfrac{\tau_1}{2}) \\ E \quad (-\dfrac{\tau_1}{2}<t<\dfrac{\tau_1}{2}) \\ \dfrac{2E}{\tau-\tau_1}\left(\dfrac{\tau}{2}-t\right) \\ \quad (\dfrac{\tau_1}{2}<t<\dfrac{\tau}{2}) \\ 0 \quad (其他) \end{cases}$		$\dfrac{8E}{(\tau-\tau_1)\omega^2}$ $\sin\dfrac{\omega(\tau+\tau_1)}{4}\cdot$ $\sin\dfrac{\omega(\tau-\tau_1)}{4}$	
抽样脉冲	$\mathrm{Sa}(\omega_c t)$		$\begin{cases} \dfrac{\pi}{\omega_c} \quad (\|\omega\|<\omega_c) \\ 0 \quad (\|\omega\|>\omega_c) \end{cases}$	
冲激函数	$E\delta(t)$		E	
阶跃函数	$Eu(t)$		$\dfrac{E}{j\omega}+\pi E\delta(\omega)$	
符号函数	$E\,\mathrm{sgn}\,t$		$\dfrac{2E}{j\omega}$	
直流信号	E		$2\pi E\delta(\omega)$	
冲激序列	$\delta_{T_1}(t)$		$\omega_1\delta_{\omega_1}(\omega)$ $\omega_1=\dfrac{2\pi}{T_1}$	

续表 2.4

信号名称	$f(t)$	波形图	$F(\omega)=\|F(\omega)\|e^{j\phi(\omega)}$	频谱图
余弦信号	$E\cos\omega_0 t$		$E\pi[\delta(\omega+\omega_0)+\delta(\omega-\omega_0)]$	
正弦信号	$E\sin\omega_0 t$		$j\pi E[\delta(\omega+\omega_0)-\delta(\omega-\omega_0)]$	
单边余弦信号	$E\cos\omega_0 t u(t)$		$\dfrac{E\pi}{2}[\delta(\omega+\omega_0)+\delta(\omega-\omega_0)]+\dfrac{j\omega E}{\omega_0^2-\omega^2}$	
单边正弦信号	$E\sin\omega_0 t u(t)$		$\dfrac{E\pi}{2j}[\delta(\omega-\omega_0)-\delta(\omega+\omega_0)]+\dfrac{\omega_0 E}{\omega_0^2-\omega^2}$	
单边衰减余弦信号	$e^{-at}\cos\omega_0 t \cdot u(t)$ $(a>0)$		$\dfrac{a+j\omega}{(a+j\omega)^2+\omega_0^2}$	
单边衰减正弦信号	$e^{-at}\sin\omega_0 t \cdot u(t)$ $(a>0)$		$\dfrac{\omega_0}{(a+j\omega)^2+\omega_0^2}$	
斜变信号	$t\cdot u(t)$		$j\pi\delta'(\omega)-\dfrac{1}{\omega^2}$	

2.1.8 已调信号频谱

1. 调幅波

$$a(t)=A_0\left[1+\sum_{n=1}^{\infty}m_n\cos(\Omega_n t+\Phi_n)\right]\cos(\omega_0 t+\varphi_0)=$$

$$A_0\cos(\omega_0 t+\varphi_0)+\sum_{n=1}^{\infty}\frac{m_n}{2}A_0\cos\left[(\omega_0+\omega_n)t+\Phi_0+\varphi_0\right]+$$

$$\sum_{n=1}^{\infty}\frac{m_n}{2}A_0\cos\left[(\omega_0-\Omega_n)t+\varphi_0-\Phi_n\right] \tag{2.11}$$

式中 A_0——载波振幅；

m_n——对调制信号 n 次谐波的部分调幅系数；

ω_0——载波频率；

φ_0——载波的初相；

Ω_n——调制信号第 n 次谐波频率；

ϕ_n——调制信号第 n 次谐波的初相。

$a(t)$ 所含频率为载频及上下边带频率，带宽 $B_S=2B_{sm}$，其中 B_{sm} 为原调制信号的带宽。

设调幅电流 $i(t)=I_m[1+m\cos(\Omega t+\varphi)]\cos(\omega_0+\varphi_0)$，此电流通过 1 欧姆电阻时，调幅波对载波一周期的最大平均功率为

$$P_{\max}=P_c(1+m)^2$$

调幅波对调制信号一周期的平均功率为

$$\overline{P}=P_c\left(1+\frac{m^2}{2}\right)$$

其中 $P_c=\frac{1}{2}I_m^2$ 为载波功率。

2. 调角波

$$a(t)=A_0\cos\theta(t) \tag{2.12}$$

式中 $a(t)$——调角波信号；

A_0——调制信号的振幅；

θ_t——调制信号的相位。

(1) 调频

$$\theta(t)=\int_0^t[\omega_0+\Delta\omega(t)]dt+\varphi_0=\omega_0 t+\int_0^t\Delta\omega(t)dt+\varphi_0 \tag{2.13}$$

对于单音调制

$$a(t)=A_0\cos(\omega_0 t+m_f\sin\Omega t+\varphi_0) \tag{2.14}$$

式中 $m_f=\frac{\Delta\omega}{\Omega}$ 称为调制指数。

当 $m_f\ll 1$ 时，频谱与调幅波一样，即

$$a(t)\approx A_0\cos(\omega_0 t+\varphi_0)+\frac{m_f}{2}A_0\cos\left[(\omega_0+\Omega)t+\varphi_0\right]-\frac{m_f}{2}A_0\cos\left[(\omega_0-\Omega)t+\varphi_0\right] \tag{2.15}$$

当 m_f 较大时

$$a(t)=A_0\sum_{n=-\infty}^{\infty}J_n(m_f)\cos\left[(\omega_0+n\Omega)t+\varphi_0\right] \tag{2.16}$$

式中 $J_n(m_f)$ 为第一类 n 阶贝塞尔函数。

带宽
$$B_S = 2(m_f+1)\Omega = 2(\Delta\omega+\Omega)$$

(2) 调相
$$\theta(t) = \varphi_0 + K_f e(t) \qquad (2.17)$$

其频谱同于调频。

2.2 选题精解（35题）

2.1 求图选 2.1(a) 所示周期信号的傅里叶级数，并画出频谱图。

解 $f(t)$ 在一个周期内可写为如下形式

$$f(t) = \begin{cases} \dfrac{2E}{T}t & (0 \leqslant t \leqslant \dfrac{T}{2}) \\ -\dfrac{2E}{T}t & (-\dfrac{T}{2} \leqslant t \leqslant 0) \end{cases}$$

$f(t)$ 是偶函数，故 $b_n = 0$；若除去直流分量，$f(t)$ 是奇谐函数，所以只存在余弦的奇次谐波分量。

$$a_0 = \frac{2}{T}\int_{-\frac{T}{2}}^{\frac{T}{2}} f(t)\,\mathrm{d}t = \frac{2}{T}\left[\int_0^{\frac{T}{2}} \frac{2E}{T}t\,\mathrm{d}t - \int_{-\frac{T}{2}}^{0} \frac{2E}{T}t\,\mathrm{d}t\right] = E$$

$$a_n = \frac{4}{T}\int_0^{\frac{T}{2}} \frac{2E}{T}t \cdot \cos n\omega_1 t\,\mathrm{d}t = \qquad \left(\omega_1 = \frac{2\pi}{T}\right)$$

$$\frac{8E}{T^2}\left[\frac{t}{n\omega_1}\sin n\omega_1 t\Big|_0^{\frac{T}{2}} - \int_0^{\frac{T}{2}} \frac{1}{n\omega_1}\sin \omega_1 t\,\mathrm{d}t\right] =$$

$$\frac{2E}{(n\pi)^2}\left[(-1)^n - 1\right] =$$

$$\begin{cases} -\dfrac{4E}{(n\pi)^2} & (n \text{ 为奇数}) \\ 0 & (n \text{ 为偶数}) \end{cases}$$

$$f(t) = \frac{E}{2} - \frac{4E}{\pi^2}\sum_{n=1,3,5\cdots}^{\infty} \frac{1}{n^2}\cos\frac{2n\pi}{T}t =$$

$$\frac{E}{2} - \frac{4E}{\pi^2}\sum_{n=0}^{\infty} \frac{1}{(2n+1)^2}\cos(2n+1)\omega_1 t$$

频谱图如图选 2.1(b) 所示。

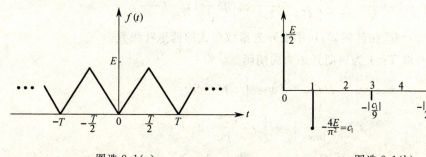

图选 2.1(a)   图选 2.1(b)

2.2 将下列信号在区间$(-\pi,\pi)$中展开为三角形式的傅里叶级数。

(1) $f_1(t)=t$

(2) $f_2(t)=|t|$

解 将 $f_1(t)$ 和 $f_2(t)$ 以 $(-\pi,\pi)$ 为一个周期,以 $T=2\pi$ 开拓为周期函数。

(1) 开拓后的周期信号为奇函数,显然 $a_0=a_n=0$

$$b_n = \frac{2}{T}\int_{-\pi}^{\pi} f_1(t)\sin n\omega_1 t\,dt =$$

$$\frac{4}{T}\int_0^{\pi} t\sin n\omega_1 t\,dt =$$

$$\frac{2}{\pi}\left[\frac{-t\cos n\omega_1 t}{n}\Big|_0^{\pi} - \int_0^{\pi}\frac{\cos n\omega_1 t}{n}dt\right] =$$

$$\frac{2}{n}(-1)^{n-1}$$

$$f(t) = 2\sum_{n=1}^{\infty}\frac{1}{n}(-1)^{n-1}\sin nt =$$

$$2\sin t - \sin 2t + \frac{2}{3}\sin 3t - \cdots$$

上面的级数代表周期信号 $f(t)$,而 $f_1(t)$ 是非周期信号,仅在 $(-\pi,\pi)$ 上有 $f_1(t)=f(t)$,即

$$f_1(t) = 2\sin t - \sin 2t + \frac{2}{3}\sin 3t - \cdots \quad (-\pi<t<\pi)$$

(2) $f_2(t)$ 开拓为周期信号后为偶函数,显然有 $b_n=0$

$$\frac{a_0}{2} = \frac{1}{T}\int_{-\frac{T}{2}}^{\frac{T}{2}} f_2(t)\,dt = \frac{2}{T}\int_0^{\frac{T}{2}} f_2(t)\,dt = \frac{\pi}{2}$$

$$a_n = \frac{2}{\pi}\int_{-\frac{T}{2}}^{\frac{T}{2}} f_2(t)\cos n\omega_1 t\,dt = \frac{2}{\pi}\int_0^{\pi} t\cos nt\,dt =$$

$$\frac{2}{\pi}\cdot\frac{1}{n^2}(\cos n\pi - 1) =$$

$$\begin{cases} -\frac{4}{\pi n^2} & (n\text{ 为奇}) \\ 0 & (n\text{ 为偶}) \end{cases}$$

$$f_2(t) = \frac{\pi}{2} - \frac{4}{\pi}\sum_{k=0}^{\infty}\frac{1}{(2k+1)^2}\cos(2k+1)t \quad (-\pi<t<\pi)$$

2.3 将 $f(t)=t^2$ 在区间 $(0,1)$ 中展开为指数形式的傅里叶级数。

解 将 $f(t)$ 以 $T=1$ 为周期开拓为周期函数。

$$C_n = \frac{1}{T}\int_0^T f(t)e^{-jn\omega_1 t}\,dt = \int_0^1 t^2 e^{-jn\omega_1 t}\,dt =$$

$$t^2\cdot\frac{e^{-jn\omega_1 t}}{-jn\omega_1}\Big|_0^1 + \int_0^1 t\cdot\frac{e^{-jn\omega_1 t}}{jn\pi}\,dt =$$

$$\frac{1}{-jn\omega_1} + \frac{e^{-jn\omega_1}}{n^2\omega_1^2} + \frac{e^{-jn\omega_1}-1}{j\frac{1}{2}n\omega_1^3} = \frac{1+jn\omega_1}{n^2\omega_1^2}$$

$n=0$ 时，C_n 分母为 0 无意义，所以应单独求取 C_0。

$$C_0 = \frac{1}{T}\int_0^T f(t)\mathrm{d}t = \int_0^1 t^2 \mathrm{d}t = \frac{1}{3}$$

$$f_2(t) = \sum_{n=-\infty}^{\infty} C_n \mathrm{e}^{jn\omega_1 t} =$$

$$\frac{1}{3} + \sum_{\substack{n=-\infty\\n\neq 0}}^{\infty} \frac{1+jn\omega_1}{n^2\omega_1^2}\mathrm{e}^{jn\omega_1 t} \quad (0<t<1)$$

2.4 求图选 2.4 所示，正弦信号经对称限幅后输出的基波，以及二次和三次谐波的有效值。

解 $f(\omega t)$ 是奇函数，$a_0 = a_n = 0$

$$b_n = \frac{2}{T}\int_{t_0}^{t_0+T} f(t)\sin n\omega_1 t \mathrm{d}t =$$

$$\frac{2}{\pi}\int_0^\pi f(t)\sin nt \mathrm{d}t$$

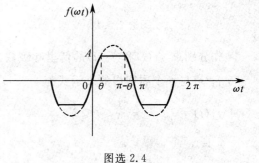

图选 2.4

其中 $\omega_1 = \frac{2\pi}{T} = 1$

$$b_1 = \frac{2}{\pi}\int_0^\pi f(t)\sin t \mathrm{d}t =$$

$$\frac{2}{\pi}\left[\int_0^\theta A\sin t \cdot \sin t \mathrm{d}t + \int_\theta^{\pi-\theta} A\sin\theta \cdot \sin t \mathrm{d}t + \int_{\pi-\theta}^\pi A\sin t \cdot \sin t \mathrm{d}t\right] =$$

$$\frac{A}{\pi}(2\theta + \sin 2\theta)$$

所以基波有效值

$$\frac{b_1}{\sqrt{2}} = \frac{\sqrt{2}A}{2\pi}(2\theta + \sin 2\theta)$$

$$b_2 = \frac{2A}{\pi}\left[\int_0^\theta \sin t \cdot \sin 2t \mathrm{d}t + \int_\theta^{\pi-\theta}\sin\theta \cdot \sin 2t \mathrm{d}t + \int_{\pi-\theta}^\pi \sin t\sin 2t \mathrm{d}t\right] = 0$$

所以二次谐波有效值为 0（由于 $f(\omega t)$ 为奇谐函数，其偶次谐波应当为零）。

$$b_3 = \frac{2A}{\pi}\left[\int_0^\theta \sin t \cdot \sin 3t \mathrm{d}t + \int_\theta^{\pi-\theta}\sin\theta \cdot \sin 3t \mathrm{d}t + \int_{\pi-\theta}^\pi \sin t \cdot \sin 3t \mathrm{d}t\right] =$$

$$\frac{A}{3\pi}\left(\sin 2\theta + \frac{1}{2}\sin 4\theta\right)$$

所以三次谐波有效值为

$$\frac{b_3}{\sqrt{2}} = \frac{\sqrt{2}}{6}\frac{A}{\pi}\left(\sin 2\theta + \frac{1}{2}\sin 4\theta\right)$$

2.5 计算图选 2.5.1 所示周期性波形的傅里叶级数展开式。

解 将 $f(t)$ 分解为 $f(t) = f_1(t) + f_2(t)$，$f_1(t)$ 和 $f_2(t)$ 均为奇函数，如图选 2.5.2，2.5.3 所示。

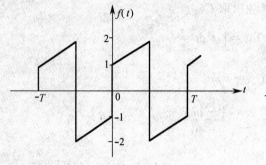
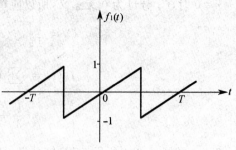

图选 2.5.1　　　　　　　　　图选 2.5.2

先分别求 $f_1(t)$ 和 $f_2(t)$ 的傅里叶级数。

$f_1(t)$ 在一个周期内的表示式为

$$f_1(t)=\frac{2}{T}t \quad (-\frac{T}{2}\leqslant t\leqslant \frac{T}{2})$$

$a_n=0$

$b_n=\frac{4}{T}\int_0^{\frac{T}{2}} f_1(t)\sin n\omega_1 t\,dt=$

$\frac{4}{T}\int_0^{\frac{T}{2}} \frac{2}{T}t\cdot \sin \omega_1 t\,dt=$

$\frac{8}{T^2}\left[\frac{-t}{n\omega_1}\cos n\omega_1 t+\frac{1}{(n\omega_1)^2}\sin n\omega_1 t\right]\Big|_0^{\frac{T}{2}}=$

$\frac{8}{T^2}\left(-\frac{T}{2n\omega_1}\cos n\pi\right)=\frac{2}{n\pi}(-1)^{n+1} \quad (\omega_1=\frac{2\pi}{T})$

$$f_1(t)=\frac{2}{\pi}\sum_{n=1}^{\infty}(-1)^{n+1}\frac{1}{n}\sin \frac{2n\pi}{T}t$$

图选 2.5.3

$f_2(t)$ 在一个周期内的表示式为

$$f_2(t)=\begin{cases}-1 & (-\frac{T}{2}<t<0)\\ 1 & (0<t<\frac{T}{2})\end{cases}$$

$a_n=0$

$b_n=\frac{4}{T}\int_0^{\frac{T}{2}} f_2(t)\sin n\omega_1 t\,dt=$

$\frac{4}{T}\int_0^{\frac{T}{2}} \sin n\omega_1 t\,dt=\frac{4}{T}\cdot\frac{(-1)}{n\omega_1}\cos \frac{2n\pi}{T}t\Big|_0^{\frac{T}{2}}=$

$\frac{2}{n\pi}(1-\cos n\pi)=\begin{cases}\frac{4}{n\pi} & (n\text{ 为奇数})\\ 0 & (n\text{ 为偶数})\end{cases}$

$$f_2(t)=\frac{4}{\pi}\sum_{n=1,3,5\cdots}^{\infty}\frac{1}{n}\sin n\pi t$$

$f(t)$ 的傅里叶级数由 $f_1(t)$ 和 $f_2(t)$ 的级数之和来表示

$$f(t)=f_1(t)+f_2(t)=$$

$$\frac{2}{\pi}\sum_{n=1}^{\infty}(1-2(-1)^n)\frac{1}{n}\cdot\sin n\omega_1 t=$$

$$\sum_{n=2,4,6\cdots}^{\infty}\frac{-2}{\pi n}\sin n\omega_1 t+\sum_{n=1,3,5\cdots}^{\infty}\frac{6}{\pi n}\sin n\omega_1 t$$

2.6 若从周期信号 $f(t)$ 的三角形式傅里叶级数中选取 $2N+1$ 项，构成一个有限级数

$$S_N(t)=a_0+\sum_{n=1}^{N}(a_n\cos n\omega_1 t+b_n\sin n\omega_1 t)$$

当用 $S_N(t)$ 代替 $f(t)$ 时，引起的误差函数为

$$\varepsilon(t)=f(t)-S_N(t)$$

均方误差为

$$E_N=\overline{\varepsilon_N^2(t)}=\frac{1}{T_1}\int_{-\frac{T_1}{2}}^{\frac{T_1}{2}}\varepsilon_N^2(t)\mathrm{d}t$$

试证明

（1）下两式

$$a_n=\frac{2}{T_1}\int_{t_0}^{t_0+T_1}f(t)\cos n\omega_1 t\mathrm{d}t$$

$$b_n=\frac{2}{T_1}\int_{t_0}^{t_0+T_1}f(t)\sin n\omega_1 t\mathrm{d}t$$

给出的 a_n, b_n 值满足最小误差条件。

（2）最小均方误差为

$$E_N=\overline{f^2(t)}-\left[a_0^2+\frac{1}{2}\sum_{n=0}^{N}(a_n^2+b_n^2)\right]$$

解 （1）$S_N(t)=a_0+\sum_{n=0}^{N}(a_n\cos n\omega_1 t+b_n\sin n\omega_1 t)=$

$$\sum_{n=0}^{N}(a_n\cos n\omega_1 t+b_n\sin n\omega_1 t)$$

$$E_N=\frac{1}{T_1}\int_{-\frac{T_1}{2}}^{\frac{T_1}{2}}\varepsilon_N^2(t)\mathrm{d}t=$$

$$\frac{1}{T_1}\int_{-\frac{T_1}{2}}^{\frac{T_1}{2}}\left[f(t)-\sum_{n=0}^{N}(a_n\cos n\omega_1 t+b_n\sin n\omega_1 t)\right]^2\mathrm{d}t=$$

$$\frac{1}{T_1}\int_{-\frac{T_1}{2}}^{\frac{T_1}{2}}\left[f^2(t)-2f(t)\sum_{n=0}^{N}(a_n\cos n\omega_1 t+b_n\sin n\omega_1 t)+\right.$$

$$\left.\sum_{n=0}^{N}(a_n^2\cos^2 n\omega_1 t+2a_nb_n\sin n\omega_1 t+b_n^2\sin^2 n\omega_1 t)\right]\mathrm{d}t$$

若 E_N 最小，a_n 应满足

$$\frac{\partial E_N}{\partial a_n}=0$$

$$\frac{\partial E_N}{\partial a_n}=\frac{1}{T_1}\int_{t_0}^{t_0+T_1}(-2f(t)\cos n\omega_1 t)\mathrm{d}t+$$

$$\frac{1}{T_1}\int_{t_0}^{t_0+T_1}2a_n\cdot\cos^2 n\omega_1 t\mathrm{d}t+2b_n\cdot\frac{1}{T_1}\int_{t_0}^{t_0+T_1}\sin n\omega_1 t\cos n\omega_1 t\mathrm{d}t=0$$

因为 $$\int_{t_0}^{t_0+T_1}\sin n\omega_1 t\cos n\omega_1 t\mathrm{d}t=0$$

所以 $$\frac{1}{T_1}\int_{t_0}^{t_0+T_1}2a_n\cos^2 n\omega_1 t\mathrm{d}t=\frac{1}{T_1}\int_{t_0}^{t_0+T_1}2f(t)\cos n\omega_1 t\mathrm{d}t$$

$$a_n=\frac{\int_{t_0}^{t_0+T_1}f(t)\cos n\omega_1 t\mathrm{d}t}{\int_{t_0}^{t_0+T_1}\cos^2 n\omega_1 t\mathrm{d}t}=\frac{\int_{t_0}^{t_0+T_1}f(t)\cos n\omega_1 t\mathrm{d}t}{\frac{T_1}{2}}=$$

$$\frac{2}{T_1}\int_{t_0}^{t_0+T_1}f(t)\cos n\omega_1 t\mathrm{d}t$$

同理 b_n 应满足 $$\frac{\partial E_N}{\partial b_n}=0$$

$$\frac{\partial E_N}{\partial b_n}=\frac{1}{T_1}\Big[\int_{t_0}^{t_0+T_1}-2f(t)\sin n\omega_1 t\mathrm{d}t+$$

$$2a_n\int_{t_0}^{t_0+T_1}\sin n\omega_1 t\cos n\omega_1 t\mathrm{d}t+2b_n\int_{t_0}^{t_0+T_1}\sin^2 n\omega_1 t\mathrm{d}t\Big]=0$$

由 $$\int_{t_0}^{t_0+T_1}\sin n\omega_1 t\cos \omega_1 t\mathrm{d}t=0$$

得 $$-\int_{t_0}^{t_0+T_1}2f(t)\sin n\omega_1 t\mathrm{d}t+2b_n\int_{t_0}^{t_0+T_1}\sin^2 n\omega_1 t\mathrm{d}t=0$$

即 $$b_n=\frac{\int_{t_0}^{t_0+T_1}f(t)\sin n\omega_1 t\mathrm{d}t}{\int_{t_0}^{t_0+T_1}\sin^2 n\omega_1 t\mathrm{d}t}=\frac{\int_{t_0}^{t_0+T_1}f(t)\sin n\omega_1 t\mathrm{d}t}{\frac{T_1}{2}}=$$

$$\frac{2}{T_1}\int_{t_0}^{t_0+T_1}f(t)\sin n\omega_1 t\mathrm{d}t$$

(2) 由题意知 $$\varepsilon_N(t)=f(t)-S_N(t)$$

$$E_N=\frac{1}{T_1}\int_{t_0}^{t_0+T_1}\varepsilon_N^2(t)\mathrm{d}t=$$

$$\frac{1}{T_1}\int_{t_0}^{t_0+T_1}\Big[f(t)-\sum_{n=0}^{N}(a_n\cos n\omega_1 t+b_n\sin n\omega_1 t)\Big]^2\mathrm{d}t=$$

$$\frac{1}{T_1}\int_{t_0}^{t_0+T_1}\Big[f^2(t)-2f(t)\sum_{n=0}^{N}(a_n\cos \omega_1 t+b_n\sin n\omega_1 t)+$$

$$\left(\sum_{n=0}^{N}(a_n\cos n\omega_1 t + b_n\sin n\omega_1 t)\right)^2\Big]dt =$$

$$\frac{1}{T_1}\int_{t_0}^{t_0+T_1}f^2(t)dt - \sum_{n=0}^{N}a_n\frac{2}{T_1}\int_{t_0}^{t_0+T_1}f(t)\cos n\omega_1 t\,dt -$$

$$\sum_{n=0}^{N}b_n\cdot\frac{2}{T_1}\int_{t_0}^{t_0+T_1}f(t)\sin n\omega_1 t\,dt +$$

$$\frac{1}{T_1}\int_{t_0}^{t_0+T_1}\sum_{n=0}^{N}[a_n\cos n\omega_1 t + b_n\sin n\omega_1 t]^2\,dt$$

式中 $\quad \dfrac{1}{T_1}\int_{t_0}^{t_0+T_1}\sum_{n=0}^{N}(a_n\cos n\omega_1 t + b_n\sin n\omega_1 t)^2 dt = \dfrac{1}{2}\sum_{n=0}^{N}(a_n^2 + b_n^2)$

$$\frac{1}{T_1}\int_{t_0}^{t_0+T_1}f^2(t)dt = \overline{f^2(t)}$$

2.7 将 $f_1(t)$ 作激励信号经过线性时不变系统,从理论上讲可否产生 $f_2(t)$ 或 $f_3(t)$ 的波形。为什么？

解 都不能产生。由图可见 $f_1(t)$, $f_2(t)$, $f_3(t)$ 具有相同的 T 和 τ, 且 $\tau=\dfrac{T}{2}$。

若不改虑直流分量,则 $f_1(t)=-f_1\!\left(t-\dfrac{T}{2}\right)$

为奇谐函数,其频谱中只有奇次谐波。又 $f_2(t)$ 和 $f_3(t)$ 都不是奇谐函数,其频谱必然含有偶次谐波。而线性时不变系统不会产生新的频率分量,故不能由 $f_1(t)$ 产生 $f_2(t)$, $f_3(t)$ 的波形。

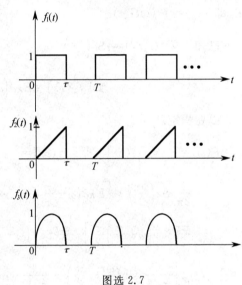

图选 2.7

2.8 求图选 2.8 所示半波余弦脉冲 $f(t)$ 的频谱。

$$f(t) = \begin{cases} E\cos\dfrac{\pi}{\tau}t & \left(|t|\leqslant\dfrac{\tau}{2}\right) \\ 0 & \left(|t|>\dfrac{\tau}{2}\right) \end{cases}$$

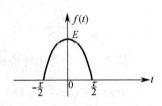

图选 2.8

解 I 由傅里叶积分的定义式计算

$$F(\omega) = \int_{-\frac{\tau}{2}}^{\frac{\tau}{2}} E\cdot\cos\frac{\pi}{\tau}t\,e^{-j\omega t}dt =$$

$$2E\int_{0}^{\frac{\tau}{2}}\cos\frac{\pi}{\tau}t\cdot\cos\omega t\,dt =$$

$$E\int_{0}^{\frac{\tau}{2}}\left[\cos\left(\frac{\pi}{\tau}+\omega\right)t + \cos\left(\frac{\pi}{\tau}-\omega\right)t\right]dt =$$

$$E\left[\frac{1}{\frac{\pi}{\tau}+\omega}\sin\left(\frac{\omega\tau}{2}+\frac{\pi}{2}\right)-\frac{1}{\frac{\pi}{\tau}-\omega}\times\sin\left(\frac{\omega\tau}{2}-\frac{\pi}{2}\right)\right]=$$

$$\frac{E\tau}{2}\left[\mathrm{Sa}\left(\frac{\omega\tau}{2}+\frac{\pi}{2}\right)+\mathrm{Sa}\left(\frac{\omega\tau}{2}-\frac{\pi}{2}\right)\right]=$$

$$E\left[\frac{1}{\frac{\pi}{\tau}+\omega}\cos\frac{\omega\tau}{2}+\frac{1}{\frac{\pi}{\tau}-\omega}\cos\frac{\omega\tau}{2}\right]=$$

$$\frac{2\pi\tau E}{\pi^2-\tau^2\omega^2}\cos\frac{\omega\tau}{2}$$

解Ⅱ 利用卷积定理

将 $f(t)$ 看做矩形脉冲 $G(t)=u\left(t+\frac{\tau}{2}\right)-u\left(t-\frac{\tau}{2}\right)$ 与余弦函数 $f_1(t)=E\cos\frac{\pi}{\tau}t$ 的乘积，即 $f(t)=f_1(t)G(t)$。

已知 $\quad \mathscr{F}[G(t)]=\tau\mathrm{Sa}\left(\frac{\omega\tau}{2}\right)$

$$\mathscr{F}[f_1(t)]=E\pi\delta\left(\omega+\frac{\pi}{\tau}\right)+E\pi\delta\left(\omega-\frac{\pi}{\tau}\right)$$

由卷积定理

$$F(\omega)=\frac{1}{2\pi}\mathscr{F}[G(t)]\cdot\mathscr{F}[f_1(t)]=$$

$$\frac{1}{2\pi}\tau\mathrm{Sa}\left(\frac{\omega\tau}{2}\right)*\left[E\pi\delta\left(\omega+\frac{\pi}{\tau}\right)+E\pi\delta(\omega-\frac{\pi}{\tau})\right]=$$

$$\frac{E\tau}{2}\mathrm{Sa}\left[\left(\omega+\frac{\pi}{\tau}\right)\frac{\tau}{2}\right]+\frac{E\tau}{2}\mathrm{Sa}\left[\left(\omega-\frac{\pi}{\tau}\right)\frac{\tau}{2}\right]=$$

$$E\left[\frac{1}{\frac{\pi}{\tau}+\omega}\sin\left(\frac{\omega\tau}{2}-\frac{\pi}{2}\right)+\frac{1}{\frac{\pi}{\tau}-\omega}\sin\left(\frac{\omega\tau}{2}-\frac{\pi}{2}\right)\right]=$$

$$\frac{2\pi\tau E}{\pi^2-\tau^2\omega^2}\cos\frac{\omega\tau}{2}$$

解Ⅲ 利用傅里叶变换的微分性质

$$f(t)=E\cos\frac{\pi}{\tau}t\left[u\left(t+\frac{\tau}{2}\right)-u\left(t-\frac{\tau}{2}\right)\right]$$

$$f'(t)=-\frac{E\pi}{\tau}\sin\frac{\pi}{\tau}t\cdot\left[u\left(t+\frac{\tau}{2}\right)-u\left(t-\frac{\tau}{2}\right)\right]+E\cos\frac{\pi}{\tau}t\cdot\left[\delta\left(t+\frac{\tau}{2}\right)-\delta(t-\frac{\tau}{2})\right]=$$

$$-\frac{E\pi}{\tau}\sin\frac{\pi}{\tau}t\cdot\left[u\left(t+\frac{\tau}{2}\right)-u\left(t-\frac{\tau}{2}\right)\right]$$

$$f''(t)=-\frac{E\pi^2}{\tau^2}\cos\frac{\pi}{\tau}t\left[u\left(t+\frac{\tau}{2}\right)-u\left(t-\frac{\tau}{2}\right)\right]-\frac{E\pi}{\tau}\sin\frac{\pi}{\tau}t\cdot\left[\delta\left(t+\frac{\tau}{2}\right)-\delta\left(t-\frac{\tau}{2}\right)\right]=$$

$$-\frac{E\pi^2}{\tau^2}\cos\frac{\pi}{\tau}t\cdot\left[u\left(t+\frac{\tau}{2}\right)-u\left(t-\frac{\tau}{2}\right)\right]+\frac{E\pi}{\tau}\cdot\left[\delta\left(t+\frac{\tau}{2}\right)+\delta\left(t-\frac{\tau}{2}\right)\right]$$

整理有

$$\frac{\pi^2}{\tau^2}f(t)+f''(t)+=\frac{E\pi}{\tau}\cdot\left[\delta\left(t+\frac{\tau}{2}\right)+\delta\left(t-\frac{\tau}{2}\right)\right]$$

对上式两边取傅里叶变换

$$\frac{\pi^2}{\tau^2}F(\omega)+(j\omega)^2F(\omega)=\frac{E\pi}{\tau}(e^{j\frac{\omega\tau}{2}}+e^{-j\frac{\omega\tau}{2}})$$

整理得

$$F(\omega)=\frac{1}{\frac{\pi^2}{\tau^2}-\omega^2}\frac{2E\pi}{\tau}\cos\frac{\omega\tau}{2}=$$

$$\frac{2\pi\tau E}{\pi^2-\omega^2\tau^2}\cos\frac{\omega\tau}{2}$$

$F(\omega)$还可以整理成

$$F(\omega)=\frac{E\tau}{2}\left[\mathrm{Sa}\left(\frac{\omega\tau}{2}+\frac{\pi}{2}\right)+\mathrm{Sa}\left(\frac{\omega\tau}{2}-\frac{\pi}{2}\right)\right]$$

2.9 试不直接用傅里叶变换公式求图选 2.9 所示

$$x(t)=\begin{cases}|\sin\pi t| & (|t|<1)\\ 0 & (\text{其他 }t\text{ 值})\end{cases}$$

的傅里叶变换 $X(\omega)$。

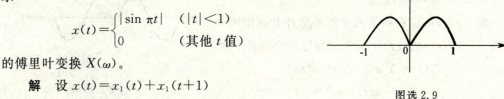

图选 2.9

解 设 $x(t)=x_1(t)+x_1(t+1)$

$$x_1(t)=\sin\pi t[u(t)-u(t-1)]$$

$$\mathscr{F}[\sin\pi t]=\frac{\pi}{j}[\delta(\omega-\pi)-\delta(\omega+\pi)]$$

$$\mathscr{F}[u(t)-u(t-1)]=\mathrm{Sa}(\frac{\omega}{2})e^{-j\frac{\omega}{2}}$$

$$X_1(\omega)=\frac{1}{2\pi}\frac{\pi}{j}[\delta(\omega-\pi)-\delta(\omega+\pi)]*\mathrm{Sa}(\frac{\omega}{2})e^{-j\frac{\omega}{2}}=$$

$$\frac{1}{2j}\left[\mathrm{Sa}\left(\frac{\omega-\pi}{2}\right)e^{-j\frac{\omega-\pi}{2}}-\mathrm{Sa}\left(\frac{\omega+\pi}{2}\right)e^{-j\frac{\omega+\pi}{2}}\right]$$

$$X(\omega)=X_1(\omega)(1+e^{j\omega})=$$

$$\frac{1}{2j}\left[\mathrm{Sa}\left(\frac{\omega-\pi}{2}\right)e^{-j\frac{\omega-\pi}{2}}-\mathrm{Sa}\left(\frac{\omega+\pi}{2}\right)e^{-j\frac{\omega+\pi}{2}}-\right]+$$

$$\frac{1}{2j}\left[\mathrm{Sa}\left(\frac{\omega-\pi}{2}\right)e^{j\frac{\omega+\pi}{2}}-\mathrm{Sa}\left(\frac{\omega+\pi}{2}\right)e^{j\frac{\omega-\pi}{2}}\right]=$$

$$\frac{1}{j}\mathrm{Sa}\left(\frac{\omega-\pi}{2}\right)e^{j\frac{\pi}{2}}\cos\frac{\omega}{2}-\frac{1}{j}\mathrm{Sa}\left(\frac{\omega+\pi}{2}\right)e^{-j\frac{\pi}{2}}\cos\frac{\omega}{2}=$$

$$\cos\frac{\omega}{2}\left[\mathrm{Sa}\left(\frac{\omega-\pi}{2}\right)+\mathrm{Sa}\left(\frac{\omega+\pi}{2}\right)\right]$$

2.10 求图选 2.10 所示单周正弦脉冲 $f(t)$ 的傅里叶变换 $F(\omega)$ 表达式。

解 图示信号 $f(t)$ 可以看做是单个矩形脉冲被正弦调制,即

$$f(t)=[u(t)-u(t-T)]\sin\omega_0 t$$

其中 $\omega_0 = \dfrac{2\pi}{T}$

因为 $\mathscr{F}[u(t)-u(t-T)] = T\mathrm{Sa}\left(\dfrac{\omega T}{2}\right)\mathrm{e}^{-\mathrm{j}\frac{T}{2}\omega}$

$\mathscr{F}[\sin\omega_0 t] = \dfrac{\pi}{\mathrm{j}}[\delta(\omega-\omega_0)-\delta(\omega+\omega_0)]$

所以 $F(\omega) = \dfrac{1}{2\pi}T\mathrm{Sa}\left(\dfrac{\omega T}{2}\right)\mathrm{e}^{-\mathrm{j}\frac{\omega T}{2}} *$

$\dfrac{\pi}{\mathrm{j}}[\delta(\omega-\omega_0)-\delta(\omega+\omega_0)] =$

$\dfrac{T}{2\mathrm{j}}\left\{\mathrm{Sa}\left[\dfrac{(\omega-\omega_0)T}{2}\right]\mathrm{e}^{\mathrm{j}(\omega-\omega_0)\frac{T}{2}} - \mathrm{Sa}\left[\dfrac{(\omega+\omega_0)T}{2}\right]\mathrm{e}^{-\mathrm{j}(\omega+\omega_0)\frac{T}{2}}\right\} =$

$\dfrac{\mathrm{j}T}{2}\left\{\mathrm{Sa}\left[\dfrac{(\omega-\omega_0)T}{2}\right] - \mathrm{Sa}\left[\dfrac{(\omega+\omega_0)T}{2}\right]\right\}\mathrm{e}^{-\mathrm{j}\frac{\omega T}{2}}$

图选 2.10

2.11 图选 2.11 所示信号 $g(t)$ 由两个反向的 $\sin\omega_0 t$ 正弦波周期拼成，求其频谱密度函数 $G(\omega)$，并计算 $G(0)$ 和 $G(\omega_0)$ 之值。

解 $g(t)$ 可以看做是两个矩形脉冲分别用两个反相正弦波调制的波形。两个矩形脉冲分别表示为

$f_2(t) = A[u(t+T)-u(t)]$
$f_1(t) = A[u(t)-u(t-T)]$

其频谱分别为

$$F_1(\omega) = AT\mathrm{Sa}\left(\dfrac{\omega T}{2}\right)\mathrm{e}^{-\mathrm{j}\frac{\omega T}{2}}$$

$$F_2(\omega) = AT\mathrm{Sa}\left(\dfrac{\omega T}{2}\right)\mathrm{e}^{\mathrm{j}\frac{\omega T}{2}}$$

图选 2.11

信号 $g(t)$ 表示为

$$g(t) = f_1(t)(-\sin\omega_0 t) + f_2(t)\sin\omega_0 t$$

所以 $G(\omega) = -\dfrac{AT}{2\mathrm{j}}\left[\mathrm{Sa}\left(\dfrac{(\omega-\omega_0)T}{2}\right)\mathrm{e}^{-\mathrm{j}\frac{(\omega-\omega_0)T}{2}} - \mathrm{Sa}\left(\dfrac{(\omega+\omega_0)T}{2}\right)\mathrm{e}^{-\mathrm{j}\frac{(\omega+\omega_0)T}{2}}\right] +$

$\dfrac{AT}{2\mathrm{j}}\left[\mathrm{Sa}\left(\dfrac{(\omega-\omega_0)T}{2}\right)\mathrm{e}^{\mathrm{j}\frac{(\omega-\omega_0)T}{2}} - \mathrm{Sa}\left(\dfrac{(\omega+\omega_0)T}{2}\right)\mathrm{e}^{\mathrm{j}\frac{(\omega+\omega_0)T}{2}}\right] =$

$\dfrac{AT}{2\mathrm{j}}\left\{\mathrm{Sa}\left(\dfrac{(\omega-\omega_0)T}{2}\right)\left[\mathrm{e}^{\mathrm{j}\frac{(\omega-\omega_0)T}{2}} - \mathrm{e}^{-\mathrm{j}\frac{(\omega-\omega_0)T}{2}}\right] -\right.$

$\left.\mathrm{Sa}\left(\dfrac{(\omega+\omega_0)T}{2}\right)\left[\mathrm{e}^{\mathrm{j}\frac{(\omega+\omega_0)T}{2}} - \mathrm{e}^{-\mathrm{j}\frac{(\omega+\omega_0)T}{2}}\right]\right\} =$

$AT\left[\mathrm{Sa}\left(\dfrac{(\omega-\omega_0)T}{2}\right)\sin\dfrac{\omega-\omega_0}{2}T - \mathrm{Sa}\left(\dfrac{(\omega+\omega_0)T}{2}\right)\sin\dfrac{(\omega+\omega_0)T}{2}\right]$

由图可知 $\omega_0 = \dfrac{2\pi}{T}$, $\omega_0 T = 2\pi$

故 $G(0)=AT\left[\text{Sa}\left(\dfrac{-\omega_0 T}{2}\right)\sin\left(\dfrac{-\omega_0 T}{2}\right)-\text{Sa}\left(\dfrac{\omega_0 T}{2}\right)\sin\dfrac{\omega_0 T}{2}\right]=0$

$G(\omega_0)=AT[\text{Sa}(0)\sin(0)-\text{Sa}(\omega_0 T)\sin(\omega_0 T)]=0$

2.12 利用傅里叶变换性质求 $f(t)$ 的 $F(\omega)$。

解 $f(t)=[2+\sin\omega_0 t][u(t+2)-u(t-2)]$

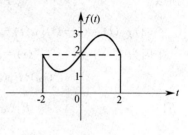

图选 2.12

其中 $\omega_0=\dfrac{2\pi}{T}=\dfrac{\pi}{2}$

因为 $\mathscr{F}[2+\sin\omega_0 t]=4\pi\delta(\omega)+\dfrac{\pi}{j}[\delta(\omega-\omega_0)-\delta(\omega+\omega_0)]$

$\mathscr{F}[u(t+2)-u(t-2)]=4\text{Sa}(2\omega)$

所以 $F(\omega)=\dfrac{1}{2\pi}\left\{4\text{Sa}(2\omega)*\left[4\pi\delta(\omega)+\dfrac{\pi}{j}[\delta(\omega-\omega_0)-\delta(\omega+\omega_0)]\right]\right\}=$

$8\text{Sa}(2\omega)+\dfrac{1}{2j}\text{Sa}[2(\omega-\omega_0)]-\dfrac{1}{2j}\text{Sa}[2(\omega+\omega_0)]=$

$8\text{Sa}(2\omega)+\dfrac{1}{2j}[\text{Sa}(2\omega-\pi)-\text{Sa}(2\omega+\pi)]$

2.13 求下列信号 $f_i(t)$ 的频谱函数 $F_i(\omega)$。

(1) $f_1(t)=\begin{cases} E\sin\dfrac{2\pi}{T}t & \left(-\dfrac{T}{2}\leqslant t\leqslant\dfrac{T}{2}\right) \\ 0 & (t\text{ 为其他值}) \end{cases}$

(2) $f_2(t)=\begin{cases} 1-t & (0\leqslant t\leqslant 1) \\ 0 & (t\text{ 为其他值}) \end{cases}$

(3) $f_3(t)=\begin{cases} 1-t^2 & (0\leqslant t\leqslant 1) \\ 0 & (t\text{ 为其他值}) \end{cases}$

解 (1) $f_1(t)=E\sin\dfrac{2\pi}{T}t\left[u\left(t+\dfrac{T}{2}\right)-u\left(t-\dfrac{T}{2}\right)\right]$

$\mathscr{F}\left[\sin\dfrac{2\pi}{T}t\right]=\dfrac{\pi}{j}\left[\delta\left(\omega-\dfrac{2\pi}{T}\right)-\delta\left(\omega+\dfrac{2\pi}{T}\right)\right]$

$\mathscr{F}\left[u\left(t+\dfrac{T}{2}\right)-u\left(t-\dfrac{T}{2}\right)\right]=T\text{Sa}\left(\dfrac{\omega T}{2}\right)$

故 $F_1(\omega)=\dfrac{\pi E}{j}\left[\delta\left(\omega+\dfrac{2\pi}{T}\right)-\delta\left(\omega-\dfrac{2\pi}{T}\right)\right]*T\text{Sa}\left(\dfrac{\omega T}{2}\right)=$

$\dfrac{TE\pi}{j}\left[\text{Sa}\left(\dfrac{T\left(\omega-\dfrac{2\pi}{T}\right)}{2}\right)-\text{Sa}\left(\dfrac{T\left(\omega+\dfrac{2\pi}{T}\right)}{2}\right)\right]$

(2)

解 I $F_2(\omega)=\displaystyle\int_0^1(1-t)e^{-j\omega t}\,dt=$

$\dfrac{1}{j\omega}(1-e^{-j\omega})+\dfrac{1}{j\omega}e^{-j\omega}+\dfrac{1}{\omega^2}(1-e^{-j\omega})=$

$\dfrac{1}{j\omega}+\dfrac{1}{\omega^2}-\dfrac{1}{\omega^2}e^{-j\omega}$

解 II 因为 $f_2''(t) = \delta'(t) - \delta(t) + \delta(t-1)$
$$(j\omega)^2 F_2(\omega) = j\omega - 1 + e^{-j\omega}$$

所以 $$F_2(\omega) = \frac{1}{j\omega} + \frac{1}{\omega^2}(1 - e^{-j\omega})$$

(3) $f_3(t) = (1-t^2)[u(t) - u(t-1)]$

因为 $f_3'''(t) = \delta''(t) - 2\delta(t) + 2\delta(t-1) + 2\delta'(t-1)$
$$(j\omega)^3 F_3(\omega) = (j\omega)^2 - 2 + 2e^{-j\omega} + 2j\omega e^{-j\omega}$$

所以 $$F_3(\omega) = \frac{1}{j\omega} - \frac{2}{(j\omega)^3} + \frac{2e^{-j\omega}}{(j\omega)^3} + \frac{2e^{-j\omega}}{(j\omega)^2} =$$
$$\frac{2}{\omega^2}\mathrm{Sa}\left(\frac{\omega}{2}\right)e^{-j\frac{\omega}{2}} - \frac{2}{\omega^2}e^{-j\omega} + \frac{1}{j\omega}$$

2.14 求下列函数的频谱函数 $F(\omega)$。

(1) $te^{-\alpha t}\cos\omega_0 t u(t)$

(2) $f^2(t)\cos\omega_0 t$

(3) $\frac{\sin t}{t}$

解 (1) 设 $f_1(t) = e^{-\alpha t}\cos\omega_0 t u(t) =$
$$\frac{1}{2}e^{-\alpha t}(e^{j\omega_0 t} + e^{-j\omega_0 t}) =$$
$$\frac{1}{2}[e^{-(\alpha-j\omega_0)t} + e^{-(\alpha+j\omega_0)t}]$$

则 $$F_1(\omega) = \frac{1}{2}\left[\frac{1}{j\omega+\alpha-j\omega_0} + \frac{1}{j\omega+\alpha+j\omega_0}\right] =$$
$$\frac{\alpha+j\omega}{(\alpha+j\omega)^2+\omega_0^2}$$

根据频域微分性质
$$\frac{dF_1(\omega)}{d\omega} \longleftrightarrow -jtf_1(t)$$

所以 $$F(\omega) = \mathscr{F}[tf_1(t)] = \frac{1}{-j}\frac{dF_1(\omega)}{d\omega} =$$
$$j\frac{d}{d\omega}\left(\frac{\alpha+j\omega}{(\alpha+j\omega)^2+\omega_0^2}\right) =$$
$$\frac{(\alpha+j\omega)^2-\omega_0^2}{[(\alpha+j\omega)^2+\omega_0^2]^2}$$

(2) 设 $\mathscr{F}[f(t)] = F(\omega)$

又 $\mathscr{F}[\cos\omega_0 t] = \pi[\delta(\omega+\omega_0) + \delta(\omega-\omega_0)]$

故 $\mathscr{F}[f^2(t)\cos\omega_0 t] =$
$$\left(\frac{1}{2\pi}\right)^2 F(\omega) * F(\omega) * \pi[\delta(\omega+\omega_0) + \delta(\omega-\omega_0)] =$$
$$\frac{1}{4\pi}F(\omega) * [F(\omega+\omega_0) + F(\omega-\omega_0)]$$

(3)对单个矩形脉冲 $f(t)=u(t+1)-u(t-1)$

傅里叶变换可得 $F(\omega)=\dfrac{2\sin\omega}{\omega}$,根据傅里叶变换的对称性则有

$$F(t)=2\dfrac{\sin t}{t}\overset{\mathscr{F}}{\longleftrightarrow}2\pi f(\omega)$$

所以 $\quad\dfrac{\sin t}{t}\overset{\mathscr{F}}{\longleftrightarrow}\pi f(\omega)=\pi[u(\omega+1)-u(\omega-1)]$

2.15 已知 $\mathscr{F}[f_1(t)]=F_1(\omega),f_2(t)=\int_{-\infty}^{t}f_1(2(\tau-1))\mathrm{d}\tau$

求 $F_2(\omega)=\mathscr{F}[f_2(t)]$

解 由 $\mathscr{F}[f_1(t)]=F_1(\omega)$

有 $\quad\mathscr{F}[f_1(2(t-1))]=\dfrac{1}{2}F_1\left(\dfrac{\omega}{2}\right)\mathrm{e}^{-\mathrm{j}\omega}$

所以 $\quad F_2(\omega)=\mathscr{F}[f_2(t)]=\mathscr{F}\left[\int_{-\infty}^{t}f_1(2(\tau-1))\mathrm{d}\tau\right]=$

$\mathscr{F}[f_1(2(t-1))*u(t)]=$

$\dfrac{1}{2}F_1\left(\dfrac{\omega}{2}\right)\mathrm{e}^{-\mathrm{j}\omega}\cdot\left[\dfrac{1}{\mathrm{j}\omega}+\pi\delta(\omega)\right]=$

$\dfrac{1}{2\mathrm{j}\omega}F_1\left(\dfrac{\omega}{2}\right)\mathrm{e}^{-\mathrm{j}\omega}+\dfrac{\pi}{2}F_1(0)\delta(\omega)$

2.16 试求取与下列频谱密度函数相对应的时间函数 $f(t)$。

$$F(\omega)=\dfrac{aE}{\mathrm{j}\omega(a+\mathrm{j}\omega)}(1-\mathrm{e}^{-\mathrm{j}\omega\tau})$$

解 因为 $\dfrac{aE}{\mathrm{j}\omega+a}\overset{\mathscr{F}}{\longleftrightarrow}aE\mathrm{e}^{-at}u(t)=f_1(t)$,又

$\dfrac{aE}{\mathrm{j}\omega(a+\mathrm{j}\omega)}\overset{\mathscr{F}}{\longleftrightarrow}\int_{-\infty}^{t}f_1(\tau)\mathrm{d}\tau=\int_{0}^{t}aE\mathrm{e}^{-a\tau}\mathrm{d}\tau=E(1-\mathrm{e}^{-at})u(t)$ (积分性质)

所以 $\quad f(t)=\mathscr{F}^{-1}[F(\omega)]=E(1-\mathrm{e}^{-at})u(t)-E(1-\mathrm{e}^{-a(t-\tau)})u(t-\tau)$

2.17 求下列频谱函数 $F_i(\omega)$ 的原函数 $f_i(t)$。

(1) $F_1(\omega)=\mathrm{j}\pi\,\mathrm{sgn}(\omega)$ \qquad (2) $F_2(\omega)=\dfrac{\sin 5\omega}{\omega}$

(3) $F_3(\omega)=\dfrac{(\mathrm{j}\omega)^2+5\mathrm{j}\omega-8}{(\mathrm{j}\omega)^2+6\mathrm{j}\omega+5}$

解 (1)根据傅里叶变换的对称性

因为 $\mathrm{sgn}(t)\longleftrightarrow\dfrac{2}{\mathrm{j}\omega}$

又 $\dfrac{2}{\mathrm{j}t}\longleftrightarrow 2\pi\,\mathrm{sgn}(-\omega)=-2\pi\mathrm{sgn}(\omega)$

所以 $\quad f_1(t)=\mathscr{F}^{-1}[\mathrm{j}\pi\mathrm{sgn}(\omega)]=-\dfrac{1}{t}$

(2)根据傅里叶变换的对称性

因为 $\mathscr{F}[u(t+1)-u(t-1)]=2\dfrac{\sin\omega}{\omega}$

所以 $f_2(t)=\mathscr{F}^{-1}\left[\dfrac{1}{2}\cdot 10\dfrac{\sin 5\omega}{5\omega}\right]=\dfrac{1}{2}[(u(t+5)-u(t-5)]$

(3) $F_3(\omega)=\dfrac{(j\omega)^2+5j\omega-8}{(j\omega)^2+6j\omega+5}=1-\dfrac{j\omega+13}{(j\omega)^2+6j\omega+5}=$

$1+\dfrac{-3}{j\omega+1}+\dfrac{2}{j\omega+5}$

所以 $f_3(t)=\mathscr{F}^{-1}[F_3(\omega)]=\delta(t)-3e^{-t}u(t)+2e^{-5t}u(t)$

2.18 已知 $\mathscr{F}[f(t)]=F(\omega)$，若 $g(t)=(1-t)f(1-t)$，试求 $g(t)$ 的傅里叶变换 $G(\omega)$。

解 本题可由定义直接计算，也可应用傅里叶变换性质（主要是时移特性，频域微分性质和翻转特性）得出。

解Ⅰ $G(\omega)=\displaystyle\int_{-\infty}^{\infty}(1-t)f(1-t)e^{-j\omega t}dt=$ （令 $x=1-t, t=1-x$）

$\displaystyle\int_{-\infty}^{\infty}xf(x)e^{j\omega x}e^{-j\omega}dx=$

$e^{-j\omega}\displaystyle\int_{-\infty}^{\infty}xf(x)e^{j\omega x}dx=j\cdot e^{-j\omega}\dfrac{dF(-\omega)}{d(-\omega)}=$

$-j\dfrac{dF(-\omega)}{d\omega}e^{-j\omega}$

解Ⅱ $tf(t)\longleftrightarrow j\dfrac{dF(\omega)}{d\omega}$ （频域微分性质）

$(t+1)f(t+1)\longleftrightarrow j\dfrac{dF(\omega)}{d\omega}e^{j\omega}$ （时移特性）

$(1-t)f(1-t)\longleftrightarrow -j\dfrac{dF(-\omega)}{d\omega}e^{-j\omega}$ （翻转特性）

$=g(t) \qquad =G(\omega)$ $(f(-t)\longleftrightarrow F(-\omega))$

解Ⅲ $f(t+1)\longleftrightarrow e^{j\omega}F(\omega)$ （时移性质）

$f(1-t)\longleftrightarrow F(-\omega)e^{-j\omega}$ （翻转特性）

$g(t)=(1-t)f(1-t)\longleftrightarrow G(\omega)$ （频域微分性质）

$=-tf(1-t)+f(1-t) \qquad =-j\dfrac{dF(-\omega)e^{-j\omega}}{d\omega}+F(-\omega)e^{-j\omega}=$

$-j\dfrac{dF(-\omega)}{d\omega}e^{-j\omega}-F(-\omega)e^{-j\omega}+F(-\omega)e^{-j\omega}=$

$-j\dfrac{dF(-\omega)}{d\omega}e^{-j\omega}$

解Ⅳ $f(-t)\longleftrightarrow F(-\omega)$ （翻转特性）

$-tf(t)\longleftrightarrow -j\dfrac{dF(-\omega)}{d\omega}$ （频域微分特性）

$-(t-1)f(-(t-1))\longleftrightarrow -j\dfrac{dF(-\omega)}{d\omega}e^{-j\omega}$ （时移特性）

$=g(t) \qquad =G(\omega)$

2.19 已知矩形脉冲 $f(t)$ 如图选 2.19 所示。求函数

$$w(\xi)=f(t+\frac{\xi}{2})\cdot f(t-\frac{\xi}{2})$$

的傅里叶变换，即

$$\mathscr{F}[w(\xi)]=\int_{-\infty}^{\infty}f(t+\frac{\xi}{2})f(t-\frac{\xi}{2})e^{-j\omega\xi}d\xi$$

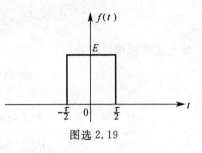

图选 2.19

解 $w(\xi)=f(t+\frac{\xi}{2})f(t-\frac{\xi}{2})=$

$$\left[u\left(t+\frac{\tau}{2}+\frac{\xi}{2}\right)-u\left(t-\frac{\tau}{2}+\frac{\xi}{2}\right)\right]\left[u\left(t+\frac{\tau}{2}-\frac{\xi}{2}\right)-u\left(t-\frac{\tau}{2}-\frac{\xi}{2}\right)\right]=$$

$$u\left(t+\frac{\tau}{2}-\frac{\xi}{2}\right)-u\left(t-\frac{\tau}{2}+\frac{\xi}{2}\right)$$

$$\mathscr{F}[w(\xi)]=\mathscr{F}\left[u\left(-\frac{1}{2}(\xi-2t-\tau)\right)-u\left(\frac{1}{2}(\xi+2t-\tau)\right)\right]=$$

$$\left(\frac{1}{2}\pi\delta(\omega)-\frac{1}{j2\omega}\right)e^{j2\omega(2t+\tau)}-\left(\frac{1}{2}\pi\delta(\omega)+\frac{1}{j2\omega}\right)e^{j2\omega(2t-\tau)}=$$

$$\frac{-1}{j2\omega}e^{j4\omega t}\left[e^{j2\omega\tau}-e^{-j2\omega\tau}\right]=-\frac{1}{\omega}e^{j4\omega t}\sin 2\omega\tau$$

2.20 利用频移、延时等特性，求图选 2.20.1 所示信号的频谱函数。

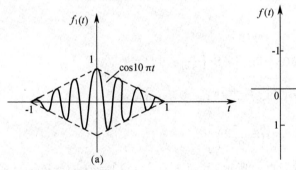
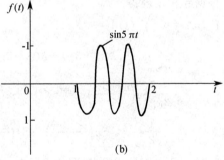

图选 2.20.1

解 (1) $f_1(t)=f_0(t)\cdot\cos 10\pi t$

式中 $f_0(t)$ 及其导数如图选 2.20.2 所示。

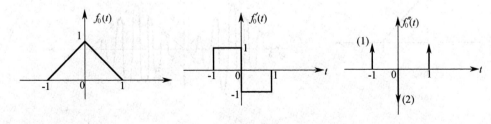

图选 2.20.2

$$\frac{\mathrm{d}^2 f_0(t)}{\mathrm{d}t^2} = \delta(t+1) + \delta(t-1) - 2\delta(t)$$

对上式求傅里叶变换

$$(j\omega)^2 F_0(\omega) = e^{j\omega} + e^{-j\omega} - 2$$

$$F_0(\omega) = \frac{4\sin^2\frac{\omega}{2}}{\omega^2} = \mathrm{Sa}^2\left(\frac{\omega}{2}\right)$$

又 $\quad \mathscr{F}[\cos 10\pi t] = \pi[\delta(\omega - 10\pi) + \delta(\omega + 10\pi)]$

根据卷积定理

$$F_1(\omega) = \mathscr{F}[f_1(t)] = \frac{1}{2\pi} \cdot \left\{\mathrm{Sa}^2\left(\frac{\omega}{2}\right) * \pi[\delta(\omega - 10\pi) + \delta(\omega + 10\pi)]\right\} =$$
$$\frac{1}{2}\left[\mathrm{Sa}^2\left(\frac{\omega - 10\pi}{2}\right) + \mathrm{Sa}^2\left(\frac{\omega + 10\pi}{2}\right)\right]$$

(2) $f_2(t) = \sin 5\pi t [u(t-1) - u(t-2)]$

因为 $\mathscr{F}\left[u\left(t+\frac{1}{2}\right) - u\left(t-\frac{1}{2}\right)\right] = \mathrm{Sa}\left(\frac{\omega}{2}\right)$

$$\mathscr{F}[u(t-1) - u(t-2)] = \mathrm{Sa}\left(\frac{\omega}{2}\right) e^{-j\frac{3}{2}\omega}$$

又 $\quad \mathscr{F}[\sin 5\pi t] = \frac{\pi}{j}[\delta(\omega - 5\pi) - \delta(\omega + 5\pi)]$

根据卷积定理得

$$F_2(\omega) = \mathscr{F}[f_2(t)] =$$
$$\frac{1}{2\pi} \cdot \left\{\frac{\pi}{j}[\delta(\omega - 5\pi) - \delta(\omega + 5\pi)] * \mathrm{Sa}\left(\frac{\omega}{2}\right) e^{-j\frac{3}{2}\omega}\right\} =$$
$$\frac{1}{2j}\left[\mathrm{Sa}\left(\frac{\omega - 5\pi}{2}\right) e^{-j\frac{3}{2}(\omega - 5\pi)} - \mathrm{Sa}\left(\frac{\omega + 5\pi}{2}\right) e^{-j\frac{3}{2}(\omega + 5\pi)}\right] =$$
$$-\frac{1}{2} e^{-j\frac{3}{2}\omega}\left[\mathrm{Sa}\left(\frac{\omega - 5\pi}{2}\right) + \mathrm{Sa}\left(\frac{\omega + 5\pi}{2}\right)\right]$$

2.21 已知信号 $f(t)$ 如图选 2.21(a)所示,其频谱 $\mathscr{F}[f(t)] = a(\omega) - jb(\omega)$,式中 $a(\omega)$ 和 $b(\omega)$ 均为 ω 的实函数,试求图选 2.21(b)所示信号 $g(t)$ 的频谱。

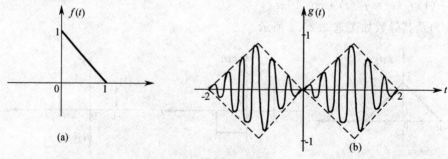

图选 2.21

解 $g(t) = \sin\omega_0 t[f(-t-1) + f(t+1) + f(-t+1) + f(t-1)]$

因为 $\quad \mathscr{F}[\sin\omega_0 t] = \frac{\pi}{j}[\delta(\omega - \omega_0) - \delta(\omega + \omega_0)]$

$$\mathscr{F}[f(t)] = a(\omega) - jb(\omega) = F(\omega)$$
$$f(t-1) \longleftrightarrow [a(\omega) - jb(\omega)]e^{-j\omega}$$
$$f(t+1) \longleftrightarrow [a(\omega) - jb(\omega)]e^{j\omega}$$
$$f(-t-1) \longleftrightarrow [a(-\omega) - jb(-\omega)]e^{j\omega}$$
$$f(-t+1) \longleftrightarrow [a(-\omega) - jb(-\omega)]e^{-j\omega}$$

所以 $G(\omega) = \dfrac{1}{2\pi}\dfrac{\pi}{j}[\delta(\omega-\omega_0) - \delta(\omega+\omega_0)] * \{[a(\omega) - jb(\omega)][e^{j\omega} + e^{-j\omega}] + [a(-\omega) - jb(-\omega)][e^{j\omega} + e^{-j\omega}]\} =$

$\dfrac{1}{2j}[\delta(\omega-\omega_0) - \delta(\omega+\omega_0)] *$

$2\{[a(\omega) - jb(\omega)] + [a(-\omega) - jb(-\omega)]\}\cos \omega =$

$\dfrac{1}{j}\cos \omega \cdot 2a(\omega) * [\delta(\omega-\omega_0) - \delta(\omega+\omega_0)] =$

$\dfrac{2}{j}[\cos(\omega-\omega_0)a(\omega-\omega_0) - \cos(\omega+\omega_0)a(\omega+\omega_0)]$

2.22 图选 2.22.1 所示信号 $f(t)$，其傅里叶变换 $F(\omega) = |F(\omega)|e^{j\varphi(\omega)}$，试写出 $F(0)$ 和 $\varphi(\omega)$。

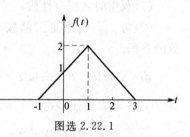

图选 2.22.1

解 设信号 $f_1(t)$ 及其导数如图选 2.22.2 所示。

因为 $f_1''(t) = \delta(t+2) + \delta(t-2) - 2\delta(t)$

$(j\omega)^2 F_1(\omega) = e^{j2\omega} + e^{-j2\omega} - 2$

所以 $F_1(\omega) = \dfrac{e^{j2\omega} + e^{-j2\omega} - 2}{-\omega^2} =$

$\dfrac{2 - 2\cos 2\omega}{\omega^2} = 4\dfrac{\sin^2 \omega}{\omega^2} =$

$4\text{Sa}^2(\omega)$

$F_1(0) = 4$

又 $f(t) = f_1(t-1)$

所以 $F(\omega) = F_1(\omega)e^{-j\omega} = 4\dfrac{\sin^2 \omega}{\omega^2}e^{-j\omega}$

故 $\varphi(\omega) = -\omega$

$F(0) = F_1(0) = 4$

2.23 已知非周期信号 $f(t)$ 如图选 2.23.1 所示，试求其频谱密度函数 $F(\omega)$。

解 由图选 2.23.1 可见，$f(t)$ 包含一直流分量，即
$$f(t) = 1 + f_1(t)$$
其中直流分量频谱为 $2\pi\delta(\omega)$。

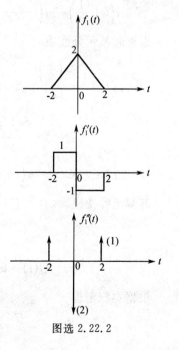

图选 2.22.2

将 $f(t)$ 求导 $f_1'(t), f_1''(t)$，则
$$f_1''(t) = \delta(t+4) - 2\delta(t+3) + \delta(t+2) + \delta(t-2) - 2\delta(t-3) + \delta(t-4)$$

$f_1(t), f_1'(t)$ 和 $f_1''(t)$ 如图选 2.23.2 所示。

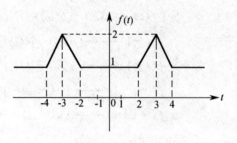

图选 2.23.1

利用傅里叶变换的微分性质可得
$$(j\omega)^2 F_1(\omega) = e^{j4\omega} - 2e^{j3\omega} + e^{j2\omega} + e^{-j2\omega} - 2e^{-j3\omega} + e^{-j4\omega}$$
$$F_1(\omega) = -\frac{2}{\omega^2}[\cos 2\omega - 2\cos 3\omega + \cos 4\omega]$$

所以
$$F(\omega) = 2\pi\delta(\omega) + F_1(\omega) = 2\pi\delta(\omega) + \frac{2}{\omega^2}[2\cos 3\omega - \cos 2\omega - \cos 4\omega]$$

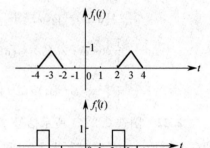

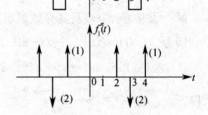

2.24 试用下列方法求图选 2.24 所示信号的频谱。

(1) 利用时域积分性质；

(2) 将 $f(t)$ 看做是门函数 $G(t)$ 与单位阶跃函数的卷积。

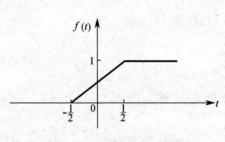

图选 2.23.2

解 (1) $f(t) = t(+\frac{1}{2})u(t+\frac{1}{2}) - (t-\frac{1}{2})u(t-\frac{1}{2})$

将 $f(t)$ 表示成积分形式
$$f(t) = \int_{-\infty}^{t}\left[u\left(\tau+\frac{1}{2}\right) - u\left(\tau-\frac{1}{2}\right)\right]d\tau$$
$$\mathscr{F}\left[u\left(t+\frac{1}{2}\right) - u\left(t-\frac{1}{2}\right)\right] = \text{Sa}\left(\frac{\omega}{2}\right)$$

根据时域积分性质
$$\mathscr{F}[f(t)] = \frac{\text{Sa}\left(\frac{\omega}{2}\right)}{j\omega} + \text{Sa}\left(\frac{\omega}{2}\right)\pi\delta(\omega) = \pi\delta(\omega) + \frac{\text{Sa}\left(\frac{\omega}{2}\right)}{j\omega}$$

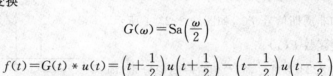

图选 2.24

(2) 设门函数 $G(t) = u\left(t+\frac{1}{2}\right) - u\left(t-\frac{1}{2}\right)$

其傅里叶变换
$$G(\omega) = \text{Sa}\left(\frac{\omega}{2}\right)$$
$$f(t) = G(t) * u(t) = \left(t+\frac{1}{2}\right)u\left(t+\frac{1}{2}\right) - \left(t-\frac{1}{2}\right)u\left(t-\frac{1}{2}\right)$$

根据卷积定理
$$\mathscr{F}[f(t)] = \mathscr{F}[G(t)] \cdot \mathscr{F}[u(t)] =$$

$$\text{Sa}\left(\frac{\omega}{2}\right)\left[\pi\delta(\omega)+\frac{1}{j\omega}\right]=$$

$$\pi\delta(\omega)+\frac{\text{Sa}\left(\frac{\omega}{2}\right)}{j\omega}$$

2.25 已知信号 $f_1(t)$ 的傅里叶变换 $F_1(\omega)$ 如图选 2.25 所示,若将 $f_1(t)$ 分别时移 $0,\pm\frac{2\pi}{\omega_0},\pm\frac{4\pi}{\omega_0},\cdots,\pm k\frac{2\pi}{\omega_0}$ 秒,由这些时移函数之和组成的信号 $f_2(t)$,即

$$f_2(t)=\sum_{k=-\infty}^{\infty}f_1\left(t-k\frac{2\pi}{\omega_0}\right)$$

试求 $f_2(t)$ 的闭合表示式(即由有限项组成的式子)。

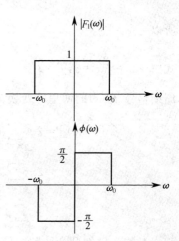

图选 2.25

解 由题意知 $f_2(t)$ 相当于 $f_1(t)$ 与均匀冲激序列卷积的结果,即

$$f_2(t)=\sum_{k=-\infty}^{\infty}f_1(t-k\frac{2\pi}{\omega_0})=f_1(t)*\sum_{k=-\infty}^{\infty}\delta(t-k\frac{2\pi}{\omega_0})$$

又知均匀冲激序列的傅里叶变换仍是均匀冲激序列,即

$$\sum_{k=-\infty}^{\infty}\delta\left(t-k\frac{2\pi}{\omega_0}\right)\Longleftrightarrow\omega_0\sum_{n=-\infty}^{\infty}\delta(\omega-n\omega_0)$$

所以 $F_2(\omega)=F_1(\omega)\cdot\omega_0\sum_{n=-\infty}^{\infty}\delta(\omega-n\omega_0)$

$$f_2(t)=\mathscr{F}^{-1}[F_2(\omega)]=$$

$$\frac{1}{2\pi}\left[\int_0^{\omega_0}e^{j\frac{\pi}{2}}\omega_0[\delta(\omega)+\delta(\omega-\omega_0)]e^{j\omega t}d\omega+\right.$$

$$\left.\int_{-\omega_0}^{0}e^{-j\frac{\pi}{2}}\omega_0[\delta(\omega)+\delta(\omega+\omega_0)e^{j\omega t}d\omega\right]=$$

$$\frac{\omega_0}{2\pi}[e^{j\frac{\pi}{2}}(1+e^{j\omega_0 t})+e^{-j\frac{\pi}{2}}(1+e^{-j\omega_0 t})]=$$

$$\frac{\omega_0}{\pi}\left[\frac{e^{j\frac{\pi}{2}}+e^{-j\frac{\pi}{2}}}{2}+\cos\left(\omega_0+\frac{\pi}{2}\right)\right]=$$

$$-\frac{\omega_0}{\pi}\sin\omega_0 t$$

2.26 已知 $f_1(t)$ 的傅里叶变换 $F_1(\omega)$,周期函数 $f_2(t)$ 与 $f_1(t)$ 有如图选 2.26 所示关系,求 $f_2(t)$ 的傅里叶变换 $F_2(\omega)$。

解 求 $f_2(t)$ 的傅里叶级数的系数。

在一个周期 $(-1,1)$ 内 $f_2(t)$ 用 $f_0(t)$ 表示,所以

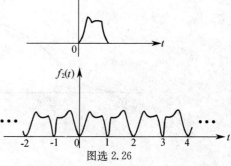

图选 2.26

$$f_0(t)=f_1(t)+f_1(-t)$$

$$C_n=\frac{1}{T}\int_{-1}^{1}f_0(t)e^{-jn\omega_1 t}dt=\frac{1}{2}\left[\int_0^1 f_1(t)e^{-jn\omega_1 t}dt+\int_{-1}^0 f_1(-t)e^{-jn\omega_1 t}dt\right]$$

因为 $F_1(\omega)=\int_0^1 f_1(t)e^{-j\omega t}dt$

所以 $$C_n=\frac{1}{2}[F_1(n\omega_1)+F_1(-n\omega_1)]$$

式中 $\omega_1=\frac{2\pi}{T}=\pi, T=2$

周期信号 $f_2(t)$ 的傅里叶变换为

$$\mathscr{F}[f_2(t)]=2\pi\sum_{n=-\infty}^{\infty}C_n\delta(\omega-n\omega_1)=$$
$$2\pi\sum_{n=-\infty}^{\infty}\frac{1}{2}[F_1(n\pi)+F_1(-n\pi)]\delta(\omega-n\omega_1)=$$
$$\pi\sum_{n=-\infty}^{\infty}[F_1(n\pi)+F_1(-n\pi)]\delta(\omega-n\pi)$$

2.27 已知升余弦脉冲信号表示式

$$f_1(t)=\frac{E}{2}\left(1+\cos\frac{2\pi t}{\tau}\right)\left[u\left(t+\frac{\tau}{2}\right)-u\left(t-\frac{\tau}{2}\right)\right]$$

(1) 求 $F_1(\omega)=\mathscr{F}[f_1(t)]$,画频谱图(标明主要点位置)。

(2) 若极点 $f_1(t)$ 波形按周期 T 重复,构成新信号 $f_2(t)$,求

$$F_2(\omega)=\mathscr{F}[f_2(t)]$$

解 (1) 因为 $\mathscr{F}\left[u\left(t+\frac{\tau}{2}\right)-u\left(t-\frac{\tau}{2}\right)\right]=\tau\mathrm{Sa}\left(\frac{\omega\tau}{2}\right)$

$$\mathscr{F}\left[\cos\frac{2\pi t}{\tau}\right]=\pi\left[\delta\left(\omega+\frac{2\pi}{\tau}\right)+\delta\left(\omega-\frac{2\pi}{\tau}\right)\right]$$

所以 $F_1(\omega)=\mathscr{F}[f_1(t)]=$

$$\frac{E\tau}{2}\mathrm{Sa}\left(\frac{\omega\tau}{2}\right)+\frac{1}{2\pi}\cdot\frac{E\tau}{2}\mathrm{Sa}\left(\frac{\omega\tau}{2}\right)*\pi\left[\delta\left(\omega+\frac{2\pi}{\tau}\right)+\delta\left(\omega-\frac{2\pi}{\tau}\right)\right]=$$

$$\frac{E\tau}{2}\mathrm{Sa}\left(\frac{\omega\tau}{2}\right)+\frac{E\tau}{4}\left\{\mathrm{Sa}\left[\frac{(\omega+\frac{2\pi}{\tau})\tau}{2}\right]+\mathrm{Sa}\left[\frac{(\omega-\frac{2\pi}{\tau})\tau}{2}\right]\right\}$$

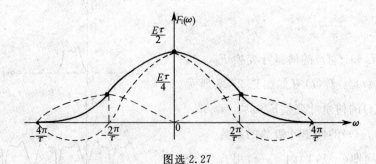

图选 2.27

(2) 设 $f_2(t) = \sum_{n=-\infty}^{\infty} f_1(t+nT)$

则
$$F_2(\omega) = 2\pi \sum_{n=-\infty}^{\infty} C_n \delta(\omega - n\omega_1)$$

$$C_n = \frac{1}{T}\int_{-\frac{T}{2}}^{\frac{T}{2}} f_1(t)e^{-jn\omega_1 t}dt = \frac{1}{T}F_1(n\omega_1)$$

所以
$$F_2(\omega) = \frac{2\pi}{T}\sum_{n=-\infty}^{\infty} F_1(n\omega_1)\delta(\omega-n\omega_1)$$

其中
$$\omega_1 = \frac{2\pi}{T}$$

2.28 已知阶跃函数和正弦、余弦的傅里叶变换如下

$$\mathscr{F}[u(t)] = \frac{1}{j\omega} + \pi\delta(\omega)$$

$$\mathscr{F}[\cos\omega_0 t] = \pi[\delta(\omega+\omega_0)+\delta(\omega-\omega_0)]$$

$$\mathscr{F}[\sin\omega_0 t] = j\pi[\delta(\omega+\omega_0)-\delta(\omega-\omega_0)]$$

求单边正弦函数和单边余弦函数的傅里叶变换。

解 单边正弦函数的傅里叶变换

$$\mathscr{F}[\sin\omega_0 t\, u(t)] = \frac{1}{2\pi}\mathscr{F}[\sin\omega_0 t]*\mathscr{F}[u(t)] =$$

$$\frac{1}{2\pi}\cdot j\pi[\delta(\omega+\omega_0)-\delta(\omega-\omega_0)]*\left[\frac{1}{j\omega}+\pi\delta(\omega)\right] =$$

$$\frac{j}{2}\left[\frac{1}{j(\omega+\omega_0)}-\frac{1}{j(\omega-\omega_0)}+\pi\delta(\omega+\omega_0)-\pi\delta(\omega-\omega_0)\right] =$$

$$\frac{j\pi}{2}[\delta(\omega+\omega_0)-\delta(\omega-\omega_0)] - \frac{\omega_0^2}{\omega^2-\omega_0^2}$$

单边余弦函数的傅里叶变换

$$\mathscr{F}[\cos\omega_0 t\, u(t)] = \frac{1}{2\pi}\mathscr{F}[\cos\omega_0 t]*\mathscr{F}[u(t)] =$$

$$\frac{1}{2\pi}\cdot\pi[\delta(\omega+\omega_0)+\delta(\omega-\omega_0)]*\left[\frac{1}{j\omega}+\pi\delta(\omega)\right] =$$

$$\frac{1}{2}\left[\frac{1}{j(\omega+\omega_2)}+\frac{1}{j(\omega-\omega_0)}+\pi\delta(\omega+\omega_0)+\pi\delta(\omega-\omega_0)\right] =$$

$$\frac{\pi}{2}[\delta(\omega+\omega_0)+\delta(\omega-\omega_0)] - \frac{j\omega}{\omega^2-\omega_0^2}$$

2.29 已知 $f(t) \longleftrightarrow F(\omega)$，试证

$$f'(t)*\frac{1}{\pi t} \longleftrightarrow |\omega|F(\omega)$$

解 因为
$$\mathscr{F}[f'(t)] = j\omega F(\omega)$$

$$\mathscr{F}[\mathrm{sgn}t] = \mathscr{F}\left[\frac{t}{|t|}\right] = \frac{2}{j\omega}$$

所以
$$\frac{2}{jt} \longleftrightarrow -\frac{2\pi\omega}{|\omega|}$$

$$\frac{1}{\pi t} \longleftrightarrow -\frac{j\omega}{|\omega|}$$

所以 $$f'(t) * \frac{1}{\pi t} \longleftrightarrow j\omega F(\omega) \cdot \left(-\frac{j\omega}{|\omega|}\right) = |\omega| F(\omega)$$

2.30 设连续信号 $f(t)$ 的傅里叶变换为 $F(\omega)$，其频带受限于 $-\omega_m \sim \omega_m$，若以均匀时间间隔 T 对 $f(t)$ 取样，将各样点依次以直线连接构成折线信号 $\widetilde{f(t)}$，如图选 2.30 所示。

解 (1) 信号 $f(t)$ 和折线信号 $\widetilde{f(t)}$ 可以用同一抽样点的值表示，故折线信号的频谱为

$$\widetilde{F(\omega)} = \frac{1}{T} \sum_{n=-\infty}^{\infty} F(\omega - n\omega_s)$$

其中 $$\omega_s = \frac{2\pi}{T}$$

图选 2.30

(2) 根据抽样定理

$$T \leqslant \frac{\pi}{\omega_m}$$

此时可使用截止频率 $\omega_c \leqslant \frac{\omega_s}{2}$ 的低通滤波器从 $\widetilde{F(\omega)}$ 中取出 $F(\omega)$，即从 $\widetilde{f(t)}$ 恢复了 $f(t)$。

2.31 确定下列信号的最低抽样率与奈奎斯特间隔。

(1) $\mathrm{Sa}(100t)$　　(2) $\mathrm{Sa}^2(100t)$　　(3) $\mathrm{Sa}(100t) + \mathrm{Sa}^2(60t)$

解 (1) 因为 $\mathscr{F}[u(t+100) - u(t-100)] = 200\mathrm{Sa}\left(\frac{\omega \cdot 200}{2}\right) = 200\mathrm{Sa}(100\omega)$

由傅里叶变换的对称性

$$\mathscr{F}[\mathrm{Sa}(100t)] = 2\pi \cdot \frac{1}{200}[u(\omega+100) - u(\omega-100)] = \frac{\pi}{100}[u(\omega+100) - u(\omega-100)]$$

可知　$\omega_m = 100$

最低抽样率　$f_{s\min} = 2f_m = \frac{2\omega_m}{2\pi} = \frac{100}{\pi}$

奈奎斯特间隔　$T_{s\max} = \frac{1}{2f_m} = \frac{\pi}{100}$

(2) 根据频域卷积定理

$\mathscr{F}[\mathrm{Sa}^2(100t)] = \mathscr{F}[\mathrm{Sa}(100t) \cdot \mathrm{Sa}(100t)] =$

$\frac{1}{2\pi} \cdot \frac{\pi}{100}[u(\omega+100) - u(\omega-100)] *$

$[u(\omega+100) - u(\omega-100)] =$

$\frac{\pi}{20000}[(\omega+200)u(\omega+200) - 2\omega u(\omega) + (\omega-200)u(\omega-200)]$

其频谱如图选 2.31 所示。

因为　$\omega_m = 200$

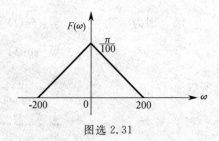

图选 2.31

所以最低取样率 $f_s = 2f_m = \dfrac{2\omega_m}{2\pi} = \dfrac{200}{\pi}$

奈奎斯特间隔 $T_s = \dfrac{1}{2f_m} = \dfrac{\pi}{200}$

(3) $\mathscr{F}[\mathrm{Sa}(100t) + \mathrm{Sa}^2(60t)] =$

$\mathscr{F}[\mathrm{Sa}(100t)] + \mathscr{F}[\mathrm{Sa}^2(60t)] =$

$\dfrac{\pi}{100}[u(\omega+100) - u(\omega-100)] + \dfrac{\pi}{3\,600}[(\omega+120)u(\omega+120) - 2\omega u(\omega) + (\omega-120)u(\omega-120)]$

因为 $\omega_m = 120$

所以最低取样率 $f_s = 2f_m = \dfrac{\omega_m}{\pi} = \dfrac{120}{\pi}$

奈奎斯特间隔 $T_s = \dfrac{1}{2f_m} = \dfrac{\pi}{120}$

2.32 对一最高频率为 400 Hz 的带限信号 $f(t)$ 抽样，要使抽样信号通过一理想低通滤波器，后能完全恢复 $f(t)$，

(1) 抽样间隔 T 应满足何条件？

(2) 若以 $T = 1$ ms 抽样，理想低通滤波器的截止频率 f_c 应满足何条件？

解 (1) 由题意，$f(t)$ 的最高频率 $f_m = 400$ Hz，则奈奎斯特抽样间隔为 $\dfrac{1}{2f_m} = \dfrac{1}{2 \times 400} = 1.25$ ms，所以抽样间隔 T 应满足

$$T \leqslant 1.25 \text{ ms}$$

(2) 已知抽样间隔 $T = 1$ ms，则抽样频率

$$f_s = \dfrac{1}{T} = 1\,\mathrm{kHz}$$

由抽样定理，f_c 应满足

$$f_m < f_c < f_s - f_m$$

即 $400\,\mathrm{Hz} < f_c < (1\,000 - 400)\,\mathrm{Hz} = 600\,\mathrm{Hz}$

2.33 将图选 2.33.1a 所示频谱 $F_1(\omega)$ 的频率原点搬移到某一频率 ω_c 处($\omega_c \gg \omega_0$)，得图 b 所示的频谱 $F_2(\omega)$，试问需加入怎样一个频率分量，此频谱便构成一个调幅波的频谱？画出该调幅波的波形，写出其表示式，并求出该调幅波的频宽。

解 由题意及图示 $F_1(\omega)$ 和 $F_2(\omega)$ 可以推得

$$F_2(\omega) = F_1(\omega - \omega_c) + F_1(\omega + \omega_c)$$
$$f_2(t) = f_1(t)\mathrm{e}^{-\mathrm{j}\omega_c t} + f_1(t)\mathrm{e}^{\mathrm{j}\omega_c t} = f_1(t) \cdot 2\cos\omega_c t$$

同理可以推得

$$F_1(\omega) = F_0(\omega - \omega_0) + F_0(\omega + \omega_0)$$
$$f_1(t) = f_0(t)\mathrm{e}^{-\mathrm{j}\omega_0 t} + f_0(t)\mathrm{e}^{\mathrm{j}\omega_0 t} = f_0(t) \cdot 2\cos\omega_0 t$$

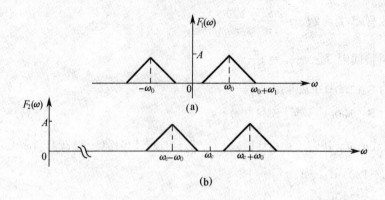

(a)

(b)

图选 2.33.1

根据 $F_1(\omega)$ 可以推知 $F_0(\omega)$ 为一对称三角形,如图选 2.33.2 所示。

$$f_0(t)=\mathscr{F}^{-1}[F_0(\omega)]=\frac{A\omega_1}{2\pi}\mathrm{Sa}^2\left(\frac{\omega_1 t}{2}\right)$$

所以 $f_2(t)=f_0(t) \cdot 2\cos\omega_0 t \cdot 2\cos\omega_c t=$

$$\frac{4A\omega_1}{2\pi}\mathrm{Sa}^2\left(\frac{\omega_1 t}{2}\right)\cos\omega_0 t\cos\omega_c t$$

图选 2.33.2

可见,$f_2(t)$ 是抑制载波调制,若要构成调幅波,尚需加入一载波分量 $A\cos\omega_c t$,即

$$f_{2x}(t)=A\cos\omega_c t+mf_2(t)=$$
$$A\left[1+\frac{m}{A}\frac{2\omega_1}{\pi}\mathrm{Sa}^2\left(\frac{\omega_1 t}{2}\right)\cos\omega_0 t\right]\cos\omega_c t$$

其中 m 为调幅系数,波形如图选 2.33.3 所示。

由图选 2.33.1(b)可知,该调幅波的频宽为

$$B=2\omega_0+2\omega_1$$

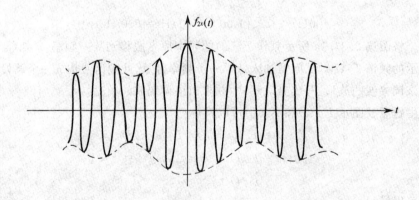

图选 2.33.3

2.34 已知信号 $a(t)$

$$a(t)=A(1+0.2\cos 2\pi f_1 t+0.3\cos 2\pi f_2 t)\sin 2\pi f_0 t$$
$$f_0=45\text{ MHz}, \quad f_1=5\text{ kHz}, \quad f_2=3\text{ kHz}$$

试求部分调幅系数,画出频谱图,并求此调幅信号的带宽。

解 (1)调幅系数

$a(t)$ 为对称调制,即
$$A_{\max}=A(1+0.2+0.3)=1.5A$$
$$A_{\min}=A(1-0.2-0.3)=0.5A$$

调幅系数
$$m=\frac{A_{\max}-A_{\min}}{A_{\max}+A_{\min}}=\frac{1.0}{2.0}=0.5$$

部分调幅系数
$$m_1=0.2, \quad m_2=0.3$$

(2)频谱
$$a(t)=A\sin 2\pi f_0 t+0.1A\sin 2\pi(f_0+f_1)t+0.1A\sin 2\pi(f_0-f_1)t+$$
$$0.15A\sin 2\pi(f_0+f_2)t+0.15A\sin 2\pi(f_0-f_2)t$$

其频谱如图选 2.34 所示。

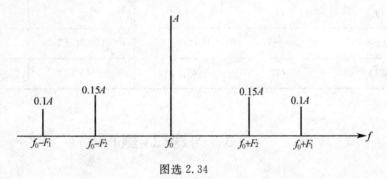

图选 2.34

(3)频带宽度
$$\Delta f=2f_1=10\text{ kHz}$$

2.35 调频信号
$$a(t)=A\sin\left(2\pi f_0 t+\int_0^t 2\pi\Delta f\cos 2\pi ft\,\mathrm{d}t\right)=$$
$$A\sin\left(2\pi f_0 t+\frac{\Delta f}{f}\sin 2\pi ft\right)=$$

其中 $f_0=45\text{ MHz}, \Delta f=7\text{ kHz}, f=1\text{ kHz}$。列表表示大于未调载波功率百分之一的全部边带频率及其数值,作出频谱图,求出频宽。

解 由题意,调频指数
$$m_f=\frac{\Delta f}{f}=7$$

则 $a(t)$ 可以写为
$$a(t)=A\sum_{n=-\infty}^{\infty}\mathrm{J}_n(m_f)\sin(2\pi f_0+n2\pi f)t$$

当以含大于未调载波功率百分之一的全部边带频率为频宽时,则
$$B_s = 2(m_f+1)f = 16 \text{ (kHz)}$$
其中所含频率及振幅见表选 2.35,频谱图见图选 2.35。

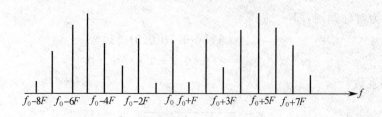

图选 2.35

表选 2.35

频率 (kHz)	f_0	$f_0 \pm f$	$f_0 \pm 2f$	$f_0 \pm 3f$
	45 000	45 000±1	45 000±2	45 000±3
振幅	$AJ_0(7)$	$\pm AJ_1(7)$	$\pm AJ_2(7)$	$\pm AJ_3(7)$
$f_0 \pm 4f$	$f_0 \pm 5f$	$f_0 \pm 6f$	$f_0 \pm 7f$	$f_0 \pm 8f$
45 000±4	45 000±5	45 000±6	45 000±7	45 000±8
$\pm AJ_4(7)$	$\pm AJ_5(7)$	$\pm AJ_6(7)$	$\pm AJ_7(7)$	$\pm AJ_8(7)$

2.3 习题(24题)

2.1 已知在区间$(0,2\pi)$上的矩形脉冲信号
$$f(t) = \begin{cases} 1 & (0<t<\pi) \\ -1 & (\pi<t<2\pi) \end{cases}$$

(1)根据均方误差最小准则,用区间$(0,2\pi)$上的一个正弦波形来近似此矩形脉冲信号,写出此正弦波的解析式 $f_1(t)$。

(2)试证明此矩形脉冲信号 $f(t)$ 与信号函数 $\cos t, \cos 2t, \cdots, \cos nt$ (n 为整数)正交。

(3)证明误差函数 $\varepsilon(t) = f(t) - f_1(t)$ 与 $\sin t$ 在区间$(0,2\pi)$上正交,并作定性说明。

2.2 求图习 2.2 所示周期矩形脉冲序列的 指数型傅里叶级数。

2.3 将 $f(t)e^{-t}$ 在 $0<t<2$ 区间展为余弦级数,画出其波形图与频谱图,说明这个级数所代表的函数与原函数 $f(t)$ 有何区别。

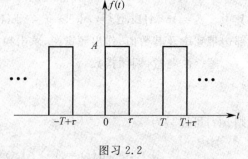

图习 2.2

2.4 $f(x)=\begin{cases} 0 & (-5<x<0) \\ 3 & (0<x<5) \end{cases}$

求 $f(x)$ 的傅里叶系数并写出对应的傅里叶级数。

2.5 求图习2.5所示半波余弦信号和正弦信号的傅里叶级数展开式,画出频谱图,讨论它们的异同。

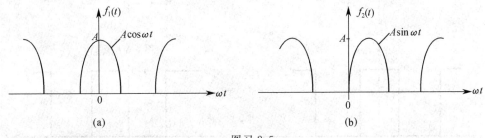

图习2.5

2.6 判断图习2.6所示信号 $f_1(t)$ 和 $f_2(t)$ 的傅里叶系数 A_n, a_n, b_n 的实虚性及所含谐波的奇偶性,并求出傅里叶系数,验证你的判断。

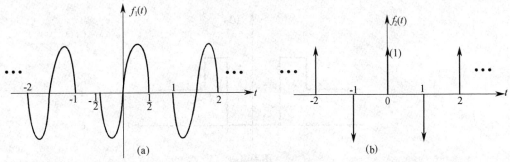

图习2.6

2.7 将图习2.7所示三角形信号 $f(t)$ 在 $(-\pi,\pi)$ 上展开为有限项傅里叶级数,使实际信号 $f(t)$ 与近似函数之间的均方误差 $\overline{\varepsilon^2(t)}$ 小于 $f(t)$ 总能量的1%。

2.8 比较图习2.8四种周期方波的傅里叶级数的结构。

2.9 已知非周期信号 $f(t)$ 如图习2.9所示,试求其频谱密度函数 $F(\omega)$。

图习2.7

2.10 已知三角形脉冲 $f_1(t)$(如图习2.10(a))的傅里叶变换为

$$F_1(\omega)=\frac{E\tau}{2}\cdot \mathrm{Sa}^2\left(\frac{\omega\tau}{4}\right)$$

$$f_2(t)=f_1(t)\cdot \cos\omega_0 t$$

$f_3(t)$ 与 $f_2(t)$ 的被调信号相同,见图习2.10(b),(c)。求三角形调幅信号 $f_2(t)$ 和 $f_3(t)$ 的频谱 $F_2(\omega)$ 和 $F_3(\omega)$。

2.11 已知单个梯形脉冲 $f(t)$ 如图习2.11所示,其傅里叶变换为

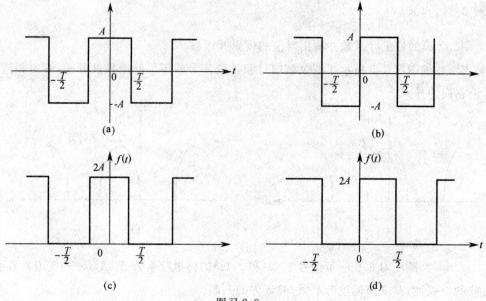

图习 2.8

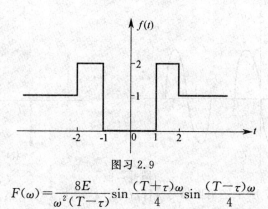

图习 2.9

$$F(\omega)=\frac{8E}{\omega^2(T-\tau)}\sin\frac{(T+\tau)\omega}{4}\sin\frac{(T-\tau)\omega}{4}$$

求梯形周期信号的傅里叶系数和变换,并画出频谱图。

2.12 求截底三角形脉冲 $g(t)$(如图习 2.12 所示)的傅里叶变换。

2.13 如图习 2.13 所示,已知 $F(\omega)=\mathscr{F}[f(t)]$,$F_1(\omega)=F(\omega+\omega_0)+F(2\omega)+F(\omega-\omega_0)$,求 $f_1(t)$。

2.14 给定实函数 $g(t)$,且 $e^{jg(t)}$ 的傅里叶变换为 $G(\omega)$,证明:

(1) $\mathscr{F}[\cos[g(t)]=\frac{1}{2}[G(\omega)+G^*(-\omega)]$

(2) $\mathscr{F}[\sin(g(t))]=\frac{1}{2j}[G(\omega)-G^*(-\omega)]$

2.15 $f(t)$ 的傅里叶变换如图习 2.15,绘出 $f^2(t)$ 的频谱图。

2.16 已知 $\mathscr{F}[f(t)]=F(\omega)$,求下列信号的傅里叶变换。

(1) $(t-a)f(t)$

(2) $tf(-\beta t)$

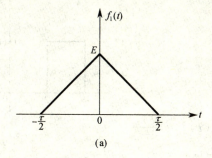

(a)

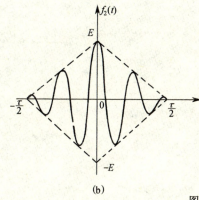

(b)

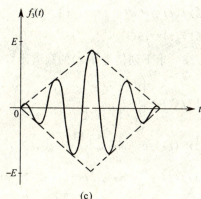

(c)

图习 2.10

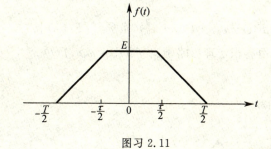

图习 2.11

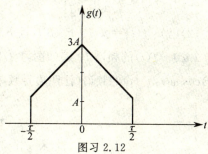

图习 2.12

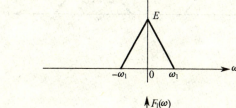

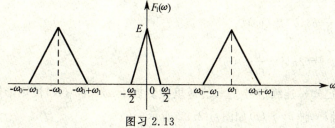

图习 2.13

(3) $t\int_{-\infty}^{t} f(\tau)\mathrm{d}\tau$

(4) $(r+t)f(t+r)$

(5) $f(5-3t)$

(6) $t\dfrac{\mathrm{d}f(t)}{\mathrm{d}t}$

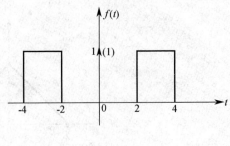

图习 2.15

2.17 已知 $\mathscr{F}[\mathrm{e}^{-\alpha t}u(t)]=\dfrac{1}{\alpha+\mathrm{j}\omega}$ ($\alpha>0$),求下列函数的傅里叶变换。

(1) $f(t)=t\mathrm{e}^{-\alpha t}u(t)$ ($\alpha>0$)

(2) $f(t)=\mathrm{e}^{\alpha t}u(-t)$ ($\alpha>0$)

(3) $f(t)=tu(t)$

2.18 求下列信号 $f(t)$ 的频谱函数。

(1) $f(t)=\begin{cases}\dfrac{t}{t_0} & (0\leqslant t\leqslant t_0) \\ 0 & (\text{其他})\end{cases}$

(2) $f(t)=\mathrm{e}^{-\alpha t}\sin\omega_0 t$ ($\alpha>0, t\geqslant 0$)

(3) $f(t)=\dfrac{\omega_0}{\pi}\{\mathrm{Sa}(\omega_c t)-\mathrm{Sa}[\omega_c(t-2\tau)]\}$

2.19 (1) 求 $\mathscr{F}^{-1}\left[\dfrac{1}{\mathrm{j}\omega}\right]$;

(2) 已知 $f(t)=\mathscr{F}^{-1}[F(\omega)]$,且 $F_1(\omega)=F(\omega-\omega_0)+F(\omega+\omega_0)$,求 $\mathscr{F}^{-1}[F_1(\omega)]$。

2.20 $f(t)$ 的频谱 $F(\omega)$ 如图习 2.20,利用卷积定理粗略画出 $f(t)\cos\omega_0 t, f(t)\mathrm{e}^{\mathrm{j}\omega_0 t}$, $f(t)\cos\omega_1 t, f^2(t)$ 的频谱(注明边界频率)。

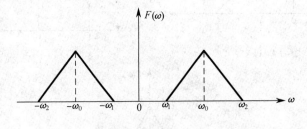

图习 2.20

2.21 证明:

(1) $\mathscr{F}\left[\dfrac{\mathrm{d}^n}{\mathrm{d}t^n}\delta(t)\right]=(\mathrm{j}\omega)^n$

(2) $\mathscr{F}[t^n]=2\pi(\mathrm{j})^n\dfrac{\mathrm{d}^n}{\mathrm{d}\omega^n}\delta(\omega)$

2.22 已知一连续信号 $f(t)$ 的傅里叶变换 $F(\omega)$,若 $f(t)$ 被矩形脉冲序列 $p(t)$ 以间隔 T_s 平顶抽样,波形 $f_s(t)$ 如图习 2.22 所示。

(1) 证明 $f_s(t)$ 的傅里叶变换为

$$F_s(\omega) = \frac{1}{T_s} \sum_{n=-\infty}^{\infty} F\left(\omega - n\frac{2\pi}{T_s}\right) H(\omega)$$

其中
$$H(\omega) = \int_{-\frac{\tau}{2}}^{\frac{\tau}{2}} p(t) e^{-j\omega t} dt$$

(2) 说明平顶抽样与自然抽样的频谱有何异同？

(3) 说明从 $f_s(t)$ 无失真地恢复出 $f(t)$，需满足哪些条件？

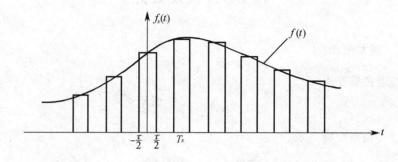

图习 2.22

2.23 $f(t)$ 的傅里叶变换为 $F(\omega)$，非理想采样信号 $p(t)$ 对 $f(t)$ 采样得 $f_s(t)$，波形如图习 2.23。

(1) 当采样脉冲宽度为 $0.1\ \mu s$、采样速度为 $10\ 000\ \text{cycle/s}$，$\omega_m = 30\ 000\ \text{rad/s}$ 时，求采样信号 $f_s(t)$ 的傅里叶变换。

(2) 证明：即使在非理想采样情况下（如本题），采样定理也是正确的。

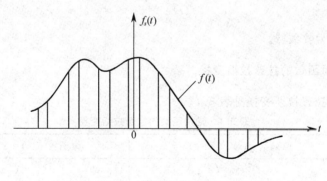

图习 2.23

2.24 有一调幅波为

$$a(t) = 100(1 + 0.3\cos 10\pi \cdot 10^3 t + 0.1\cos 6 \cdot 10^3 \pi t)\sin 9 \cdot 10^7 \pi t$$

(1) 求调幅系数和部分调幅系数。

(2) 求此调幅波所含的频率分量和频带宽度，画出调制信号与调幅波的频谱图。

(3) 求此调幅波电压消耗于 $100\ \Omega$ 电阻上的平均功率和峰值功率、载波分量功率和边频分量功率。

第 3 章 拉普拉斯变换

3.1 公式及要点

3.1.1 基本概念

双边拉普拉斯变换

$$F(s) = \int_{-\infty}^{\infty} f(t) e^{-st} dt \tag{3.1}$$

单边拉普拉斯变换

$$F(s) = \int_{0}^{\infty} f(t) e^{-st} dt \tag{3.2}$$

拉普拉斯反变换

$$f(t) = \frac{1}{2\pi j} \int_{\sigma-j\infty}^{\sigma+j\infty} F(s) e^{st} ds \tag{3.3}$$

式中 s——复变量,亦称"复频率", $s = \sigma + j\omega$;

$F(s)$——$f(t)$ 的像函数。

在 S 平面上,使积分(3.1)式绝对收敛,即

$$\int_{-\infty}^{\infty} |f(t) e^{-st}| dt < \infty \tag{3.4}$$

的 σ 值的范围称为收敛域。

3.1.2 常用函数的拉普拉斯变换

常用函数的拉普拉斯变换见表 3.1。

表 3.1 常用函数的拉普拉斯变换

公式序号	原函数 $f(t)$ ($t \geq 0$)	像函数 $F(s) = \mathscr{L}^{-1}[f(t)]$
1	$\delta(t)$	1
2	$u(t)$	$\dfrac{1}{s}$
3	t	$\dfrac{1}{s^2}$
4	t^n	$\dfrac{n!}{s^{n+1}}$
5	$e^{\alpha t}$	$\dfrac{1}{s-\alpha}$
6	$t e^{\alpha t}$	$\dfrac{1}{(s-\alpha)^2}$

续表 3.1

公式序号	原函数 $f(t)$ ($t \geqslant 0$)	像函数 $F(s)=\mathscr{L}^{-1}[f(t)]$
7	$t^n e^{\alpha t}$	$\dfrac{n!}{(s-\alpha)^{n+1}}$
8	$\sin \omega t$	$\dfrac{\omega}{s^2+\omega^2}$
9	$\cos \omega t$	$\dfrac{s}{s^2+\omega^2}$
10	$\operatorname{sh} \beta t$	$\dfrac{\beta}{s^2-\beta^2}$
11	$\operatorname{ch} \beta t$	$\dfrac{s}{s^2-\beta^2}$
12	$e^{\alpha t} \sin \omega t$	$\dfrac{\omega}{(s-\alpha)^2+\omega^2}$
13	$e^{\alpha t} \cos \omega t$	$\dfrac{s-\alpha}{(s-\alpha)^2+\omega^2}$
14	$2\gamma e^{\alpha t} \cos(\omega t+\varphi)$	$\dfrac{\mu e^{j\varphi}}{s-\alpha-j\omega}+\dfrac{\nu e^{-j\varphi}}{s-\alpha+j\omega}$
15	$\dfrac{1}{\omega_n \sqrt{1-\xi^2}} e^{-\xi\omega_n t} \sin(\omega_n \sqrt{1-\xi^2}\, t)$	$\dfrac{1}{s^2+2\xi\omega_n s+\omega_n^2}$

3.1.3 拉普拉斯反变换

1. 部分分式展开法

首先应用海维赛展开定理将 $F(s)$ 展成部分分式,然后将各部分分式逐项进行反变换,最后叠加起来即为原函数 $f(t)$。

$$F(s)=\frac{b_m s^m + b_{m-1}s^{m-1}+\cdots+b_1 s+b_0}{a_n(s-P_1)(s-P_2)\cdots(s-P_n)}=$$

$$\frac{k_1}{s-P_1}+\frac{k_2}{s-P_2}+\cdots+\frac{k_n}{s-P_n} \tag{3.5a}$$

$$k_i=(s-P_i)F(s)\big|_{s=P_i} \quad (i=1,2,\cdots,n) \tag{3.5b}$$

若 $F(s)$ 的极点 P_1 为 K 阶极点,则

$$F(s)=\frac{N(s)}{D(s)}=\frac{N(s)}{(s-P_1)^K B(s)}=$$

$$\frac{k_{11}}{(s-P_1)^K}+\frac{k_{12}}{(s-P_1)^{K-1}}+\cdots+\frac{k_{1k}}{(s-P_1)}+\frac{A(s)}{B(s)} \tag{3.5c}$$

$$k_{1i}=\frac{1}{(i-1)!}\cdot\frac{d^{i-1}}{ds^{i-1}}F(s)\bigg|_{s=P_1} \quad (i=1,2,\cdots,K) \tag{3.5d}$$

2. 留数法

留数法是将拉普拉斯反变换的积分运算转化为求被积函数 $F(s)$ 各极点上留数的运算,即

$$f(t)=\frac{1}{2\pi j}\int_{\sigma-j\infty}^{\sigma+j\infty}F(s)e^{st}ds=\sum_{i=1}^{n}\operatorname{Res}P_i \tag{3.6}$$

其中 $\text{Res}P_i = [(s-P_i)F(s)e^{st}]_{s=P_i}$ (P_i 为一阶极点)   (3.7a)

或 $\text{Res}P_i = \dfrac{1}{(\gamma-1)!} \left[\dfrac{d^{\gamma-1}}{ds^{\gamma-1}}(s-P_i)^P F(s)e^{st}\right]_{s=P_i}$ (P_i 为 γ 阶极点)   (3.7b)

3.1.4 拉普拉斯变换的基本性质

拉普拉斯变换的基本性质见表 3.2。

表 3.2 拉普拉斯变换的基本性质

性质	时域 $f(t)$ ($t \geqslant 0$)	复频域 $F(s)$ ($\sigma > \sigma_0$)
1. 线性	$a_1 f_1(t) + a_2 f_2(t)$	$a_1 F_1(s) + a_2 F_2(s)$
2. 尺度变换	$f(at)$	$\dfrac{1}{a} F\left(\dfrac{s}{a}\right)$ ($a > 0$)
3. 时间平移	$f(t-t_0)u(t-t_0)$	$F(s)e^{-st_0}$
4. 频率平移	$f(t)e^{s_0 t}$	$F(s-S_0)$
5. 时域微分	$\dfrac{df(t)}{dt}$	$sF(s) - f(0^-)$
6. 时域积分	$\displaystyle\int_{-\infty}^{t} f(\tau)d\tau$	$\dfrac{F(s)}{s} + \dfrac{\int_{-\infty}^{0} f(\tau)d\tau}{s}$
7. 复频域微分	$tf(t)$	$-\dfrac{dF(s)}{ds}$
8. 复频域积分	$\dfrac{f(t)}{t}$	$\displaystyle\int_{s}^{\infty} F(s)ds$
9. 时域卷积	$f_1(t) * f_2(t)$	$F_1(s)F_2(s)$
10. 初值	$f(0^+) = \lim\limits_{t \to 0^+} f(t) = \lim\limits_{s \to \infty} sF(s)$	
11. 终值	$f(\infty) = \lim\limits_{t \to \infty} f(t) = \lim\limits_{s \to 0} sF(s)$	

3.2 选题精解(11 题)

3.1 求下列函数的拉普拉斯变换及其收敛域。

(1) $f_1(t) = e^{-5t} \text{ch} 3t \, u(t)$

(2) $f_2(t) = \sin(\alpha t + \theta) u(t)$

(3) $f_3(t) = a^t u(t)$

解 (1) $F_1(s) = \displaystyle\int_0^{\infty} \left(e^{-5t} \cdot \dfrac{e^{3t} + e^{-3t}}{2} \cdot e^{-st}\right) dt =$

$$\dfrac{1}{2(s+2)} + \dfrac{1}{2(s+8)}$$

$F_1(s)$ 的收敛域为 $\sigma > \sigma_0 = -2$

(2) $F_2(s) = \int_0^\infty \sin(\alpha t + \theta) e^{-st} dt =$

$\int_0^\infty (\sin \alpha t \cos \theta + \cos \alpha t \sin \theta) e^{-st} dt =$

$\dfrac{\alpha \cos \theta + s \sin \theta}{s^2 + \alpha^2}$

$F_2(s)$ 的收敛域为 $\sigma > 0$。

(3) $F_3(s) = \int_0^\infty a^t e^{-st} dt = \int_0^\infty e^{t \ln a} e^{-st} dt =$

$\dfrac{1}{s - \ln a}$

$F_3(s)$ 的收敛域为 $\sigma > \sigma_0 = \ln a$。

3.2 求下列函数的拉氏变换。

(1) $f_1(t) = t e^{-(t-2)} u(t-1)$

(2) $f_2(t) = e^{-\frac{t}{a}} f\left(\dfrac{t}{a}\right)$，设已知 $\mathscr{L}[f(t)] = F(s)$

(3) $f_3(t) = \dfrac{1}{t}(1 - e^{-at}) u(t)$

(4) $f_4(t) = t e^{-t} \sin t u(t)$

(5) $f_5(t) = (t+1) u(t+1)$

解 做这类题应运用拉氏变换的基本性质。一般情况下，复杂信号可分解成简单信号之和，故只须求一些简单拉氏变换（如 $t^n, \sin t, \cos t, e^{-at}$）即可。

(1) 把 $t e^{-(t-2)}$ 变成自变量为 $(t-1)$ 的形式，然后再应用时间平移性质计算。

$F_1(s) = \mathscr{L}[t e^{-(t-2)} u(t-1)] =$

$\mathscr{L}\{e[(t-1) e^{-(t-1)} u(t-1) + e \cdot e^{-t(t-1)} u(t-1)]\} =$

$e\left[\dfrac{1}{(s+1)^2} + \dfrac{1}{s+1}\right] e^{-s} =$

$\dfrac{(2+s) e^{1-s}}{(s+1)^2}$

(2) 这类问题须运用尺度变换、频率平移性质。

因为 $\qquad \mathscr{L}[f(t)] = F(s)$

所以 $\qquad \mathscr{L}\left[f\left(\dfrac{t}{a}\right)\right] = a F(as)$ （尺度变换性质）

$F_2(s) = \mathscr{L}\left[e^{-\frac{t}{a}} f\left(\dfrac{t}{a}\right)\right] = a F(as+1)$ （s 域平移）

(3) $F_3(s) = \mathscr{L}\left[\dfrac{1}{t}(1 - e^{-at})\right]$

对 $\dfrac{1}{t}$ 与 $f(t)$ 函数之积求拉氏变换，一般要用复频域积分性质

$\mathscr{L}\left[\dfrac{1}{t} f(t)\right] = \int_s^\infty F(s_1) ds_1$

$F_3(s) = \int_s^\infty \left[\dfrac{1}{s_1} - \dfrac{1}{s_1 + a}\right] ds_1 =$

$$\ln\frac{s_1}{s_1+a}\Big|_s^\infty =$$
$$\ln\frac{s_1+a}{s_1}$$

(4) $F_4(s) = \mathscr{L}[te^{-t}\sin t]$

利用复频域微分性质 $\mathscr{L}[tf(t)] = -\dfrac{dF(s)}{ds}$ 得

$$F_4(s) = -\frac{d}{ds}\left(\frac{1}{(s+1)^2+1}\right) =$$
$$\frac{2(s+1)}{[(s+1)^2+1]^2}$$

(5) $F_5(s) = \mathscr{L}[(t+1)u(t+1)]$

因为 $f(t)$ 是 $t \geqslant -1$ 的函数,而我们研究的单边拉氏变换是 $t \geqslant 0$ 的情况,因此 $(t+1) \cdot u(t+1)$ 的拉氏变换与 $(t+1)u(t)$ 相同,即

$$F_5(s) = \mathscr{L}[(t+1)u(t)] = \frac{1}{s^2} + \frac{1}{s}$$

3.3 函数 $f_1(t)$ 和 $f_2(t)$ 如图选 3.3.1 所示,求其拉氏变换。

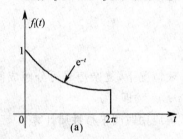

图选 3.3.1

解 (1) $f_1(t) = e^{-t}[u(t) - u(t-2\pi)]$

而 $\mathscr{L}[u(t) - u(t-2\pi)] = \dfrac{1}{s} - \dfrac{1}{s}e^{-2\pi s}$

利用频移性质
$$F_1(s) = \mathscr{L}[f_1(t)] =$$
$$\mathscr{L}\{e^{-t}[u(t) - u(t-2\pi)]\} =$$
$$\frac{1}{s+1} - \frac{1}{s+1}e^{-2\pi(s+1)}$$

(2) 将 $f_2(t)$ 求导两次,如图选 3.3.2 所示。
$$f_2''(t) = \delta(t) - 2\delta(t-1) + \delta(t-2)$$
$$\mathscr{L}[f_2''(t)] = 1 - 2e^{-s} + e^{-2s} =$$
$$(1 - e^{-s})^2$$

根据微分定理可得
$$s^2 F(s) = (1-e^{-s})^2$$

所以 $F_2(s) = \dfrac{1}{s^2}(1-e^{-s})^2$

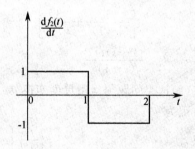

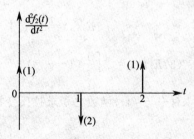

图选 3.3.2

3.4 求下列函数的拉氏变换

(1) $f_1(t) = t^3 \cos 3t u(t)$ 　　　　(2) $f_2(t) = \dfrac{e^{-3t} - e^{-5t}}{t} u(t)$

(3) $f_3(t) = \dfrac{\sin at}{t} u(t)$ 　　　　(4) $f_4(t) = \dfrac{\sin^2 t}{t} u(t)$

解 (1) 有两种解法。

解 I $f(t)\sin\omega_0 t$ 或 $f(t)\cos\omega_0 t$ 的拉氏变换可应用 S 域平移性质。

因为 $\mathscr{L}[f(t)\cos\omega_0 t] = \dfrac{1}{2}\mathscr{L}[f(t)e^{j\omega_0 t} + f(t)e^{-j\omega_0 t}] =$

$$\dfrac{1}{2}[F(s-j\omega_0) + F(s+j\omega_0)]$$

又 $\mathscr{L}[t^3 u(t)] = \dfrac{3!}{s^4} = \dfrac{6}{s^4}$

所以 $F_1(s) = \mathscr{L}[t^3 \cos 3t u(t)] =$

$$\dfrac{1}{2}\left[\dfrac{6}{(s-j3)^4} + \dfrac{6}{(s+j3)^4}\right] =$$

$$\dfrac{6s^4 - 324s^2 + 486}{(s^2+9)^4}$$

解 II $t^n f(t)$ 的拉氏变换利用 S 域微分性质

因为 $\mathscr{L}[t^n f(t)] = (-1)^n \dfrac{d^n F(s)}{ds^n}$

又 $\mathscr{L}[\cos 3t u(t)] = \dfrac{s}{s^2+9}$

所以 $F_1(s) = \mathscr{L}[t^3 \cos 3t u(t)] = (-1)\dfrac{d^3\left[\dfrac{s}{s^2+9}\right]}{ds^3} =$

$$\dfrac{6s^4 - 324s^2 + 486}{(s^2+9)^4}$$

(2) 求 $\dfrac{f(t)}{t}$ 形式的拉氏变换可应用 S 域积分性质。

因为 $\mathscr{L}[(e^{-3t} - e^{-5t})u(t)] = \dfrac{1}{s+3} - \dfrac{1}{s+5}$

所以 $F_2(s) = \mathscr{L}\left[\dfrac{e^{-3t} - e^{-5t}}{t}u(t)\right] =$

$$\int_s^\infty \left(\dfrac{1}{s_1+3} - \dfrac{1}{s_1+5}\right) ds_1 =$$

$$\ln\left(\dfrac{s_1+3}{s_1+5}\right)\bigg|_s^\infty =$$

$$\ln\left(\dfrac{s+5}{s+3}\right)$$

(3) 该题解法与 2 题类似，应用 S 域积分性质。

因为 $\mathscr{L}[\sin at u(t)] = \dfrac{a}{s^2+a^2}$

所以 $F_3(s) = \mathscr{L}\left[\dfrac{\sin at}{t}u(t)\right] = \int_s^\infty \dfrac{a}{s_1^2+a^2} ds_1 =$

$$\arctan\left(\frac{s_1}{a}\right)\Big|_s^\infty = \frac{\pi}{2} - \arctan\left(\frac{s}{a}\right)$$

(4) 因为 $\mathscr{L}[\sin^2 t] = \mathscr{L}\left[\dfrac{1-\cos 2t}{2}\right] = \dfrac{1}{2}\left(\dfrac{1}{s} - \dfrac{s}{s^2+4}\right)$

$$\int_s^\infty \frac{s_1}{s_1^2+4}\,ds_1 = \frac{1}{2}\ln(s^2+4)\Big|_s^\infty$$

根据 S 域积分性质，得

$$F_4(s) = \mathscr{L}\left[\frac{\sin^2 t}{t}\right] = \frac{1}{2}\int_s^\infty \left(\frac{1}{s_1} - \frac{s_1}{s_1^2+4}\right)ds_1 =$$

$$\frac{1}{2}(\ln s_1 - \ln\sqrt{s_1^2+4})\Big|_s^\infty = \frac{1}{2}\left(\ln\frac{s_1}{\sqrt{s_1^2+4}}\right)\Big|_s^\infty =$$

$$\frac{1}{2}\ln\frac{\sqrt{s^2+4}}{s}$$

3.5 用拉普拉斯变换性质，求下列像函数的原函数。

(1) $F_1(s) = \dfrac{e^{-(s-1)}+2}{(s-1)^2+4}$ (2) $F_2(s) = \dfrac{e^{-s}+e^{-2s}+1}{(s+1)(s+2)}$

(3) $F_3(s) = \dfrac{s-\alpha}{(s+\alpha)^2}$ (4) $F_4(s) = \dfrac{2se^{-s}}{(s+1)^2+100}$

解 (1) 对于三角函数有

$$\mathscr{L}^{-1}\left[\frac{\omega}{s^2+\omega^2}\right] = \sin\omega t\, u(t)$$

利用频移特性及时间平移特性得

$$\mathscr{L}^{-1}\left[\frac{2}{(s-1)^2+4}\right] = e^t \sin 2t \cdot u(t)$$

$$\mathscr{L}^{-1}\left[\frac{2e^{-s}}{s^2+4}\right] = \sin 2(t-1)u(t-1)$$

$$\mathscr{L}^{-1}\left[\frac{e^{-(s-1)}}{(s-1)^2+4}\right] = \frac{1}{2}e^t \sin 2(t-1)u(t-1)$$

于是

$$f_1(t) = \mathscr{L}^{-1}[F_1(s)] =$$

$$\mathscr{L}^{-1}\left[\frac{e^{-(s-1)}}{(s-1)^2+4}\right] + \mathscr{L}^{-1}\left[\frac{2}{(s-1)^2+4}\right] =$$

$$\frac{1}{2}e^t \sin 2(t-1)u(t-1) + e^t \sin 2t \cdot u(t)$$

(2) 因为 $\dfrac{1}{(s+1)(s+2)} = \dfrac{1}{s+1} - \dfrac{1}{s+2}$

所以 $\mathscr{L}^{-1}\left[\dfrac{1}{(s+1)(s+2)}\right] = [e^{-t} - e^{-2t}]u(t)$

利用时间平移特性

$$f_2(t) = \mathscr{L}^{-1}[F_2(s)] =$$

$$[e^{-(t-1)} - e^{-2(t-1)}]u(t-1) + [e^{-(t-2)} - e^{-2(t-2)}]u(t-2) + [e^{-t} - e^{-2t}]u(t)$$

(3) 利用 $\mathscr{L}^{-1}\left[\dfrac{1}{(s+\alpha)^2}\right] = te^{-\alpha t}$，得

$$f_3(t)=\mathscr{L}^{-1}[F_3(s)]=\mathscr{L}^{-1}\left[\frac{1}{s-\alpha}-\frac{2\alpha}{(s+\alpha)^2}\right]=$$
$$(e^{-\alpha t}-2\alpha t e^{-\alpha t})u(t)$$

(4)因为 $\dfrac{2se^{-s}}{(s+1)^2+100}=\dfrac{2(s+1)-\dfrac{1}{5}\cdot 10}{(s+1)^2+10^2}e^{-s}$

所以 $\mathscr{L}^{-1}\left[\dfrac{2se^{-s}}{(s+1)^2+100}\right]=e^{-(t-1)}\left[2\cos 10(t-1)-\dfrac{1}{5}\sin 10(t-1)\right]u(t-1)$

3.6 用部分分式展开法,求下列像函数的原函数。

(1) $F_1(s)=\dfrac{42}{(s+7)(s+4)(s+2)}$ 　　(2) $F_2(s)=\dfrac{16(s-1)}{s(s+2)(s^2+2s+4)}$

(3) $F_3(s)=\dfrac{s^2+b^2}{(s+a)^2+b^2}$ 　　(4) $F_4(s)=\dfrac{1}{s^2(s+1)^3}$

解 (1) $F_1(s)=\dfrac{42}{(s+7)(s+4)(s+2)}=\dfrac{14}{5(s+2)}-\dfrac{7}{s+4}+\dfrac{21}{5(s+2)}$

故 $f_1(t)=\mathscr{L}^{-1}[F_1(s)]=\left(\dfrac{14}{5}e^{-7t}-7e^{-4t}+\dfrac{21}{5}e^{-2t}\right)u(t)$

(2) $F_2(s)=\dfrac{16(s-1)}{s(s+2)(s^2+2s+4)}=\dfrac{k_1}{s}+\dfrac{k_2}{s+2}+\dfrac{k_3 s+k_4}{s^2+2s+4}$

$$k_1=\left.\dfrac{16(s-1)}{(s+2)(s^2+2s+4)}\right|_{s=0}=-2$$

$$k_2=\left.\dfrac{16(s-1)}{s(s^2+2s+4)}\right|_{s=-2}=6$$

再利用待定系数法确定 k_3,k_4,即

$$\dfrac{16(s-1)}{s(s+2)(s^2+2s+4)}=\dfrac{-2}{s}+\dfrac{6}{s+2}+\dfrac{k_3 s+k_4}{s^2+2s+4}=$$
$$\dfrac{(6+k_3-2)s^3+(2k_3+k_4-8)s^2+(8+2k_4)s-16}{s(s+2)(s^2+2s+4)}$$

由方程两端分子的对应项系数相等,得

$$k_3=-4,\quad k_4=4$$

所以

$$F_2(s)=\dfrac{-2}{s}+\dfrac{6}{s+2}+\dfrac{-4(s+1)}{(s+1)^2+3}+\dfrac{8}{(s+1)^2+3}$$

这里把 $F_2(s)$ 的分母 s^2+2s+4 变成 $(s+1)^2+3$ 是为了应用配方法,它比展开成两项共轭复根形式的方法简单,故

$$f_2(t)=\mathscr{L}^{-1}[F_2(s)]=\left(-2+6e^{-2t}-4e^{-t}\cos\sqrt{3}\,t+\dfrac{8}{3}\sqrt{3}\,e^{-t}\cdot\sin\sqrt{3}\right)u(t)$$

(3) $F_3(s)=\dfrac{s^2+b^2}{(s+a)^2+b^2}=1-\dfrac{2a(s+a)-a^2}{(s+a)^2+b^2}$

$$f_3(t)=\delta(t)-e^{-at}\left[2a\cos bt-\dfrac{a^2}{b}\sin bt\right]u(t)$$

(4) $F_4(s)=\dfrac{1}{s^2(s+1)^3}$

$F_4(s)$ 在 $s=0$ 处有一个二重根,而在 $s=-1$ 处有一个三重根,故将 $F(s)$ 展成

$$F_4(s) = \frac{k_{11}}{s^2} + \frac{k_{12}}{s} + \frac{k_{21}}{(s+1)^3} + \frac{k_{22}}{(s+1)^2} + \frac{k_{23}}{s+1}$$

对于 k 阶重根,利用公式

$$k_{ji} = \frac{1}{(i-1)!} \frac{d^{i-1}}{ds^{i-1}} [(s-P_i)^k F(s)]_{s=P_j}$$

求得

$$k_{11} = s^2 \frac{1}{s^2(s+1)^3} \bigg|_{s=0} = 1$$

$$k_{12} = \frac{1}{(2-1)!} \frac{d}{ds} \left[s^2 \frac{1}{s^2(s+1)^3} \right] \bigg|_{s=0} = -3$$

而

$$k_{21} = (s+1)^3 \frac{1}{s^2(s+1)^3} \bigg|_{s=-1} = 1$$

$$k_{22} = \frac{1}{(2-1)!} \frac{d}{ds} \left[(s+1)^3 \frac{1}{s^2(s+1)^3} \right] \bigg|_{s=-1} = 2$$

$$k_{23} = \frac{1}{(3-1)!} \frac{d^2}{ds^2} \left[(s+1)^3 \frac{1}{s^2(s+1)^3} \right] \bigg|_{s=-1} = 3$$

所以

$$F_4(s) = \frac{1}{s^2} - \frac{3}{s} + \frac{1}{(s+1)^3} + \frac{2}{(s+1)^2} + \frac{3}{s+1}$$

故

$$f_4(t) = \left[t - 3 + \frac{1}{2} t^2 e^{-t} + 2t e^{-t} + 3 e^{-t} \right] u(t)$$

3.7 用留数法,求下列像函数的原函数。

(1) $F_1(s) = \dfrac{24(s+8)}{s(s+12)(s+4)}$ (2) $F_2(s) = \dfrac{4s^2 + 17s + 16}{(s+2)^2(s+3)}$

(3) $F_3(s) = \dfrac{1}{s(s^2 + s + 1)}$ (4) $F_4(s) = \dfrac{s^3 + 3s^2 + 2s + 1}{s^3 + 3s^2 + 2s}$

解 (1) $f_1(t) = \mathscr{L}^{-1} \left[\dfrac{24(s+8)}{s(s+12)(s+4)} \right] = \text{Res}[0] + \text{Res}[-4] + \text{Res}[-12]$

而

$$\text{Res}[0] = \left[s \cdot \frac{24(s+8)}{s(s+12)(s+4)} e^{st} \right] \bigg|_{s=0} = 4u(t)$$

$$\text{Res}[-4] = \left[(s+4) \frac{24(s+8)}{s(s+12)(s+4)} e^{st} \right] \bigg|_{s=-4} = -3 e^{-4t} u(t)$$

$$\text{Res}[-12] = \left[(s+12) \frac{24(s+8)}{s(s+12)(s+4)} e^{st} \right] \bigg|_{s=-12} = -e^{-12t} u(t)$$

所以

$$f_1(t) = (4 - 3 e^{-4t} - e^{-12t}) u(t)$$

(2) $f_2(t) = \mathscr{L}^{-1} \left[\dfrac{4s^2 + 17s + 16}{(s+2)^2(s+3)} \right] = \text{Res}[-2] + \text{Res}[-3]$

而

$$\text{Res}[-2] = \frac{1}{(2-1)!} \left[\frac{d}{ds} (s+2)^2 \frac{4s^2 + 7s + 16}{(s+2)^2(s+3)} e^{st} \right] \bigg|_{s=-2} =$$
$$(3 e^{-2t} - 2t e^{-2t}) u(t)$$

$$\text{Res}[-3] = \left[(s+3)\frac{4s^2+17s+16}{(s+2)^2(s+3)}e^{st}\right]\bigg|_{s=-3} = e^{-3t}u(t)$$

所以
$$f_2(t) = (3e^{-2t} - 2te^{-2t} + e^{-3t})u(t)$$

(3) $f_3(t) = \mathscr{L}^{-1}\left[\dfrac{1}{s(s^2+s+1)}\right] = \mathscr{L}^{-1}\left[\dfrac{1}{s\left(s-\dfrac{-1+\sqrt{3}\mathrm{j}}{2}\right)\left(s+\dfrac{1+\sqrt{3}\mathrm{j}}{2}\right)}\right] =$

$$\text{Res}[0] + \text{Res}\left[\frac{-1+\sqrt{3}\mathrm{j}}{2}\right] + \text{Res}\left[\frac{-1-\sqrt{3}\mathrm{j}}{3}\right]$$

而
$$\text{Res}[0] = \left[s\frac{1}{s(s^2+s+1)}e^{st}\right]\bigg|_{s=0} = u(t)$$

$$\text{Res}\left[\frac{-1+\sqrt{3}\mathrm{j}}{2}\right] = \left[\left(s - \frac{-1+\sqrt{3}\mathrm{j}}{2}\right) \times \frac{1}{s\left(s-\dfrac{-1+\sqrt{3}\mathrm{j}}{2}\right)\left(s+\dfrac{1+\sqrt{3}\mathrm{j}}{2}\right)}\right]\bigg|_{s=\frac{-1+\sqrt{3}\mathrm{j}}{2}} =$$

$$\frac{1}{-\dfrac{3+\sqrt{3}\mathrm{j}}{2}} e^{\frac{(-1+\sqrt{3}\mathrm{j})}{2}t} u(t)$$

$$\text{Res}\left[-\frac{1+\sqrt{3}\mathrm{j}}{2}\right] = \left[\left(s + \frac{1+\sqrt{3}\mathrm{j}}{2}\right) \times \frac{e^{st}}{s\left(s-\dfrac{-1+\sqrt{3}\mathrm{j}}{2}\right)\left(s+\dfrac{1+\sqrt{3}\mathrm{j}}{2}\right)}\right]\bigg|_{s=-\frac{1+\sqrt{3}\mathrm{j}}{2}} =$$

$$\frac{1}{\dfrac{-3+\sqrt{3}\mathrm{j}}{2}} e^{-\frac{1+\sqrt{3}\mathrm{j}}{2}t} u(t)$$

所以
$$f_3(t) = u(t) - e^{-\frac{1}{2}t}\left(\cos\frac{\sqrt{3}}{2}t - \frac{\sqrt{3}}{3}\sin\frac{\sqrt{3}}{2}t\right)u(t)$$

(4) $f(t) = \mathscr{L}^{-1}[F(s)] = \mathscr{L}^{-1}[1] + \mathscr{L}^{-1}\left[\dfrac{1}{s(s+1)(s+2)}\right] =$

$$\delta(t) + \text{Res}[0] + \text{Res}[-1] + \text{Res}[-2]$$

$$\text{Res}[0] = \left[s\frac{1}{s(s+1)(s+2)}e^{st}\right]\bigg|_{s=0} = \frac{1}{2}u(t)$$

$$\text{Res}[-1] = \left[(s+1)\frac{1}{s(s+1)(s+2)}\right]\bigg|_{s=-1} = -e^{-t}u(t)$$

$$\text{Res}[-2] = \left[(s+2)\frac{1}{s(s+1)(s+2)}\right]\bigg|_{s=-2} = \frac{1}{2}e^{-2t}u(t)$$

所以
$$f(t) = \delta(t) + \left(\frac{1}{2} - e^{-t} + \frac{1}{2}e^{-2t}\right)u(t)$$

3.8 求下列函数的拉氏反变换。

(1) $F_1(s) = \dfrac{s}{1-e^{-s}}$ (2) $F_2(s) = \dfrac{1}{s\mathrm{ch}s}$

(3) $F_3(s) = \dfrac{1-e^{-(s+1)}}{(s+1)(1-e^{-2s})}$ (4) $F_4(s) = \ln\left(\dfrac{s+1}{s}\right)$

解 (1) $\dfrac{1}{1-e^{-s}}$ 表示周期函数的像函数因子，可展开为无穷级数。

因为 $F_1(s) = \dfrac{s}{1-e^{-s}} = s(1+e^{-s}+e^{-2s}+\cdots)$

所以 $f_1(t) = \mathscr{L}^{-1}[F_1(s)] = \delta'(t)+\delta'(t-1)+\delta'(t-2)+\cdots =$
$$\sum_{n=0}^{\infty} \delta'(t-n)$$

(2) 因为 $F_2(s) = \dfrac{1}{s\operatorname{ch}s} = \dfrac{2}{s(e^s+e^{-s})} = \dfrac{2e^{-s}}{s(1+e^{-2s})}$

式中，$\dfrac{2}{s}e^{-s}$ 表示延时阶跃函数，$\dfrac{1}{1+e^{-2s}}$ 是像函数的周期因子，可展开为级数形式，即

$$F_2(s) = \dfrac{2e^{-s}}{s(1+e^{-2s})} = \dfrac{2e^{-s}}{s}(1-e^{-2s}+e^{-4s}-e^{-6s}+\cdots) =$$
$$\dfrac{2}{s}(e^{-s}-e^{-3s}+e^{-5s}-e^{-7s}+\cdots)$$

所以 $f_2(t) = \mathscr{L}^{-1}[F_2(s)] = 2[u(t-1)-u(t-3)+u(t-5)-u(t-7)+\cdots] =$
$$2\sum_{n=0}^{\infty}(-1)^n u(t-1-2n)$$

(3) 因为 e^{-s} 为延时因子，$\dfrac{1}{1-e^{-2s}}$ 为像函数周期因子。

$$\dfrac{1}{1-e^{-2s}} = 1+e^{-2s}+e^{-4s}+e^{-6s}+\cdots$$

又 $\mathscr{L}^{-1}\left[\dfrac{1-e^{-(s+1)}}{s+1}\right] = e^{-t}u(t) - e^{-(t-1)}u(t-1)\cdot e^{-1} =$
$$e^{-t}[u(t)-u(t-1)]$$

所以 $f_3(t) = \mathscr{L}^{-1}\left\{\dfrac{1-e^{-(s+1)}}{(s+1)(1-e^{-2s})}\right\} =$
$$\mathscr{L}^{-1}\left[\dfrac{1-e^{-(s+1)}}{(s+1)}(1+e^{-2s}+e^{-4s}+\cdots)\right] =$$
$$e^{-t}[u(t)-u(t-1)] + e^{-(t-2)}[u(t-2)-u(t-3)] +$$
$$e^{-(t-4)}[u(t-4)-u(t-5)] + \cdots$$

(4) s 域微分性质
$$F_4(s) = \ln(s+1) - \ln s$$
$$\dfrac{dF_4(s)}{ds} = \dfrac{1}{s+1} - \dfrac{1}{s}$$
$$\mathscr{L}^{-1}\left[\dfrac{dF_4(s)}{ds}\right] = (e^{-t}-1)u(t)$$

又 $\mathscr{L}^{-1}\left[\dfrac{dF_4(s)}{ds}\right] = -tf(t)$

所以 $f_4(t) = \dfrac{1}{t}(1-e^{-t})u(t)$

3.9 若 $\mathscr{L}[f(t)] = F(s)$，试证
$$\mathscr{L}\left[\dfrac{1}{a}e^{-\frac{b}{a}t}f\left(\dfrac{t}{a}\right)\right] = F(as+b)$$

证明 设 $a>0$，根据拉氏变换的尺度变换特性

$$\mathscr{L}\left[f\left(\frac{t}{a}\right)\right]=aF(as)$$

根据 s 域平移性质

$$\mathscr{L}\left[\mathrm{e}^{-\frac{b}{a}t}f\left(\frac{t}{a}\right)\right]=aF\left[a\left(s+\frac{b}{a}\right)\right]=aF(as+b)$$

所以

$$\mathscr{L}\left[\frac{1}{a}\mathrm{e}^{-\frac{b}{a}t}f\left(\frac{t}{a}\right)\right]=\frac{1}{a}\cdot aF(as+b)=F(as+b)$$

3.10 已知像函数 $F(s)=\dfrac{1+\mathrm{e}^{-s}}{1-\mathrm{e}^{-3s}}$，试求其原函数 $f(t)$。

解 像函数 $F(s)$ 中 e^{-s} 表示原函数中的时间延迟，而其分母中 $(1-\mathrm{e}^{-3s})$ 则表示时间函数以 3 为周期的重复。

$$\begin{array}{lll}函数 & 1 & \rightarrow 原函数 \quad \delta(t) \\ 像函数 & 1+\mathrm{e}^{-s} & \rightarrow 原函数 \quad \delta(t)+\delta(t-1)\end{array}$$

所以 $F(s)=\dfrac{1+\mathrm{e}^{-s}}{1-\mathrm{e}^{-3s}} \rightarrow f(t)=$

$$\delta(t)+\delta(t-1)+\delta(t-3)+\delta(t-4)+\delta(t-6)+\delta(t-7)+\cdots$$

或直接将 $F(s)$ 展开

$$F(s)=\frac{1+\mathrm{e}^{-s}}{1-\mathrm{e}^{-3s}}=(1+\mathrm{e}^{-s})(1+\mathrm{e}^{-3s}+\mathrm{e}^{-6s}+\mathrm{e}^{-9s}+\cdots)=$$

$$1+\mathrm{e}^{-s}+\mathrm{e}^{-3s}+\mathrm{e}^{-4s}+\mathrm{e}^{-6s}+\mathrm{e}^{-7s}+\cdots$$

所以 $f(t)=\delta(t)+\delta(t-1)+\delta(t-3)+\delta(t-4)+\delta(t-6)+\delta(t-7)+\cdots$

3.11 已知 $f(t)=\begin{cases}\mathrm{e}^{-at} & 2n<t<2n+1 \\ 0 & 2n+1<t<2n+2\end{cases}(n=0,1,2,\cdots)$

求此函数的像函数 $F(s)$。

解 $f(t)=\mathrm{e}^{-at}[u(t)-u(t-1)]+\mathrm{e}^{-at}[u(t-2)-u(t-3)]+\mathrm{e}^{-at}[u(t-4)-u(t-5)]+\cdots=$

$$\mathrm{e}^{-at}[u(t)-u(t-1)+u(t-2)-u(t-3)+u(t-4)-u(t-5)+\cdots]$$

所以 $F(s)=\mathscr{L}^{-1}[f(t)]=$

$$\frac{1}{s+a}[1-\mathrm{e}^{-(s+a)}+\mathrm{e}^{-2(s+a)}-\mathrm{e}^{-3(s+a)}+\mathrm{e}^{-4(s+a)}-\cdots]=$$

$$\frac{1}{s+a}\cdot\frac{1}{1+\mathrm{e}^{-(s+a)}}$$

3.3 习题(10题)

3.1 下列函数中哪些具有拉普拉斯变换？画出其拉普拉斯变换的收敛域，并求出单边拉普拉斯变换。

(1) $\sin\omega_1 t\cdot\sin\omega_2 t\cdot u(t)$ (2) $\sin 3t$ (3) $u(-t)$

(4) $\mathrm{e}^{-5|t|}\mathrm{ch}3t$ (5) $\mathrm{e}^{-3|t|}\mathrm{ch}5t$

3.2 应用拉普拉斯变换的性质，证明下列变换对成立。

(1) $t\sin\omega t \longleftrightarrow \dfrac{2\omega s}{(s^2+\omega^2)^2}$ (2) $t^2\mathrm{e}^{-at} \longleftrightarrow \dfrac{2}{(s+a)^3}$

(3) $\mathrm{e}^{-\frac{t}{b}}f\left(\dfrac{t}{b}\right) \longleftrightarrow bF(bs+1)$ (4) $\mathrm{e}^{-bt}f\left(\dfrac{t}{b}\right) \longleftrightarrow bF(bs+b^2)$

(5) $\text{Si}(at) \longleftrightarrow \dfrac{1}{s}\arctan\dfrac{a}{s}$

3.3 求图习 3.3 所示 (a),(b),(c),(d) 四种波形的拉普拉斯变换。

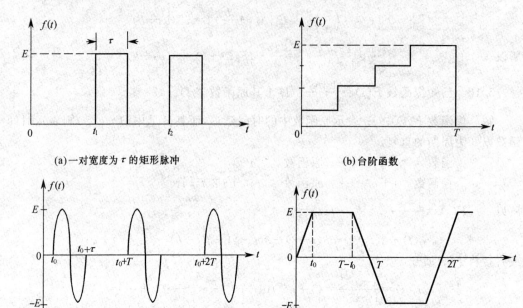

图习 3.3

3.4 试求图习 3.4 所示各时间信号的拉普拉斯变换式。

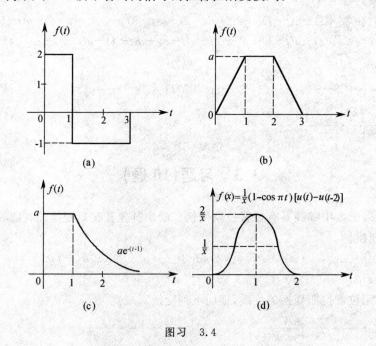

图习 3.4

3.5 求图习 3.5 所示各周期信号 ($0 < t < \infty$) 的拉普拉斯变换式。

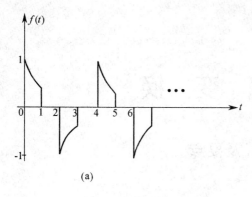
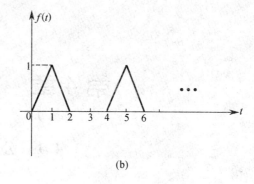
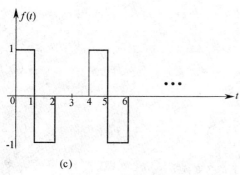
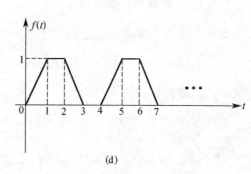

图习 3.5

3.6 试利用拉氏变换的性质,求正弦积分 $\mathrm{Si}(t)=\int_0^t \frac{\sin u}{u}\mathrm{d}u$ 的拉氏变换式。

3.7 试用留数法求下列函数的拉普拉斯反变换式 $f(t)$。

(1) $\dfrac{s}{(s+1)^3}$ 　　　　　　　(2) $\dfrac{1}{(s+a)(s+b)(s+c)}$

(3) $\dfrac{1-\mathrm{e}^{-2}}{s(s+3)^2}$ 　　　　　　(4) $\dfrac{s^2+3s}{s^2+6s+8}$

3.8 用卷积定理求下列像函数的原函数。

(1) $\dfrac{1}{s^3}$ 　　　　　　　　　(2) $\left(\dfrac{s}{s+1}\right)^2$

(3) $\dfrac{s+1}{s(s^2+4)}$ 　　　　　　(4) $\dfrac{s}{(s^2+\omega_1^2)(s^2+\omega_2^2)}$

(5) $\left(\dfrac{1-\mathrm{e}^{-as}}{s}\right)$ 　　　　　　(6) $\dfrac{s}{(s+a)(s^2+1)}$

3.9 已知 $\mathscr{L}[f(t)]=\dfrac{(s+1)\mathrm{e}^{-s}}{(s+2)^2+4}$,试用尺度变换特性求 $f\left(\dfrac{t}{2}\right)$。

3.10 (1)已知 $f(t)$ 的拉普拉斯变换式为 $F(s)=\dfrac{10}{s(s+1)}$,试用终值定理求函数 $f(t)$ 的终值 $f(\infty)$,并通过取 $F(s)$ 的拉普拉斯反变换,令其 $t\to\infty$ 验证之。

(2)已知 $F(s)=\dfrac{1}{(s+2)^2}$,试用初值定理求原函数 $f(t)$ 的初值 $f(0^+)$ 和 $f'(0^+)$。

(3)已知 $F(s)=\dfrac{s+3}{s^2+6s+8}$,试用初值定理求原函数 $f(t)$ 的初值 $f(0^+),f'(0^+)$ 和 $f''(0^+)$。

第4章 Z 变 换

4.1 公式及要点

4.1.1 Z变换及其收敛域

定义 双边 Z 变换

$$F(z) = \sum_{n=-\infty}^{\infty} f(n) z^{-n} \qquad (4.1)$$

单边 Z 变换

$$F(z) = \sum_{n=0}^{\infty} f(n) z^{-n} \qquad (4.2)$$

表 4.1 常用序列的 Z 变换

序号	$f(n), n \geqslant 0$	$F(z)$	收敛域
1	$\delta(n)$	1	$|z| \geqslant 0$
2	$u(n)$	$\dfrac{z}{z-1}$	$|z|>1$
3	n	$\dfrac{z}{(z-1)^2}$	$|z|>1$
4	n^2	$\dfrac{z(z+1)}{(z-1)^3}$	$|z|>1$
5	n^3	$\dfrac{z(z^2+4z+1)}{(z-1)^4}$	$|z|>1$
6	a^n	$\dfrac{z}{z-a}$	$|z|>|a|$
7	ka^n	$\dfrac{az}{(z-a)^2}$	$|z|>|a|$
8	$k^2 a^n$	$\dfrac{az(z+a)}{(z-a)^3}$	$|z|>|a|$
9	$k^3 a^n$	$\dfrac{az(z^2+4az+a^2)}{(z-a)^4}$	$|z|>|a|$
10	$\dfrac{(k+1)\cdots(k+m)a^n}{m!}$	$\dfrac{z^{m+1}}{(z-a)^{m+1}}$	$|z|>|a|$
11	$e^{\lambda n}$	$\dfrac{z}{z-e^{\lambda}}$	$|z|>e^{\lambda}$
12	$e^{j\omega_0 n}$	$\dfrac{z}{z-e^{j\omega_0}}$	$|z|>1$

续表 4.1

序号	$f(n), n \geqslant 0$	$F(z)$	收敛域
13	$a^{n-1}u(n-1)$	$\dfrac{1}{z-a}$	$\|z\|>\|a\|$
14	$e^{\lambda(n-1)}u(n-1)$	$\dfrac{z}{z-e^\lambda}$	$\|z\|>e^\lambda$
15	$\cos\omega_0 n$	$\dfrac{z(z-\cos\omega_0)}{z^2-2z\cos\omega_0+1}$	$\|z\|>1$
16	$\sin\omega_0 n$	$\dfrac{z\sin\omega_0}{z^2-2z\cos\omega_0+1}$	$\|z\|>1$
17	$\beta^n\cos\omega_0 n$	$\dfrac{z(z-\beta\cos\omega_0)}{z^2-2\beta z\cos\omega_0+\beta^2}$	$\|z\|>\beta$
18	$\beta^n\sin\omega_0 n$	$\dfrac{\beta z\sin\omega_0}{z^2-2\beta z\cos\omega_0+\beta^2}$	$\|z\|>\beta$
19	$\operatorname{ch}\omega_0 n$	$\dfrac{z(z-\operatorname{ch}\omega_0)}{z^2-2\beta z\operatorname{ch}\omega_0+1}$	$\|z\|>e^{\omega_0}$
20	$\operatorname{sh}\omega_0 n$	$\dfrac{z\operatorname{sh}\omega_0}{z^2-2z\operatorname{ch}\omega_0+1}$	$\|z\|>e^{\omega_0}$
21	$\dfrac{n(n-1)\cdots(n-m+1)}{m!}$	$\dfrac{z}{(z-1)^{m+1}}$	$\|z\|>1$

表 4.2

序号	$f(n), n<0$	$F(z)$	收敛域
1	$-u(-n-1)$	$\dfrac{z}{z-1}$	$\|z\|<1$
2	$-(n+1)u(-n-1)$	$\dfrac{z^2}{(z-1)^2}$	$\|z\|<1$
3	$-a^n u(-n-1)$	$\dfrac{z}{z-a}$	$\|z\|<\|a\|$
4	$\dfrac{-(n+1)(n+2)\cdots(n+m)}{m!}a^n u(-n-1)$	$\dfrac{z^{m+1}}{(z-a)^{m+1}}$	$\|z\|<\|a\|$

4.1.2 Z 反变换

1. 幂级数展开法（长除法）

若 Z 变换 $F(z)$ 的收敛域为圆外部分，则 $f(n)$ 必为因果序列，$F(z)$ 的分子、分母多项式按 z 的降幂排列；若收敛域为圆内部分，则 $f(n)$ 必为非因果序列（左边序列），$F(z)$ 的分子、分母多项式按 z 的升幂排列；然后用长除法，将 $F(z)$ 展成幂级数，级数的系数就是序列 $f(n)$。

2. 部分分式展开法

如果序列 $f(n)$ 的 Z 变换为 z 的有理函数，一般可表示为有理分式

$$F(z)=\frac{N(z)}{D(z)}=\frac{b_M z^M+b_{M-1}z^{M-1}+\cdots+b_1 z+b_0}{a_N z^N+a_{N-1}z^{N-1}+\cdots+a_1 z+a_0} \qquad (4.3)$$

(1)当 $F(z)$ 只含有单极点时,可将 $\dfrac{F(z)}{z}$ 展开为部分分式,即

$$F(z)=\sum_{i=0}^{N}\frac{A_i z}{z-P_i} \qquad (4.4)$$

或

$$F(z)=A_0+\sum_{i=1}^{N}\frac{A_i z}{z-P_i} \qquad (4.5)$$

其中 P_i 为 $\dfrac{F(z)}{z}$ 的极点,A_i 是极点 P_i 上的留数

$$A_i=\mathrm{Res}\left[\frac{F(z)}{z}\right]_{z=P_i}=\left[(z-P_i)\frac{F(z)}{z}\right]_{z=P_i}$$

$$A_0=[F(z)]_{z=0}=\frac{b_0}{a_0}$$

如果 $F(z)$ 的收敛域为 $|z|>R$,则 $f(n)$ 为因果序列,即

$$f(n)=A_0\delta(n)\sum_{i=1}^{N}A_i P_i^{\,n}u(n) \qquad (4.6)$$

如果 $F(z)$ 的收敛域为 $|z|<R$,则 $f(n)$ 为非因果序列(左边序列),即

$$f(n)=A_0\delta(n)-\sum_{i=1}^{N}A_i P_i^{\,n}u(-n-1) \qquad (4.7)$$

(2)当 $F(z)$ 含有高阶极点时,例如

$$F(z)=A_0+\sum_{i=1}^{r}\frac{A_i z}{z-P_i}+\sum_{j=1}^{s}\frac{B_j z}{(z-P_l)^j} \qquad (4.8)$$

式中 $r+S=N$

$$B_j=\frac{1}{(s-j)!}\frac{\mathrm{d}^{s-j}}{\mathrm{d}z^{s-j}}\left[(z-P_l)\frac{F(z)}{z}\right]_{z=P_l} \qquad (4.9)$$

A_0,A_i 的计算同前。

3.围线积分法(留数法)

$$f(n)=\frac{1}{2\pi\mathrm{j}}\oint_C F(z)z^{n-1}\mathrm{d}z \qquad (4.10)$$

式中围线 C 位于 $F(z)$ 的收敛域内且包围坐标原点。式(4.10)可借助于留数定理计算,即

$$f(n)=\sum_i \mathrm{Res}[F(z)z^{n-1},P_i]_{z=P_i} \qquad (4.11)$$

当 P_i 为 S 阶极点时

$$\mathrm{Res}[F(z)z^{n-1},P_i]_{z=P_i}=\frac{1}{(S-1)!}\left\{\frac{\mathrm{d}^{s-1}}{\mathrm{d}z^{s-1}}\left[(z-P_i)^S\cdot F(z)z^{n-1}\right]\right\}_{z=P_i} \qquad (4.12)$$

当 P_i 为一阶极点时

$$\mathrm{Res}[F(z)z^{n-1},P_i]_{z=P_i}=[(z-P_i)F(z)z^{n-1}]_{z=P_i} \qquad (4.13)$$

对 $F(z)$ 的收敛域为圆内部分或环形区域时,序列 $f(n)$ 中将出现左边序列,可以使用留数辅助定理

$$\frac{1}{2\pi\mathrm{j}}\oint_C F(z)\mathrm{d}z=\sum \mathrm{Res}[F(z),\text{全部极点}]=0$$

或 $\quad \sum \mathrm{Res}[F(z),C\text{ 内全部极点}]=-\sum \mathrm{Res}[F(z),C\text{ 外全部极点}]$

计算 $f(n)$ 时,要分别计算 $n\geqslant 0$ 和 $n<0$ 两种情况下的极点。

4.1.3 Z变换性质

Z变换性质见表4.3。

表4.3

特性名称	时间序列	Z变换
线性	$a_1 f_1(n) + a_2 f_2(n)$	$a_1 F_1(z) + a_2 F_2(z)$
移序特性	$f(n-m)u(n-m)$ $f(n+m)u(n)$	$z^{-m} F(z)$ $z^m F(z) - z^m \sum_{i=0}^{m-1} x(i) z^{-i}$
Z域微分	$nf(n)$	$-z \dfrac{\mathrm{d}F(z)}{\mathrm{d}z}$
Z域积分	$\dfrac{1}{n+m} f(n)$	$z^m \int_z^\infty F(z_1) z_1^{-(m+1)} \mathrm{d}z_1$
尺度变换	$a^n f(n)$	$F\left(\dfrac{z}{a}\right)$
时间反转	$f(-n)$	$F(z^{-1})$
初值定理	$f(0)$	$= \lim\limits_{Z \to \infty} F(z)$
终值定理	$f(\infty)$	$= \lim\limits_{t \to 1}(z-1) F(z)$
时域卷积定理	$f_1(n) * f_2(n)$	$F_1(z) F_2(z)$
Z域卷积定理	$f_1(n) f_2(n)$	$\dfrac{1}{2\pi j} \oint_c F_1\left(\dfrac{z}{\nu}\right) F_2(\nu) \nu^{-1} \mathrm{d}\nu$
帕色伐尔定理	$\sum_{n=-\infty}^{\infty} f_1(n) f_2^*(n)$	$\dfrac{1}{2\pi j} \oint_c F_1(z) F_2^*\left(\dfrac{1}{z^*}\right) Z^{-1} \mathrm{d}z$
序列求和	$\sum_{i=0}^{n} f(i)$	$\dfrac{z}{z-1} F(z)$

4.1.4 Z变换与拉普拉斯变换的关系

1. z 平面与 S 平面的映射

设 $s = \sigma + j\omega, z = r e^{j\theta}$，则 $z = e^{sT} = e^{\sigma + j\omega T}$

式中 $r = e^{\sigma T}$，z 的模与 s 实部之间的关系；

$\theta = \omega T$，z 的幅角与 s 虚部之间的关系。

2. Z变换与拉氏变换的关系式

$$F(z) = \frac{1}{2\pi j} \oint_c \frac{z F(s)}{z - e^{sT}} \mathrm{d}s$$

式中，$F(s)$ 为连续时间函数 $f(t)$ 的拉普拉斯变换，$F(z)$ 为将 $f(t)$ 抽样而得到的离散时间函数 $f(n)$ 的 Z 变换。

4.2 选题精解(20题)

4.1 求下列序列的 Z 变换及其收敛域,画出极零点图。

(1) $f_1(n) = a^{n+3}u(n)$

(2) $f_2(n) = \cos h(bn)u(n)$ $\quad(b<0)$

(3) $f_3(n) = \cos(2n+\dfrac{\pi}{4})u(n)$

解 (1) $F_1(z) = \sum\limits_{n=-\infty}^{\infty} f_1(n)z^{-n} = \sum\limits_{n=0}^{\infty} a^{n+3} z^{-n} = \dfrac{a^3 z}{z-a}$

$F_1(z)$ 的零点 $z_1=0$;极点 $P_1=a$,收敛域 $|z|>a$。极零点图如图选4.1.1所示。

(2) $F_2(z) = \sum\limits_{n=-\infty}^{\infty} f_2(n)z^{-n} = \sum\limits_{n=0}^{\infty} \cos h(bn) z^{-n} =$

$\sum\limits_{n=0}^{\infty} \dfrac{e^{bn}+e^{-bn}}{2} z^{-n} =$

$\dfrac{z/2}{z-e^b} + \dfrac{z/2}{z-e^{-b}} = \dfrac{z\left(z-\dfrac{e^b+e^{-b}}{2}\right)}{(z-e^b)(z-e^{-b})}$

$F_2(z)$ 的零点 $z_1=0, z_2=\dfrac{e^b+e^{-b}}{2}$;极点 $P_1=e^b, P_2=e^{-b}$;收敛域 $|z|>e^{-b}$。其极零点分布如图选4.1.2所示。

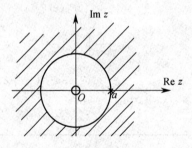

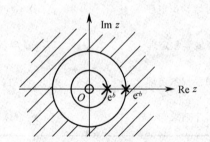

图选 4.1.1   图选 4.1.2

(3) $F_3(z) A = \sum\limits_{n=-\infty}^{\infty} f_3(n)z^{-n} = \sum\limits_{n=0}^{\infty} \cos(2n+\dfrac{\pi}{4})z^{-n} =$

$\dfrac{1}{2} \sum\limits_{n=0}^{\infty} [e^{j(2n+\frac{\pi}{4})} + e^{-j(2n+\frac{\pi}{4})}] z^{-n} = \dfrac{1}{2} e^{j\frac{\pi}{4}} \dfrac{z}{z-e^{j2}} + \dfrac{1}{2} e^{-j\frac{\pi}{4}} \dfrac{z}{z-e^{-j2}} =$

$\dfrac{1}{2} \dfrac{e^{j\frac{\pi}{4}}(z^2-ze^{-j2}) + e^{-j\frac{\pi}{4}}(z^2-ze^{j2})}{z^2-(e^{j2}+e^{-j2})z+1} = \dfrac{1}{2} \dfrac{2z^2\cos\dfrac{\pi}{4} - 2z\cos(z-\dfrac{\pi}{4})}{z^2-2(\cos 2)z+1} =$

$\dfrac{\dfrac{\sqrt{2}}{2}[z^2 - z(\cos 2 + \sin 2)]}{z^2 - 2(\cos 2)z + 1}$

$F_3(z)$ 的零点 $z_1=0, z_2=\cos 2 + \sin 2$;

极点 $P_1 = \cos 2 + j\sin 2, P_2 = \cos 2 - j\sin 2$;

收敛域$|z|>1$。极零点图如图选 4.1.3 所示。

4.2 已知序列 $x(n)=|n-3|u(n)$，试求其 Z 变换。

解 $x(n)=|n-3|u(n)=(3-n)\delta(n)+$
$(3-n)\delta(n-1)+(3-n)\delta(n-2)+$
$(n-3)u(n-3)$

$\mathscr{Z}[x(n)]=3+2z^{-1}+z^{-2}+z^{-3}\cdot\dfrac{z}{(z-1)^2}=$

$\dfrac{3z^4-4z^3+2}{z^2(z-1)^2}$ $(|z|>1)$

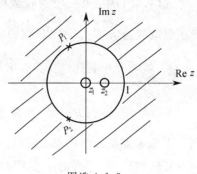

图选 4.1.3

4.3 写出如图选 4.3 所示各序列 Z 变换的收敛域。

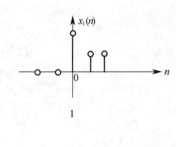

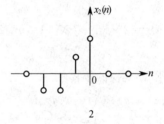

1

2

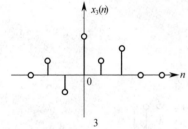

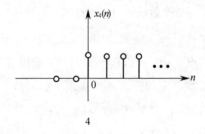

3

4

图选 4.3

解 (1) $0<|z|\leqslant\infty$　　　(2) $0\leqslant|z|<\infty$
(3) $0<|z|<\infty$　　　(4) $R_1<|z|\leqslant\infty$

值得指出的是，有限长序列的 Z 变换（除 0 和∞外）总是全平面收敛的。对收敛域是否包括 0 和∞，应由序列取非零值的全部 n 值符号决定。若 n 符号包含有"＋"，则收敛域不包括"0"；若 n 符号包含有"－"，则收敛域不包括"∞"。

4.4 求双边序列 $x(n)=\left(\dfrac{1}{2}\right)^{|n|}$ 的 Z 变换，并标明收敛域及绘出极零点图。

解 $X(z)=\sum\limits_{n=-\infty}^{\infty}\left(\dfrac{1}{2}\right)^{|n|}z^{-n}=\sum\limits_{n=-\infty}^{-1}\left(\dfrac{1}{2}\right)^{-n}z^{-n}+\sum\limits_{n=0}^{\infty}\left(\dfrac{1}{2}\right)^{n}z^{-n}=$ (4.4.1)

$\sum\limits_{n=1}^{\infty}\left(\dfrac{1}{2}\right)^{n}z^{n}+\dfrac{z}{z-\dfrac{1}{2}}=\dfrac{\dfrac{1}{2}z}{1-\dfrac{1}{2}z}+\dfrac{z}{z-\dfrac{1}{2}}=\dfrac{-\dfrac{3}{2}z}{\left(z-\dfrac{1}{2}\right)(z-2)}$

式(4.4.1)中,第一项的收敛域为$|z|<2$,第二项收敛域为$|z|>\frac{1}{2}$,所以$X(z)$收敛域为

$$\frac{1}{2}<|z|<2$$

$X(z)$的零点为$z_1=0$,极点为$P_1=\frac{1}{2}$,$P_2=2$,极零点图如图选4.4所示。

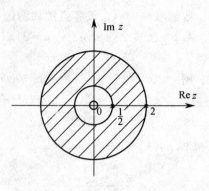

图选4.4

4.5 求下列序列的Z变换,并标明收敛域,绘出极零点图。

(1) $x_1(n)=\begin{cases}1 & (0\leqslant n\leqslant N-1)\\ 0 & (\text{其他})\end{cases}$

(2) $x_2(n)=\begin{cases}n & (1\leqslant n\leqslant N)\\ 2N-n & (N+1\leqslant n\leqslant 2N)\\ 0 & (\text{其他})\end{cases}$

解 利用Z变换的位移性

(1) $X_1(z)=\mathscr{Z}[u(n)-u(n-N)]=$
$\dfrac{z}{z-1}-\dfrac{z}{z-1}z^{-N}=\dfrac{1-z^{-N}}{1-z^{-1}}=\dfrac{z^N-1}{z^{N-1}(z-1)}$

$X_1(z)$收敛域:$0<|z|\leqslant\infty$

零点: $z_k=e^{j\frac{2\pi}{N}k}$, $0\leqslant k\leqslant N-1$

极点: $P_1=1$,$P_2=0$($N-1$重极点)

极零点图如图选4.5.1所示。

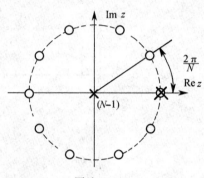

图选4.5.1

(2) 设 $g(n)=u(n)-u(n-N)$

$y(n)=g(n)*g(n)$

则 $x_2(n)=y(n-1)$

$g(n),y(n),x_2(n)$的波形如图选4.5.2所示。

因为 $G(z)=\mathscr{Z}[u(n)-u(n-N)]=$
$\dfrac{z^N-1}{z^{N-1}(z-1)}$

所以 $X_2(z)=z^{-1}G(z)\cdot G(z)=$
$z^{-1}\left[\dfrac{z^N-1}{z^{N-1}(z-1)}\right]^2=$
$\dfrac{1}{z^{2N-1}}\left(\dfrac{z^N-1}{z-1}\right)^2$

$(0<|z|\leqslant\infty)$

极点: 1(2重极点),0($2N-1$重极点)

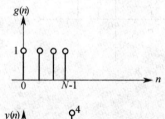

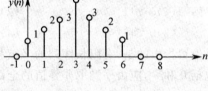

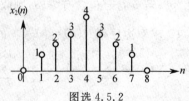

图选4.5.2

零点：$e^{j\frac{2\pi}{N}k}$（2重极点），$k=0,1,2,\cdots,N-1$ 极零点图如图选 4.5.3 所示。

4.6 已知 Z 变换

$$F(z)=\frac{10z}{(z-1)(z-2)} \quad (|z|>2)$$

求其反变换 $f(n)$。

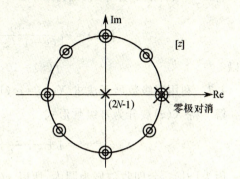

图选 4.5.3

解 可以利用三种方法求 $f(n)$。

解Ⅰ 围线积分法

$$f(n)=\frac{1}{2\pi j}\oint_C F(z)z^{n-1}dz$$

围线积分用 $F(z)z^{n-1}$ 的各极点上的留数来计算，即

$$f(n)=\sum_m \text{Res}\left[\frac{10z^n}{(z-1)(z-2)}\right]_{z=P_m}$$

当 $n\geqslant 0$ 时，$P_1=1$ 和 $P_2=2$ 为一阶极点，则

$$f(n)=\frac{10z^n}{z-1}\bigg|_{z=2}+\frac{10z^n}{z-2}\bigg|_{z=1}=[10(2)^n-10]u(n)=10(2^n-1)u(n)$$

当 $n=-1$ 时，围线内有三个极点：$P_0=0, P_1=1, P_2=2$，所以

$$f(n)=\frac{10}{(z-1)(z-2)}\bigg|_{z=0}+\frac{10}{z(z-2)}\bigg|_{z=1}+\frac{10}{z(z-1)}\bigg|_{z=2}=5-10+5=0$$

同样可推得 $n<0$ 时，$u(n)$ 均为零，故此

$$f(n)=10(2^n-1)u(n)$$

解Ⅱ 幂级数展开法

由于 $|z|>2$，故 $f(n)$ 为右边序列，可把 $F(z)$ 变为 z 的降幂排列后用长除法展开

$$F(z)=\frac{10z}{(z-1)(z-2)}=\frac{10z}{z^2-3z+2}$$

$$\begin{array}{r}
z^{-1}+3z^{-2}+7z^{-3} \\
z^2-3z+2 \overline{\smash{\big)}\,z} \\
\underline{z-3+2z^{-1}} \\
3-2z^{-1} \\
\underline{3-9z^{-1}+6z^{-2}} \\
7z^{-1}-6z^{-2} \\
\underline{7z^{-1}-21z^{-2}+14z^{-3}} \\
15z^{-2}-14z^{-3} \\
\vdots
\end{array}$$

可见 $\quad f(1)=10, f(2)=30, f(3)=70$

所以 $\quad f(n)=10(2^n-1)u(n)$

解Ⅲ 部分分式展开法

将 $\dfrac{F(z)}{z}$ 展开成部分分式,则得

$$F(z) = z\left[\dfrac{10}{(z-1)(z-2)}\right] = \dfrac{-10z}{z-1} + \dfrac{10z}{z-2}$$

所以 $\quad f(n) = 10(2^n - 1)u(n)$

4.7 利用幂级数展开法求 $X(z) = e^z (|z| < \infty)$ 所对应的序列 $x(n)$。

解 将 $X(z)$ 展开为幂级数形式

$$X(z) = e^z = 1 + z + \dfrac{z^2}{z!} + \cdots + \dfrac{z^n}{n!} + \cdots = \sum_{n=0}^{\infty} \dfrac{z^n}{n!}$$

因为 $|z| < \infty$,即收敛域为圆内,所以 $x(n)$ 为左边序列。

即 $\quad x(n) = \dfrac{u(-n)}{(-n)!}$

4.8 求下列函数的 Z 反变换。

(1) $F_1(z) = \dfrac{z^2 + z + 1}{z^2 + 3z + 2} \qquad (|z| > 2)$

(2) $F_2(z) = \dfrac{1 + 2z^{-1} + z^{-2}}{1 - 0.4z^{-1} - 0.6z^{-2}} \qquad (|z| > 1)$

(3) $F_3(z) = \dfrac{z}{(z-1)(z^2-1)} \qquad (|z| > 1)$

解 (1) 由于 $F(z)$ 的分子分母为同阶多项式,所以在分解部分分式前,应先用长除法将 $F(z)$ 变为真分式,即

$$F_1(z) = \dfrac{z^2 + z + 1}{z^2 + 3z + 2} = 1 + \dfrac{-2z - 1}{z^2 + 3z + 2} = 1 + \dfrac{1}{z+1} + \dfrac{-3}{z+2}$$

所以 $\quad f(n) = \delta(n) + (-1)^{n-1} u(n-1) - 3(-2)^{n-1} u(n-1)$

本题亦可用另一种形式分解

$$F(z) = z \dfrac{z^2 + z + 1}{z(z^2 + 3z + 2)} =$$

$$z\left[\dfrac{1/2}{z} + \dfrac{-1}{z+1} + \dfrac{3/2}{z+2}\right] =$$

$$\dfrac{1}{2} + \dfrac{-z}{z+1} + \dfrac{(3/2)z}{z+2}$$

则 $\quad f(n) = \dfrac{1}{2}\delta(n) - (-1)^n u(n) + \dfrac{3}{2}(-2)^n u(n)$

结果是一样的。

(2) 将 $\dfrac{F_2(z)}{z}$ 展开为部分分式

$$\dfrac{F_2(z)}{z} = \dfrac{z^2 + 2z + 1}{z(z^2 - 0.4z - 0.6)} =$$

$$\dfrac{5/3}{z} + \dfrac{5/2}{z-1} + \dfrac{\dfrac{1}{6}}{z+0.6}$$

$$F_2(z) = -\frac{5}{3} + \frac{(5/2)z}{z-1} + \frac{\left(\frac{1}{6}\right)z}{z+0.6}$$

所以
$$f_2(n) = -\frac{5}{3}\delta(n) + \frac{5}{2}u(n) + \frac{1}{6}(-0.6)^n u(n)$$

(3) 将 $\dfrac{F_3(z)}{z}$ 展开为部分分式

$$\frac{F_3(z)}{z} = \frac{1}{(z-1)(z^2-1)} = \frac{1}{(z-1)^2(z+1)} =$$

$$\frac{-\dfrac{1}{4}}{z-1} + \frac{\dfrac{1}{2}}{(z-1)^2} + \frac{\dfrac{1}{4}}{z+1}$$

$$F_3(z) = -\frac{1}{4}\frac{z}{z-1} + \frac{1}{2}\frac{z}{(z-1)^2} + \frac{1}{4}\frac{z}{z+1}$$

所以
$$f_3(n) = \frac{1}{4}[2n - 1 + (-1)^n]u(n)$$

4.9 已知函数
$$F(z) = \frac{1+z^{-1}}{1-2z^{-1}\cos\omega_0 + z^{-2}} \quad (|z|>1)$$

试求逆 Z 变换。

解
$$F(z) = \frac{1+z^{-1}}{1-2z^{-1}\cos\omega_0 + z^{-2}} = \frac{z(z+1)}{z^2 - 2z\cos\omega_0 + 1} =$$

$$\frac{z(z+1)}{(z-e^{j\omega_0})(z-e^{-j\omega_0})} =$$

$$\frac{z \cdot \dfrac{e^{j\omega_0}+1}{e^{j\omega_0}-e^{-j\omega_0}}}{z-e^{j\omega_0}} + \frac{z\dfrac{e^{-j\omega_0}+1}{e^{-j\omega_0}-e^{j\omega_0}}}{z-e^{-j\omega_0}} =$$

$$\frac{1}{e^{j\omega_0}-e^{-j\omega_0}}\left[(e^{j\omega_0}+1)\frac{z}{z-e^{j\omega_0}} - (e^{-j\omega_0}+1)\frac{z}{z-e^{-j\omega_0}}\right]$$

所以 $f(n) = \mathscr{Z}^{-1}[F(z)] =$

$$\frac{1}{2j\sin\omega_0}\left[e^{j\omega_0}e^{j\omega_0 n} + e^{j\omega_0 n} - e^{-j\omega_0}e^{-j\omega_0 n} - e^{-j\omega_0 n}\right] =$$

$$\frac{\sin\omega_0(n+1) + \sin\omega_0 n}{\sin\omega_0}$$

4.10 求 $\mathscr{Z}^{-1}\left\{\dfrac{z(z^2+2z-2)}{(z-1)(z^2+z+1)}\right\}$

解
$$X(z) = \frac{z(z^2+2z+2)}{(z-1)(z^2+z+1)}$$

$$\frac{X(z)}{z} = \frac{z^2+2z-2}{(z-1)(z^2+z+1)} = \frac{A_1}{z-1} + \frac{A_2}{z+\dfrac{1}{2}-\dfrac{\sqrt{3}}{2}j} + \frac{A_3}{z+\dfrac{1}{2}+\dfrac{\sqrt{3}}{2}j}$$

$$A_1 = \left[\frac{X(z)}{z}(z-1)\right]_{z=1} = \frac{1}{3}$$

$$A_2 = \left[\frac{X(z)}{z}\left(z+1-\frac{\sqrt{3}}{2}j\right)\right]_{z=-\frac{1}{2}+\frac{\sqrt{3}}{2}j} = \frac{1}{3} - \frac{2}{3}\sqrt{3}j$$

$$A_3 = \left[\frac{X(z)}{z}\left(z+1+\frac{\sqrt{3}}{2}j\right)\right]_{z=-\frac{1}{2}-\frac{\sqrt{3}}{2}j} = \frac{1}{3} + \frac{2}{3}\sqrt{3}j$$

$$X(z) = \frac{1}{3}\frac{z}{z-1} + \left(\frac{1}{3} - \frac{2}{3}\sqrt{3}j\right) \cdot \frac{z}{z+\frac{1}{2}-\frac{\sqrt{3}}{2}j} + \left(\frac{1}{3} + \frac{2}{3}\sqrt{3}j\right) \cdot \frac{z}{z+\frac{1}{2}+\frac{\sqrt{3}}{2}j}$$

所以 $x(n) = \left[\frac{1}{3} + \left(\frac{1}{3} - \frac{2}{3}\sqrt{3}j\right)\left(-\frac{1}{2}+\frac{\sqrt{3}}{2}j\right)^n + \left(\frac{1}{3} + \frac{2}{3}\sqrt{3}j\right) \cdot \left(-\frac{1}{2}-\frac{\sqrt{3}}{2}j\right)^n\right]u(n) =$

$$\frac{1}{3} + \left(\frac{1}{3} - \frac{2}{3}\sqrt{3}j\right)e^{j\frac{2}{3}n\pi} + \left(\frac{1}{3} + \frac{2}{3}\sqrt{3}j\right)e^{-j\frac{2}{3}n\pi} =$$

$$\frac{1}{3}\left[1 + 2\cos\frac{2}{3}n\pi + 4\sqrt{3}\sin\frac{2}{3}n\pi\right]u(n)$$

4.11 利用留数定理求下列 $X(z)$ 的反变换

(1) $X_1(z) = \dfrac{z}{(z-1)^2(z-2)}$ ($|z|>2$)

(2) $X_2(z) = \dfrac{z^2}{(ze-1)^3}$ ($|z|>\dfrac{1}{e}$)

解 (1) $x_1(n) = \dfrac{1}{2\pi j}\oint_C X_1(z)z^{n-1}dz = \dfrac{1}{2\pi j}\oint_C \dfrac{z^n}{(z-1)^2(z-2)}dz$

$n \geqslant 0$ 时有极点：$P_1 = 2; P_2 = 1$ （2 阶）。

$$\text{Res}[X(z)z^{n-1}, 2] = \frac{z^n}{(z-1)^2(z-2)}(z-2)\bigg|_{z=2} = 2^n$$

$$\text{Res}[X(z)z^{n-1}, 1] = \frac{d}{dz}\left\{\frac{z^n}{(z-1)^2(z-2)}(z-1)^2\right\}_{z=1} =$$

$$\left[\frac{nz^{n-1}(z-2) - z^n}{(z-2)^2}\right]_{z=1} = -n-1$$

所以 $x_1(n) = \sum_i \text{Res}[X(z)z^{n-1}, P_i] =$

$$(2^n - n - 1)u(n)$$

(2) $X_2(z) = \dfrac{z^2}{(ze-1)^3} = \dfrac{z^2}{e^3\left(z-\dfrac{1}{e}\right)^3}$

$$x_2(n) = \frac{1}{2\pi j}\oint_C X(z)z^{n-1}dz = \frac{1}{2\pi j}\oint_C \frac{z^{n+1}}{e^3\left(z-\dfrac{1}{e}\right)^3}dz$$

当 $n \geqslant 0$ 时，$P_1 = \dfrac{1}{e}$ （三阶极点）。

$$\text{Res}\left[X_2(z)z^{n-1}, \frac{1}{e}\right] = \frac{1}{2}\frac{d^2}{dz^2}\left[\frac{z^{n+1}}{e^3\left(z-\dfrac{1}{e}\right)^3}\left(z-\frac{1}{e}\right)^3\right]_{z=\frac{1}{e}} =$$

$$\frac{1}{2}n(n+1)\mathrm{e}^{-(n+2)}$$

所以 $x_2(n) = \mathrm{Res}\left[X_2(z)z^{n-1}, \dfrac{1}{\mathrm{e}}\right] =$
$\dfrac{1}{2}n(n+1)\mathrm{e}^{-(n+2)}u(n)$

4.12 画出 $X(z) = \dfrac{-3z^{-1}}{2-5z^{-1}+2z^{-2}}$ 的极零点图,并分别求出下列三种收敛域情况下对应序列。

(1) $|z| > 2$
(2) $|z| < 0.5$
(3) $0.5 < |z| < 2$

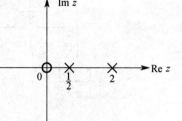

图选 4.12

解 $X(z) = \dfrac{-3z^{-1}}{2-5z^{-1}+2z^{-2}} = \dfrac{-\dfrac{3}{2}z}{\left(z-\dfrac{1}{2}\right)(z-2)}$

零点 $z_1 = 0$,极点 $P_1 = \dfrac{1}{2}$,$P_2 = 2$,极零点图如图选 4.12 所示。

(1) 因为 $|z| > 2$,所以 $x(n)$ 是右边序列。

可用部分分式展开法求 $x(n)$

又 $\dfrac{X(z)}{z} = \dfrac{-\dfrac{3}{2}}{\left(z-\dfrac{1}{2}\right)(z-2)} = \dfrac{1}{z-\dfrac{1}{2}} + \dfrac{-1}{z-2}$

$$X(z) = \dfrac{z}{z-\dfrac{1}{2}} - \dfrac{z}{z-2}$$

所以 $x(n) = \left[\left(\dfrac{1}{2}\right)^n - 2^n\right]u(n)$

(2) $X(z) = \dfrac{-\dfrac{3}{2}z}{\left(z-\dfrac{1}{2}\right)(z-2)}$ $(|z| < 0.5)$

因为 $|z| < 0.5$,所以 $x(n)$ 为左边序列

$$x(n) = \dfrac{1}{2\pi\mathrm{j}}\oint_C X(z)z^{n-1}\mathrm{d}z = \dfrac{1}{2\pi\mathrm{j}}\oint_C \dfrac{-\dfrac{3}{2}z^n}{\left(z-\dfrac{1}{2}\right)(z-2)}\mathrm{d}z$$

当 $n < 0$ 时有三个极点: $P_1 = \dfrac{1}{2}$,$P_2 = 2$,$P_3 = 0$ (n 重),其中:围线 C 内有极点 $P_3 = 0$ (n 重),围线 C 外有极点 $P_1 = \dfrac{1}{2}$,$P_2 = 2$。

根据约当辅助定理计算围线 C 外极点留数比较容易，所以

$$x(n) = -\sum_{i=1,2} \text{Res}(X(z)z^{n-1}, P_i) =$$

$$-\left[\frac{-\frac{3}{2}z^n}{\left(z-\frac{1}{2}\right)(z-2)}\left(z-\frac{1}{2}\right)\right]\bigg|_{z=\frac{1}{2}} - \left[\frac{-\frac{3}{2}z^n}{\left(z-\frac{1}{2}\right)(z-2)}(z-2)\right]\bigg|_{z=2} =$$

$$\left[-\left(\frac{1}{2}\right)^n + (2^n)\right]u(-n-1)$$

(3) $X(z) = \dfrac{-\dfrac{3}{2}z}{\left(z-\dfrac{1}{2}\right)(z-2)}$

因为 $0.5 < |z| < 2$，所以 $x(n)$ 为双边序列。

$$x(n) = \frac{1}{2\pi j} \oint_C \frac{-\frac{3}{2}z^n}{\left(z-\frac{1}{2}\right)(z-2)} dz$$

当 $n \geq 0$ 时，有三个极点：$P_1 = \dfrac{1}{2}, P_2 = 2$；而围线 C 内只有一个极点 P_1。

$$\text{Res}[X(z)z^{n-1}, P_1] = \frac{-\frac{3}{2}z^n}{\left(z-\frac{1}{2}\right)(z-2)}\left(z-\frac{1}{2}\right)\bigg|_{z=\frac{1}{2}} = \left(\frac{1}{2}\right)^n$$

当 $n < 0$ 时，有三个极点：$P_1 = \dfrac{1}{2}, P_2 = 2, P_3 = 0$（$n$ 重），而围线 C 外只有一个极点 P_2。

$$-\text{Res}[X(z)z^{n-1}, P_2] = -\frac{-\frac{3}{2}z^n}{\left(z-\frac{1}{2}\right)(z-2)}(z-2)\bigg|_{z=\frac{1}{2}} = 2^n$$

所以

$$x(n) = \sum_i \text{Res}[X(z)z^{n-1}, P_i] =$$

$$\left(\frac{1}{2}\right)^n u(n) + (2)^n u(-n-1) = \left(\frac{1}{2}\right)^{|n|}$$

4.13 已知因果序列的 Z 变换 $F(z)$，求序列的初值 $f(0)$ 和终值 $f(\infty)$。

(1) $F_1(z) = \dfrac{1+z^{-1}+z^{-2}}{(1-z^{-1})(1-2z^{-1})}$

(2) $F_2(z) = \dfrac{1}{(1-0.5z^{-1})(1+0.5z^{-1})}$

(3) $F_3(z) = \dfrac{z^{-1}}{1-1.5z^{-1}+0.5z^{-2}}$

解 (1) 根据初值定理

$$f_1(0) = \lim_{z \to \infty} F(z) = \lim_{z \to \infty} \frac{1+z^{-1}+z^{-2}}{(1-z^{-1})(1-2z^{-1})} = 1$$

由于 $F(z)$ 有两个极点：$P_1=1$，$P_2=2$，序列 $f_1(n)$ 是发散的，不存在终值 $f_1(\infty)$。

(2) $f_2(0)=\lim\limits_{z\to\infty}F(z)=\lim\limits_{z\to\infty}\dfrac{1}{(1-0.5z^{-1})(1+0.5z^{-1})}=0$

由于 $f_2(n)$ 是因果序列，收敛域为 $|z|>0.5$，故得

$$f_2(\infty)=\lim\limits_{z\to 1}\dfrac{1}{(1-0.5z^{-1})(1+0.5z^{-1})}=0$$

(3) $f_3(0)=\lim\limits_{z\to\infty}F(z)=\lim\limits_{z\to\infty}\dfrac{z^{-1}}{1-1.5z^{-1}+0.5z^{-2}}=0$

由于 $F_3(z)$ 的极点 $P_1=0.5$，$P_2=1$，在单位圆上有一个一阶极点，故可根据终值定理得

$$f(\infty)=\lim\limits_{z\to 1}(z-1)\dfrac{z^{-1}}{1-1.5z^{-1}+0.5z^{-2}}=$$

$$\lim\limits_{z\to 1}(z-1)\dfrac{z}{(z-1)(z-0.5)}=2$$

4.14 已知 $f(n)=a^n u(n)$，$|a|<1$，求 $g(n)=\sum\limits_{k=0}^{n}f(k)$ 的终值。

解 应根据终值定理由 $G(z)$ 计算 $g(n)$ 的终值。

因为 $$g(n)=\sum\limits_{k=0}^{n}f(k)=f(n)*u(n)$$

又 $$F(z)=\dfrac{z}{z-a},\ \mathscr{L}[u(n)]=\dfrac{z}{z-1}$$

所以 $$G(z)=F(z)\cdot\dfrac{z}{z-1}=\dfrac{z^2}{(z-a)(z-1)}$$

由终值定理

$$\lim\limits_{n\to\infty}g(n)=\lim\limits_{z\to 1}(z-1)\dfrac{z^2}{(z-a)(z-1)}=\dfrac{1}{1-a}$$

4.15 求满足方程

$$f(n)=n+\sum\limits_{i=0}^{n}f(i)$$

的序列 $f(n)$。

解 因为 $$f(n)*u(n)=\sum\limits_{m=0}^{\infty}f(m)u(m)u(n-m)=\sum\limits_{m=0}^{n}f(m)$$

所以 $$f(n)=n+f(n)*u(n)$$

将上式进行 Z 变换

$$F(z)=\dfrac{z}{(z-1)^2}+F(z)\dfrac{z}{z-1}$$

$$F(z)=\dfrac{-z}{z-1}$$

所以 $$f(n)=-u(n)$$

4.16 对图选 4.16 所示函数用 $2N+1$ 点均匀取样，N 为大于零的整数，求取样后序

列 $f(n)$ 的 Z 变换。

解 $f(n)=\dfrac{1}{N} \cdot [nu(n)-2(n-N)u(n-N)+$

$(n-2N)u(n-2N)]$

$F(z)=\mathscr{Z}[f(n)]=$

$\dfrac{1}{N}\left(\dfrac{z}{(z-1)^2}-2\dfrac{z}{(z-1)^2}\cdot z^{-N}+\dfrac{z\cdot z^{-2N}}{(z-1)^2}\right)=$

$\dfrac{1}{N}\dfrac{z}{(z-1)^2}(1-z^{-N})^2$ $(|z|>1)$

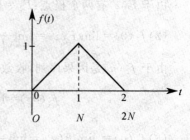

图选 4.16

4.17 已知序列 $x(n)=a^n u(n)$, $h(n)=b^n u(-n)$, 试求卷积 $y(n)=x(n)*h(n)$。

解 I 应用卷积定理计算

$$X(z)=\mathscr{Z}[a^n u(n)]=\dfrac{z}{z-a} \quad (|z|>a)$$

$$H(z)=\mathscr{Z}[h(n)]=\sum_{n=-\infty}^{0} b^n z^{-n}=\dfrac{1}{1-b^{-1}z} \quad (|z|>b)$$

根据卷积定理可得

$$Y(z)==X(z)H(z)=\dfrac{z}{z-a}\cdot\dfrac{1}{1-b^{-1}z}=$$

$$\dfrac{-bz}{(z-a)(z-b)}=\dfrac{b}{b-a}\left(\dfrac{z}{z-a}-\dfrac{z}{z-b}\right) \quad (a<|z|<b)$$

$$y(n)=\dfrac{1}{2\pi j}\oint_C Y(z)z^{n-1}dz=\dfrac{1}{2\pi j}\oint_C \dfrac{-bz^n}{(z-a)(z-b)}dz$$

当 $n\geqslant 0$ 时,有二个极点 $P_1=a$, $P_2=b$,围线 C 内只有一个极点 P_1

$$\mathrm{Res}(Y(z)z^{n-1},P)=\dfrac{-bz^n}{(z-a)(z-b)}(z-a)\bigg|_{z=a}=\dfrac{-b}{a-b}a^n$$

当 $n<0$ 时,有三个极点:$P_1=a$, $P_2=b$, $P_3=0$(n 阶),围线外只有一个极点 P_2。

$$-\mathrm{Res}(Y(z)z^{n-1},P_2)=-\dfrac{-bz^n}{(z-a)(z-b)}(z-b)\bigg|_{z=b}=\dfrac{b}{b-a}b^n$$

所以 $y(n)=\sum \mathrm{Res}(Y(z)z^{n-1},P_i)=$

$$\dfrac{b}{b-a}[a^n u(n)+b^n u(-n-1)]$$

解 II 直接计算

$$y(n)=h(n)*x(n)=$$

$$\sum_{k=-\infty}^{\infty} b^k u(-k)a^{n-k}u(n-k)$$

当 $n<0$ $\qquad y(n)=a^n\sum_{k=-\infty}^{n} b^k a^{-k}=a^n\sum_{k=-n}^{\infty}\left(\dfrac{a}{b}\right)^k=$

$$a^n\dfrac{\left(\dfrac{a}{b}\right)^{-n}}{1-\dfrac{a}{b}}=\dfrac{b}{b-a}b^n \quad (b>a)$$

当 $n \geqslant 0$ 时
$$y(n) = a^n \sum_{k=-\infty}^{0} b^k a^{-k} = a^n \sum_{k=0}^{\infty} \left(\frac{a}{b}\right)^k =$$
$$a^n \frac{1}{1-\frac{a}{b}} = \frac{b}{b-a} a^n \qquad (b>a)$$

所以
$$y(n) = \frac{b}{b-a}[a^n u(n) + b^n u(-n-1)]$$

4.18 利用 Z 域卷积定理，求序列 $\mathrm{e}^{-bn}\sin\omega_0 n u(n)$ 的 Z 变换。

解 设 $x(n) = \mathrm{e}^{-bn}u(n), y(n) = \sin\omega_0 n u(n)$，则
$$X(z) = \mathscr{Z}[\mathrm{e}^{-bn}u(n)] = \frac{z}{z-\mathrm{e}^{-b}} \qquad (|z|>\mathrm{e}^{-b})$$
$$Y(z) = \mathscr{Z}[\sin\omega_0 n u(n)] = \frac{z\sin\omega_0}{z^2 - 2z\cos\omega_0 + 1} \qquad (|z|>1)$$

根据复卷积定理，有
$$\mathscr{Z}[x(n)y(n)] = \frac{1}{2\pi\mathrm{j}}\oint X(\gamma)Y\left(\frac{z}{\gamma}\right)\gamma^{-1}\mathrm{d}\gamma =$$
$$\frac{1}{2\pi\mathrm{j}}\oint_c \frac{\gamma}{\gamma-\mathrm{e}^{-b}} \cdot \frac{\frac{z}{\gamma}\sin\omega_0 \gamma^{-1}}{\left(\frac{z}{\gamma}\right)^2 - 2\left(\frac{z}{\gamma}\right)\cos\omega_0 + 1}\mathrm{d}\gamma =$$
$$\frac{1}{2\pi\mathrm{j}}\oint_c \frac{\gamma z\sin\omega_0}{(\gamma-\mathrm{e}^{-b})(z^2 - 2\gamma z\cos\omega_0 + \omega_0\gamma^2)}\mathrm{d}\gamma$$

确定被积函数的收敛域：

由于 $X(\gamma)$ 的收敛域为 $|\gamma|>\mathrm{e}^{-b}$，$Y\left(\frac{z}{\gamma}\right)$ 的收敛域为 $\left|\frac{z}{\gamma}\right|>1$，所以，被积函数 $X(\gamma)Y\left(\frac{z}{\gamma}\right)$ 的收敛域为
$$\mathrm{e}^{-b} < |\gamma| < |z|$$

被积函数共有三个极点：$\gamma_1 = \mathrm{e}^{-b}$，$\gamma_{2,3} = z\mathrm{e}^{\pm\mathrm{j}\omega_0}$，但在积分围线 C 内只有一个极点 $\gamma = \mathrm{e}^{-b}$，另两个极点在闭合围线 C 之外，所以依据留数定理可得
$$\mathscr{Z}[\mathrm{e}^{-bn}\sin\omega_0 n u(n)] = \frac{\gamma z\sin\omega_0}{z^2 - 2\gamma z\cos\omega_0 + \gamma^2}\bigg|_{\gamma=\mathrm{e}^{-b}} =$$
$$\frac{z\mathrm{e}^{-b}\sin\omega_0}{z^2 - 2z\mathrm{e}^{-b}\cos\omega_0 + \mathrm{e}^{-2b}}$$

收敛域为 $|z|>\mathrm{e}^{-b}$

4.19 已知序列 $x(n)$ 的 Z 变换 $X(z) = \frac{1}{1-0.5z^{-1}}$，收敛域 $|z|>0.5$；序列 $y(n)$ 的 Z 变换 $Y(z) = \frac{1}{1-2z}$，收敛域 $|z|<0.5$。试求序列乘积 $x(n)y(n)$ 的 Z 变换。

解 可用两种方法求解。

解 I 反变换法

由于 $X(z) = \dfrac{1}{1-0.5z^{-1}}$,且收敛域 $|z|>0.5$,所以 $x(n)$ 为因果序列,即

$$x(n) = (0.5)^n u(n)$$

又 $Y(z) = \dfrac{1}{1-2z} = 1 - \dfrac{z}{z-\dfrac{1}{2}}$,且收敛域 $|z|<0.5$,故 $y(n)$ 为左边序列,即

$$y(n) = \delta(n) + (0.5)^n u(-n-1)$$

序列乘积

$$x(n)y(n) = (0.5)^n u(n) [\delta(n) + (0.5)^n u(-n-1)] = \delta(n)$$

所以 $\quad \mathscr{Z}[x(n)y(n)] = \mathscr{Z}[\delta(n)] = 1$

收敛域 $|z| \geqslant 0$

解 II z 域的卷积法

设 $R(z) = \mathscr{Z}[x(n)y(n)]$,则

$$R(z) = \dfrac{1}{2\pi\mathrm{j}} \oint_C X(\gamma) Y\left(\dfrac{z}{\gamma}\right) \gamma^{-1} \mathrm{d}\gamma =$$

$$\dfrac{1}{2\pi\mathrm{j}} \oint_C \dfrac{\gamma}{\gamma-0.5} \dfrac{1}{1-2\dfrac{z}{\gamma}} \gamma^{-1} \mathrm{d}\gamma =$$

$$\dfrac{1}{2\pi\mathrm{j}} \oint_C \dfrac{\gamma}{\gamma-0.5} \dfrac{1}{\gamma-2z} \mathrm{d}\gamma$$

因为 $x(\gamma)$ 的收敛域 $|\gamma|>0.5$,$Y\left(\dfrac{z}{\gamma}\right)$ 的收敛域 $\left|\dfrac{z}{\gamma}\right|<0.5$,即 $|\gamma|>2|z|$,被积函数收敛域为 $|\gamma|>[0.5, 2|z|]$,故围线 C 内包含两个极点:$\gamma_1 = 0.5, \gamma_2 = 2z$,所以

$$R(z) = \dfrac{\gamma}{\gamma-2z}\bigg|_{\gamma=0.5} + \dfrac{\gamma}{\gamma-0.5}\bigg|_{\gamma=2z} = 1$$

4.20 已知 $x(n), y(n)$ 的 Z 变换

$$X(z) = \dfrac{0.99}{(1-0.1z^{-1})(1-0.1z)} \quad (0.1 < |z| < 10)$$

$$Y(z) = \dfrac{1}{1-10z} \quad (|z|>0.1)$$

试分别使用逆变换法和 z 域卷积定理求序列乘积 $(x(n) \cdot y(n))$ 的 Z 变换。

解 分别用两种方法求解

解 I 逆变换法求解

$$X(z) = \dfrac{0.99}{(1-0.1z^{-1})(1-0.1z)} =$$

$$\dfrac{-9.9z}{(z-0.1)(z-10)} = \dfrac{z}{z-0.1} + \dfrac{-z}{z-10}$$

$$x(n) = (0.1)^n u(n) + 10^n u(-n-1)$$

$$Y(z) = \frac{1}{1-10z} = -\frac{0.1}{Z-0.1}$$

$$y(n) = -(0.1)^n u(n-1)$$

$$x(n)y(n) = [(0.1)^n u(n) + 10^n u(-n-1)] \cdot [-(0.1)^n u(-n-1)] =$$

$$-(0.1)^{2n} u(n-1) =$$

$$-0.01(0.01)^{n-1} u(n-1)$$

$$\mathscr{Z}[x(n)y(n)] = -0.01 \frac{1}{z-0.01} = \frac{1}{1-100z}$$

收敛域为 $|z| > 0.01$

解 II z 域卷积定理求解

$$X(\gamma) = \frac{0.99}{(1-0.1\gamma^{-1})(1-0.1\gamma)} \quad (0.1 < |\gamma| < 10)$$

$$Y\left(\frac{z}{\gamma}\right) = \frac{1}{1-10\frac{z}{\gamma}} = \frac{\gamma}{\gamma-10z} \quad (|\gamma| < 10|z|)$$

$$\mathscr{Z}[x(n)y(n)] = \frac{1}{2\pi j} \oint_C X(\gamma) Y\left(\frac{z}{\gamma}\right) \gamma^{-1} d\gamma =$$

$$\frac{1}{2\pi j} \oint_C \frac{0.99}{(1-0.1\gamma^{-1})(1-0.1\gamma)} \cdot \frac{\gamma}{\gamma-10z} \cdot \gamma^{-1} d\gamma =$$

$$\frac{1}{2\pi j} \oint_C \frac{-9.9\gamma}{(\gamma-0.1)(\gamma-10)(\gamma-10Z)} d\gamma$$

式中被积函数收敛域 $0.1 < |\gamma| < \min(10, 10|z|)$，可见围线 C 内只有一个极点 $\gamma = 0.1$。

所以 $\mathscr{Z}[x(n)y(n)] = \text{Res}\left[-\frac{9.9\gamma}{(\gamma-0.1)(\gamma-10)(\gamma-10z)}, 0.1\right] =$

$$\left[-\frac{9.9\gamma}{(\gamma-10)(\gamma-10Z)}\right]_{\gamma=0.1} =$$

$$\frac{1}{1-100z} \quad (|z| > 0.01)$$

4.3 习题(14题)

4.1 根据 $\mathscr{Z}[\delta(n)] = 1$，求 $\mathscr{Z}[\delta(n+i)]$ 和 $\mathscr{Z}[\delta(n-i)]$，并指出其收敛域和奇点。

4.2 求下面序列的 Z 变换，标明收敛域并绘出极零点图。

(1) $f(n) = A\gamma^k \cos(k\omega_0 + \phi) u(n) \quad (0 < \gamma < 1)$

(2) $f(n) = u(n) - u(n-8)$

4.3 求下面序列的单边 Z 变换

(1) $f(n) = \dfrac{a^n}{n+1}$

(2) $f(n) = \dfrac{a^n - b^n}{n} u(n-1)$

(3) $f(n) = \sum\limits_{n=0}^{\infty} \dfrac{a^n}{n!}$

(4) $f(n) = \sum\limits_{i=0}^{n} i^2$

4.4 利用 Z 变换的初值定理和终值定理

(1) 证明 $\lim_{n \to 1} f(n) = \lim_{z \to \infty} zF(z)$

其中 $\mathscr{Z}[f(n)] = F(z)$,且 $\lim_{n \to 0} f(n) = 0$

(2) 求 $f(n) = b(1 - e^{-anT})$ 的终值。

4.5 已知 $x(n) = \left(\dfrac{1}{2}\right)^n u(n)$,求序列 $y(n) = \sum\limits_{j=0}^{n} \sum\limits_{i=0}^{j} x(i)$ 的 Z 变换,并注明其收敛域。

4.6 设 $f(n)$ 为离散时间信号,将它以 $n = 0$ 为轴反折,得到与 $f(n)$ 对称的信号 $g(n) = f(-n)$,若 $\mathscr{Z}[f(n)] = F(z)$,$\mathscr{Z}[g(n)] = G(z)$,试证明 $G(z) = F\left(\dfrac{1}{z}\right)$。

4.7 利用 Z 变换的性质求以下序列的 Z 变换。

(1) $f(n) = \sum\limits_{i=0}^{n} \dfrac{a^n}{(n-i)!}$ 　　(2) $f(n) = \dfrac{1}{n!}(3^n + 3^{-n})$

(3) $f(n) = a^n \cos n\theta \sin n\theta$ 　　(4) $f(n) = \dfrac{1}{n!}(a^n + n^2)u(n)$

(5) $f(n) = a^n \sum\limits_{i=0}^{n} b^i$

4.8 已知 $f(n)$ 为有始序列,试依据 $F(z)$ 求 $f(0), f(1)$ 和 $f(\infty)$。

(1) $F(z) = \dfrac{2z^2 + 3z + 4}{(z-3)^3}$ 　　(2) $F(z) = \dfrac{z^2 + z}{(z^2 - 1)(z + 0.5)}$

(3) $F(z) = \dfrac{2z^2 - 3z + 1}{z^2 - 4z - 5}$

4.9 利用幂级数展开法用下列 $F(z)$ 的反变换 $f(n)$,并计算前五个非零值(设 $f(n)$ 为有始序列)。

(1) $F(z) = \dfrac{1}{(1 - z^{-1})^3}$ 　　(2) $F(z) = \dfrac{0.3z^{-1}}{1 - 0.8z^{-1} + 0.25z^{-2}}$

(3) $F(z) = \dfrac{1}{1 - z^{-1} + 0.5z^{-2}}$ 　　(4) $F(z) = \dfrac{1 + 0.5z^{-1}}{1 - 3.5z^{-1} + 1.5z^{-2}}$

4.10 用部分分式展开法求下列 $F(z)$ 的反变换 $f(n)$(设 $f(n)$ 为有始序列)。

(1) $F(z) = \dfrac{1 + z^{-1}}{1 + z^{-2}}$ 　　(2) $F(z) = \dfrac{1}{(1 - 0.5z^{-1})(1 - 0.1z^{-1})}$

(3) $F(z) = \dfrac{1}{1 + z^{-3}}$ 　　(4) $F(z) = \dfrac{z^{-1}}{1 + z^{-2}}$

(5) $F(z) = \dfrac{2z(z^2 - 1)}{(z^2 + 1)^2}$ 　　(6) $F(z) = \dfrac{3a^2 z}{z^3 + a^3}$

4.11 利用留数定理求下列 $F(z)$ 的反变换。

(1) $F(z) = \dfrac{z}{(z-1)^2(z-2)}$ 　　$(|z| > 2)$

(2) $F(z) = \dfrac{z^2}{(ze - 1)^3}$ 　　$\left(|z| > \dfrac{1}{e}\right)$

(3) $F(z) = \dfrac{1+z^{-1}}{1-2z^{-1}\cos\omega + z^{-2}}$ $(|z|>1)$

(4) $F(z) = \dfrac{z^{-2}}{1+z^{-2}}$ $(|z|>1)$

4.12 已知 $F(z) = \dfrac{3z^3+2z^2+2z+5}{z^3+8z^2+19z+12}$，试求 Z 反变换 $f(n)$，并指出 $f(n)$ 的收敛域（设 $f(n)$ 为有始序列）。

4.13 已知序列 $f(n)$ 的 Z 变换
$$F(z) = \frac{z+2}{2z^2-7z+3}$$
试求：(1) $n>0$ 的右边序列；

(1) $n<0$ 的左边序列；

(3) 同时含有右边序列和左边序列的 Z 反变换 $f(n)$。

4.14 已知
$$F(z) = \ln\left(1+\frac{a}{2}\right) \quad (|z|>|a|)$$
试求 $F(z)$ 的反变换 $f(n)$。

第5章 连续系统的时域分析

1.1 公式及要点

5.1.1 系统的基本概念

1. 系统的分类
(1)线性系统与非线性系统
(2)时变系统与非时变系统
(3)即时系统与动态系统
(4)连续时间系统与离散时间系统
(5)集总参数系统与分布参数系统

2. 线性非时变系统的基本性质
设系统输入激励 $e(t)$，输出响应 $r(t)$，表示为 $e(t) \leftrightarrow r(t)$
(1)线性：若 $e_1(t) \leftrightarrow r_1(t), e_2(t) \leftrightarrow r_2(t)$
则 $a_1 e_1(t) + a_2 e_2(t) \leftrightarrow a_1 r_1(t) + a_2 r_2(t)$　　（其中 a_1, a_2 为常数）
所谓系统线性不仅要求其对输入激励呈线性特性，而且对初始状态也应呈线性特性；即同时具有零状态线性和零输入线性的系统才称为线性系统，否则为非线性系统。
(2)非时变性：若 $e(t) \leftrightarrow r(t)$
则 $e(t-t_0) \leftrightarrow r(t-t_0)$　　（其中 t_0 为常数）
(3)因果性：若 $e(t) = 0, t < t_0$，则相应的 $r(t) = 0, t < t_0$

5.1.2 系统的时域分析法

n 阶线性微分方程的一般形式

$$\sum_{i=0}^{n} a_i r^{(i)}(t) = \sum_{j=0}^{m} b_j e^{(j)}(t) \quad (a_n = 1)$$

1. 经典法

经典法是将微分方程的解分为通解和特解，其中通解对应齐次方程的解，又称齐次解，而特解一般选取与微分方程右端相似的函数形式

$$r(t) = r_c(t) + r_p(t) \tag{5.1}$$

其中 $r_c(t)$ 为齐次解，$r_p(t)$ 为特解
设齐次方程为

$$\sum_{i=0}^{n} a_i r^{(i)}(t) = 0 \quad (a_n = 1)$$

特征方程为　　　　　　　　$\alpha^n + a_{n-1} \alpha^{n-1} + \cdots + a_1 \alpha + a_0 = 0$

特征根为 $\alpha_1, \alpha_2, \cdots, \alpha_n$

则齐次解

$$r_c(t) = \sum_{i=1}^{n} A_i e^{\alpha_i t} \tag{5.2}$$

若 α_1 为 k 重根，其余特征根均为单根，则

$$r_c(t) = \sum_{i=1}^{k} A_i t^{i-1} e^{\alpha_1 t} + \sum_{i=k+1}^{n} A_i e^{\alpha_i t} \tag{5.3}$$

式中　A_i 为待定系数。

特解 $r_p(t)$ 求解方法：将激励 $e(t)$ 代入微分方程右端，得"自由项"，依据自由项的形式在表 5.1 中试选特解函数 $B(t)$，并代入方程左端，根据方程两端对应项系数相等的原则求出特解的待定系数。

表 5.1

激励函数 $e(t)$	响应函数 $r(t)$ 的特解函数形式 $B(t)$
E（常数）	B_1
t^p	$B_1 t^p + B_2 t^{p-1} + \cdots + B_p t + B_{p+1}$
$e^{\alpha t}$	$B_1 e^{\alpha t}$（如特解与齐次解形式相同，则为 $(B_1+B_2 t)e^{\alpha t}$ 或 $(B_1+B_2 t+B_3 t^2)e^{\alpha t}$）
$\cos \omega t$	$B_1 \cos \omega t + B_2 \sin \omega t$
$\sin \omega t$	
$t^p e^{\alpha t} \cos \omega t$	$(B_1 t^p + \cdots + B_p t + B_{p+1})e^{\alpha t}\cos \omega t + (D_1 t^p + \cdots + D_p t + D_{p+1})e^{\alpha t}\sin \omega t$
$t^p e^{\alpha t} \sin \omega t$	

n 阶微分方程的完全解为

$$r(t) = \sum_{i=1}^{n} A_i e^{\alpha_i t} + B(t) \tag{5.4}$$

利用给定的边界条件 $r(0^+), r'(0^+), \cdots, r^{(n-1)}(0^+)$，代入完全解表达式可得联立方程

$$\begin{cases} r(0^+) - B(0^+) = A_1 + A_2 + \cdots + A_n \\ r'(0^+) - B'(0^+) = A_1 \alpha_1 + A_2 \alpha_2 + \cdots + A_n \alpha_n \\ \vdots \\ r^{(n-1)}(0^+) - B^{(n-1)}(0^+) = A_1 \alpha_1^{n-1} + A_2 \alpha_2^{n-1} + \cdots + A_n \alpha_n^{n-1} \end{cases} \tag{5.5}$$

解此方程组，可求得系数 $A_1, A_2, \cdots, A_n$。

2. 卷积法

$$r(t) = r_{zi}(t) + r_{zs}(t) \tag{5.6}$$

其中　$r_{zi}(t)$ 为零输入响应，$r_{zs}(t)$ 为零状态响应。

(1) 初始条件

当 $t=0$ 时，系统的初始条件也由两部分组成，即

$$r(0) = r_{zi}(0) + r_{zs}(0) \tag{5.7}$$

如果考虑 $t=0$ 时可能存在冲激函数，则上式又可分别以两种情况表示，即

$$r(0^-) = r_{zi}(0^-) + r_{zs}(0^-) \tag{5.8}$$

$$r(0^+) = r_{zi}(0^+) + r_{zs}(0^+) \tag{5.9}$$

由于 $r_{zi}(0^-) = r_{zi}(0^+)$，以及 $r_{zs}(0^-) = 0$，所以响应 $r(t)$ 及其各阶导数在 $t=0$ 处的跳变值可表示为

$$r(0^+) - r(0^-) = r_{zs}(0^+)$$
$$r'(0^+) - r'(0^-) = r_{zs}'(0^+)$$
$$r''(0^+) - r''(0^-) = r_{zs}''(0^+)$$

(2) 零输入响应是当激励 $e(t)=0$ 时系统的响应，即齐次方程的解

$$r_{zi}(t) = \sum_{i=1}^{n} C_i e^{\alpha_i t} \tag{5.10}$$

若 α_1 为 k 阶重根，其余为单根，则

$$r_{zi}(t) = \sum_{i=1}^{k} C_i t^{i-1} e^{\alpha_1 t} + \sum_{i=k+1}^{n} C_i e^{\alpha_i t} \tag{5.11}$$

式中 α_i 为系统特征根；C_i 为待定系统。利用给定的零输入响应的初始条件 $r(0^-)$，$r'(0^-),\cdots,r^{(n-1)}(0^-)$，可以求得。

将初始条件分别代入 $r_{zi}(t)$ 表达式可得方程组

$$\begin{cases} r(0^-) = C_1 + C_2 + \cdots + C_n \\ r'(0^-) = C_1 \alpha_1 + C_2 \alpha_2 + \cdots + C_n \alpha_n \\ \vdots \\ r^{(n-1)}(0^-) = C_1 \alpha_1^{n-1} + C_2 \alpha_2^{n-1} + \cdots + C_n \alpha_n^{n-1} \end{cases} \tag{5.12}$$

解此方程组，可求得系数 $C_1, C_2, \cdots, C_n$。

值得注意的是此处所用的是 0^- 条件，而前面经典法中使用的是 0^+ 条件。

(3) 零状态响应

$$r_{zs}(t) = e(t) * h(t) \tag{5.13}$$

式中 $h(t)$ 为系统冲激响应。

(4) 冲激响应 $h(t)$ 的计算

在系统微分方程中，当 $m<n$ 时

$$h(t) = \sum_{i=1}^{n} K_i e^{\alpha_i t} u(t) \tag{5.14}$$

当 $m=n$ 时

$$h(t) = \sum_{i=1}^{n} K_i e^{\alpha_i t} u(t) + K_{n+1} \delta(t) \tag{5.15}$$

式中 α_i 为系统的特征根；K_i 为待定系数；将 $h(t)$ 表达式和 $\delta(t)$ 分别代入微分方程两端，令两端对应项系数相等可得系数 K_i。

3. 输出响应分量之间关系

对于稳定系统，零输入响应必然是自然响应的一部分，零状态响应分为自然响应和受迫响应两部分；自然响应就是经典法中的齐次解，而受迫响应就是特解；自然响应必为暂

态响应,受迫响应中随时间衰减的部分是暂态分量,而不随时间变化的部分为稳态分量。

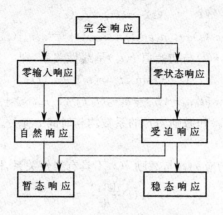

图 5.1

此外,还可能出现一些特殊情况:如果 $e(t)$ 和 $h(t)$ 包含有相同的函数形式项,例如 $e^{\alpha_1 t}$,则在零状态响应中可能会出现混合形式 $(1+t)e^{\alpha_1 t}$,即受迫响应分量为 $te^{\alpha_1 t}$;又如果系统特征根出现 $\alpha=0$ 的情况,则在其零输入响应和自然响应中就可能会有稳态响应出现。

5.2 选题精解(15题)

5.1 已知系统具有初始值 $r(t_0)$,其响应 $r(t)$ 与激励 $e(t)$ 有如下关系:

(1) $r(t)=ar(t_0)+be(t)$ 　　　　(2) $r(t)=r^2(t_0)+3t^3 e(t)$

(3) $r(t)=r(t_0)\sin 5t+te(t)$ 　　(4) $r(t)=r(t_0)+e(t)\dfrac{de(t)}{dt}$

(5) $r(t)=3r(t_0)+2\displaystyle\int_0^t e(\tau)d\tau$

试判断它是线性系统还是非线性系统,是时变系统还是非时变系统,并注明理由。

解 (1)线性系统

当初始值 $r(t_0)=0$,响应 $r(t)$ 与激励 $e(t)$ 具有线性关系,即

若 $\qquad\qquad\qquad e(t)\leftrightarrow be(t)=r_{zs}(t)$

则 $a_1 e_1(t)+a_2 e_2(t)\leftrightarrow b[a_1 e_1(t)+a_2 e_2(t)]=a_1 r_{zs1}(t)+a \cdot r_{zs2}(t)$

当激励 $e(t)=0$,响应 $r(t)$ 与初始值 $r(t_0)$ 具有线性关系,即

若 $\qquad\qquad\qquad r(t_0)\leftrightarrow ar(t_0)=r_{zi}(t)$

则 $\qquad a_1 r_1(t_0)+a_2 r_2(t_0)\leftrightarrow a[a_1 r_1(t_0)+a_2 r_2(t_0)]=a_1 r_{zi1}(t)+a_2 r_{zi2}(t)$

非时变系统:初始值 $r(t_0)$ 和激励 $e(t)$ 的系数均为与时间 t 无关的常数。

(2)非线性系统

当激励 $e(t)=0$,响应 $r(t)$ 与初始值 $r(t_0)$ 呈非线性关系,即

若 $\qquad\qquad\qquad r(t_0)\leftrightarrow r^2(t_0)=r_{zi}(t)$

则 $\qquad a_1 r_1(t_0)+a_2 r_2(t_0)\leftrightarrow [a_1 r_1(t_0)+a_2 r_2(t_0)]^2\neq a_1 r_{zi1}(t)+a_2 r_{zi2}(t)$

时变系统:激励 $e(t)$ 的系数 $3t^2$ 包含时间 t。

(3)线性系统

当初始值 $r(t_0)=0$，响应 $r(t)$ 与激励 $e(t)$ 呈线性关系，即

若 $$e(t) \leftrightarrow te(t) = r_{zs}(t)$$

则 $$a_1 e_1(t) + a_2 e_2(t) \leftrightarrow t[a_1 e_1(t) + a_2 e_2(t)] = a_1 r_{zs1}(t) + a_2 r_{zs2}(t)$$

当激励 $e(t)=0$，响应 $r(t)$ 与初始值 $r(t_0)$ 呈线性关系，即

若 $$r(t_0) \leftrightarrow \sin 5t \cdot r(t_0) = r_{zi}(t)$$

则 $$a_1 r_1(t_0) + a_2 r_2(t_0) \leftrightarrow \sin 5t [a_1 r_1(t_0) + a_2 r_2(t_0)] = a_1 r_{zi1}(t) + a_2 r_{zi2}(t)$$

时变系统：初始值 $r(t_0)$ 和激励 $e(t)$ 的系数均与时间 t 有关。

(4) 非线性系统

当初始值 $r(t_0)=0$，响应 $r(t)$ 与激励 $e(t)$ 不具有线性关系，即

若 $$e(t) \leftrightarrow e(t)\frac{de(t)}{dt} = r_{zs}(t)$$

则 $$a_1 e_1(t) + a_2 e_2(t) \leftrightarrow [a_1 e_1(t) + a_2 e_2(t)]\frac{d}{dt}[a_1 e_1(t) + a_2 e_2(t)] \neq$$
$$a_1 r_{zs1}(t) + a_2 r_{zs2}(t)$$

非时变系统：初始值 $r(t_0)$ 与激励 $e(t)$ 的系数均为常数。

(5) 线性系统

当初始值 $r(t_0)=0$，响应 $r(t)$ 与激励 $e(t)$ 呈线性关系，即

若 $$e(t) \leftrightarrow 2\int_0^t e(\tau)d\tau = r_{zs}(t)$$

则 $$a_1 e_1(t) + a_2 e_2(t) \leftrightarrow 2\int_0^t [a_1 e_1(\tau) + a_2 e_2(\tau)]d\tau = a_1 r_{zs1}(t) + a_2 r_{zs2}(t)$$

当激励 $e(t)=0$，响应 $r(t)$ 与初始值 $r(t_0)$ 呈线性关系，即

若 $$r(t_0) \leftrightarrow 3r(t_0) = r_{zs}(t)$$

则 $$a_1 r_1(t_0) + a_2 r_2(t_0) \leftrightarrow 3[a_1 r_1(t_0) + a_2 r_2(t_0)] = a_1 r_{zi1}(t) + a_2 r_{zi2}(t)$$

非时变系统：初始值 $r(t_0)$ 和激励 $e(t)$ 的系数均为常数。

5.2 若用 $r(t)$ 表示系统输出，$e(t)$ 表示系统输入，试说明下列关系式所代表的系统是否是线性的，时不变的和因果的系统。

(1) $r(t) = e(t-1) - e(1-t)$

(2) $r(t) = \begin{cases} 0 & (t < 0) \\ e(t) + e(t-100) & (t \geq 0) \end{cases}$

(3) $r(t) = \begin{cases} 0 & (e(t) < 0) \\ e(t) + e(t-100) & (e(t) \geq 0) \end{cases}$

(4) 若 $e(t) = \delta(t-\tau)$，则 $r(t) = u(t-\tau) - u(t-2\tau)$

解 (1) 线性

若 $e(t) \leftrightarrow e(t-1) - e(1-t) = r(t)$

则 $a_1 e_1(t) + a_2 e_2(t) \leftrightarrow a_1 e_1(t-1) + a_2 e_2(t-1) - a_1 e_1(1-t) - a_2 e_2(1-t) =$
$a_1 r_1(t) + a_2 r_2(t)$

时变：当输入 $e(t)$ 时，输出 $r(t) = e(t-1) - e(1-t)$

当输入 $e(t-t_0)$，输出 $\omega(t) = e(t-t_0-1) - (1-t-t_0)$

而 $r(t-t_0) = e(t-t_0-1) - e(1-t+t_0)$

虽然 $\omega(t)\neq r(t-t_0)$

非因果：当 $t=0$ 时，有 $r(0)=e(-1)-e(1)$；输出与未来的输入有关。

(2) 线性

若 $e(t)\leftrightarrow r(t)=\begin{cases}0 & (t<0)\\ e(t)+e(t-100) & (t\geqslant 0)\end{cases}$

则 $a_1e_1(t)+a_2e_2(t)\leftrightarrow$
$$\begin{cases}0 & (t<0)\\ a_1e_1(t)+a_2e_2(t)+a_1e_1(t-100)+ae_2(t-100) & (t\geqslant 0)\end{cases}$$
$$=a_1r_1(t)+a_2r_2(t)$$

时变。由关系式可知系统在 $t=0$ 处有切除功能，故当输入 $e(t-T)$，输出为
$$w(t)=\begin{cases}0 & (t<0)\\ e(t-T)+e(t-T-100) & (t\geqslant 0)\end{cases}$$

而 $r(t-T)=\begin{cases}0 & (t-T<0)\\ e(t-T)+e(t-T-100) & (t-T\geqslant 0)\end{cases}$

显然 $r(t-T)\neq w(t)$

因果。因为 $r(t)$ 只与当时和过去的输入有关。

(3) 非线性

设 $e_1(t)<0, e_2(t)>0, e_3(t)=e_1(t)+e_2(t)<0$

则 $r_1(t)=0, r_2(t)=e_2(t)+e_2(t-100), r_3(t)=0$

显然，$r_3(t)\neq r_1(t)+r_2(t)$，系统不满足可加性。

非时变性。当输入为 $e(t-T)$ 时，相应的输出为
$$w(t)=\begin{cases}0 & (e(t-T)<0)\\ e(t-T)+e(t-T-100) & (e(t-T)\geqslant 0)\end{cases}$$

显然 $w(t)=r(t-T)$

因果。因为 $r(t)$ 只与当时和过去的输入有关。

(4) 线性

由题意知
$$r(t)=\int_0^t\delta(\lambda-\tau)\mathrm{d}\lambda-\int_0^t\delta(\lambda-2\tau)\mathrm{d}\tau=\int_0^t e(\lambda)\mathrm{d}\lambda-\int_0^t e(\lambda-\tau)\mathrm{d}\lambda$$

可见系统满足可加性和齐次性。

时变。由于参变量 τ 取值不同，直接影响系统的输出特性。

例如，当 $\tau=0$ 时，输入为 $\delta(t)$，输出为 $r(t)=u(t)-u(t)=0$，当 $\tau\neq 0$ 时，输入为 $\delta(t-\tau)$，输出为 $r(t)=u(t-\tau)-u(t-2\tau)\neq 0$。

非因果。$\tau=-1$ 时，输入为 $\delta(t+1)$，输出 $r(t)=u(t+1)-u(t+2)$，显然，未加输入时系统已有输出。

5.3 对下列各系统，$y(t)$ 表示输出，$x(t)$ 表示输入，说明各系统是否是动态的、线性的、时不变的和因果的系统。

(1) $y(t)=\mathrm{e}^{x(t)}$ (2) $y(t)=\dfrac{\mathrm{d}x(t)}{\mathrm{d}(t)}$

(3) $y(t)=(\sin 6t)x(t)$ (4) $y(t)=\int_{-\infty}^{3t}x(\tau)d\tau$

(5) $y(t)=x(t/2)$

解 (1)非动态。因为输出只决定于当时的输入,为即时系统。

非线性。因为 $e^{x_1(t)+x_2(t)}=e^{x_1(t)}\cdot e^{x_2(t)}=y_1(t)y_2(t)\neq y_1(t)+y_2(t)$

时不变。因为 $e^{x(t-t_0)}=y(t-t_0)$

非因果。当 $t<0$ 时,若 $x(t)=0$,而 $y(t)\neq 0$

(2)动态。因为 $y(t)=\lim_{\Delta\to 0}\dfrac{x(t)-x(t-\Delta)}{\Delta}$,输出与过去的输入有关。

线性。因为系统满足可加性和齐次性。

时不变。因为 $y(t-t_0)=\dfrac{dx(t-t_0)}{dt}$

因果。因为当 $t<t_0$ 时,$x(t)=0$,$y(t)=0$

(3)非动态。因为输出只决定于当时的输入。

线性。因为系统满足可加性和齐次性。

时变。因为 $\sin bt\cdot x(t-t_0)\neq y(t-t_0)=\sin b(t-t_0)\cdot x(t-t_0)$

因果。当 $t<0$ 时,若 $x(t)=0$,则 $y(t)=0$

(4)动态。因为 $y(t)$ 与过去的输入有关。

线性。因为系统满足可加性和齐次性。

时变。因为 $\int_{-\infty}^{3t}x(\tau-t_0)d\tau\neq y(t-t_0)=\int_{-\infty}^{3(t-t_0)}x(\tau)d\tau$

非因果。因为 $y(t)$ 与未来的输入 $x(3t)$ 有关。

(5)动态。因为 $y(2)=x(1)$,输出与过去的输入有关。

线性。因为系统满足可加性和齐次性。

时变。当输入 $x(t)$,则输出 $x\left(\dfrac{t}{2}\right)=y(t)$,系统的作用是将输入波形扩展一倍;

当输入 $x(t-t_0)$ 时,输出仍扩展一倍,即 $x\left(\dfrac{t}{2}-t_0\right)$

显然 $x\left(\dfrac{t}{2}-t_0\right)\neq y(t-t_0)=x((t-t_0)/2)$

非因果。因为 $y(-2)=x(-1)$,输出与未来的输入有关。

5.4 已知某系统冲激响应 $h(t)=e^{-t}u(t)$,激励 $e(t)=u(t)$,

(1) 求零状态响应 $y(t)$。

(2) 若 $h_1(t)=\dfrac{1}{2}[h(t)+h(-t)]$,$h_2(t)=\dfrac{1}{2}[h(t)-h(-t)]$。由 $h_1(t)$,$h_2(t)$ 所组成的系统如图选 5.4(a),(b),求 $r_1(t)$ 与 $r_2(t)$。

(3) $r_1(t)$ 与 $r_2(t)$ 哪个是因果系统的响应,哪个是非因果系统的响应。

解 (1)零状态响应

$$r(t)=h(t)*e(t)=e^{-t}u(t)*u(t)=\left[\int_0^t e^{-\tau}d\tau\right]u(t)=(1-e^{-t})u(t)$$

(2) $r_1(t)=e(t)*[h_1(t)-h_2(t)]=$

$$u(t) * \left\{ \frac{1}{2}[h(t)+h(-t)] - \frac{1}{2}[h(t)-h(-t)] \right\} =$$

$$u(t) * h(-t) = u(t) * e^t u(-t) =$$

$$\left[\int_{-\infty}^{t} e^{\tau} d\tau \right] = \begin{cases} e^t & (t < 0) \\ 1 & (t \geqslant 0) \end{cases}$$

$$r_2(t) = e(t) * [h_1(t) + h_2(t)] =$$

$$u(t) * \left\{ \frac{1}{2}[h(t)+h(-t)] + \frac{1}{2}[h(t)-h(-t)] \right\} =$$

$$u(t) * h(t) = (1 - e^{-t})u(t)$$

(3) $t<0$ 时 $e(t)=0$,而 $r_1(t)\neq 0$,$r_2(t)=0$,所以 $r_1(t)$ 是非因果系统的响应,$r_2(t)$ 是因果系统的响应。

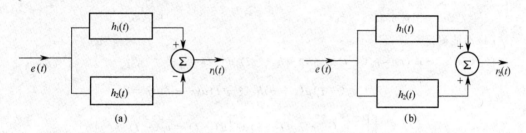

图选 5.4

5.5 已知一线性时不变系统初始状态为零,冲激响应为 $h_0(t)$,当输入为 $e_0(t)$ 时,输出为 $r_0(t)$,如图选 5.5.1 所示。现已知下面一组线性时不变系统的冲激响应 $h(t)$ 及其输入 $e(t)$:

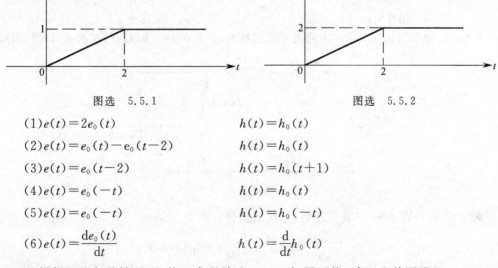

图选 5.5.1   图选 5.5.2

(1) $e(t) = 2e_0(t)$ $h(t) = h_0(t)$

(2) $e(t) = e_0(t) - e_0(t-2)$ $h(t) = h_0(t)$

(3) $e(t) = e_0(t-2)$ $h(t) = h_0(t+1)$

(4) $e(t) = e_0(-t)$ $h(t) = h_0(t)$

(5) $e(t) = e_0(-t)$ $h(t) = h_0(-t)$

(6) $e(t) = \dfrac{de_0(t)}{dt}$ $h(t) = \dfrac{d}{dt}h_0(t)$

试判断上述各种情况下,能否求得输出 $r(t)$。如果可能,请画出其图形。

解 (1) $r_1(t) = 2e_0(t) * h_0(t) = 2r_0(t)$

(2) $r_2(t) = [e_0(t) - e_0(t-2)] * h_0(t) = r_0(t) - r_0(t-2)$

(3) 已知 $r_0(t) = e_0(t) * h_0(t) = \left[\int_0^\infty e_0(\tau) h_0(t-\tau) d\tau\right] u(t)$

并设 $e_0(t)u(t), h_0(t)u(t)$

$$r_3(t) = e_0(t-2)u(t-2) * h(t+1)u(t+1) = [e_0(t-1) * h_0(t)]u(t-1) = r_0(t-1)$$

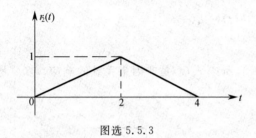

图选 5.5.3　　　　　　　图选 5.5.4

(4) 不能确定

(5) $r_5(t) = e_0(-t)u(-t) * h_0(-t)u(-t) =$

$$\int_{-\infty}^{\infty} e_0(-\tau)u(t-\tau)h_0(\tau-t)u(\tau-t)d\tau =$$

$$\left[\int_{-\infty}^{t} e_0(-\tau)h_0(t-\tau)d\tau\right]u(-t) = r_0(-t)$$

(6) $r_6(t) = e_0'(t) * h_0'(t) = [e_0(t) * h_0(t)]'' = [r_0(t)]''$

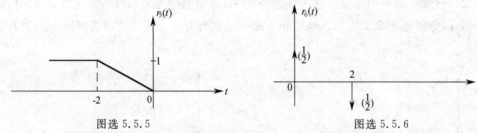

图选 5.5.5　　　　　　　图选 5.5.6

5.6 已知如图选 5.6 所示电路处于稳定状态，开关在 $t=0$ 时打开，试求 $u_c(t)$ 和 $i_L(t)$。

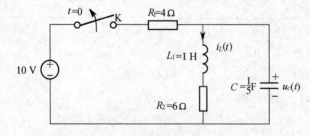

图选 5.6

解　开关 K 在 $t=0$ 时刻断开后，系统的微分方程为

$$\frac{1}{5}\frac{d^2 u_c(t)}{dt^2} + 6 \cdot \frac{1}{5}\frac{du_c(t)}{dt} + u_c(t) = 0$$

即

$$\frac{d^2 u_c(t)}{dt^2} + 6\frac{du_c(t)}{dt} + 5u_c(t) = 0$$

其特征方程为 $\alpha^2+6\alpha+5=0$

特征根 $\alpha_1=-1, \alpha_2=-5$

零输入响应电压 $u_c(t)=C_1 e^{-t}+C_2 e^{-5t}$ $(t\geqslant 0)$

$t=0^-$ 时电路已处于稳定状态

$$u_C(0^-)=\frac{6}{4+6}\times 10=6\text{V}, i_L(0^-)=\frac{10}{6+4}=1\text{A}$$

而 $t=0^+$ 时

$$u_C(0^+)=u_C(0^-)=6\text{V}$$
$$i_L(0^+)=i_L(0^-)=1\text{A}$$

由 $i_C(t)=C\dfrac{du_c(t)}{dt}$ 得

$$u_c'(0^+)=\frac{1}{C}i_C(0^+)=-\frac{1}{C}i_L(0^+)=-5$$

将 $u_C(0^+)=6, u_c'(0^+)=-5$ 代入 $u_c(t), u'_c(t)$ 表示式得

$$\begin{cases}C_1+C_2=6\\-C_1-5C_2=-5\end{cases}$$

解得 $C_1=\dfrac{25}{4}, C_2=-\dfrac{1}{4}$

所以

$$u_c(t)=\frac{25}{4}e^{-t}-\frac{1}{4}e^{-5t} \qquad (t\geqslant 0)$$

$$i_L(t)=-i_C(t)=-C\frac{du_c(t)}{dt}=$$

$$-\frac{1}{5}\left(-\frac{25}{4}e^{-t}+\frac{5}{4}e^{-5t}\right)=$$

$$\frac{5}{4}e^{-t}-\frac{1}{4}e^{-5t} \qquad (t\geqslant 0)$$

5.7 图选 5.7 所示电路处于稳定状态，当 $t=0$ 时将开关闭合，试求电容电压 $u_C(t)$，电感电流 $i_L(t)$ 和流过开关的电流 $i(t)$ 的全响应。

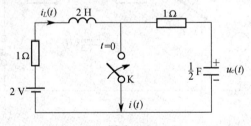

图选 5.7

解 当 $t=0$ 开关 K 闭合时，系统方程为

$$\frac{du_C(t)}{dt}+2u_C(t)=0 \tag{5.7.1}$$

$$i_L(t)+2\frac{di_L(t)}{dt}=e(t) \tag{5.7.2}$$

在 $t=0^-$ 时

$$i_L(0^-)=0, u_C(0^-)=2\text{V}$$

方程(5.7.1)的特征方程为
$$\alpha+2=0$$
所以
$$\alpha=-2$$
因此
$$u_C(t)=C_1 e^{-2t}u(t)=2e^{-2t}u(t)$$

方程(5.7.2)的特征方程为
$$2\alpha+1=0$$
得
$$\alpha=-\frac{1}{2}$$
所以齐次解
$$i_{Lh}(t)=A_1 e^{-\frac{1}{2}t}u(t)$$

由于 $e(t)=2\text{V}$,故特解为常数。

设 $i_{Lp}(t)=B_1$,代入式(2)得 $B_1=2$,

所以
$$i_{Lp}(t)=2u(t)$$
$$i_L(t)=i_{Lh}(t)+i_{Lp}(t)=A_1 e^{-\frac{1}{2}t}u(t)+2u(t)$$

由 $i_L(0^+)=i_L(0^-)=0$,得 $A_1=-2$

所以
$$i_L(t)=2(1-e^{-\frac{1}{2}t})u(t)$$
$$i_C(t)=C\frac{du_c(t)}{dt}=\frac{1}{2}(-4)e^{-2t}u(t)=-2e^{-2t}u(t)$$

故得
$$i(t)=i_L(t)-i_c(t)=$$
$$2(1-e^{-\frac{1}{2}t})u(t)+2e^{-2t}u(t)=$$
$$2(1-e^{-\frac{1}{2}t}+e^{-2t})u(t)$$

5.8 如图选 5.8 所示,$t=0$ 时开关 K_1 闭合接通电源,$t=3\text{s}$ 时开关 K_2 闭合。若 $u_c(0^-)=0$,求 $u_c(t)$ 及 $i_C(t)$。

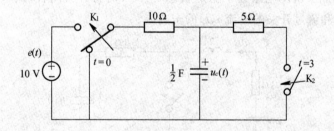

图选 5.8

解 先考虑 K_1 闭合时的情况,此时系统微分方程为
$$10 \cdot \frac{1}{2}\frac{du_c}{dt}+u_c=e(t)$$
即
$$\frac{du_c}{dt}+\frac{1}{5}u_c=2u(t)$$

特征方程
$$\alpha+\frac{1}{5}=0$$

即
$$\alpha = -\frac{1}{5}$$

齐次解为
$$u_{ch}(t) = Ce^{-\frac{1}{5}t}u(t)$$

设特解为 $u_{cp}(t)=A$，代入方程得 $A=10$，则
$$u_{cp} = 10u(t)$$

全响应为
$$u_c(t) = u_{ch}(t) + u_{cp}(t) = (Ce^{-\frac{1}{5}t}+10)u(t)$$

由 $u_c(0^+) = u_c(0^-) = 0$，得 $C = -10$

所以
$$u_c(t) = 10(1-e^{-\frac{1}{5}t})u(t)$$
$$i_C(t) = C\frac{du_c(t)}{dt} = e^{-\frac{1}{5}t}u(t)$$

当 $t=3s$ 时 K_2 闭合，此时系统的微分方程为
$$10\left[\frac{1}{2}\frac{du_c(t)}{dt}+\frac{1}{5}u_c(t)\right]+u_c(t)=e(t)$$

即
$$\frac{du_c(t)}{dt}+\frac{3}{5}u_c(t)=\frac{1}{5}e(t)$$

特征方程为
$$\alpha+\frac{3}{5}=0$$

即
$$\alpha=-\frac{3}{5}$$

齐次解为$\qquad u_{ch}(t)=Ce^{-\frac{3}{5}(t-3)}u(t-3)$

设特解的形式为 $u_{cp}(t)=A$，代入方程得 $A=\frac{10}{3}$

全响应为 $\quad u_c(t)=u_{ch}(t)+u_{cp}(t)=\left[Ce^{-\frac{3}{5}(t-3)}+\frac{10}{3}\right]u(t-3)$

在 $t=3s$ 时电容电压未发生突变，即
$$u_c(3^-)=u_c(3^+)$$

则
$$10-10e^{-\frac{3}{5}}=\frac{10}{3}+C$$

得
$$C=1.18$$

所以
$$u_c(t)=\left[\frac{10}{3}+1.18e^{-\frac{3}{5}(t-3)}\right]u(t-3)$$
$$i_C(t)=-0.354e^{-\frac{3}{5}(t-3)}u(t-3)$$

5.9 已知图选 5.9 所示系统在开关 K 断开前已进入稳态，若 K 在 $t=0$ 时断开，试求开关两端电压 $u_{ac}(t)$。

解 $t \geqslant 0$ 时，开关 K 断开，系统微分方程为
$$\frac{du_c(t)}{dt}+\frac{1}{3}u_c(t)=i_s(t) \qquad (5.9.1)$$
$$u_L(t)=2\frac{d}{dt}\left[-\frac{u_L(t)}{1/2}\right]=-4\frac{du_L(t)}{dt}$$

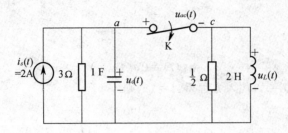

图选 5.9

$$\frac{du_L(t)}{dt}+\frac{1}{4}u_L(t)=0 \tag{5.9.2}$$

式(5.9.1)的特征方程为 $\alpha+\frac{1}{3}=0$,所以

$$\alpha=-\frac{1}{3}$$

齐次解为

$$u_{ch}(t)=Ce^{-\frac{1}{3}t}$$

设方程特解为 $u_{cp}(t)=A$,设 $i_S(t)=2A$,代入方程(1)得 $\frac{1}{3}A=2$,所以

$$A=6$$

即

$$u_{cp}(t)=6$$

所以

$$u_c(t)=Ce^{-\frac{1}{3}t}+6$$

由 $u_c(0^-)=u_c(0^+)=0$,代入方式得 $C=-6$

所以

$$u_c(t)=(-6e^{-\frac{1}{3}t}+6)u(t)$$

式(5.9.2)的特征方程为 $\alpha+\frac{1}{4}=0$,因此 $\alpha=-\frac{1}{4}$,所以

$$u_L(t)=Be^{-\frac{1}{4}t}$$

由电路知

$$i_L(0^-)=i_L(0^+)=2A$$

所以 $u_L(0^+)=\frac{1}{2}[-i_L(0^+)]=-1$,代入方程得 $B=-1$

所以

$$u_L(t)=-e^{-\frac{1}{4}t}u(t)$$

因此

$$u_{ac}(t)=u_c(t)-u_L(t)=$$
$$6(1-e^{-\frac{1}{3}t})u(t)+e^{-\frac{1}{4}t}u(t)$$

5.10 已知系统微分方程,起始条件及激励信号分别为以下三种情况

(1) $\frac{dr(t)}{dt}+2r(t)=e(t), r(0^-)=0, e(t)=u(t)$

(2) $\dfrac{\mathrm{d}r(t)}{\mathrm{d}t}+2r(t)=3\dfrac{\mathrm{d}e(t)}{\mathrm{d}t}$, $r(0^-)=0$, $e(t)=u(t)$

(3) $2\dfrac{\mathrm{d}^2r(t)}{\mathrm{d}t}+3\dfrac{\mathrm{d}r(t)}{\mathrm{d}t}+4r(t)=\dfrac{\mathrm{d}e(t)}{\mathrm{d}t}$ $r(0^-)=1, r'(0^-)=1, e(t)=u(t)$

试判断在起始点是否发生跳变,对 1,2 写出其 $r(0^+)$ 值,对 3 写出 $r(0^+)$,$r'(0^+)$ 值。

解 (1)本题可采用 δ 函数平衡法求解。即微分方程两边 δ 函数的最高次项应保持平衡。因方程左端最高阶项为 $r'(t)$,故有

$$\text{左边}: r'(t) \xrightarrow{\text{平衡}} \text{右边 } u(t)$$

等效为

$$r(t) \longrightarrow tu(t)$$

显然,$tu(t)$ 在 $t=0$ 处连续而无跳变,故 $r(t)$ 在 $t=0$ 处无跳变,即

$$r(0^+)-r(0^-)=0$$

故

$$r(0^+)=r(0^-)$$

除了采用 δ 函数平衡法外,还可用求 $r_{ZS}(t)$ 的办法来判断在起点是否跳变。因为跳变值 $r(0^+)-r(0-)=r_{ZS}(0^+)$,首先求出 $r_{ZS}(t)$ 后,取其 $t=0^+$ 时刻值亦可得到 $r(0^+)$ 值。但这种方法比较繁琐。

(2)方程两边最高阶项平衡,有

$$r'(t) \longrightarrow 3e'(t)=3\delta(t)$$

等效于

$$r(t) \longrightarrow 3u(t)$$

显然,$r(t)$ 在 $t=0$ 处有跳变,即

$$r(0^+)-r(0^-)=3$$

因此

$$r(0^+)=r(0^-)+3=3$$

(3)方程两边最高阶项,得

$$\text{左边}: 2r''(t) \xrightarrow{\text{平衡}} \text{右边}: u'(t)=\delta(t)$$

将上式两端降阶,有

$$r'(t) \longrightarrow \dfrac{1}{2}u(t) \tag{5.10.1}$$

显然,$r'(t)$ 在起始点有跳变,跳变值为 $\dfrac{1}{2}$,即

$$r'(0^+)-r'(0^-)=\dfrac{1}{2}$$

$$r'(0^+)=r'(0^-)+\dfrac{1}{2}=\dfrac{3}{2}$$

将式(5.10.1)两端再降阶,有

$$r(t) \longrightarrow \dfrac{1}{2}tu(t)$$

所以 $r(t)$ 在起始时刻无跳变,即

$$r(0^+)-r(0^-)=0$$
$$r(0^+)=r(0^-)=1$$

5.11 如图选 5.11.1 所示的梯形脉冲作用于起始条件为零的系统，系统的冲激响应为
$$h(t)=e^{-t}u(t)$$
试求系统对该信号的响应。

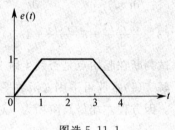

图选 5.11.1

解 $r(t)=e(t)*h(t)$

利用卷积的微分性质，得
$$r''(t)=e''(t)*h(t)$$
$e'(t)$ 及 $e''(t)$ 的波形如图选 5.11.2(a)、(b)所示。

$$e''(t)=\delta(t)-\delta(t-1)-\delta(t-3)+\delta(t-4)$$

所以 $r''(t)=e^{-t}u(t)-e^{-(t-1)}u(t-1)-$
$$e^{-(t-3)}u(t-3)+e^{-(t-4)}u(t-4)$$

将上式积分两次得
$$r(t)=[(t-1)+e^{-t}]u(t)-[(t-2)+e^{-(t-1)}]\cdot$$
$$u(t-1)-[(t-4)+e^{-(t-3)}]\cdot$$
$$u(t-3)+[(t-5)+e^{-(t-4)}]u(t-4)$$

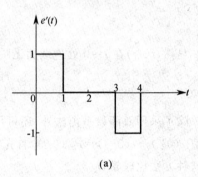

(a)

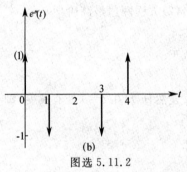

(b)

图选 5.11.2

5.12 给定下列系统微分方程，起始条件和激励信号，试分别求其全响应。并指出其零输入响应、零状态响应、自由响应、受迫响应各分量，写出 0^+ 时刻的边界值。

(1) $\dfrac{d^2r(t)}{dt^2}+3\dfrac{dr(t)}{dt}+2r(t)=\dfrac{de(t)}{dt}+3e(t)$

$r(0^-)=1$，$r'(0^-)=2$，$e(t)=u(t)$

(2) $\dfrac{d^2r(t)}{dt^2}+2\dfrac{dr(t)}{dt}+r(t)=\dfrac{de(t)}{dt}$

$r(0^-)=1$，$r'(0^-)=2$，$e(t)=e^{-t}u(t)$

解 (1)首先求零输入响应 $r_{zi}(t)$。

特征方程为
$$\alpha^2+3\alpha+2=0$$

特征根 $\alpha_1=-1$，$\alpha_2=-2$

故 $r_{zi}(t)=C_1e^{-t}+C_2e^{-2t}$

根据初始条件 $r(0^-),r'(0^-)$，可得
$$\begin{cases}r(0^-)=r_{zi}(t)|_{t=0}=C_1+C_2=1\\ r'(0^-)=r_{zi}'(t)|_{t=0}=-C_1-2C_2=2\end{cases}$$

解得 $C_1=4$，$C_2=-3$

所以 $r_{zi}(t)=4e^{-t}-3e^{-2t}$

求 $r_{zi}(t)$ 用的初始条件是 0^- 条件而不是 0^+ 条件，0^- 时刻激励信号还未作用于系统。

而 0^+ 时刻激励信号已作用于系统并产生了响应,所以 0^+ 条件中包含激励信号所起的作用。

为求零状态响应 $r_{zs}(t)$,应首先求出冲激响应 $h(t)$,设
$$h(t)=(K_1 e^{-t}+K_2 e^{-2t})u(t)$$
则
$$\frac{dh(t)}{dt}=-(-K_1 e^{-t}-2K_2 e^{-2t})u(t)+(K_1 e^{-t}+K_2 e^{-2t})\delta(t)=$$
$$(-K_1 e^{-t}-2K_2 e^{-2t})u(t)+(K_1+K_2)\delta(t)$$
$$\frac{d^2 h(t)}{dt^2}=(K_1 e^{-t}+4K_2 e^{-2t})u(t)+(-K_1 e^{-t}-2K_2 e^{-2t})\delta(t)+(K_1+K_2)\delta'(t)$$

将 $h(t),\dfrac{dh(t)}{dt},\dfrac{d^2 h(t)}{dt^2}$ 代入方程左端,得
$$(K_1 e^{-t}+4K_2 e^{-2t})u(t)+(-K_1-2K_2)\delta(t)+(K_1+K_2)\delta'(t)+3(-K_1 e^{-t}-2K_2 e^{-2t})u(t)+3(K_1+K_2)\delta(t)+2(K_1 e^{-t}+K_2 e^{-2t})u(t)=$$
$$(2K_1+K_2)\delta(t)+(K_1+K_2)\delta'(t)$$

将 $\delta(t)$ 代入方程右端,得
$$\delta'(t)+3\delta(t)$$

令方程两端对应项系数相等,有
$$\begin{cases} K_1+K_2=1 \\ 2K_1+K_2=3 \end{cases}$$
得
$$K_1=2 \quad K_2=-1$$
故
$$h(t)=(2e^{-t}-e^{-2t})u(t)$$

零状态响应为
$$r_{zs}(t)=h(t)*e(t)=(2e^{-t}-e^{-2t})u(t)*u(t)=$$
$$\left[\int_0^t (2e^{-\tau}-e^{-2\tau})d\tau\right]u(t)=(-2e^{-\tau}+\frac{1}{2}e^{-2\tau})\bigg|_0^t=$$
$$(-2e^{-t}+\frac{1}{2}e^{-2t}+\frac{3}{2})u(t)$$

全响应 $\quad r(t)=r_{zi}(t)+r_{zs}(t)=\left[\dfrac{3}{2}+2e^{-t}-\dfrac{5}{2}e^{-2t}\right]u(t)$

下面求边界值 $r(0^+)$ 的 $r'(0^+)$。

因为 $\quad r_{zs}(0^+)=r_{zs}(t)\big|_{t=0}=$
$$(-2e^{-t}-\frac{1}{2}e^{-2t}+\frac{3}{2})\bigg|_{t=0}=0$$
又
$$r(0^+)-r(0^-)=r_{zs}(0^+)$$
故
$$r(0^+)=r(0^-)=1$$

求 $r(0^+)$ 的另一种方法是
$$r(0^+)=r(t)\big|_{t=0}=(2e^{-t}-\frac{5}{2}e^{-2t}+\frac{3}{2})\bigg|_{t=0}=1$$

求 $r'(0^+)$ 还可对 $r_{zs}(t)$ 求导,即
$$r_{zs}'(t)=(2\mathrm{e}^{-t}-\mathrm{e}^{-2t})u(t)+(-2\mathrm{e}^{-2t}+\frac{3}{2})\delta(t)$$

所以
$$r_{zs}'(0^+)=r_{zs}'(t)|_{t=0}=1$$

故
$$r'(0^+)-r'(0^-)=r_{zs}'(0^+)$$
$$r'(0^+)=r'(0^-)+r_{zs}'(0^+)=2+1=3$$

关于自由响应和受迫响应,可用经典法求微分方程的齐次解和特解而得到。但是考虑到,求得的全响应中已经包含了自由响应和受迫响应。自由响应分量的函数形式仅依赖于系统特性(即特征根)而与激励函数无关,而受迫响应分量的函数形式由激励信号决定。故得

自由响应为 $(2\mathrm{e}^{-t}-\frac{5}{2}\mathrm{e}^{-2t})u(t)$

受迫响应为 $-\frac{3}{2}u(t)$

(2) 首先求零输入响应 $r_{zi}(t)$。

特征方程为
$$\alpha^2+2\alpha+1=0$$

特征根
$$\alpha_1=\alpha_2=-1$$

故
$$r_{zi}(t)=(C_0+C_1 t)\mathrm{e}^{-t}$$

根据起始条件 $r(0^-),r'(0^-)$,可得
$$r_{zi}(0)=r_{zi}(t)|_{t=0}=C_0=1$$
$$r_{zi}'(0)=r_{zi}'(t)|_{t=0}=C_1-C_0=2$$

解得 $C_0=1 \quad C_1=3$

于是 $r_{zi}(t)=(1+3t)\mathrm{e}^{-t}$

下面求 $r_{zs}(t)$。先求冲激响应,其形式为
$$h(t)=(K_1+K_2 t)\mathrm{e}^{-t}u(t)$$

对 $h(t)$ 求导数得
$$\frac{\mathrm{d}h(t)}{\mathrm{d}t}=K_1\delta(t)+(K_2-K_1-K_2 t)\mathrm{e}^{-t}u(t)$$
$$\frac{\mathrm{d}^2 h(t)}{\mathrm{d}t^2}=K_1\delta'(t)+(K_2-K_1)\delta(t)+(K_1-2K_2+K_2 t)\mathrm{e}^{-t}u(t)$$

将 $r(t)=h(t),e(t)=\delta(t)$ 代入方程,其左端为
$K_1\delta'(t)+(K_2-K_1)\delta(t)+(K_1-2K_2+K_2 t)\mathrm{e}^{-t}u(t)+2K_1\delta(t)+2(K_2-K_1-K_2 t)\mathrm{e}^{-t}u(t)+(K_1+K_2 t)\mathrm{e}^{-t}u(t)=$
$K_1\delta'(t)+(K_1+K_2)\delta(t)$

其右端得
$$\delta'(t)$$

令左右两端对应项系数相等,有

$$\begin{cases} K_1 = 1 \\ K_1 + K_2 = 0 \end{cases}$$

解得 $\qquad K_1 = 1, \quad K_2 = -1$

因而
$$h(t) = (1-t)\mathrm{e}^{-t}u(t)$$

零状态响应为
$$r_{zs}(t) = h(t) * e(t) = (1-t)\mathrm{e}^{-t}u(t) * \mathrm{e}^{-t}u(t) =$$
$$\mathrm{e}^{-t}u(t) * \mathrm{e}^{-t}u(t) - t\mathrm{e}^{-t}u(t) * \mathrm{e}^{-t}u(t) =$$
$$t\mathrm{e}^{-t}u(t) - \left[\int_0^t \tau \mathrm{e}^{-\tau} \mathrm{e}^{-(t-\tau)} \mathrm{d}\tau\right]u(t) =$$
$$\left(t - \frac{1}{2}t^2\right)\mathrm{e}^{-t}u(t)$$

全响应为
$$r(t) = r_{zi}(t) + r_{ZS}(t) = (1+3t)\mathrm{e}^{-t} + \left(t - \frac{1}{2}t^2\right)\mathrm{e}^{-t}u(t) =$$
$$\left(-\frac{1}{2}t^2 + 4t + 1\right)\mathrm{e}^{-t}u(t)$$

计算边界值 $r(0^+)$ 和 $r'(0^+)$

因为 $\qquad r_{zs}(0^+) = r_{zs}(t)|_{t=0} = 0$

所以 $\qquad r(0^+) = r(0^-) + r_{zs}(0^+) = r(0^-) = 1$

或者
$$r(0^+) = r(t)|_{t=0} = \left(-\frac{1}{2}t^2 + 4t + 1\right)\mathrm{e}^{-t}\bigg|_{t=0} = 1$$

对 $r_{zs}(t)$ 求导
$$r_{zs}'(t) = \left(t - \frac{1}{2}t^2\right)\mathrm{e}^{-t}\delta(t) + \left(\frac{1}{2}t^2 - 2t + 1\right)u(t)$$

得 $\qquad r_{zs}'(0^+) = r_{zs}'(t)|_{t=0^+} = 1$

所以 $\qquad r'(0^+) = r'(0^-) + r_{zs}'(0^+) = 2 + 1 = 3$

下面求自由响应和强迫响应。根据全响应和系统特征根可得

自由响应为 $\qquad (1+4t)\mathrm{e}^{-t}u(t)$

受迫响应为 $\qquad -\frac{1}{2}t^2\mathrm{e}^{-t}u(t)$

5.13 若激励为 $e(t)$，响应 $r(t)$，求下列微分方程所代表系统的冲激响应。

(1) $\dfrac{\mathrm{d}r(t)}{\mathrm{d}t} + 3r(t) = 2\dfrac{\mathrm{d}e(t)}{\mathrm{d}t}$

(2) $\dfrac{\mathrm{d}r(t)}{\mathrm{d}t} + 2r(t) = \dfrac{\mathrm{d}^2 e(t)}{\mathrm{d}t^2} + 3\dfrac{\mathrm{d}e(t)}{\mathrm{d}t} + 3e(t)$

解 系统冲激响应的形式与零输入响应相同。但应注意当方程右边阶次大于或等于左边阶次 ($m \geq n$) 时，冲激响应的函数形式中将包含 $\delta(t)$ 及其导数项。

(1) 因为方程两端阶次相同即 $m=n$，故 $h(t)$ 中含有 $\delta(t)$ 项，但不包含 $\delta(t)$ 的导数项。

特征方程为
$$\alpha+3=0$$
特征根为
$$\alpha=-3$$
所以冲激响应 $h(t)$ 的形式为
$$h(t)=K_1\delta(t)+K_1e^{-3t}u(t)$$
对 $h(t)$ 求导数得
$$h'(t)=K_1\delta'(t)-3K_2e^{-3t}u(t)+K_2e^{-3t}\delta(t)=$$
$$K_1\delta'(t)+K_2\delta(t)-3K_2e^{-3t}u(t)$$
将 $h(t),h'(t)$ 代入方程左端得
$$K_1\delta'(t)+K_2\delta(t)-3K_2e^{-3t}u(t)+3K_1\delta(t)+3K_2e^{-3t}u(t)=$$
$$K_1\delta'(t)+(3K_1+K_2)\delta(t)$$
方程右端为
$$2\delta'(t)$$
令左右两端 $\delta'(t)$ 及 $\delta(t)$ 项系数对应相等,有
$$\begin{cases}K_1=2\\ 3K_1+K_2=0\end{cases}$$
解得
$$K_1=2, K_2=-6$$
所以
$$h(t)=2\delta(t)-6e^{-3t}u(t)$$

(2) 因方程左端最高阶项 $n=1$,右端最高阶项 $m=2$,则 $m=n+1$,故冲激响应 $h(t)$ 中包含中 $\delta(t)$ 及 $\delta'(t)$ 项。

特征方程为
$$\alpha+2=0$$
特征根
$$\alpha_1=-2$$
故冲激响应 $h(t)$ 的形式为
$$h(t)=K_1\delta'(t)+K_2\delta(t)+K_3e^{-2t}u(t)$$
对 $h(t)$ 求导得
$$h'(t)=K_1\delta''(t)+K_2\delta'(t)-2K_3e^{-2t}u(t)+K_3e^{-2t}\delta(t)=$$
$$K_1\delta''(t)+K_2\delta'(t)+K_3\delta(t)-2K_3e^{-2t}u(t)$$
将 $h(t),h'(t)$ 代入方程左端,得
$$K_1\delta''(t)+K_2\delta'(t)+K_3\delta(t)-2K_3e^{-2t}u(t)+2K_1\delta'(t)+2K_2\delta(t)+2K_3e^{-2t}u(t)=$$
$$K_1\delta''(t)+(2K_1+K_2)\delta'(t)+(2K_2+K_3)\delta(t)$$
将 $\delta(t)$ 代入方程右端得
$$\delta''(t)+3\delta'(t)+3\delta(t)$$
令方程两端 $\delta''(t),\delta'(t)$ 及 $\delta(t)$ 项系数对应相等,有
$$\begin{cases}K_1=1\\ 2K_1+K_2=3\\ 2K_2+K_3=3\end{cases}$$
解得
$$K_1=1, K_2=1, K_3=1$$

所以
$$h(t)=\delta'(t)+\delta(t)+e^{-2t}u(t)$$

5.14 图选 5.14 所示系统是由几个"子系统"组合而成,各子系统的冲激响应分别为 $h_D=\delta(t-1)$, $h_G=u(t)-u(t-3)$,试求总的系统的冲激响应 $h(t)$。

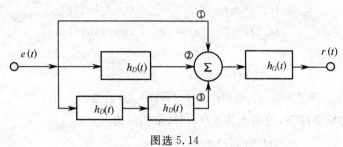

图选 5.14

解 整个系统由①,②,③三个子系统并联再与 $h_G(t)$ 级联组成。
求冲激响应应根据定义,即令 $e(t)=\delta(t)$,求出此时的 $r(t)$ 即为冲激响应 $h(t)$。
$\delta(t)$ 通过子系统①后,输出仍为 $\delta(t)$。
子系统②输出为
$$\delta(t)*h_D(t)=\delta(t)*\delta(t-1)=\delta(t-1)$$
子系统③输出为
$$\delta(t)*h_D(t)*h_D(t)=\delta(t-1)*\delta(t-1)=\delta(t-2)$$
所以加法器输出为
$$\delta(t)+\delta(t-1)+\delta(t-2)$$
冲激响应为
$$\begin{aligned}h(t)&=[\delta(t)+\delta(t-1)+\delta(t-2)]*h_G(t)=\\&[\delta(t)+\delta(t-1)+\delta(t-2)]*[u(t)-u(t-3)]=\\&[u(t)-u(t-3)]+[u(t-1)-u(t-4)]+[u(t-2)-u(t-5)]\end{aligned}$$

从上面的分析可知:由若干子系统组成的系统,其冲激响应构成的原则是:并联子系统取其冲激响应之和,级联子系统取其冲激响应的卷积。据此,图选 5.14 所示系统的冲激响应为
$$h(t)=[(1+h_D(t)+h_D(t)*h_D(t)]*h_G(t)$$

5.15 某一阶线性时不变系统,在相同的初始状态下,当输入为 $f(t)$ 时其全响应
$$r_1(t)=(2e^{-t}+\cos 2t)u(t)$$
当输入为 $2f(t)$ 时,其全响应
$$r_2(t)=(e^{-t}+2\cos 2t)u(t)$$
试求在同样的初始状态下,若输入为 $4f(t)$ 时,系统的全响应 $r(t)$。

解 系统的线性可分为零输入线性和零状态线性。零输入响应仅由初始条件决定,与激励信号无关。初始条件不变,零输入响应亦不变。零状态响应由激励信号决定,当激励信号变为 a 倍,零状态响应也变为 a 倍。

解Ⅰ 令 $r_{zi}(t)$ 为系统零输入响应,$r_{1zs}(t)$ 为输入 $f(t)$ 时的零状态响应,则此全响应为
$$r_{zi}(t)+r_{1zs}(t)$$

当输入为 $2f(t)$ 时全响应为
$$r_{zi}(t)+2r_{1zs}(t)$$
由题意知
$$\begin{cases} r_{zi}(t)+r_{1zs}(t)=(2\mathrm{e}^{-t}+\cos 2t)u(t) \\ r_{zi}(t)+2r_{1zs}(t)=(\mathrm{e}^{-t}+2\cos t)u(t) \end{cases}$$
解得
$$r_{zi}(t)=3\mathrm{e}^{-t}u(t)$$
$$r_{1zs}(t)=(-\mathrm{e}^{-t}+\cos 2t)u(t)$$
在相同的初始条件下，当输入为 $4f(t)$ 时，全响应为
$$r(t)=r_{zi}(t)+4r_{1zs}(t)=$$
$$3\mathrm{e}^{-t}u(t)+4(-\mathrm{e}^{-t}+\cos 2t)u(t)=$$
$$(-\mathrm{e}^{-t}+4\cos 2t)u(t)$$

解 Ⅱ 根据线性时不变系统的性质，在相同的初始条件下，输入为 $2f(t)$ 和输入为 $f(t)$ 时系统的全响应之差为 $r_{1zs}(t)$，代入已知条件，得
$$r_{1zs}(t)=(\mathrm{e}^{-t}+2\cos 2t)-(2\mathrm{e}^{-t}+\cos 2t)=$$
$$(-\mathrm{e}^{-t}+\cos 2t)$$
当输入为 $4f(t)$ 时，全响应为输入为 $f(t)$ 时的全响应与 $3r_{1zs}(t)$ 之和，即
$$r(t)=(2\mathrm{e}^{-t}+\cos 2t)+3r_{1zs}(t)=$$
$$(2\mathrm{e}^{-t}+\cos 2t)+3(-\mathrm{e}^{-t}+\cos 2t)=$$
$$(-\mathrm{e}^{-t}+4\cos 2t)u(t)$$

解 Ⅲ 采用待定系数法，令
$$r_{zi}(t)=(A\mathrm{e}^{-t}+B\cos 2t)u(t)$$
$$r_{1zs}(t)=(C\mathrm{e}^{-t}+D\cos 2t)u(t)$$
当输入为 $f(t)$ 时全响应
$$r(t)=[(A+C)\mathrm{e}^{-t}+(B+D)\cos 2t]u(t)=$$
$$(2\mathrm{e}^{-t}+\cos 2t)u(t)$$
所以
$$\begin{cases} A+C=2 \\ B+D=1 \end{cases}$$
当输入为 $2f(t)$ 时全响应为
$$r(t)=(A\mathrm{e}^{-t}+B\cos 2t)u(t)+2(C\mathrm{e}^{-t}+D\cos 2t)u(t)=$$
$$[(A+2C)\mathrm{e}^{-t}+(B+2D)\cos 2t]u(t)=$$
$$\mathrm{e}^{-t}+2\cos 2t$$
所以
$$\begin{cases} A+2C=1 \\ B+2D=2 \end{cases}$$
解联立方程组，可得
$$A=3,\quad B=0,\quad C=-1,\quad D=1$$

所以
$$r_{zi}(t) = 3e^{-t}u(t)$$
$$r_{1zs}(t) = (-e^{-t} + \cos 2t)u(t)$$
$$r(t) = r_{zi}(t) + 4r_{1zs}(t) =$$
$$(-e^{-t} + 4\cos 2t)u(t)$$

5.3 习题(13题)

5.1 已知系统具有初始值 $r(t_0)$，其响应 $r(t)$ 与激励 $e(t)$ 有如下关系：
(1) $r(t) = r^2(t_0)\sin 5t + 3t^3 e(t)$ (2) $r(t) = 5r(t_0) + \log e(t)$
(3) $r(t) = \int_0^t e(\tau)d\tau$ (4) $r(t) = ae(t) + b$
(5) $r(t) = r^2(t_0) + \int_0^t (\tau)d\tau$

试判断上述各系统是线性系统还是非线性系统。

5.2 下列所示的各个系统中，$e(t)$ 表示激励，$r(t)$ 表示响应，试判断是非线性系统还是线性系统，是时变系统还是非时变系统。

(1) $(5t-1)\dfrac{d^2 r(t)}{dt^2} + t\dfrac{dr(t)}{dt} + 5r(t) = e^2(t)$

(2) $t\dfrac{d^3 r(t)}{dt^3} + \sqrt{r(t)} = \cos t$

(3) $\dfrac{dr(t)}{dt} + e^t = 0$

(4) $2CRr(t)\dfrac{dr(t)}{dt} + CL\dfrac{dr(t)}{dt} + r(t) = C\dfrac{de(t)}{dt}$

(5) $\dfrac{d^2 r(t)}{dt^2} + 5\dfrac{dr(t)}{dt} + 6r(t) = e(t)$

5.3 设有一线性时不变系统，当时间为 τ 时所加冲激信号为 $\delta(t-\tau)$，在时间 t 时观察到的冲激响应为 $e^{-(t-\tau)}u(t-\tau)$。试求输入为 $\delta(t) + 3\delta(t+1) + 3\delta(t+2)$ 时的响应。

5.4 某线性时不变系统在零状态条件下的输入 $e_1(t)$ 与输出 $r_1(t)$ 的波形如图习5.4所示，试求输入波形为 $e_2(t)$ 时的输入波形 $r_2(t)$。

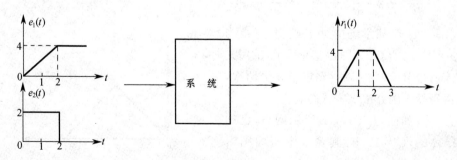

图习5.4

5.5 图习 5.5(a),(b)分别表示某线性时不变零状态系统的输入信号和输出信号。

(1)试画出图习 5.5(c)所示输入信号 $e_2(t)$ 所对应的输出信号 $r_2(t)$。

(2)试画出图习 5.5(d)所示输入信号 $e_3(t)$ 所对应的输出信号 $r_3(t)$。

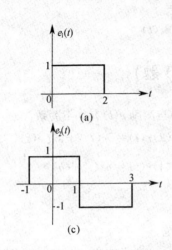
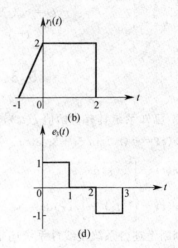

图习 5.5

5.6 如图习 5.6 所示网络,已知 $L=\frac{1}{2}\text{H}, C=1\text{F}, R=\frac{1}{3}\Omega$,网络的输出取自电容电压 $u_c(t)$,试求其阶跃响应和冲激响应。

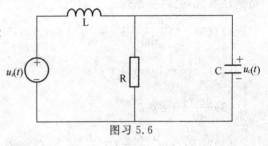

图习 5.6

5.7 已知系统微分方程为

$$\frac{\mathrm{d}^2 r(t)}{\mathrm{d}t^2}+2\frac{\mathrm{d}r(t)}{\mathrm{d}t}+2r(t)=\frac{\mathrm{d}^2 e(t)}{\mathrm{d}t^2}+e(t)$$

输入激励 $e(t)=\delta(t)$

(1)试判断在起始点是否发生跳变。

(2)求冲激响应 $h(t)$ 和阶跃响应 $g(t)$。

5.8 激励为 $e(t)$,响应为 $r(t)$ 的线性时不变系统分别由下列微分方程描述,试求其冲激响应。

(1) $\frac{\mathrm{d}r(t)}{\mathrm{d}t}+2r(t)=3\frac{\mathrm{d}e(t)}{\mathrm{d}t}+e(t)$

(2) $\frac{\mathrm{d}^2 r(t)}{\mathrm{d}t^2}+2\frac{\mathrm{d}r(t)}{\mathrm{d}t}+r(t)=\frac{\mathrm{d}e(t)}{\mathrm{d}t}+e(t)$

5.9 已知某系统的冲激响应 $h(t)$ 为 $\cos t\, u(t)$,输入信号如图习 5.9 所示,试用先对输入信号求导两次,对冲激响应积分两次,然后再用卷积的办法求零状态响应。

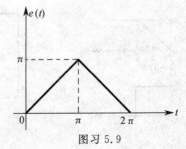

图习 5.9

5.10 如图习 5.10(b)所示网络,已知 $R=0.1\text{M}\Omega, C=10\mu\text{F}$,其输入电压如图习 5.10(a)所示:

(1)应用卷积求该网络电容电压的零状态响应。

(2)应用杜阿美尔积分求电容电压的零状态响应。

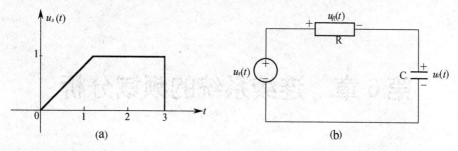

图习 5.10

5.11 已知系统

$$\frac{d^2 r(t)}{dt^2} + 3\frac{dr(t)}{dt} + 2r(t) = e(t)$$

$$e(t) = u(t) - u(t-2)$$

试分别求下列两种情况的全响应。
(1) $r(0^-) = 0, r'(0^-) = 0$
(2) $r(0^-) = 1, r'(0^-) = 2$

5.12 如图习 5.12 所示,系统是由几个子系统组合而成,各子系统的冲激响应分别为 $h_1(t) = u(t), h_2(t) = \delta(t-1), h_3(t) = -\delta(t)$,试求总的系统冲激响应 $h(t)$。

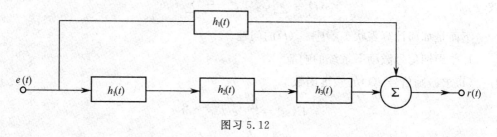

图习 5.12

5.13 已知描述某系统的微分方程式为

$$\frac{dr(t)}{dt} + 2r(t) = e(t)$$

当输入信号 $e(t) = e^{-t}u(t), r(0^-) = 2$ 时,$r(t) = e^{-2t} + e^{-t}(t \geq 0)$,试求:
(1) 当 $e(t) = 5e^{-t}u(t), r(0^-) = 2$ 时,$r(t) = ?$
(2) 当 $e(t) = e^{-t}u(t), r(0^-) = 10$ 时,$r(t) = ?$

第6章 连续系统的频域分析

6.1 公式及要点

6.1.1 系统的傅里叶变换分析法

系统响应分为零输入响应和零状态响应两部分,即

$$r(t) = r_{zi}(t) + r_{zs}(t)$$

零输入响应的求解与时域分析法相同,(见式(5.10),(5.11)),即

$$r_{zi}(t) = \sum_{i=1}^{n} C_i e^{\alpha_i t}$$

或

$$r_{zi}(t) = \sum_{i=1}^{K} C_i t^{i-1} e^{\alpha_1 t} + \sum_{i=K+1}^{n} C_i e^{\alpha_i t}$$

下面是如何计算零状态响应 $r_{zs}(t)$ 的问题。

1. 非周期信号激励下系统的响应

(1) 求激励信号 $e(t)$ 的频谱函数

$$E(\omega) = \int_{-\infty}^{\infty} e(t) e^{-j\omega t} dt$$

(2) 求系统函数 $H(\omega)$

$$H(\omega) = \frac{R(\omega)}{E(\omega)}$$

(3) 求响应的频谱函数

$$R(\omega) = H(\omega) E(\omega) \tag{6.1}$$

(4) 求 $R(\omega)$ 的反变换得响应 $r(t)$

$$r_{zs}(t) = \frac{1}{2\pi} \int_{-\infty}^{\infty} R(\omega) e^{j\omega t} d\omega \tag{6.2}$$

2. 周期信号激励下系统的响应

设 $e(t)$ 为周期信号,$e_1(t)$ 为 $e(t)$ 的一个周期

$$e(t) = e_1(t) * \delta_{T_1}(t)$$

$$E_1(\omega) = \int_{-\infty}^{\infty} e_1(t) e^{j\omega t} dt$$

$$E(\omega) = E_1(\omega) \cdot \omega_1 \sum_{n=-\infty}^{\infty} \delta(\omega - n\omega_1) \tag{6.3}$$

$$R(\omega) = H(\omega)E(\omega) = \omega_1 \sum_{n=-\infty}^{\infty} H(n\omega_1)E_1(n\omega_1)\delta(\omega - n\omega_1) \tag{6.4}$$

$$r(t) = \frac{1}{2\pi}\int_{-\infty}^{\infty} R(\omega)e^{j\omega t}d\omega = \frac{1}{T_1}\sum_{n=-\infty}^{\infty} H(n\omega_1)E_1(n\omega_1)e^{jn\omega_1 t} \tag{6.5}$$

6.1.2 无失真传输条件

要使任意波形信号通过线性系统而不产生波形失真，该系统的传输函数必须满足如下条件

$$H(\omega) = Ke^{-j\omega t_0} \tag{6.6}$$

$$\begin{cases} |H(\omega)| = K(常数) \\ \varphi(\omega) = -\omega t_0 \end{cases}$$

即系统的幅频特性为一常数，相频特性是一通过原点的直线。

6.1.3 物理可实现系统的条件

1. 系统响应不能在激励加入之前发生，这就是因果条件，即

$$h(t) = 0 \quad (t<0) \tag{6.7}$$

2. 频域条件是系统幅频特性$|H(\omega)|$必须满足下面的关系式

$$\int_{-\infty}^{\infty} \frac{|\ln|H(\omega)||}{1+\omega^2}d\omega < \infty \tag{6.8}$$

其中$|H(\omega)|$必须是平方可积的，即

$$\int_{-\infty}^{\infty} |H(\omega)|^2 d\omega < \infty \tag{6.9}$$

式(6.8)称为佩利-维纳准则。

6.2 选题精解(20题)

6.1 有一个理想90°移相器，其转移函数为

$$H(\omega) = \begin{cases} e^{-j90°} & (\omega > 0) \\ e^{j90°} & (\omega < 0) \end{cases}$$

输入信号$f(t)$如图选6.1所示，利用三角傅里叶级数求其输出中不为零的前三项。

解 将$f(t)$展开为傅里叶级数。$f(t)$为偶函数，$b_n = 0$

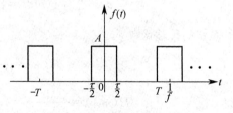

图选6.1

$$\frac{a_0}{2} = \frac{1}{T}\int_{-\frac{\tau}{2}}^{\frac{\tau}{2}} Adt = \frac{A\tau}{T}$$

$$a_n = \frac{4}{T}\int_0^{\frac{\tau}{2}} A\cos n\omega_1 t dt = \frac{2A}{\pi}\frac{\sin(n\omega_1\tau/2)}{n}, \quad \omega_1 = \frac{2\pi}{T}$$

故

$$f(t) = \frac{A\tau}{T} + \frac{2A}{\pi}\sin\frac{\omega_1\tau}{2}\cdot\cos\omega_1 t + \frac{A}{\pi}\sin\omega_1\tau\cdot\cos 2\omega_1 t +$$

$$\frac{2A}{3\pi}\sin\frac{3}{2}\omega_1\tau \cdot \cos 3\omega_1 t + \cdots$$

$f(t)$ 通过移相器后，输出为

$$r(t) = \frac{A\tau}{T} + \frac{2A}{\pi}\sin\frac{\omega_1\tau}{2} \cdot \sin\omega_1 t +$$

$$\frac{A}{\pi}\sin\omega_1\tau \cdot \sin 2\omega_1 t +$$

$$\frac{2A}{3\pi}\sin\frac{3}{2}\omega_1\tau \cdot \sin 3\omega_1 t + \cdots$$

6.2 如图选 6.2 所示，周期矩形信号 $x(t)$ 作用于 RL 电路，求响应 $y(t)$ 的傅里叶级数（只计算前四个频率分量）。

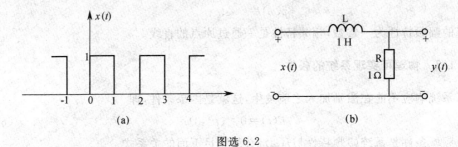

图选 6.2

解 $x(t)$ 去直流后是奇函数和奇谐函数，周期 $T=2$，基频 $\omega_1=\dfrac{2\pi}{T}=\pi$。

$$a_n = 0$$

$$b_n = \frac{2}{T}\int_0^T x(t)\sin n\omega_1 t\, \mathrm{d}t = \int_0^1 \sin n\pi t\, \mathrm{d}t =$$

$$-\frac{1}{n\pi}\cos n\pi t\bigg|_0^1 = -\frac{1}{n\pi}(\cos n\pi - 1) =$$

$$\begin{cases} \dfrac{2}{n\pi} & (n\text{ 为奇数}) \\ 0 & (n\text{ 为偶数}) \end{cases}$$

$$a_0 = \frac{2}{T}\int_0^T x(t)\, \mathrm{d}t = \int_0^1 \mathrm{d}t = 1$$

系统的传输函数

$$H(\omega) = \frac{R}{R + j\omega L} = \frac{1}{1 + j\omega}$$

所以

$$H(n\omega_1) = \frac{1}{1 + jn\omega_1} = \frac{1}{1 + jn\pi} = \frac{1}{\sqrt{1 + (n\pi)^2}}\mathrm{e}^{-j\arctan n\pi}$$

响应 $y(t)$ 的复振幅为

$$Y(n\omega_1) = b_n \cdot H(n\omega_1) = \begin{cases} \dfrac{2}{n\pi}\dfrac{1}{\sqrt{1+(n\pi)^2}}\mathrm{e}^{j\arctan n\pi} & (n\text{ 为奇数}) \\ 0 & (n\text{ 为偶数}) \end{cases} \quad (n\neq 0)$$

$$n=0, \quad Y_0 = \frac{a_0}{2}H(j0) = \frac{1}{2}$$

$$n=1, Y_1 = \frac{2}{\pi}\frac{1}{\sqrt{1+\pi^2}}e^{-j\arctan\pi} \approx 0.193e^{-j72.34°}$$

$$n=3, Y_3 = \frac{2}{3\pi}\frac{1}{\sqrt{1+9\pi^2}}e^{-j\arctan 3\pi} \approx 0.022e^{-j83.94°}$$

$$n=5, Y_5 = \frac{2}{5\pi} \cdot \frac{1}{\sqrt{1+25\pi^2}}e^{-j\arctan 5\pi} \approx 0.008e^{-j86.36°}$$

所以 $\quad y(t) = \frac{1}{2} + 0.193\sin(\pi t - 72.34°) + 0.022\sin(3\pi t - 83.94°) +$

$\qquad 0.008\sin(5\pi t - 86.36°) + \cdots$

6.3 图选 6.3 是理想高通滤波器的幅频与相频特性,求该滤波器的冲激响应。

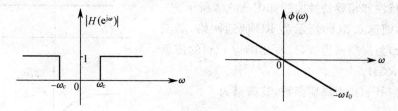

图选 6.3

解 $\quad h(t) = \mathscr{F}^{-1}[H(e^{j\omega})] = \frac{1}{2\pi}\int_{-\infty}^{\infty} H(e^{j\omega})e^{j\omega t}d\omega =$

$\qquad \mathscr{F}^{-1}[e^{-j\omega t_0}] - \frac{1}{2\pi}\int_{-\omega_c}^{\omega_c} e^{-j\omega t_0}e^{j\omega t}d\omega =$

$\qquad \delta(t-t_0) - \frac{\omega_c}{\pi}\frac{\sin\omega_c(t-t_0)}{\omega_c(t-t_0)} =$

$\qquad \delta(t-t_0) - \frac{\omega_c}{\pi}\text{Sa}[\omega_c(t-t_0)]$

6.4 已知系统函数 $H(\omega) = \frac{1-j\omega}{1+j\omega}$,激励为 $e(t) = \sin t + \sin\sqrt{3}t$,求响应 $r(t)$,并画出 $H(\omega)$ 的幅频特性和相频特性曲线。

解 因为 $\quad E(\omega) = \frac{\pi}{j}[\delta(\omega-1) - \delta(\omega+1) + \delta(\omega-\sqrt{3}) - \delta(\omega+\sqrt{3})]$

所以 $\quad R(\omega) = E(\omega)H(\omega) = \frac{\pi}{j}\left[\frac{1-j}{1+j}\delta(\omega-1) - \frac{1+j}{1-j}\delta(\omega+1) + \right.$

$\qquad \frac{1-j\sqrt{3}}{1+j\sqrt{3}}\delta(\omega-\sqrt{3}) - \frac{1+j\sqrt{3}}{1-j\sqrt{3}}\delta(\omega+\sqrt{3}) \Big] =$

$\qquad \frac{\pi}{j}[-j\delta(\omega-1) + j\delta(\omega+1) - \frac{1}{2}(1+j\sqrt{3})\delta(\omega-\sqrt{3}) +$

$\qquad \frac{1}{2}(1-j\sqrt{3})\delta(\omega+\sqrt{3})] =$

$\qquad \frac{\pi}{j}\left\{-j[\delta(\omega-1) - \delta(\omega+1)] - \frac{1}{2}[\delta(\omega-\sqrt{3}) - \right.$

$\qquad \delta(\omega+\sqrt{3})] - \frac{j\sqrt{3}}{2}[\delta(\omega-\sqrt{3}) + \delta(\omega+\sqrt{3})]\Big\}$

所以
$$r(t)=\mathscr{F}^{-1}[R(\omega)]=-\mathrm{j}\sin t-\frac{1}{2}\sin\sqrt{3}t-\frac{\sqrt{3}}{2}\cos\sqrt{3}t=$$
$$\mathrm{e}^{-\mathrm{j}\frac{\pi}{2}}\sin t-(\cos 60°\sin\sqrt{3}t+\sin 60°\cos\sqrt{3}t)=$$
$$\sin(t-\frac{\pi}{2})-\sin(\sqrt{3}t+60°)=$$
$$\sin(t-90°)+\sin(\sqrt{3}t-120°)$$

系统函数
$$H(\omega)=\frac{1-\mathrm{j}\omega}{1+\mathrm{j}\omega}=\frac{\sqrt{1+\omega^2}}{\sqrt{1+\omega^2}}\mathrm{e}^{-\mathrm{j}(\arctan\omega+\arctan\omega)}=\mathrm{e}^{-\mathrm{j}2\arctan\omega}$$

所以
$$\begin{cases}|H(\omega)|=1\\ \varphi(\omega)=-2\arctan\omega\end{cases}$$

幅频特性和相频特性曲线如图选 6.4 所示。

6.5 图选 6.5(b)所示为 RC 低通网络,其激励信号 $e(t)$ 为周期锯齿波,试写出响应 $r(t)$ 的傅里叶变换式 $R(\omega)$。

解 信号 $e(t)$ 为周期函数,其频谱为
$$E(\omega)=2\pi\sum_{n=-\infty}^{\infty}C_n\delta(\omega-n\omega_1)$$

式中 C_n 是指数傅里叶级数的系数。

$e(t)$ 在一个周期 $(0,T)$ 内的表达式为
$$e_1(t)=\frac{1}{T}t \quad (0<t<T)$$
$$C_n=\frac{1}{T}\int_0^T e_1(t)\mathrm{e}^{-\mathrm{j}n\omega_1 t}\mathrm{d}t=\frac{1}{T}\int_0^T \frac{1}{T}t\mathrm{e}^{-\mathrm{j}n\omega_1 t}\mathrm{d}t=$$
$$-\frac{1}{\mathrm{j}n\omega_1 T}=\frac{\mathrm{j}}{2n\pi}$$

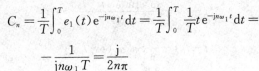

图选 6.4

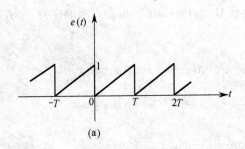

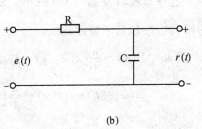

(a)   (b)

图选 6.5

$n=0$ 时上式无意义,下面求取 C_0
$$C_0=\frac{1}{T}\int_0^T e_1(t)\mathrm{d}t=\frac{1}{2}$$

所以
$$E(\omega)=2\pi\sum_{\substack{n=-\infty\\n\neq 0}}^{\infty}C_n\delta(\omega-n\omega_1)+2\pi C_0\delta(\omega)=$$

$$\pi\delta(\omega) + \sum_{\substack{n=-\infty \\ n\neq 0}}^{\infty} \frac{j}{n}\delta(\omega - n\omega_1)$$

系统函数为

$$H(\omega) = \frac{\alpha}{\alpha + j\omega}$$

其中 $\alpha = \dfrac{1}{RC}$

输出响应的频谱为

$$R(\omega) = E(\omega)H(\omega) =$$

$$\left[\sum_{\substack{n=-\infty \\ n\neq 0}}^{\infty} \frac{j}{n}\delta(\omega - n\omega_1) + \pi\delta(\omega)\right] \cdot \frac{\alpha}{\alpha + j\omega} =$$

$$\pi\delta(\omega) + \sum_{\substack{n=-\infty \\ n\neq 0}}^{\infty} \frac{j}{n} \cdot \frac{\alpha}{\alpha + jn\omega_1}\delta(\omega - n\omega_1)$$

6.6 已知电路如图选 6.6 所示,其中 $R=1\Omega$, $L=1H$,激励电压 $e(t) = e^{-2|t|}$,试求电阻 R 上的响应电压 $v_R(t)$。

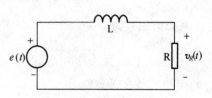

图选 6.6

解Ⅰ 频域求解。

因为 $e(t) = e^{-2|t|} = e^{2t}u(-t) + e^{-2t}u(t)$

所以 $E(\omega) = \int_{-\infty}^{0} e^{2t}e^{-j\omega t}dt + \int_{0}^{\infty}e^{-2t}e^{-j\omega t}dt =$

$$\frac{1}{2-j\omega} + \frac{1}{2+j\omega}$$

又 $H(\omega) = \dfrac{U_R(\omega)}{E(\omega)} = \dfrac{R}{R+j\omega L} = \dfrac{1}{1+j\omega}$

所以 $U_R(\omega) = H(\omega)E(\omega) = \left(\dfrac{1}{2-j\omega} + \dfrac{1}{2+j\omega}\right)\dfrac{1}{1+j\omega} =$

$$\frac{\frac{1}{3}}{2-j\omega} + \frac{\frac{1}{3}}{1+j\omega} + \frac{-1}{2+j\omega} + \frac{1}{1+j\omega}$$

$$v_R(t) = \left(\frac{4}{3}e^{-t} - e^{-2t}\right)u(t) + \frac{1}{3}e^{2t}u(-t)$$

解Ⅱ 时域求解。

$$e(t) = e^{-2t}u(t) + e^{2t}u(-t)$$
$$h(t) = e^{-t}u(t)$$
$$v_R(t) = e(t) * h(t) =$$
$$\int_{-\infty}^{\infty}[e^{-2\tau}u(\tau) + e^{2\tau}u(-\tau)]e^{-(t-\tau)}u(t-\tau)d\tau$$

当 $t < 0$ $\quad v_R(t) = \int_{-\infty}^{t} e^{-t}e^{3\tau}d\tau = \dfrac{1}{3}e^{2t}$

当 $t \geq 0$ $\quad v_R(t) = \int_{0}^{t} e^{-t}e^{-\tau}d\tau + \int_{-\infty}^{0} e^{-t}e^{3\tau}d\tau =$

$$\frac{4}{3}e^{-t} - e^{-2t}$$

所以 $$v_R(t) = \left(\frac{4}{3}e^{-t} - e^{-2t}\right)U(t) + \frac{1}{3}e^{2t}U(-t)$$

6.7 试确定图选 6.7(a)所示 RC 电路对输入 $e(t)$ 的响应(列出积分式即可)。

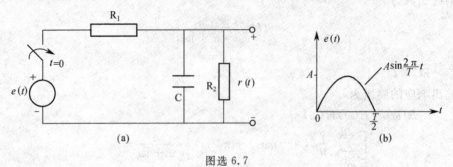

图选 6.7

解 激励信号
$$e(t) = A\sin\omega_0 t \qquad (0 \leqslant t \leqslant \frac{T}{2}, \omega_0 = \frac{2\pi}{T})$$

其频谱函数为
$$E(\omega) = \int_0^{\frac{T}{2}} A\sin\omega_0 t\, e^{-j\omega t}\,dt = \frac{2A\omega_0}{\omega_0^2 - \omega^2}\cos\frac{\omega T}{4}e^{-j\frac{\omega T}{4}}$$

电路的转移函数
$$H(\omega) = \frac{R_2/(1+j\omega CR_2)}{R_1 + R_2/(1+j\omega CR_2)} =$$
$$\frac{R_1}{R_1 + R_2/(1+j\omega CR_1R_2)} =$$
$$\frac{R_2}{\sqrt{(R_1+R_2)^2 + \omega^2 C^2 R_1^2 R_2^2}}e^{-j\arctan\frac{\omega CR_1R_2}{R_1+R_2}}$$

响应函数的频谱函数
$$R(\omega) = H(\omega)E(\omega) =$$
$$\frac{2A\omega R_2 \cos\frac{\omega T}{4}}{(\omega_0^2 - \omega^2)\sqrt{(R_1+R_2)^2 + \omega^2 C^2 R_1^2 R_2^2}}e^{-j\left[\arctan\frac{\omega CR_1R_2}{R_1+R_2} + \frac{\omega T}{4}\right]}$$

输出端的响应
$$r(t) = \mathscr{F}^{-1}[R(\omega)] = \frac{1}{2\pi}\int_{-\infty}^{\infty} R(\omega)e^{j\omega t}\,d\omega$$

6.8 图选 6.8 所示电路中,输出电压 $v(t)$,输入电流 $i_s(t)$,试求该电路频域系统函数 $H(\omega)$。为了能无失真传输,试确定 R_1 和 R_2 的数值。

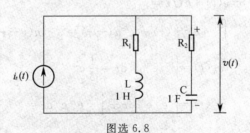

图选 6.8

解 根据图选 6.8 所示电路,系统函数为

$$H(\omega)=\frac{U(\omega)}{I_s(\omega)}=\frac{\left(R_2+\frac{1}{j\omega C}\right)(R_1+j\omega L)}{\left(R_2+\frac{1}{j\omega C}\right)+(R_1+j\omega L)}=$$

$$\frac{R_1+(1+R_1R_2)j\omega-R_2\omega^2}{1+(R_1+R_2)j\omega-\omega^2}$$

其幅频特性和相频特性为

$$|H(\omega)|=\frac{\sqrt{(R_1-R_2\omega^2)^2+[(1+R_1R_2)\omega]^2}}{\sqrt{(1-\omega^2)^2+[(R_1+R_2)\omega]^2}}$$

$$\varphi(\omega)=\arctan\frac{(1+R_1R_2)\omega}{R_1-R_2\omega^2}-\arctan\frac{(R_1+R_2)\omega}{1-\omega^2}$$

为了使系统无失真传输,必须满足

$$|H(\omega)|=K \quad (常数)$$

将 $|H(\omega)|$ 代入,有

$$\frac{\sqrt{(R_1-R_2\omega^2)^2+[(1+R_1R_2)\omega]^2}}{\sqrt{(1-\omega^2)^2+[(R_1+R_2)\omega]^2}}=K$$

整理,得

$$R_1^2+(1+R_1^2R_2^2)\omega^2+R_2^2\omega^4=K^2[1+(R_1^2+R_2^2+2R_1R_2-2)\omega^2+\omega^4]$$

令等式两边对应项系数相等,有

$$\begin{cases}R_1^2=K^2\\1+R_1^2R_2^2=K^2(R_1^2+R_2^2+2R_1R_2-2)\\K^2=R_2^2\end{cases}$$

解方程组,得 $R_1=R_2=1$

当 $R_1=R_2=1$ 时

$$\varphi(\omega)=\arctan\frac{(1+1)\omega}{1-\omega^2}-\arctan\frac{(1+1)\omega}{1-\omega^2}=0$$

因而 $R_1=R_2=1\Omega$,同时满足了系统无失真传输所需的幅频特性和相频特性。

本题亦可从无失真传输的相频特性出发进行计算,然后用幅频特性进行检验。但应注意,此时必令相频特性为零 $\varphi(\omega)=0$,即相频特性为水平的直线(横轴)。

在求解无失真传输所需的系统参数问题时,在参数满足幅频特性的基础上,一定还要检验是否满足相频特性的要求,二者缺一不可。

6.9 电路如图选 6.9 所示,写出电压转移函数 $H(\omega)=\frac{V_2(\omega)}{V_1(\omega)}$;为得到无失真传输,元件参数 R_1,R_2,C_1,C_2 应满足什么关系?

解 电压转移函数

$$H(\omega)=\frac{V_2(\omega)}{V_1(\omega)}=\frac{\frac{1}{\frac{1}{R_2}+j\omega C_2}}{\frac{1}{\frac{1}{R_1}+j\omega C_1}+\frac{1}{\frac{1}{R_2}+j\omega C_2}}=$$

$$\frac{\frac{1}{R_1}+j\omega C_1}{\frac{1}{R_1}+\frac{1}{R_2}+j\omega(C_1+C_2)}=$$

$$\frac{C_1}{C_1+C_2}\cdot\frac{j\omega+\frac{1}{R_1C_1}}{j\omega+\frac{R_1+R_2}{R_1R_2(C_1+C_2)}}$$

其幅频特性为

$$|H(\omega)|=\frac{C_1}{C_1+C_2}\sqrt{\frac{\omega^2+\frac{1}{R_1^2C_1^2}}{\omega^2+\frac{(R_1+R_2)^2}{R_1^2R_2^2(C_1+C_2)^2}}}$$

相频特性为

$$\varphi(\omega)=\arctan R_1C_1\omega-\arctan\frac{R_1R_2(C_1+C_2)}{R_1+R_2}\omega$$

若要无失真传输,相频特性必为过原点的一条直线,现令 $\varphi(\omega)=0$,则有

$$R_1C_1\omega=\frac{R_1R_2(C_1+C_2)}{R_1+R_2}\omega$$

即 $R_1C_1=R_2C_2$

检验 $|H(\omega)|=\frac{C_1}{C_1+C_2}=$ 常数

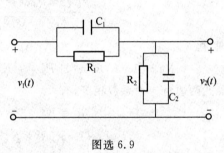

图选 6.9

此时可知系统满足无失真传输条件。

若使用无失真传输的幅度条件,令 $|H(\omega)|=$ 常数,可以解出相同的结果。

6.10 在图选 6.10 所示级联系统中,子系统Ⅰ和Ⅱ分别为二个低通滤波器,转移函数分别为

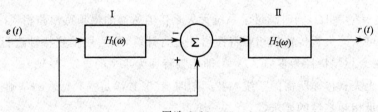

图选 6.10

$$H_1(\omega)=u(\omega+\omega_1)-u(\omega-\omega_1)$$
$$H_2(\omega)=u(\omega+\omega_2)-u(\omega-\omega_2)$$

其中 $\omega_2>\omega_1$ $\omega_2+\omega_1\gg\omega_2-\omega_1$

(1)求级联系统的冲激响应 $h(t)$;

(2)若将系统Ⅰ和Ⅱ位置互换,频响特性有何改变?

解 (1)级联系统的转移函数为

$$H(\omega)=H_2(\omega)-H_1(\omega)H_2(\omega)$$

由于 $H_1(\omega)$ 和 $H_2(\omega)$ 均为理想低通滤波器,且 $\omega_2>\omega_1$

所以 $$H_1(\omega)H_2(\omega)=H_1(\omega)$$
故 $$H(\omega)=H_2(\omega)-H_1(\omega)$$
$$h(t)=\mathscr{F}^{-1}[H(\omega)]=\frac{\omega_2}{\pi}\mathrm{Sa}(\omega_2 t)-\frac{\omega_1}{\pi}\mathrm{Sa}(\omega_1 t)=$$
$$\frac{2}{\pi t}\sin\left(\frac{\omega_2-\omega_1}{2}t\right)\cos\left(\frac{\omega_2+\omega_1}{2}t\right)$$

当 $\frac{\omega_2-\omega_1}{2}t$ 取值很小时，有 $\sin\left(\frac{\omega_2-\omega_1}{2}t\right)\approx\frac{\omega_2-\omega_1}{2}t$

所以 $$h(t)\approx\frac{2}{\pi t}\cdot\frac{\omega_2-\omega_1}{2}t\cos\left(\frac{\omega_2+\omega_1}{2}t\right)=$$
$$\frac{\omega_2-\omega_1}{\pi}\cos\left(\frac{\omega_2+\omega_1}{2}t\right)$$

(2) 将系统Ⅰ与Ⅱ位置互换，则
$$H(\omega)=H_1(\omega)-H_1(\omega)H_2(\omega)=H_1(\omega)-H_1(\omega)=0$$
为全不通系统。

6.11 已知图选 6.11 所示系统中
$H_1(\omega)=u(\omega+2\pi)-u(\omega-2\pi)$，
$h_2(t)=u(t+1)-u(t-1)$，

$e(t)=\sum\limits_{n=-\infty}^{\infty}\delta(t-nT)$，试求

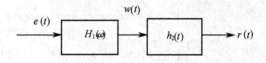

图选 6.11

(1) 当 $T=\frac{4}{3}$ 时输出 $r_1(t)$；

(2) 当 $T=2$ 时输出 $r_2(t)$。

解 (1) 首先求均匀冲激序列的频谱
$$E(\omega)=\mathscr{F}[e(t)]=\omega_1\sum_{n=-\infty}^{\infty}\delta(\omega-n\omega_1)$$

因为 $T=\frac{4}{3}$ 所以 $\omega_1=\frac{2\pi}{T}=\frac{3}{2}\pi$

经过子系统 $H_1(\omega)=u(\omega+2\pi)-u(\omega-2\pi)$
$$W(\omega)=H_1(\omega)E(\omega)=\frac{3}{2}\pi\sum_{n=0,\pm 1}\delta\left(\omega-n\frac{3}{2}\pi\right)=$$
$$\frac{3}{2}\pi\left[\delta(\omega)+\delta\left(\omega+\frac{3}{2}\pi\right)+\delta\left(\omega-\frac{3}{2}\pi\right)\right]$$
$$w(t)=\frac{3}{2}\pi\cdot\frac{1}{2\pi}[1+\mathrm{e}^{\mathrm{j}\frac{3}{2}\pi t}+\mathrm{e}^{-\mathrm{j}\frac{3}{2}\pi t}]=$$
$$\frac{3}{4}\left(1+2\cos\frac{3\pi}{2}t\right)$$

$w(t)$ 经过子系统 $h_2(t)$ 得
$$r_1(t)=w(t)*h_2(t)=\int_{-\infty}^{\infty}\frac{3}{4}\left(1+2\cos\frac{3}{2}\pi\tau\right)*[u(t-\tau+1)-u(t-\tau-1)]\mathrm{d}\tau=$$
$$\frac{3}{4}\left\{\int_{-\infty}^{\infty}[u(t-\tau+1)-u(t-\tau-1)\mathrm{d}\tau+\right.$$

$$\int_{-\infty}^{\infty} 2\cos\frac{3}{2}\pi\tau[u(t-\tau+1)-u(t-\tau-1)]d\tau\Big\} =$$

$$\frac{3}{4}\Big\{2+\frac{4}{3\pi}(\sin\frac{3}{2}\pi(t+1)-\sin\frac{3}{2}\pi(t-1)]\Big\} =$$

$$\frac{3}{2}-\frac{2}{\pi}\cos\frac{3}{2}\pi t$$

(2) 因为 $T=2$,所以 $\omega_1 = \frac{2\pi}{T} = \pi$

所以
$$E(\omega) = \pi \sum_{n=-\infty}^{\infty} \delta(\omega-n\pi)$$

$$W(\omega) = H_2(\omega)E(\omega) = \pi \sum_{n=0,\pm 1,\pm 2} \delta(\omega-n\pi) =$$

$$\pi[\delta(\omega)+\delta(\omega+\pi)+\delta(\omega-\pi)+\delta(\omega+2\pi)+\delta(\omega-2\pi)]$$

所以
$$w(t) = \frac{1}{2}(1+2\cos\pi t+2\cos2\pi t)$$

$$r_2(t) = w(t) * h_2(t) =$$

$$\frac{1}{2}\int_{-\infty}^{\infty}(1+2\cos\pi\tau+2\cos2\pi\tau)[u(t-\tau+1)-u(t-\tau-1)]d\tau =$$

$$\frac{1}{2}\int_{-\infty}^{\infty}[u(t-\tau+1)-u(t-\tau-1)]d\tau + \frac{1}{2}\int_{t-1}^{t+1}2\cos\pi\tau d\tau + \frac{1}{2}\int_{t-1}^{t+1}2\cos2\pi\tau d\tau =$$

$$1+\frac{1}{\pi}\sin\pi\tau\Big|_{t-1}^{t+1}+\frac{1}{2\pi}\sin2\pi\tau\Big|_{t-1}^{t+1} = 1$$

本题亦可将 $h_2(t)$ 反变换得 $H_2(\omega)$,在频域计算而不用计算卷积积分。

6.12 已知图选 6.12 所示系统 $H(\omega)$ 和激励 $e(t)$,试求系统响应 $r(t)$。

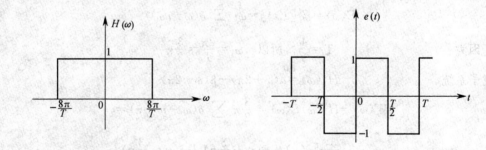

图选 6.12

解 首先求激励 $e(t)$ 的傅里叶级数展开式。

$$a_n = \frac{2}{T}\int_{-\frac{T}{2}}^{\frac{T}{2}} e(t)\cos n\omega_1 t dt = 0$$

$$a_0 = \frac{2}{T}\int_{-\frac{T}{2}}^{\frac{T}{2}} e(t)dt = 0$$

$$b_n = \frac{2}{T}\int_{-\frac{T}{2}}^{\frac{T}{2}} e(t)\sin n\omega_1 t dt =$$

$$\frac{2}{n\pi}(1-\cos n\pi) = \begin{cases} \dfrac{4}{n\pi} & (n \text{ 为奇}) \\ 0 & (n \text{ 为偶}) \end{cases}$$

所以
$$e(t) = \frac{4}{\pi}\left[\sin\omega_1 t + \frac{1}{3}\sin 3\omega_1 t + \frac{1}{5}\sin 5\omega_1 t + \cdots\right]$$

当 $e(t)$ 通过系统 $H(\omega)$ 时,由于 $H(\omega)$ 的低通性质,其截止频率为 $\dfrac{8\pi}{T}=4\omega_1$,故只有基波和三次谐波可以输出。所以系统响应

$$r(t) = \frac{4}{\pi}\left[\sin\omega_1 t + \frac{1}{3}\sin 3\omega_1 t\right]$$

6.13 某系统如图选 6.13.1 所示,$w(t)$ 为函数 $x_1(t)$ 和 $x_2(t)$ 的乘积,$x_1(t)$ 和 $x_2(t)$ 的频谱 $X_1(\omega)$ 和 $X_2(\omega)$ 如图示。使用一周期冲激序列 $p(t)$ 对 $w(t)$ 抽样得 $w_p(t)$,如果要求 $w_p(t)$ 通过一理想低通滤波器能够恢复出 $w(t)$,试确定抽样时间间隔的最大值 $T_{\max}$。

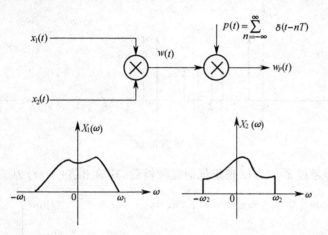

图选 6.13.1

解 因为 $w(t) = x_1(t) \cdot x_2(t)$

所以 $W(\omega) = \dfrac{1}{2\pi}X_1(\omega) * X_2(\omega)$

因为 $X_1(\omega)$ 的边界为 $(-\omega_1,\omega_1)$,$X_2(\omega)$ 的边界为 $(-\omega_2,\omega_2)$,所以 $W(\omega)$ 的频率边界为 $(-\omega_1-\omega_2, +\omega_1+\omega_2)$,如图 6.13.2 示。

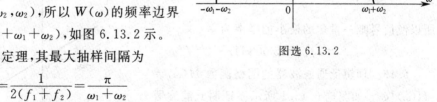

图选 6.13.2

根据抽样定理,其最大抽样间隔为

$$T_{\max} = \frac{1}{2(f_1+f_2)} = \frac{\pi}{\omega_1+\omega_2}$$

6.14 对周期信号 $f(t) = 5\cos(1\,000\pi t)\cos^2(2\,000\pi t)$ 每秒抽样 4 500 次,使抽样信号通过截止频率为 2 600 Hz 的理想低通滤波器。假定滤波器在通带内有零相移和单位增益,试求输出信号?若要在输出端得到重建的 $f(t)$,问允许信号唯一重建的最小抽样率是多少?

解 周期信号表示式可展开为

$$f(t) = 5\cos(1\,000\pi t) \cdot \frac{1}{2}(1+\cos 4\,000\pi t) =$$

$$\frac{5}{2}\cos 1\,000\pi t + \frac{5}{4}\cos 3\,000\pi t + \frac{5}{4}\cos 5\,000\pi t$$

$$F(\omega) = \frac{5}{2}\pi[\delta(\omega+1\,000\pi) + \delta(\omega-1\,000\pi)] +$$

$$\frac{5}{4}\pi[\delta(\omega+3\,000\pi) + \delta(\omega-3\,000\pi)] +$$

$$\frac{5}{4}\pi[\delta(\omega+5\,000\pi) + \delta(\omega-5\,000\pi)]$$

如果抽样频率为 $f_s = 4\,500$ Hz，则抽样信号频谱 $F_s(\omega) = f_s \sum_{n=-\infty}^{\infty} F(\omega - n\omega_S)$，如图选 6.14 所示。

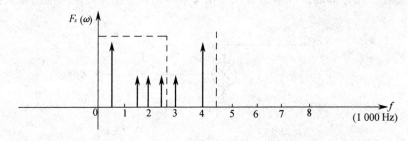

图选 6.14

当抽样信号通过 2 600 Hz 理想低通滤波器后，其输出信号 $r(t)$ 为

$$r(t) = f_s \Big[\frac{5}{2}\cos 1\,000\pi t + \frac{5}{4}\cos 3\,000\pi t +$$

$$\frac{5}{4}\cos 4\,000\pi t + \frac{5}{4}\cos 5\,000\pi t\Big]$$

又由周期信号 $f(t)$ 的展开式可见，其信号最高角频率为

$$\omega_{\max} = 5\,000\pi$$

即

$$f_{\max} = \frac{\omega_{\max}}{2\pi} = 2\,500 \text{ Hz}$$

所以使信号唯一重建的最小抽样率为

$$f_{s\min} = 2f_{\max} = 5\,000 \text{ Hz}$$

6.15 理想低通滤波器的网络函数 $H(\omega) = |H(\omega)|e^{j\varphi(\omega)}$ 如图选 6.15.1 所示。证明此滤波器对于 $\frac{\pi}{\omega_c}\delta(t)$ 和 $\frac{\sin \omega_c t}{\omega_c t}$ 的响应是一样的。

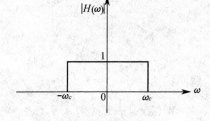

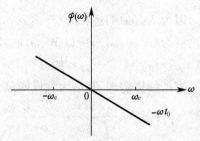

图选 6.15.1

解 因为 $E_1(\omega) = \mathscr{F}\left[\frac{\pi}{\omega_c}\delta(t)\right] = \frac{\pi}{\omega_c}$

其频谱如图选 6.15.2 所示。

用傅里叶变换的性质求 $\mathscr{F}\left[\dfrac{\sin \omega_c t}{\omega_c t}\right]$。

矩形脉冲的频谱是 sinc 函数,有

$$\mathscr{F}\left\{\dfrac{1}{2\omega_c}[u(t+\omega_c)-u(t-\omega_c)]\right\}=\dfrac{\sin \omega_c \omega}{\omega_c \omega}=\mathrm{Sa}(\omega_c\omega)$$

根据傅里叶变换的对称性,有

$$E_2(\omega)=\mathscr{F}\left[\dfrac{\sin \omega_c t}{\omega_c t}\right]=2\pi \cdot \left\{\dfrac{1}{2\omega_c}[u(\omega+\omega_c)-u(\omega-\omega_c)]\right\}=$$
$$\dfrac{\pi}{\omega_c}[u(\omega+\omega_c)-u(\omega-\omega_c)]$$

所以其幅度谱为矩形脉冲,幅度为 $\dfrac{\pi}{\omega_c}$,而相位谱为 0,如图选 6.15.3 所示。

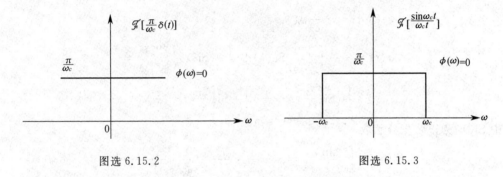

图选 6.15.2　　　　　　　　　　　图选 6.15.3

当激励为 $\dfrac{\pi}{\omega_c}\delta(t)$ 时,响应的频谱为

$$R_1(\omega)=E_1(\omega)H(\omega)=\dfrac{\pi}{\omega_c}\cdot \mathrm{e}^{-\mathrm{j}\omega t_0}$$

当激励为 $\dfrac{\sin \omega_c t}{\omega_c t}$ 时,响应的频谱为

$$R_2(\omega)=E_2(\omega)H(\omega)=\dfrac{\pi}{\omega_c}\cdot \mathrm{e}^{-\mathrm{j}\omega t_0}$$

可见,当激励为 $\dfrac{\pi}{\omega_c}\delta(t)$ 和 $\dfrac{\sin \omega_c t}{\omega_c t}$ 时,虽然这两个激励信号不同,其频谱也不同,但它们在通带内的频率特性完全一致,故其响应相同。

6.16　已知理想低通滤波器的系统函数为

$$H(\omega)=\begin{cases}1 & (|\omega|<\dfrac{2\pi}{\tau})\\ 0 & (|\omega|>\dfrac{2\pi}{\tau})\end{cases}$$

激励信号的傅里叶变换为

$$E(\omega)=\tau \mathrm{Sa}\left(\dfrac{\omega\tau}{2}\right)$$

求该信号通过理想低通滤波器后的输出响应 $r(t)$。

解　设 $h(t)=\mathscr{F}^{-1}[H(\omega)]$,$e(t)=\mathscr{F}^{-1}[E(\omega)]$,由卷积定理

$$r(t) = h(t) * e(t)$$

$$h(t) = \mathscr{F}^{-1}[H(\omega)] = \frac{2}{\tau} \text{Sa}\left(\frac{2\pi}{\tau}t\right)$$

$$e(t) = u(t + \frac{\tau}{2}) - u(t - \frac{\tau}{2})$$

$$r(t) = h(t) * e(t) =$$

$$\int_{-\infty}^{\infty} \left[u(x + \frac{\tau}{2}) - u(x - \frac{\tau}{2})\right] \frac{2}{\tau} \text{Sa}\left[\frac{2\pi}{\tau}(t-x)\right] dx =$$

$$\int_{-\frac{\tau}{2}}^{\infty} \frac{2}{\tau} \text{Sa}\left[\frac{2\pi}{\tau}(t-x)\right] dx - \int_{\frac{\tau}{2}}^{\infty} \frac{2}{\tau} \text{Sa}\left[\frac{2\pi}{\tau}(t-x)\right] dx =$$

$$\int_{-\frac{\tau}{2}}^{\frac{\tau}{2}} \frac{2}{\tau} \text{Sa}\left[\frac{2\pi}{\tau}(t-x)\right] dx$$

令 $\frac{2\pi}{\tau}(t-x) = \lambda$,则 $dx = -\frac{\tau}{2\pi} d\lambda$

故

$$r(t) = -\frac{1}{\pi} \int_{\frac{2\pi}{\tau}(t+\frac{\tau}{2})}^{\frac{2\pi}{\tau}(t-\frac{\tau}{2})} \text{Sa}(\lambda) d\lambda = \frac{1}{\pi} \text{Si}(\lambda) \Bigg|_{\frac{2\pi}{\tau}(t+\frac{\tau}{2})}^{\frac{2\pi}{\tau}(t-\frac{\tau}{2})} =$$

$$\frac{1}{\pi} \left\{ \text{Si}\left[\frac{2\pi}{\tau}(t+\frac{\tau}{2})\right] - \text{Si}\left[\frac{2\pi}{\tau}(t-\frac{\tau}{2})\right] \right\}$$

其中 Si(x) 为正弦积分函数

$$\text{Si}(x) = \int_0^x \frac{\sin t}{t} dt = x - \frac{1}{3} \cdot \frac{x^3}{3!} + \frac{1}{5} \cdot \frac{x^5}{5!} - \cdots$$

6.17 已知激励信号 $e(t)$ 的重复频率为 Ω,其复振幅为

$$\dot{A}_n = \frac{1}{\pi} \frac{(-1)^{n+1}}{n} \quad (n \neq 0)$$

系统的幅频特性和相频特性如图选 6.17 所示。试求系统的响应 $r(t)$,并说明有无失真及其原因。

解 系统频率特性可表示为

$$H(\omega) = \left(1 - \frac{\omega - \Omega}{3\Omega}\right) e^{j(30° + \frac{10}{\Omega}\omega)}$$

$$E(\omega) = 2\pi \sum_{n=-\infty}^{\infty} \frac{\dot{A}_n}{2} \delta(\omega - n\Omega) =$$

$$\sum_{n=-\infty}^{\infty} \frac{(-1)^{n+1}}{n} \delta(\omega - n\Omega) \quad (n \neq 0)$$

$$R(\omega) = H(\omega) E(\omega) =$$

$$\sum_{n=-\infty}^{\infty} \frac{(-1)^{n+1}}{n} \delta(\omega - n\Omega) e^{j(30° + \frac{10}{\Omega}\omega)} \left\{1 - \frac{\omega - \Omega}{3\Omega}\right\} =$$

$$\sum_{\substack{n=-4 \\ n \neq 0}}^{4} \frac{(-1)^{n+1}}{n} \left\{1 - \frac{n-1}{3}\right\} e^{j(30° + 10n)} \delta(\omega - n\Omega)$$

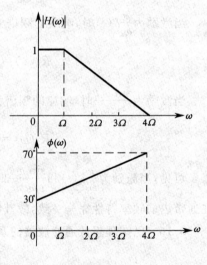

图选 6.17

$$r(t) = \frac{1}{2\pi} \int_{-\infty}^{\infty} R(\omega) e^{j\omega t} d\omega = \quad (\Omega \leqslant |\omega| \leqslant 4\Omega))(n \neq 0)$$

$$\frac{1}{2\pi} \int_{-4\Omega}^{4\Omega} \sum_{n=-4}^{4} \frac{(-1)^{n+1}}{n} \left\{ 1 - \frac{n-1}{3} \right\} e^{j(30°+10n)} \delta(\omega - n\Omega) e^{jn\Omega t} d\omega =$$

$$\frac{1}{2\pi} \left\{ \left[e^{j(\Omega t + 40)} + e^{-j(\Omega t + 40)} \right] - \frac{1}{3} (e^{j(2\Omega t + 50)} + e^{-j(2\Omega t + 50)}) + \frac{1}{9} (e^{j(3\Omega t + 60)} + e^{-j(3\Omega t + 60)}) \right\} =$$

$$\frac{1}{\pi} \left[\cos(\Omega t + 40) - \frac{1}{3} \cos(2\Omega t + 50) + \frac{1}{9} \cos(3\Omega t + 60) \right]$$

此式计算应注意,$R(\omega)$的幅度特性为偶函数,相频特性为奇函数。

根据系统频率特性可知,其幅频特性不是常数,且相频特性不通过原点,故此系统会产生幅度失真和相位失真。

若写出

$$e(t) = \sum_{\substack{n=-\infty \\ n \neq 0}}^{\infty} \frac{\dot{A}_n}{2} e^{jn\Omega t} = \frac{1}{\pi} (\cos \Omega t - \frac{1}{2} \cos 2\Omega t + \frac{1}{3} \cos 3\Omega t + \cdots) =$$

$$\frac{1}{\pi} \sum_{n=1}^{\infty} \frac{(-1)^{n+1}}{n} \cos n\Omega t$$

比较 $r(t), e(t)$,可见其失真情况。

6.18 图选 6.18.1 所示系统中,当信号 $e(t)$ 和 $s(t)$ 输入乘法器后,再经带通滤波器,输出 $r(t)$。其带通滤波器传输函数 $H(\omega)$ 如图选 6.18.1(b)所示,若

$$e(t) = \frac{\sin 2t}{2\pi t} \quad (-\infty < t < \infty)$$

$$s(t) = \cos 1\,000 t \quad (-\infty < t < \infty)$$

试求输出信号 $r(t)$。

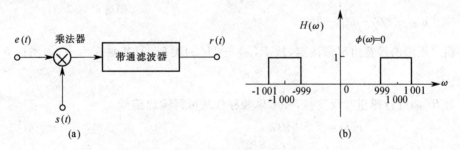

图选 6.18.1

解 应用频域卷积定理求乘法器的输出频谱。

$$\mathscr{F}[e(t) \cdot s(t)] = \frac{1}{2\pi} F(\omega) * S(\omega)$$

对 $\dfrac{\sin 2t}{2\pi t}$ 可利用傅里叶变换的对称性求其频谱。

$$\mathscr{F}\left\{\frac{1}{4\pi}[u(t+2)-u(t-2)]\right\}=\frac{1}{4\pi}\times 4\times\frac{\sin\frac{\omega\cdot 4}{2}}{\frac{\omega\cdot 4}{2}}=\frac{\sin 2\omega}{2\pi\omega}$$

所以
$$E(\omega)=\mathscr{F}[e(t)]=\mathscr{F}\left[\frac{\sin 2t}{2\pi t}\right]=$$
$$2\pi\times\frac{1}{4\pi}\times[u(\omega+2)-u(\omega-2)]=$$
$$\frac{1}{2}[u(\omega+2)-u(\omega-2)]$$

余弦函数频谱是两个冲激函数之和,即
$$S(\omega)=\mathscr{F}[s(t)]=\mathscr{F}[\cos 1\,000t]=$$
$$\pi[\delta(\omega+1\,000)+\delta(\omega-1\,000)]$$

所以
$$\mathscr{F}[e(t)\cdot s(t)]=\frac{1}{2\pi}E(\omega)*S(\omega)=$$
$$\frac{1}{2\pi}\cdot\frac{1}{2}[u(\omega+2)-u(\omega-2)]*\pi[\delta(\omega+1\,000)+\delta(\omega-1\,000)]=$$
$$\frac{1}{4}\{[u(\omega+1\,002)-u(\omega+998)]+[u(\omega-998)-u(\omega-1\,002)]\}$$

该频谱与带通滤波器的频率特性 $H(\omega)$ 相似,只是频带大一倍。

输出信号 $r(t)$ 的频谱为
$$R(\omega)=\mathscr{F}[e(t)s(t)]\cdot H(\omega)=$$
$$\frac{1}{4}\{[u(\omega+1001)-u(\omega+999)+$$
$$u(\omega-999)-u(\omega-1001)]\}$$

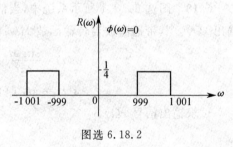

图选 6.18.2

相乘频谱的带宽由窄带决定,故 $R(\omega)$ 与 $H(\omega)$ 类似,而其幅度为 $\frac{1}{4}$,如图选 6.18.2 所示。

对 $R(\omega)$ 进行傅里叶反变换,并考虑频移性质可得输出信号
$$r(t)=\mathscr{F}^{-1}[R(\omega)]=$$
$$\mathscr{F}^{-1}\{\frac{1}{4}[u(\omega+1\,001)-u(\omega+999)]+$$
$$u(\omega-999)-u(\omega-1\,001)]\}=$$
$$\frac{1}{4\pi}\frac{\sin t}{t}e^{-j1\,000t}+\frac{1}{4\pi}\frac{\sin t}{t}e^{j1\,000t}=$$
$$\frac{1}{2\pi}\text{Sa}(t)\cos(1\,000t)$$

6.19 已知图选 6.19(a)所示为抑制载波振幅调制的接收系统,若

$$e(t) = \frac{\sin t}{t} \quad (-\infty < t < \infty)$$

$$s(t) = \cos 1000t \quad (-\infty < t < \infty)$$

低通滤波器的传输函数 $H(\omega)$ 如图(b)所示,其 $\varphi(\omega)=0$,试求输出信号 $r(t)$。

解 本题使用傅里叶变换的对称性和卷积定理。设乘法器的输出为 $g(t)$

因为

$$E(\omega) = \mathscr{F}[e(t)] = \pi[u(\omega+1) - u(\omega-1)]$$

$$S(\omega) = \mathscr{F}[s(t)] = \pi[\delta(\omega-1000) + \delta(\omega+1000)]$$

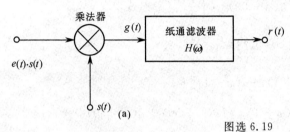 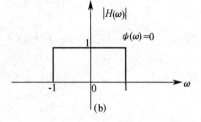

图选 6.19

所以

$$G(\omega) = \frac{1}{(2\pi)^2}[E(\omega) * S(\omega) * S(\omega)] =$$

$$\frac{1}{4}\{[u(\omega+1) - u(\omega-1)] * [\delta(\omega-1000) +$$

$$\delta(\omega+1000)] * [\delta(\omega-1000) + \delta(\omega+1000)]\} =$$

$$\frac{1}{4}\{[u(\omega+1) - u(\omega-1)] * [\delta(\omega-2000) + \delta(\omega+2000) + 2\delta(\omega))]\}$$

又因为

$$H(\omega) = u(\omega+1) - u(\omega-1)$$

可以看出在 $G(\omega)$ 中,只有与 $2\delta(\omega)$ 相卷积的部分才能通过 $H(\omega)$

所以

$$R(\omega) = G(\omega)H(\omega) = \frac{1}{2}[u(\omega+1) - u(\omega-1)]$$

$$r(t) = \mathscr{F}^{-1}[R(\omega)] = \frac{1}{2\pi} \cdot \frac{\sin t}{t}$$

6.20 在图选 6.20 所示系统中,理想低通滤波器转移函数

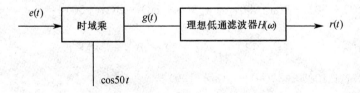

图选 6.20

$$H(\omega) = [u(\omega+2) - u(\omega-2)]e^{-j3\omega}$$

(1)若 $e_1(t) = \left(\frac{\sin t}{t}\right)^2 \cos 50t$,求 $r_1(t)$。

(2)若 $e_2(t) = \left(\dfrac{\sin t}{t}\right)^2 \sin 50t$,求 $r_2(t)$。

解 (1)根据傅里叶变换的对称性

因为 $\mathscr{F}\left[\dfrac{\sin t}{t}\right] = 2\pi \cdot \dfrac{1}{2}[U(\omega+1) - U(\omega-1)] = \pi[U(\omega+1) - U(\omega-1)]$

又 $\mathscr{F}[\cos 50t] = \pi[\delta(\omega+50) + \delta(\omega-50)]$

所以 $E_1(\omega) = \pi[u(\omega+1) - u(\omega-1)] * \pi[u(\omega+1) - u(\omega-1)] * \pi[\delta(\omega+50) + \delta(\omega-50)] \cdot \left(\dfrac{1}{2\pi}\right)^2$

所以 $G(\omega) = \dfrac{1}{2\pi} E_1(\omega) * \mathscr{F}[\cos 50t] =$

$\left(\dfrac{1}{2\pi}\right)^3 \pi^4 [u(\omega+1) - u(\omega-1)] *$

$[u(\omega+1) - u(\omega-1)] * [\delta(\omega+50) + \delta(\omega-50)] *$

$[\delta(\omega+50) + \delta(\omega-50)] =$

$\dfrac{\pi}{8}[u(\omega+1) - u(\omega-1)] * [u(\omega+1) - u(\omega-1)] *$

$[\delta(\omega+100) + 2\delta(\omega) + \delta(\omega-100)]$

$R_1(\omega) = G(\omega)H(\omega) =$

$\dfrac{\pi}{4}[u(\omega+1) - u(\omega-1)] * [u(\omega+1) - u(\omega-1)]e^{-j3\omega}$

所以 $r_1(t) = \mathscr{F}^{-1}[R(\omega)] = \dfrac{1}{2}\left(\dfrac{\sin(t-3)}{t-3}\right)^2 u(t-3)$

(2)因为 $\mathscr{F}\left[\dfrac{\sin t}{t}\right] = \pi[u(\omega+1) - u(\omega-1)]$

$\mathscr{F}[\cos 50t] = \pi[\delta(\omega+50) + \delta(\omega-50)]$

$\mathscr{F}[\sin 50t] = \dfrac{\pi}{j}[\delta(\omega+50) - \delta(\omega-50)]$

所以

$G(\omega) = \left(\dfrac{1}{2\pi}\right)^3 \cdot \pi[u(\omega+1) - u(\omega-1)] * \pi[u(\omega+1) - u(\omega-1)] *$

$\dfrac{\pi}{j}[\delta(\omega+50) - \delta(\omega-50)] * \pi[\delta(\omega+50) + \delta(\omega-50)] =$

$\dfrac{\pi}{8}[u(\omega+1) - u(\omega-1)] * [u(\omega+1) - u(\omega-1)] *$

$[-\delta(\omega+100) + 2\delta(\omega) - \delta(\omega-100)]$

又 $R_2(\omega) = G(\omega)H(\omega) = \dfrac{\pi}{4}[u(\omega+1) - u(\omega-1)] * [u(\omega+1) - u(\omega-1)] \cdot e^{-j3\omega}$

所以 $r_2(t) = \mathscr{F}^{-1}[R_2(\omega)] =$

$\dfrac{1}{2}\left(\dfrac{\sin(t-3)}{t-3}\right)^2 u(t-3)$

6.3 习题(14题)

6.1 系统转移函数为 $H(\omega)=\dfrac{j\omega}{(j\omega)^2+j2\omega+3}$，输入信号 $e(t)$ 如图习6.1所示，求响应 $r(t)$。

6.2 画出图习6.2所示系统的输出信号的频谱图，判断此系统是否为线性系统？

6.3 图习6.3所示理想电容器 C，若激励电流 $i(t)$ 和电容器端压 $v_c(t)$ 之傅里叶变换分别为 $I(\omega)$ 和 $V_c(\omega)$，求系统函数

$$H(\omega)=\frac{V_c(\omega)}{I(\omega)}$$

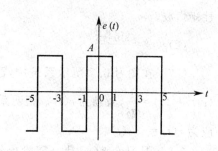

图习6.1

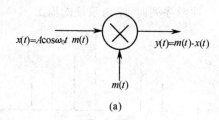

图习6.2

6.4 系统函数 $H(\omega)=\dfrac{1}{1+j\omega}$，激励为如下周期信号，求系统稳态响应 $r(t)$，画出 $e(t)$ 与 $r(t)$ 的波形，并讨论传输是否引起失真。

(1) $e(t)=\sin t$

(2) $e(t)=\sin 3t$

(3) $e(t)=\sin t+\sin 3t$

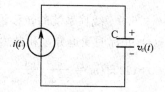

图习6.3

6.5 正的矩形脉冲串的脉冲宽度为 τ，重复周期为 T，振幅为 E。当脉冲串加到如下理想滤波器的输入端时，求相应的输出信号，并画出信号波形图。

(1) 高通滤波器，截止频率为 $\dfrac{T}{2}$；

(2) 低通滤波器，截止频率为 $\dfrac{T}{2}$；

(3) 低通滤波器，截止频率为 $\dfrac{3}{2}T$；

(4) 带通滤波器，截止频率为 $\dfrac{T}{2}$ 和 $\dfrac{3}{2}T$；

(5) 带阻滤波器，截止频率为 $\dfrac{T}{2}$ 和 $\dfrac{3}{2}T$。

6.6 一滤波器转移函数如图习 6.6 所示,当输入信号为下列情况时,求输出 $r(t)$。

(1)周期 $T=1$ s,在 $(0,1)$ 范围内 $e(t)=t$ 的周期性矩齿波。

(2) $e(t)=\dfrac{\sin 4\pi t}{\pi t}$

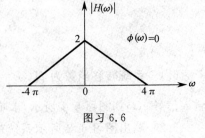

图习 6.6

6.7 在图习 6.7 所示系统中,已知冲激响应 $h_1(t)=h_2(t)=\dfrac{1}{\pi t}$,激励为 $e(t)$。证明系统的响应为 $r(t)=-e(t)$。

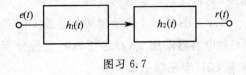

图习 6.7

6.8 图习 6.8(a) 是一零阶保持电路,常被用来从 $r(t)$ 的采样信号中恢复 $r(t)$。

(1)求此系统的冲激响应;

(2)说明系统的滤波特性;

(3)当输入为图习 6.8(b) 所示的采样信号——冲激序列时,绘出系统的输出 $r(t)$。

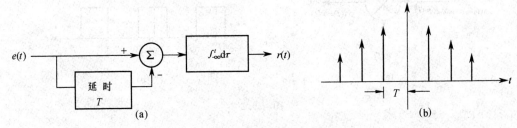

图习 6.8

6.9 线性系统的转移函数 $H(\omega)$ 及系统的激励信号 $e(t)$ 如下,求系统零状态响应 $r(t)$,并标明受迫分量和自然分量。

(1) $H(\omega)=\dfrac{j\omega}{-\omega^2+j5\omega+6}$ $\qquad e(t)=e^{-t}u(t)$

(2) $H(\omega)=\dfrac{1}{1+j\omega}$ $\qquad e(t)=tu(t)$

(3) $H(\omega)=\dfrac{3+j\omega}{-\omega^2+j3\omega+2}$ $\qquad e(t)=e^{2t}u(-t)$

6.10 证明图习 6.10 所示系统可产生单边带信号。$e(t)$ 的频谱 $E(\omega)$ 如图,$\omega_m \ll \omega_0$,

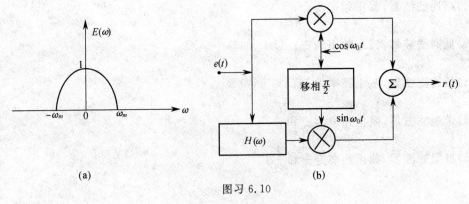

图习 6.10

$H(\omega)=-\mathrm{jsgn}(\omega)$，求 $r(t)$ 的频谱。

6.11 信号 $e(t)=2\mathrm{e}^{-t}u(t)$ 通过截止频率 $\omega_c=1$ 的理想低通滤波器，求响应的能量谱密度。

6.12 如图习 6.12 所示，某信号 $\cos\omega_0 t$ 经理想抽样器（取样率为 ω_0）之后，再经过理想低通滤波器输出（截止频率为 $\omega_0<\omega_c<2\omega_0$），试求输出信号 $r(t)$，并绘出波形图。

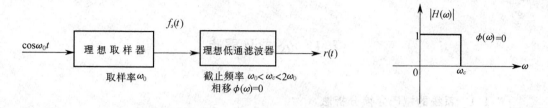

图习 6.12

6.13 以抽样率 $f_s=700$ Hz 对信号 $e(t)=2\cos200\pi t(1+\cos600\pi t)$ 进行冲激抽样，然后通过理想低通滤波器 $H(\omega)$，如图习 6.13 所示，试求输出信号表达式 $r(t)$。

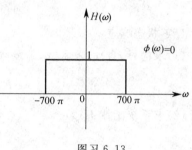

图习 6.13

6.14 已知 $e(t)=\dfrac{\sin\omega_c t}{\omega_c t}$，$s(t)=\cos\omega_0 t$，$\omega_0\gg\omega_c$，$f(t)=e(t)\cdot s(t)$。求 $f(t)$ 通过图习 6.14 所示理想带通滤波器后的输出 $r(t)$，判断 $f(t)$ 经传输后是否失真。

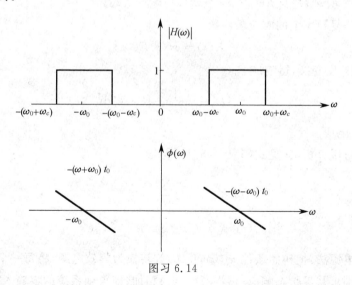

图习 6.14

第 7 章 连续系统的复频域分析

7.1 公式及要点

7.1.1 系统的拉氏变换分析法

系统的全响应可分为零输入响应和零状态响应,即
$$r(t) = r_{zi}(t) + r_{zs}(t)$$

1. 零状态响应

(1)求信号 $e(t)$ 的象函数,即复频谱
$$E(s) = \int_0^\infty e(t) e^{-st} dt \tag{7.1}$$

(2)求系统函数 $H(s)$
$$H(s) = \frac{R(s)}{E(s)}$$

应利用 $H(s) = \mathscr{L}[h(t)]$ 及 $h(t) = \mathscr{L}^{-1}[H(s)]$ 等关系式。

(3)求每一复频率上的响应象函数
$$R(s) = H(s) E(s)$$

(4)求 $R(s)$ 反变换,得响应 $r_{zs}(t)$
$$r_{zs}(t) = \frac{1}{2\pi j} \int_{\sigma-j\infty}^{\sigma+j\infty} R(s) e^{st} ds \tag{7.2}$$

2. 零输入响应

(1)利用时域分析法[见式(5.10)(5.11)]
$$r_{zi}(t) = \sum_{i=1}^n C_i e^{\alpha_i t}$$

或
$$r_{zi}(t) = \sum_{i=1}^K C_i t^{i-1} e^{\alpha_1 t} + \sum_{i=K+1}^n C_i e^{\alpha_i t}$$

(2)等效电源法:把初始条件 $u_c(0), i_L(0)$ 等转换为等效电源,将每一个等效电源看做激励信号,分别求其零状态响应,再将所得结果相加,即得到系统的零输入响应。

由图 7.1 可见,电容两端初始电压可等效为串联阶跃电势源或并联冲激电流源;电感中初始电流可等效为串联冲激电势源或并联阶跃电流源。

3. 由微分方程的拉氏变换直接求得系统全响应

通过对线性非时变系统微分方程进行拉氏变换,并利用微分性质和积分性质,引入初始条件,可直接求得系统的全响应。

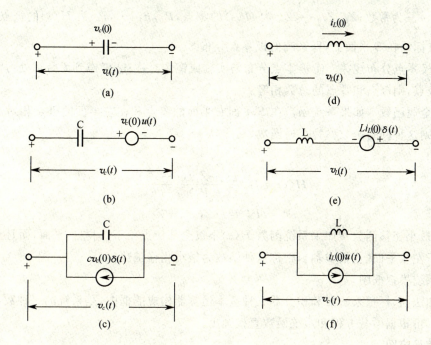

图 7.1

例如,输入为 $e(t)$,响应为 $i(t)$,系统的积分微分方程写为

$$L\frac{\mathrm{d}i(t)}{\mathrm{d}t} + Ri(t) + \frac{1}{C}\int_{-\infty}^{t} i(\tau)\mathrm{d}\tau = e(t) \tag{7.3}$$

两边进行拉氏变换,可得

$$LsI(s) - Li_L(0) + RI(s) + \frac{1}{Cs}I(s) + \frac{u_C(0)}{s} = E(s)$$

所以

$$I(s) = \frac{E(s)}{Ls + R + \frac{1}{sC}} + \frac{Li_L(0) - \frac{1}{s}v_C(0)}{Ls + R + \frac{1}{sC}}$$

故

$$i(t) = \mathscr{L}^{-1}[I(s)]$$

7.1.2 系统函数表示法

1. 系统函数定义:输出响应与输入激励象函数之比

$$H(s) = \frac{R(s)}{E(s)}$$

2. 系统频率特性

$$H(\omega) = H(s)|_{s=\mathrm{j}\omega} = |H(\omega)|e^{\mathrm{j}\varphi(\omega)} \tag{7.4}$$

其中 $|H(\omega)|$ 为幅频特性,$\varphi(\omega)$ 为相频特性。

3. 极零点分布图

$$H(s) = \frac{N(s)}{D(s)} = H_0 \frac{(s - Z_1)(s - Z_2)\cdots(s - Z_m)}{(s - P_1)(s - P_2)\cdots(s - P_n)} \tag{7.5}$$

式中 $H_0 = \frac{b_m}{a_n}$ 为常数;$Z_1, Z_2, \cdots, Z_m$ 为 $H(s)$ 的零点,$P_1, P_2, \cdots, P_n$ 为 $H(s)$ 的极点,将零点和极点标绘在 S 平面上,即系统的极零点分布图。

(1)极零点分布规律 ①极零点分布与实轴成镜像对称;②考虑到无穷远处可能存在零点或极点,则极点和零点的总数相等。

(2)全通函数 如果系统函数在 S 平面右半面的零点和在左半面的极点相对虚轴互为镜像,则这种网络函数称为全通函数。

例如
$$H(s) = H_0 \frac{(s-Z_1)(s-Z_2)}{(s-P_1)(s-P_2)} \tag{7.6}$$

其中 $\qquad P_1 = P_2^* = -Z_1^* = -Z_2$

(3)最小相移函数 如果系统函数 $H(s)$ 不仅全部极点位于 $[s]$ 左半平面,而且全部零点也位于左半平面(包括虚轴),则称这种函数为最小相移函数。

4. 系统模拟框图

由加法器、标量乘法器和积分器三种基本运算器构成的框图,是系统的一种数学模型表示法。可根据微分方程和系统函数直接画出。

5. 信号流图

信号流图是用点线结构图来描述线性微分方程变量间的因果关系;与系统模拟框图相类似,可与系统微分方程或系统函数之间互相表示。

7.1.3 系统稳定条件

1. 在时域中,系统稳定的充要条件是其冲激响应绝对可积,即
$$\int_{-\infty}^{\infty} |h(t)| \, \mathrm{d}t < \infty \tag{7.7}$$

2. $H(s)$ 的全部极点必须位于 $[S]$ 的左半平面。

7.2 选题精解(32题)

7.1 试分别写出图选 7.1(a),(b),(c),(d),(e),(f)所示电路的系统转移函数
$$H(s) = \frac{V_2(s)}{V_1(s)}$$

解 对于结构复杂的电路求系统函数,需要首先根据基尔霍夫定律建立方程组,然后约去中间变量。对于简单电路可使用欧姆定律求得。

(a)图 $H(s)$ 为输出端复阻抗与输入端复阻抗之比,即

$$H(s) = \frac{V_2(s)}{V_1(s)} = \frac{\frac{R \cdot \frac{1}{sC}}{R + \frac{1}{sC}}}{\frac{1}{sC} + R + \frac{R \cdot \frac{1}{sC}}{R + \frac{1}{sC}}} = \frac{s}{RC\left(s^2 + \frac{3}{RC}s + \frac{1}{R^2C^2}\right)}$$

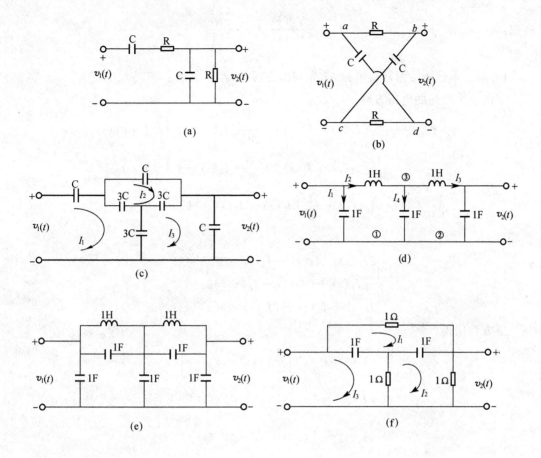

图选 7.1

(b)图 本题应首先找出用 $V_1(s)$ 表示 $V_2(s)$ 的关系式：$V_2(s)$ 是 $V_1(s)$ 在 abc 和 adc 两支路的 b,d 点上分压电位之差，即

$$V_2(s) = \frac{\frac{1}{sC}}{R + \frac{1}{sC}} V_1(s) - \frac{R}{R + \frac{1}{sC}} V_1(s) = -\frac{s - \frac{1}{RC}}{s + \frac{1}{RC}} V_1(s)$$

所以
$$H(s) = \frac{V_2(s)}{V_1(s)} = -\frac{s - \dfrac{1}{RC}}{s + \dfrac{1}{RC}}$$

(c)图 本题所给为复杂电路，需先列出方程组，然后求解。

列出三个回路的电压方程

$$\begin{cases} \dfrac{1}{Cs}I_1(s) + \dfrac{1}{3Cs}[I_1(s) - I_2(s)] + \dfrac{1}{3Cs}[I_1(s) - I_3(s)] = V_1(s) \\ \dfrac{1}{Cs}I_2(s) + \dfrac{1}{3Cs}[I_2(s) - I_3(s)] + \dfrac{1}{3Cs}[I_2(s) - I_1(s)] = 0 \\ \dfrac{1}{3Cs}[I_1(s) - I_3(s)] + \dfrac{1}{3Cs}[I_2(s) - I_3(s)] = U_2(s) \end{cases}$$

整理得

$$\begin{cases} 5I_1(s) - I_2(s) - I_3(s) = 3CsV_1(s) \\ -I_1(s) + 5I_2(s) - I_3(s) = 0 \\ I_1(s) + I_2(s) - 2I_3(s) = 3CsV_2(s) \end{cases}$$

解方程组得

$$\begin{cases} I_1(s) = \dfrac{1}{2}Cs\left[\dfrac{3}{2}V_1(s) - V_2(s)\right] \\ I_2(s) = \dfrac{1}{4}Cs[V_1(s) - 2V_2(s)] \\ I_3(s) = \dfrac{1}{2}Cs[V_1(s) - 4V_2(s)] \end{cases}$$

又输出电压 $v_2(t)$ 的像函数为

$$V_2(s) = \frac{1}{Cs}I_3(s) = \frac{1}{2}[V_1(s) - 4V_2(s)]$$

所以

$$H(s) = \frac{V_2(s)}{V_1(s)} = \frac{1}{6}$$

可见 $H(s)$ 与电容 C 的大小无关。

(d)图

解法 I

$$H(s) = \frac{V_2(s)}{V_1(s)} = \frac{\dfrac{\left(s + \dfrac{1}{s}\right) \cdot \dfrac{1}{s}}{\left(s + \dfrac{1}{s}\right) + \dfrac{1}{s}}}{\dfrac{\left(s + \dfrac{1}{s}\right) \cdot \dfrac{1}{s}}{\left(s + \dfrac{1}{s}\right) + \dfrac{1}{s}} + s} \cdot \frac{\dfrac{1}{s}}{s + \dfrac{1}{s}} = \frac{1}{s^4 + 3s^2 + 1}$$

解法 II 设置中间变量如图 7.1(d)所示。

列回路①,②的电压方程,节点③的电流方程

$$\begin{cases} I_3(s)(s+\dfrac{1}{s})=I_4(s)\cdot\dfrac{1}{s} \\ I_2(s)=I_3(s)+I_4(s) \\ I_2(s)\cdot s+I_4(s)\cdot\dfrac{1}{s}=I_1(s)\cdot\dfrac{1}{s} \end{cases}$$

解得

$$\frac{I_3(s)}{I_1(s)}=\frac{1}{s^4+3s^2+1}$$

故

$$H(s)=\frac{V_2(s)}{V_1(s)}=\frac{I_3(s)\cdot\dfrac{1}{s}}{I_1(s)\cdot\dfrac{1}{s}}=\frac{I_3(s)}{I_1(s)}=\frac{1}{s^4+3s^2+1}$$

(e)图　将图选 7.1(e)等效为图选 7.1(g)所示。

$$H(s)=\frac{V_2(s)}{V_1(s)}=\frac{\dfrac{\left[\dfrac{s\cdot\frac{1}{s}}{s+\frac{1}{s}}+\dfrac{1}{s}\right]\cdot\dfrac{1}{s}}{\left[\dfrac{s\cdot\frac{1}{s}}{s+\frac{1}{s}}\right]+\dfrac{1}{s}}}{\dfrac{\left[\dfrac{s\cdot\frac{1}{s}}{s+\frac{1}{s}}+\dfrac{1}{s}\right]\cdot\dfrac{1}{s}}{\left[\dfrac{s\cdot\frac{1}{s}}{s+\frac{1}{s}}+\dfrac{1}{s}\right]+\dfrac{1}{s}}+\dfrac{s\cdot\frac{1}{s}}{s+\frac{1}{s}}}\cdot\frac{\dfrac{1}{s}}{\dfrac{s\cdot\frac{1}{s}}{s+\frac{1}{s}}+\dfrac{1}{s}}=$$

$$\frac{(s^2+1)^2}{5s^4+5s^2+1}$$

(f)图　设置中间变量如图选 7.1(f)所示。

根据回路电流法列方程组

$$\begin{cases} (1+\dfrac{1}{s}+\dfrac{1}{s})I_1(s)-\dfrac{1}{s}I_2(s)-\dfrac{1}{s}I_3(s)=0 \\ (2+\dfrac{1}{s})I_2(s)-\dfrac{1}{s}I_1(s)-I_3(s)=0 \\ (\dfrac{1}{s}+1)I_3(s)-\dfrac{1}{s}I_1(s)-I_2(s)=V_1(s) \end{cases}$$

得

$$I_2(s)=\frac{(s+1)^2}{s^2+5s+2}V_1(s)$$

$$V_1(s)=\frac{s^2+5s+2}{(s+1)^2}I_2(s)$$

而

$$V_2(s)=I_2(s)\cdot 1=I_2(s)$$

$$H(s)=\frac{V_2(s)}{V_1(s)}=\frac{(s+1)^2}{s^2+5s+2}$$

7.2 图选 7.2 所示电路中 $R_1=R_2=1\Omega, L=1\mathrm{H}, C=1\mathrm{F}$,求电压传输函数 $|K(\omega)|$。

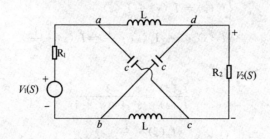

图选 7.2

解 设置中间变量,列方程组

$$\begin{cases} V_{ad}(s)-V_{ac}(s)=-V_2(s) & (1) \\ V_{bd}(s)-V_{bc}(s)=-V_2(s) & (2) \\ \dfrac{V_{ac}(s)}{R_1}-\dfrac{V_{bc}(s)}{R_1}+\dfrac{V_{ad}(s)}{sL}=\dfrac{V_1(s)}{R_1} & (3) \\ \dfrac{V_{ad}(s)}{sL}+\dfrac{V_{bd}(s)}{\dfrac{1}{sC}}=\dfrac{V_2(s)}{R_2} & (4) \end{cases}$$

代入参数,解得

$$\begin{cases} V_{ad}(s)=\dfrac{s^2}{s^2+s+1}V_1(s)+\dfrac{s}{s^2+s+1}V_2(s) \\ V_{ac}(s)=\dfrac{s^2}{s^2+s+1}V_1(s)+\left(1+\dfrac{s}{s^2+s+1}\right)V_2(s) \\ V_{bd}(s)=-\dfrac{s}{s^2+s+1}V_1(s)+\left(1-\dfrac{1}{s^2+s+1}\right)V_2(s) \\ V_{bc}(s)=-\dfrac{s}{s^2+s+1}V_1(s)+\left(2-\dfrac{1}{s^2+s+1}\right)V_2(s) \end{cases}$$

在节点 C

$$\frac{V_{ac}(s)}{\dfrac{1}{s}}+\frac{V_{bc}(s)}{sL}=-\frac{V_2(s)}{R_2}$$

代入 $V_{ac}(s), V_{bc}(s)$ 得

$$K(s)=\frac{V_2(s)}{V_1(s)}=\frac{-s^4-s}{s^4+3s^3+4s^2+3s+1}$$

$$|K(\omega)|=\omega\sqrt{\frac{\omega^4+1}{(\omega^4-4\omega^2+1)^2+9\omega^2(1-\omega^2)^2}}$$

7.3 写出图示电路的电压传输函数 $H(s)$,图中 A 为理想电压放大器,其输入阻抗为无穷大,输出阻抗为零。

解 应注意的是,A 为理想运算放大器,电压传输系数为 A,输入阻抗为无限大,输出阻抗为零。

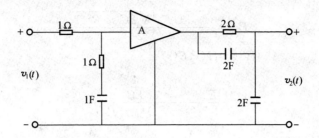

图选 7.3

$$V_2(s) = A \frac{1+\frac{1}{s}}{2+\frac{1}{s}} V_1(s) \cdot \frac{\frac{1}{2s}}{\frac{1}{2s}+\frac{1}{\frac{1}{2}+2s}} =$$

$$\frac{A(s+1)(4s+1)}{(2s+1)(8s+1)} V_1(s)$$

所以
$$H(s) = \frac{V_2(s)}{V_1(s)} = \frac{A(s+1)(4s+1)}{(2s+1)(8s+1)} =$$

$$\frac{A}{4} \frac{s^2+\frac{5}{4}s+\frac{1}{4}}{s^2+\frac{5}{8}s+\frac{1}{16}}$$

7.4 在图选 7.4 所示电路中，$e(t)=Eu(t)$，元件参数满足 $\frac{1}{2RC}<\frac{1}{\sqrt{LC}}$，求 $i(t)$ 的零状态响应。

解

$$H(s) = \frac{1}{R+\frac{1}{sC+\frac{1}{sC}}} = \frac{sC+\frac{1}{sC}}{sRC+\frac{R}{sL}+1} =$$

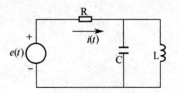

图选 7.4

$$\frac{s^2+\frac{1}{LC}}{R\left(s^2+\frac{1}{RC}s+\frac{1}{LC}\right)} = \frac{s_2+\frac{1}{LC}}{R(s-P_1)(s-P_2)}$$

其中
$$P_{1,2} = \frac{-\frac{1}{RC} \pm \sqrt{\frac{1}{R^2C^2}-\frac{4}{LC}}}{2}$$

已知条件
$$\frac{1}{2RC} < \frac{1}{\sqrt{LC}}$$

即
$$\frac{1}{R^2C^2} < \frac{4}{LC}$$

所以
$$P_{1,2} = \frac{-\dfrac{1}{RC} \pm j\sqrt{\dfrac{4}{LC} - \dfrac{1}{R^2C^2}}}{2}$$

$$I(s) = H(s)E(s) =$$

$$\frac{E}{R} \frac{s^2 + \dfrac{1}{LC}}{s(s-P_1)(s-P_2)} =$$

$$\frac{E}{R}\left[\frac{A_1}{s} + \frac{A_2}{s-P_1} + \frac{A_3}{s-P_2}\right]$$

式中

$$A_1 = \left.\frac{s^2 + \dfrac{1}{LC}}{(s-P_1)(s-P_2)}\right|_{s=0} = 1$$

$$A_2 = \left.\frac{s^2 + \dfrac{1}{LC}}{s(s-P_1)}\right|_{s=P_1} = \frac{P_1^2 + \dfrac{1}{LC}}{P_1(P_1 - P_2)} =$$

$$\frac{\dfrac{1}{4}\left(\dfrac{1}{R^2C^2} + \dfrac{1}{R^2C^2} - \dfrac{4}{LC} - \dfrac{2j}{RC}\sqrt{\dfrac{4}{LC} - \dfrac{1}{R^2C^2}}\right) + \dfrac{1}{LC}}{\left[\dfrac{-\dfrac{1}{R^2C^2} + j\sqrt{\dfrac{4}{LC} - \dfrac{1}{R^2C^2}}}{2}\right] j\sqrt{\dfrac{4}{LC} - \dfrac{1}{R^2C^2}}} =$$

$$\frac{\dfrac{1}{2RC}\left(\dfrac{1}{RC} - j\sqrt{\dfrac{4}{LC} - \dfrac{1}{R^2C^2}}\right)}{\dfrac{1}{2}\left(-\dfrac{1}{RC} + j\sqrt{\dfrac{4}{LC} - \dfrac{1}{R^2C^2}}\right)\left(j\sqrt{\dfrac{4}{LC} - \dfrac{1}{R^2C^2}}\right)} =$$

$$\frac{j}{RC\sqrt{\dfrac{4}{LC} - \dfrac{1}{R^2C^2}}}$$

$$A_3 = \left.\frac{s^2 + \dfrac{1}{LC}}{s(s-P_1)}\right|_{s=P_2} = \frac{P_2^2 + \dfrac{1}{LC}}{P_2(P_2 - P_1)} =$$

$$\frac{\dfrac{1}{4}\left(\dfrac{1}{R^2C^2} + \dfrac{1}{R^2C} - \dfrac{4}{LC} + \dfrac{2j}{RC}\sqrt{\dfrac{4}{LC} - \dfrac{1}{R^2C^2}}\right) + \dfrac{1}{LC}}{\dfrac{1}{2}\left(-\dfrac{1}{RC} - j\sqrt{\dfrac{4}{LC} - \dfrac{1}{R^2C^2}}\right)\left(-j\sqrt{\dfrac{4}{LC} - \dfrac{1}{R^2C^2}}\right)} =$$

$$\frac{\dfrac{1}{2RC}\left(\dfrac{1}{RC} + j\sqrt{\dfrac{4}{LC} - \dfrac{1}{R^2C^2}}\right)}{-\dfrac{1}{2}\left(\dfrac{1}{RC} + j\sqrt{\dfrac{4}{LC} - \dfrac{1}{R^2C^2}}\right)\left(-j\sqrt{\dfrac{4}{LC} - \dfrac{1}{R^2C^2}}\right)} =$$

$$\frac{-j}{RC\sqrt{\dfrac{4}{LC} - \dfrac{1}{R^2C^2}}}$$

所以 $i(t)=\mathscr{L}^{-1}[I(s)]=$

$$\frac{E}{R}\left[1+\frac{\mathrm{j}}{RC\sqrt{\frac{4}{LC}-\frac{1}{R^2C^2}}}(\mathrm{e}^{P_1 t}-\mathrm{e}^{P_2 t})\right]u(t)=$$

$$\frac{E}{R}\left[1-\frac{2}{RC\sqrt{\frac{4}{LC}-\frac{1}{R^2C^2}}}\mathrm{e}^{-\frac{t}{2RC}}\cdot\sin\left(\frac{1}{2}\sqrt{\frac{4}{LC}-\frac{1}{R^2C^2}}\right)t\right]u(t)$$

7.5 电路如图选 7.5.1 所示,其开关起始是闭合的,电路中有稳态电流,在 $t=0$ 时开关打开,求电流 $i(t)$ 和电感 L_1 两端的电压 $u_{L_1}(t)$ 的表示式。

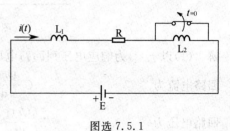

图选 7.5.1

解 $i(t)=i_{zi}(t)+i_{zs}(t)$

先使用等效电源法求 $i_{zi}(t)$,等效电路如图选 7.5.2 所示。

电路在 $t=0$ 之前 $i_c(0)=\dfrac{E}{R}$

$$(L_1 s+R+L_2 s)I(s)=L_1\frac{E}{R}$$

$$I(s)=\frac{E}{R}\frac{L_1}{L_1+L_2}\cdot\frac{1}{s+\dfrac{R}{L_1+L_2}}$$

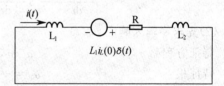

图选 7.5.2

所以 $i_{zi}(t)=\dfrac{E}{R}\dfrac{L_1}{L_1+L_2}\mathrm{e}^{-\frac{R}{L_1+L_2}t}u(t)$

再求 $i_{zs}(t)$

$$(L_1 s+R+L_2 s)I(s)=\frac{E}{s}$$

$$I(s)=\frac{E}{R}\left\{\frac{1}{s}+\frac{-1}{s+\dfrac{R}{L_1+L_2}}\right\}$$

所以 $i_{zs}(t)=\dfrac{E}{R}(1-\mathrm{e}^{-\frac{R}{L_1+L_2}t})u(t)$

$$i(t)=i_{zi}(t)+i_{zs}(t)=$$
$$\frac{E}{R}\left(1-\frac{L_2}{L_1+L_2}\mathrm{e}^{-\frac{R}{L_1+L_2}t}\right)u(t)$$

电感 L_1 两端电压为

$$u_{L_1}(t)=L_1\frac{\mathrm{d}i(t)}{\mathrm{d}t}-L_1 i_L(0)\delta(t)=$$

$$-L_1\frac{E}{R}\delta(t)+\frac{E}{R}L_1\delta(t)-L_1\frac{E}{R}\frac{L_2}{L_1+L_2}\left[\delta(t)-\frac{R}{L_1+L_2}\mathrm{e}^{-\frac{R}{L_1+L_2}t}\right]u(t)=$$

$$-\frac{E}{R}\frac{L_1 L_2}{L_1+L_2}\delta(t)+E\frac{L_1 L_2}{(L_1+L_2)^2}\mathrm{e}^{-\frac{R}{L_1+L_2}t}u(t)$$

7.6 已知 RLC 电路中,$R=3\Omega$,$L=1\mathrm{H}$,$C=\dfrac{1}{2}\mathrm{F}$,初始条件 $v_c(0^-)=1$,$v_c{}'(0^-)=2$,$v_i(t)$ 为输入,试求:

(1) 以 $v_c(t)$ 为响应的微分方程；

(2) 当 $v_i(t) = e^{-3t}u(t)$ 时，确定 $v_c(t)$。

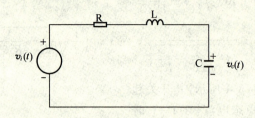

图选 7.6

解 (1) 以 $v_c(t)$ 为响应电压列回路电压方程

回路电流为
$$C \frac{dv_c(t)}{dt} = i(t)$$

回路电压为
$$L \frac{di(t)}{dt} = LC \frac{dv_c(t)}{dt}$$

$$RC \frac{dv_c(t)}{dt} + v_c(t) + LC \frac{d^2 v_c(t)}{dt^2} = v_i(t)$$

$$\frac{d^2 v_c(t)}{dt^2} + 3 \frac{dv_c(t)}{dt} + 2v_c(t) = 2v_i(t)$$

(2) 先求零输入响应 $v_{zi}(t)$

特征方程 $\quad\quad\quad\quad \alpha^2 + 3\alpha + 2 = 0$

特征根 $\quad\quad\quad\quad \alpha_1 = -1, \alpha_2 = -2$

所以 $\quad\quad\quad\quad v_{zi}(t) = C_1 e^{-t} + C_2 e^{-2t}$

又 $\quad\quad\quad\quad \begin{cases} C_1 + C_2 = 1 \\ -C_1 - 2C_2 = 2 \end{cases}$

解得 $\quad\quad\quad\quad C_1 = 4, C_2 = -3$

对微分方程取拉氏变换
$$s^2 V_c(s) + 3s V_c(s) + 2V_c(s) = 2V_i(s)$$

所以 $\quad\quad H(s) = \dfrac{V_c(s)}{V_i(s)} = \dfrac{2}{s^2 + 3s + 2}$

又 $\quad\quad\quad\quad V_i(s) = \dfrac{1}{s+3}$

$$V_{czs}(s) = H(s) V_i(s) = \frac{2}{(s+1)(s+2)(s+3)} =$$

$$\frac{1}{s+1} + \frac{-2}{s+3} + \frac{1}{s+3}$$

所以 $\quad v_{czs}(t) = \mathscr{L}^{-1}[V_c(s)] = [e^{-t} - 2e^{-2t} + e^{-3t}]u(t)$

全响应
$$v_c(t) = (5e^{-t} - 5e^{-2t} + e^{-3t})u(t)$$

7.7 已知串联电路如图选 7.7(c) 所示，根据下述条件，用拉普拉斯变换法求解电路响应。

(1)在 $t=0$ 时刻加入两周正弦电压 $e(t)$,电路参数 $R=1\Omega, C=1F$,电容上有初始电压 $\frac{1}{2}V$,求 $v_c(t)$ 的零输入,零状态与全响应。

(2)在 $t=0$ 时刻加入一个周期性指数电压 $e(t)$,每周期均为 $5e^{-10t}$,持续时间为 0.1 s,电路参数 $R=\frac{1}{2}\Omega, C=1F$,求 $0.3 s<t<0.4 s$ 内的 $v_c(t)$。

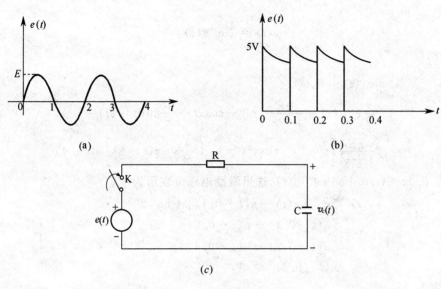

图选 7.7

解 (1)求 $v_c(t)$

系统函数

$$H(s) = \frac{\frac{1}{Cs}}{\frac{1}{Cs}+R} = \frac{1}{s+1}$$

输入信号

$$e(t) = E\sin\pi t u(t) - E\sin\pi t u(t-4)$$

对其取拉氏变换得

$$E(s) = \frac{\pi E}{s^2+\pi^2}(1-e^{-4s})$$

所以

$$V_{zs}(s) = H(s)E(s) = \frac{1}{s+1} \cdot \frac{\pi E}{s^2+\pi^2}(1-e^{-4s})$$

故

$$v_{zs}(t) = \frac{\pi E}{1+\pi^2}\left(e^{-t}-\cos\pi t+\frac{1}{\pi}\sin\pi t\right)u(t) -$$
$$\frac{\pi E}{1+\pi^2}\left[e^{-(t-4)}-\cos\pi(t-4)+\frac{1}{\pi}\cdot\sin\pi(t-4)\right]u(t-4)$$

由系统函数

$$H(s) = \frac{1}{s+1}$$

得系统特征根 $\alpha_1 = -1$

所以 $$v_{zi}(t) = Ae^{-t}$$

由 $$v_{zi}(0^-) = \frac{1}{2}$$

得 $$v_{zi}(t) = \frac{1}{2}e^{-t}u(t)$$

总响应
$$v_c(t) = v_{zi}(t) + v_{zs}(t) =$$
$$\frac{1}{2}e^{-t}u(t) + \frac{\pi E}{1+\pi^2}\left[e^{-t} - \cos\pi t + \frac{1}{\pi}\sin\pi t\right]u(t) -$$
$$\frac{\pi E}{1+\pi^2}\left[e^{-(t-4)} - \cos\pi(t-4) + \frac{1}{\pi}\sin\pi(t-4)\right]u(t-4)$$

(2) 在 $0.3\text{ s} < t < 0.4\text{ s}$ 内求 $v_c(t)$，这里激励电压可表示为
$$e(t) = 5e^{-10t}[u(t) - u(t-0.1)] + 5e^{-10(t-0.1)} \cdot$$
$$[u(t-0.1) - u(t-0.2)] + 5e^{-10(t-0.2)} \cdot$$
$$[u(t-0.2) - u(t-0.3)] + 5e^{-10(t-0.3)} \cdot$$
$$u(t-0.3)$$

其拉氏变换
$$E(s) = \frac{5}{s+10}[1 + e^{-0.1s} + e^{-0.2s} + e^{-0.3s}]$$
$$- \frac{5}{e(s+10)}[e^{-0.1s} + e^{-0.2s} + e^{-0.3s}]$$

又 $$H(s) = \frac{1}{s+0.5}$$

于是 $V_c(s) = E(s) \cdot H(s) =$
$$\frac{5}{9.5}\left(\frac{1}{s+0.5} - \frac{1}{s+10}\right) + \frac{5}{9.5}\left(1 - \frac{1}{e}\right) \cdot$$
$$\left(\frac{1}{s+0.5} - \frac{1}{s+10}\right)(e^{-0.1s} + e^{-0.2s} + e^{-0.3s})$$

因此
$$v_c(t) = \frac{5}{9.5}(e^{-0.5t} - e^{-10t})u(t) + \frac{5}{9.5}\left(1 - \frac{1}{e}\right)(e^{-0.5t} - e^{-10t}) \cdot$$
$$[(e^{-(t-0.1)} - e^{-10(t-0.1)})u(t-0.1) +$$
$$(e^{-(t-0.2)} - e^{-10(t-0.2)})u(t-0.2) +$$
$$(e^{-(t-0.3)} - e^{-10(t-0.3)})u(t-0.3)]$$
$$(0.3 < t < 0.4)$$

7.8 图选 7.8 所示电路中，$e(t) = u(t)$ 为阶跃电压源，$i(t) = \delta(t)$ 为冲激电流源，电路初始状态为零，求 $v_c(t)$。

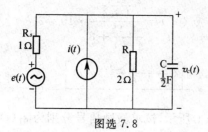

图选 7.8

解 列节点电流方程

$$\left(\frac{1}{Rs}+\frac{1}{R}+\frac{1}{sC}\right)V_c(s)=1+\frac{E(s)}{Rs}$$

$$V_c(s)=\frac{1+\frac{1}{s}}{\frac{s+3}{2}}=\frac{2(s+1)}{s(s+3)}=\frac{\frac{2}{3}}{s}+\frac{\frac{4}{3}}{s+3}$$

所以

$$v_c(t)=\left(\frac{2}{3}+\frac{4}{3}e^{-3t}\right)u(t)$$

7.9 设图选 7.9 所示电路在 $t=0$ 时断开开关 K。若开关 K 断开前电路已达到稳态,试求 $t>0$ 时的 $i_1(t)$ 和 $v_2(t)$。

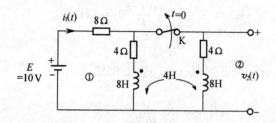

图选 7.9

解 设电阻 $R_1=8\ \Omega$, $R_2=R_3=4\ \Omega$,电压 $L_1=L_2=8$ H,互感 $M=4$ H,列回路方程

$$L\frac{di_1(t)}{dt}+i_1(t)\cdot 12=10$$

$$L[sI_1(s)-i_1(0^-)]+12I_1(s)=\frac{10}{s}$$

因为

$$i_1(0^-)=\frac{10}{8+\frac{4\cdot 4}{4+4}}=1$$

所以

$$I_1(s)=\frac{\frac{10}{s}+8}{8s+12}=\frac{\frac{5}{6}}{s}+\frac{\frac{1}{6}}{s+\frac{3}{2}}$$

$$i_1(t)=\left(\frac{5}{6}+\frac{1}{6}e^{-\frac{3}{2}t}\right)u(t)$$

K 断开后,回路②中 $v_2(t)$ 为 $v_2(0^-)$ 与电感中的互感电压之和,互感方向如图所示。

$$v_2(t)=v_2(0^-)+M\frac{di_1(t)}{dt}$$

达到稳态后

$$v_2(0^-) = \frac{\frac{4 \cdot 4}{4+4}}{\frac{4 \cdot 4}{4+4} + 8} \cdot 10 = 2$$

所以
$$v_2(t) = 2 + 4 \cdot \frac{d\left[\left(\frac{5}{6} + \frac{1}{6}e^{-\frac{3}{2}t}\right)u(t)\right]}{dt} = (2 - e^{-\frac{3}{2}t})u(t)$$

7.10 电路如图选 7.10(a)所示，试求激励信号分别为 $e_1(t)$ 和 $e_2(t)$ 时 $v_0(t)$ 的稳态响应。

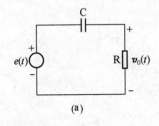
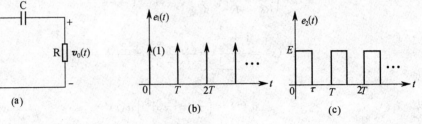

图选 7.10

解 列回路方程
$$v_0(t) + \frac{1}{C}\int_{-\infty}^{t} \frac{v_0(\tau)}{R} d\tau = e(t)$$

整理得
$$\frac{dv_0(t)}{dt} + \alpha v_0(t) = \frac{de(t)}{dt} \tag{7.10.1}$$

其中
$$\alpha = \frac{1}{RC}$$

可以证明，全响应和稳态响应均满足上面的方程式(7.10.1)。

对方程式(7.10.1)进行拉氏变换得
$$sV_0(s) - v_0(0^-) + \alpha V_0(s) = sE(s) - e(0^-)$$

整理得
$$V_0(s) = \frac{s}{s+\alpha}E(s) + \frac{v_0(0^-) - e(0^-)}{s+\alpha}$$

由图选 7.10(b)，(c) 可知
$$e(0^-) = 0$$

因此
$$V_0(s) = \frac{s}{s+\alpha}E(s) + \frac{v_0(0^-)}{s+\alpha} \tag{7.10.2}$$

由于给定激励均为周期信号，故电路的稳态响应仍是周期信号。

(1) 在 $0 \leqslant t < T$ 时
$$e_1(t) = \delta(t)$$

其拉氏变换
$$E_1(s) = 1$$

代入式(7.10.2)得

$$V_0(s) = \frac{s}{s+\alpha} + \frac{v_0(0^-)}{s+\alpha}$$

进行拉氏反变换得

$$v_0(t) = \delta(t) - \alpha e^{-\alpha t} + v_0(0^-)e^{-\alpha t} \qquad (7.10.3)$$

因为激励为周期信号，电路达稳态时必有

$$v_0(T^-) = v_0(0^-)$$

由式(7.10.3)可得

$$v_0(T^-) = -\alpha e^{-\alpha T} + v_0(0^-)e^{-\alpha T}$$

故得

$$v_0(0^-) = \frac{-\alpha e^{-\alpha T}}{1-e^{-\alpha T}}$$

将 $v_0(0^-)$ 代入式(7.10.3)可得稳态响应

$$v_0(t) = \delta(t) - \alpha e^{-\alpha t} + \frac{-\alpha e^{-\alpha T}}{1-e^{-\alpha T}}e^{-\alpha t} \qquad ((n-1)T < t < nT)$$

(2) 在 $0 < t < T$ 时

$$e_2(t) = E[u(t) - u(t-\tau)]$$

其拉氏变换为

$$E_2(s) = \frac{E}{s}(1-e^{-s\tau})$$

代入式(7.10.2)可得

$$V_0(s) = \frac{E(1-e^{-s\tau})}{s+\alpha} + \frac{v_0(0^-)}{s+\alpha}$$

进行拉氏反变换得

$$v_0(t) = [E+v_0(0^-)]e^{-\alpha t}u(t) - Ee^{-\alpha(t-\tau)}u(t-\tau) \qquad (7.10.4)$$

因为 $e(t)$ 以 T 为周期，所以当电路达到稳态时，即瞬态响应可以忽略，必有

$$v_0(0^-) = v_0(T^-)$$

由式(7.10.4)可得

$$v_0(T^-) = [E+v_0(0^-)]e^{-\alpha T} - Ee^{-\alpha(T-\tau)}$$

因此可得

$$v_0(0^-) = E \cdot \frac{e^{-\alpha T} - e^{-\alpha(T-\tau)}}{1-e^{-\alpha T}}$$

将 $v_0(0^-)$ 代入式(7.10.4)，可得稳态响应

$$v_0(t) = E \cdot \frac{[1-e^{-\alpha(T-\tau)}]}{1-e^{-\alpha T}}e^{-\alpha t}u(t) - Ee^{-\alpha(t-\tau)}u(t-\tau)$$

$$((n-1)T < t < nT)$$

7.11 已知图选 7.11(a)所示电路中 $R_1 = 1\text{ k}\Omega, R_2 = 5\text{ k}\Omega, C = 200\text{ μF}$，激励信号为 $t=0$ 接入的全波整流正弦信号，如图 b 所示，试求 $v_0(t)$ 的稳态响应。

解 列节点电流方程

$$C\frac{dv_0(t)}{dt} + \frac{v_0(t)}{R_2} = \frac{1}{R_1}[e(t) - v_0(t)]$$

$$\frac{dv_0(t)}{dt} + \frac{1}{\frac{R_1 R_2}{R_1+R_2}C}v_0(t) = \frac{1}{R_1 C}e(t)$$

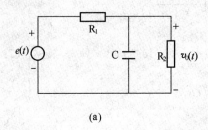
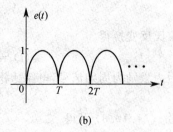

图选 7.11

代入元件参数得

$$\frac{dv_0(t)}{dt}+6v_0(t)=5e(t) \tag{7.11.1}$$

可以证明，全响应和稳态响应均满足上述方程。对式(7.11.1)求拉氏变换得

$$sV_0(s)-v_0(0^-)+6V_0(s)=5E(s)$$

$$V_0(s)=\frac{5}{s+6}E(s)+\frac{v_0(0^-)}{s+6} \tag{7.11.2}$$

由于激励为周期信号，所以当暂态响应衰减为零时稳态响应仍是周期信号。

在 $0<t<T$ 时，激励信号为

$$e(t)=\sin\frac{\pi}{T}t[u(t)-u(t-T)]$$

$$E(s)=\int_0^T \sin\frac{\pi}{T}t\,e^{-st}\,dt=\frac{\frac{\pi}{T}}{s^2+\left(\frac{\pi}{T}\right)^2}(1-e^{-sT})$$

代入式(7.11.2)得

$$V_0(s)=\frac{5}{s+6}\frac{\frac{\pi}{T}}{s^2+\left(\frac{\pi}{T}\right)^2}(1-e^{-sT})+\frac{v_0(0^-)}{s+6}$$

对上式进行拉氏反变换得

$$v_0(t)=\frac{5\frac{\pi}{T}}{6^2+\left(\frac{\pi}{T}\right)^2}\left\{\left[e^{-6t}-\cos\frac{\pi}{T}t+\frac{6T}{\pi}\sin\frac{\pi}{T}t\right]u(t)-\left[e^{-6(t-T)}-\cos\frac{\pi}{T}(t-T)+\frac{6T}{\pi}\sin\frac{\pi}{T}(t-T)\right]u(t-T)\right\}+v_0(0^-)e^{-6t} \tag{7.11.3}$$

由于 $e(t)$ 以 T 为周期，所以当电路达到稳态时，暂态响应可以忽略，必有

$$v_0(T^-)=v_0(0^-)$$

将此关系式代入式(7.11.3)，得

$$v_0(T^-)=\frac{5\frac{\pi}{T}}{6^2+\left(\frac{\pi}{T}\right)^2}\left[e^{-6T}-\cos\frac{\pi}{T}T+6\frac{T}{\pi}\sin\frac{\pi}{T}T\right]+v_0(0^-)e^{-6T}$$

故得

$$v_0(0^-) = \frac{1+e^{-6T}}{1-e^{-6T}} \cdot \frac{5\frac{\pi}{T}}{6^2+\left(\frac{\pi}{T}\right)^2}$$

将 $v_0(0^-)$ 代入式(7.11.3)得稳态响应

$$v_0(t) = \frac{5\frac{\pi}{T}}{6^2+\left(\frac{\pi}{T}\right)^2}\left[\left(1+\frac{1+e^{-6T}}{1-e^{-6T}}\right)e^{-6t}-\cos\frac{\pi}{T}t+\frac{6T}{\pi}\sin\frac{\pi}{T}t\right]u(t)$$

$$-\left[e^{-6(t-T)}-\cos\frac{\pi}{T}(t-T)+\frac{6T}{\pi}\sin\frac{\pi}{T}(t-T)\right]u(t-T) =$$

$$\frac{5\frac{\pi}{T}}{6^2+\left(\frac{\pi}{T}\right)^2}\left[\frac{2}{1-e^{-6T}}e^{-6t}-\cos\frac{\pi}{T}t+\frac{6T}{\pi}\sin\frac{\pi}{T}t\right]$$

$$((n-1)T < t < nT)$$

7.12 已知线性系统 A 在信号 $e_A(t) = \cos\omega t$ 激励下的响应为 $r_A(t) = K\sin\omega t$；系统 B 由两个系统 A 级联构成,试求系统 B 在图选 7.12 所示 $e_B(t)$ 作用下的响应 $r_B(t)$。

图选 7.12

解 首先应计算系统函数 $H_A(s)$ 和 $H_B(s)$。

因为 $\quad E_A(s) = \dfrac{s}{s^2+\omega^2} \quad R_A(s) = \dfrac{K\omega}{s^2+\omega^2}$

所以 $\quad H_A(s) = \dfrac{R_A(s)}{E_A(s)} = \dfrac{K\omega}{s}$

$$H_B(s) = H_A(s) \cdot H_A(s) = \frac{K^2\omega^2}{s^2}$$

又 $\quad E_B(s) = \dfrac{1}{s}(1-e^{-2s})$

所以 $\quad R_B(s) = H_B(s)E_B(s) = \dfrac{K^2\omega^2}{s^3}(1-e^{-2s})$

即 $\quad r_B(t) = \mathscr{L}^{-1}[R_B(s)] =$

$$\frac{K^2\omega^2}{2}[t^2 u(t) - (t-2)^2 u(t-2)]$$

7.13 图选 7.13 所示电路中,当

$$\begin{cases} e_1(t) = 2u(t) \text{ V} \\ e_2(t) = 0 \text{ V} \end{cases}$$

时,$i_{1L}(t) = (1-e^{-4t})u(t)$ A。若动态电路参数不变,求在

$$\begin{cases} e_1(t) = 0 \text{ V} \\ e_2(t) = 4u(t) \text{ V} \end{cases}$$

时电路中的 $i_{2L}(t)$ 值。

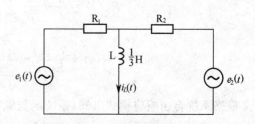

图选 7.13

解

$$I_1(s) = \frac{\frac{sLR_2}{sL+R_2}}{R_1 + \frac{sLR_2}{sL+R_2}} \cdot \frac{1}{sL} \cdot E_1(s) =$$

$$\frac{R_2}{sL(R_1+R_2)+R_1R_2} \cdot \frac{2}{s} = \frac{\frac{2}{R_1}}{s} - \frac{\frac{2}{R_1}}{s + \frac{3R_1R_2}{R_1+R_2}}$$

$$I_2(s) = \frac{R_1}{sL(R_1+R_2)+R_1R_2} \cdot \frac{4}{s} = \frac{\frac{4}{R_2}}{s} - \frac{\frac{4}{R_2}}{s + \frac{3R_1R_2}{R_1+R_2}}$$

$$i_{1L}(t) = \mathscr{L}^{-1}[I_1(s)] = \left(\frac{2}{R_1} - \frac{2}{R_1}e^{-\frac{3R_1R_2}{R_1+R_2}t}\right)u(t)$$

题意给定
$$i_{1L}(t) = (1-e^{-4t})u(t)$$

对比以上二式可得
$$\frac{2}{R_1} = 1 \qquad \frac{3R_1R_2}{R_1+R_2} = 4$$

解得
$$R_1 = 2 \qquad R_2 = 4$$

所以
$$i_{2L}(t) = \mathscr{L}^{-1}[I_2(s)] =$$
$$\left(\frac{4}{R_2} - \frac{4}{R_2}e^{-\frac{3R_1R_2}{R_1+R_2}t}\right)u(t) =$$
$$(1-e^{-4t})u(t)$$

7.14 某二阶系统的自由响应模式为

$$(C_1 e^{-2t} + C_2 e^{-3t})u(t)$$

当激励 $e(t) = (1+e^{-t})u(t)$ 时,该系统的零状态响应为

$$r(t) = \left(\frac{1}{3} + \frac{5}{3}e^{-3t}\right)u(t)$$

由此写出描述该系统的微分方程。

解

由于
$$E(s) = \frac{1}{s} + \frac{1}{s+1} = \frac{2s+1}{s(s+1)}$$

$$R_{zs}(s) = \frac{\frac{1}{3}}{s} + \frac{5}{3}\frac{1}{s+3} = \frac{2s+1}{s(s+3)}$$

所以
$$H(s) = \frac{R_{zs}(s)}{E(s)} = \frac{\frac{2s+1}{s(s+3)}}{\frac{2s+1}{s(s+1)}} = \frac{s+1}{s+3}$$

又根据系统自由响应模式可知,系统函数除有特征根 -3 外还有另一特征根 -2,

所以
$$H(s) = \frac{(s+1)(s+2)}{(s+3)(s+2)} = \frac{s^2+3s+2}{s^2+5s+6}$$

故系统微分方程为

$$r''(t) + 5r'(t) + 6r(t) = e''(t) + 3e'(t) + 2e(t)$$

7.15 二阶系统的单位冲激响应 $h(t)$ 如图选 7.15 所示,该系统初始状态为零,激励 $e(t) = \left(\sin \dfrac{\pi}{\tau} t\right) u(t)$,试求取

(1)系统的自由响应 $r_1(t)$;

(2)系统的受迫响应 $r_2(t)$;

(3)系统在 $t > 3\tau$ 时的总响应 $r(t)$。

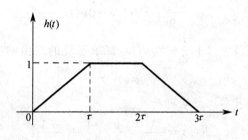

图选 7.15

解 (1) $h(t) = \dfrac{1}{\tau}[tu(t) - (t-\tau)u(t-\tau) - (t-2\tau)u(t-2\tau) + (t-3\tau)u(t-3\tau)]$

$$H(s) = \frac{1}{\tau} \frac{1}{s^2}[1 - e^{-\tau s} - e^{-2\tau s} + e^{-3\tau s}]$$

$$E(s) = \frac{\dfrac{\pi}{\tau}}{s^2 + \left(\dfrac{\pi}{\tau}\right)^2}$$

所以总响应的象函数为

$$R(s) = H(s)E(s) = \frac{\dfrac{\pi}{\tau}}{s^2 + \left(\dfrac{\pi}{\tau}\right)^2} \cdot \frac{1}{\tau s^2}[1 - e^{-\tau s} - e^{-2\tau s} + e^{-3\tau s}] =$$

$$\left[\frac{\dfrac{1}{\pi}}{s^2} + \frac{-\dfrac{1}{\pi}}{s^2 + \left(\dfrac{\pi}{\tau}\right)^2}\right](1 - e^{-\tau s} - e^{-2\tau s} + e^{-3\tau s})$$

自由响应为

$$r_1(t) = \frac{1}{\pi}[tu(t) - (t-\tau)u(t-\tau) - (t-2\tau)u(t-2\tau) + (t-3\tau)u(t-3\tau)]$$

(2)受迫响应为

$$r_2(t) = -\frac{\tau}{\pi^2}\left[\sin\frac{\pi}{\tau}tu(t) - \sin\frac{\pi}{\tau}(t-\tau)u(t-\tau) - \right.$$

$$\left. \sin\frac{\pi}{\tau}(t-2\tau)u(t-2\tau) + \sin\frac{\pi}{\tau}(t-3\tau)u(t-3\tau)\right]$$

(3)在 $t > 3\tau$ 时,系统总响应为

$$r(t) = r_1(t) + r_2(t) = \frac{1}{\pi}[tu(t) - (t-\tau)u(t-\tau) - (t-2\tau)u(t-2\tau) +$$

$$(t-3\tau)u(t-3\tau)] - \frac{\tau}{\pi^2}[\sin\frac{\pi}{\tau}tu(t) +$$

$$\sin\frac{\pi}{\tau}tu(t-\tau) - \sin\frac{\pi}{\tau}tu(t-2\tau) - \sin\frac{\pi}{\tau}tu(t-3\tau)] =$$

$$-\frac{\tau}{\pi^2}\sin\frac{\pi}{\tau}t[u(t) + u(t-\tau) - u(t-2\tau) - u(t-3\tau)] = 0$$

7.16 设连续系统方程为

$$\frac{dr(t)}{dt} + 3r(r) = 3u(t)$$

已知系统全响应 $r(t) = (1 + \frac{1}{2}e^{-3t})u(t)$，试求系统的自由响应分量和零输入响应分量。

解 根据系统方程求零状态响应

$$R(s) = \frac{3}{s+3} \cdot \frac{1}{s} = \frac{1}{s} + \frac{-1}{s+3}$$

$$r_{zs}(t) = (1 - e^{-3t})u(t)$$

$$r_{zi}(t) = r(t) - r_{zs}(t) =$$

$$\frac{3}{2}e^{-3t}u(t)$$

自由响应等于 $r_{zi}(t)$ 与 $r_{zs}(t)$ 中的暂态分量之和，即

$$\frac{3}{2}e^{-3t}u(t) - e^{-3t}u(t) =$$

$$\frac{1}{2}e^{-3t}u(t)$$

7.17 已知系统函数

$$H(s) = \frac{5(s+3)}{s^2 + 2s + 5}$$

(1)为使系统得到零状态响应

$$r_1(t) = [\cos 2(t-1) + \sin 2(t-1)]e^{-(t-1)}u(t-1)$$

求激励 $e_1(t)$。

(2)将系统与一限幅器级联，输入端加 $e_2(t) = \delta(t)$，求响应 $y_2(t)$ 之拉氏变换 $Y_2(s)$。

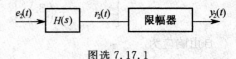

图选 7.17.1

图中，限幅器特性

若 $r_2(t) > 0$ 则 $y_2(t) = r_2(t)$

若 $r_2(t) \leq 0$ 则 $y_2(t) = 0$

解 (1)由题意得

$$R_1(s) = \left[\frac{s+1}{(s+1)^2 + 2^2} + \frac{2}{(s+1)^2 + 2^2}\right]e^{-s}$$

$$H(s) = \frac{5(s+3)}{s^2 + 2s + 5} = \frac{5(s+3)}{(s+1)^2 + 2^2}$$

所以
$$E_1(s) = \frac{R_1(s)}{H(s)} = \frac{1}{5}e^{-s}$$
$$e_1(t) = \frac{1}{5}\delta(t-1)$$

(2)根据系统的线性时不变特性
$$r_2(t) = 5r_1(t+1) = 5e^{-t}(\cos 2t + \sin 2t)u(t) =$$
$$5\sqrt{2}\,e^{-t}\sin(2t + \frac{\pi}{4})u(t)$$

经过限幅器后,其输出如图选 7.17.2a 所示,其中 $T=\pi, \omega=2$。

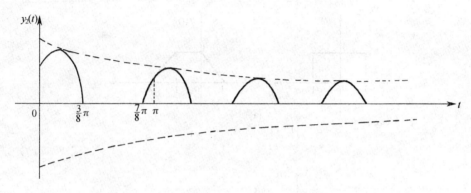

图 7.17.2(a)

若不考虑 e^{-t} 的衰减作用,信号如下图为周期函数。

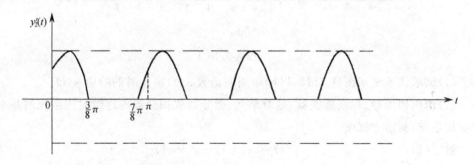

图 7.17.2(b)

在 $(0, \pi)$ 内
$$y_{2a}{}'(t) = 5\sqrt{2}\sin(2t + \frac{\pi}{4})\left[u(t) - u(t - \frac{3}{8}\pi) + u(t - \frac{7}{8}\pi) - u(t - \pi)\right]$$

因为
$$\mathscr{L}\left[5\sqrt{2}\sin(2t+\frac{\pi}{4})\right] = 10\sqrt{2} \cdot \frac{1}{s^2+4}e^{\frac{\pi}{8}s}$$

$$Y_{2a}{}'(s) = 10\sqrt{2} \cdot \frac{1}{s^2+4}e^{\frac{\pi}{8}s}\left(\frac{1}{s} - \frac{1}{s}e^{-\frac{3}{8}\pi s} + \frac{1}{s}e^{-\frac{7}{8}\pi s} - \frac{1}{s}e^{-\pi s}\right) =$$
$$\frac{10\sqrt{2}}{s(s^2+4)}e^{\frac{\pi}{8}s}(1 - e^{-\frac{3}{8}\pi s} + e^{-\frac{7}{8}\pi s} - e^{-\pi s})$$

$$Y_2{'}(s) = \frac{Y_{2a}{'}(s)}{1-e^{-sT}} =$$

$$\frac{10\sqrt{2} \cdot e^{\frac{\pi}{8}s}}{s(s^2+4)(1-e^{-s\pi})}(1-e^{-\frac{3}{8}\pi s}+e^{-\frac{7}{8}\pi s}-e^{-\pi s})$$

$$Y_2(s) = Y_2{'}(s+1) =$$

$$\frac{10\sqrt{2} \cdot e^{\frac{\pi}{8}(s+1)}}{(s+1)[(s+1)^2+4](1-e^{-(s+1)\pi})}[1-e^{-\frac{3}{8}\pi(s+1)}+e^{-\frac{7}{8}\pi(s+1)}-e^{-\pi(s+1)}]$$

7.18 已知某线性非时变系统对 $p(t)$ 的响应为 $q(t)$，$p(t)$ 和 $q(t)$ 的波形如图选 7.18.1(a)所示。

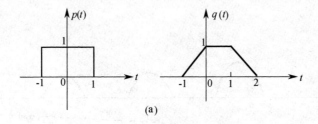

(a)

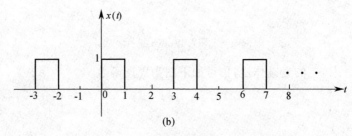

(b)

图选 7.18.1

(1)试求该系统对图选 7.18.1(b)中周期函数 $x(t)$ 输入时的响应 $y(t)$。

(2)请用相加器、标量乘法器、延时单元、微分器或积分器等连续时间系统的基本单元构成该系统，画出方框图。

解 (1) $\qquad p(t) = u(t+1) - u(t-1)$

$$q(t) = (t+1)u(t+1) - tu(t) - (t-1)u(t-1) + (t-2)u(t-2)$$

$$P(s) = \frac{1}{s}(e^s - e^{-s})$$

$$Q(s) = \frac{1}{s^2}(e^s - 1 - e^{-s} + e^{-2s})$$

故 $\qquad H(s) = \dfrac{Q(s)}{P(s)} = \dfrac{1}{s}\dfrac{(e^s - e^{-s}) - e^{-s}(e^s - e^{-s})}{(e^s - e^{-s})} = \dfrac{1}{s}(1 - e^{-s})$

又 $\qquad X(s) = \dfrac{1}{s}\dfrac{1-e^{-s}}{1-e^{-3s}}$

所以 $\qquad Y(s) = H(s)X(s) = \dfrac{1}{s^2}\dfrac{1 - 2e^{-s} + e^{-2s}}{1 - e^{-3s}}$

$$y(t) = \mathscr{L}^{-1}[Y(s)] =$$

$$\sum_{n=-\infty}^{\infty} [(t-3n)u(t-3n) - 2(t-1-3n)u(t-1-3n) + (t-2-3n)u(t-2-3n)]$$

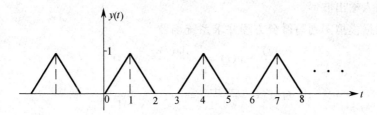

图选 7.18.2

(2)

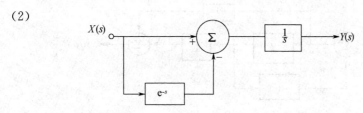

图选 7.18.3

7.19 已知连续系统的微分方程组

$$\begin{cases} \dfrac{dr_1(t)}{dt} + 2r_1(t) - r_2(t) = u(t) \\ -r_1(t) + \dfrac{dr_2(t)}{dt} + 2r_2(t) = 0 \end{cases}$$

初始条件 $r_1(0)=2, r_2(0)=1$,试求其响应 $r_1(t)$ 和 $r_2(t)$。

解 取微分方程组的拉氏变换

$$\begin{cases} sR_1(s) - r_1(0) + 2R_1(s) - R_2(s) = \dfrac{1}{s} \\ -R_1(s) + sR_2(s) - r_2(0) + 2R_2(s) = 0 \end{cases}$$

代入 $r_1(0), r_2(0)$ 整理得

$$\begin{cases} (s+2)R_1(s) - R_2(s) = \dfrac{1}{s} + 2 \\ -R_1(s) + (s+2)R_2(s) = 1 \end{cases}$$

解得

$$R_1(s) = \frac{2s^2 + 6s + 2}{s(s+1)(s+3)} = \frac{\frac{2}{3}}{s} + \frac{1}{s+1} + \frac{\frac{1}{2}}{s+3}$$

$$R_2(s) = \frac{s^2 + 4s + 1}{s(s+1)(s+3)} = \frac{\frac{1}{3}}{s} + \frac{1}{s+1} - \frac{\frac{1}{3}}{s+3}$$

所以

$$r_1(t) = \left(\frac{2}{3} + e^{-t} + \frac{1}{3}e^{-3t}\right)u(t)$$

$$r_2(t) = \left(\frac{1}{3} + e^{-t} - \frac{1}{3}e^{-3t}\right)u(t)$$

7.20 某系统模拟图如图选 7.20.1 所示。

(1)求系统冲激响应。

(2)当 $e(t)=e^t u(-t)$ 时,用时域法求系统输出 $r(t)$。

(3)画出输入输出波形。

解 (1)根据模拟图列写微分方程并求系统函数。

$$\frac{\mathrm{d}r(t)}{\mathrm{d}t}+r(t)=-\frac{\mathrm{d}e(t)}{\mathrm{d}t}+e(t)$$

$$H(s)=\frac{-s+1}{s+1}=-1+\frac{2}{s+1}$$

所以 $\qquad h(t)=\mathscr{L}^{-1}[H(s)]=-\delta(t)+2e^{-t}u(t)$

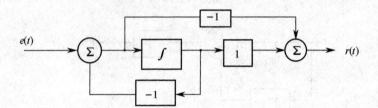

图选 7.20.1

(2)使用卷积法求输出响应 $r(t)$。

$$r(t)=e(t)*h(t)$$
$$=\int_{-\infty}^{\infty}e^{\tau}u(-\tau)[-\delta(t-\tau)+2e^{-(t-\tau)}u(t-\tau)]\mathrm{d}\tau$$

当 $t\leqslant 0$ $\qquad r(t)=\int_{-\infty}^{t}e^{\tau}[-\delta(t-\tau)+2e^{-(t-\tau)}]\mathrm{d}\tau=$
$$-e^t+e^t=0$$

当 $t>0$ $\qquad r(t)=\int_{-\infty}^{0}e^{\tau}[-\delta(t-\tau)+2e^{-(t-\tau)}]\mathrm{d}\tau=$
$$-e^t\cdot 0+e^{-t}=e^{-t}$$

所以 $\qquad r(t)=e^{-t}u(t)$

(3)输入、输出波形如图选 7.20.2 所示

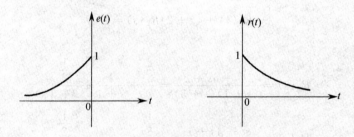

图选 7.20.2

7.21 已知系统转移函数 $H(s)=\dfrac{s+3}{s^2+3s+2}$,输入信号 $e(t)=e^t u(-t)$,求系统零状态响应 $r(t)$。

解 I 输入信号为左边函数，应用双边拉氏变换求其象函数。

$$E(s) = \int_{-\infty}^{\infty} e^t u(-t) e^{-st} dt = \int_{-\infty}^{0} e^{(1-s)t} dt = \frac{1}{1-s}$$

$$R(s) = H(s)E(s) = \frac{s+3}{s^2+3s+2} \cdot \frac{1}{1-s} =$$

$$\frac{1}{s+1} + \frac{-\frac{1}{3}}{s+2} + \frac{\frac{2}{3}}{1-s}$$

所以
$$r(t) = \left[e^{-t} - \frac{1}{3}e^{-2t}\right] u(t) + \frac{2}{3} e^t u(-t)$$

解 II 用时域法

$$h(t) = \mathscr{L}^{-1}[H(s)] = \mathscr{L}^{-1}\left[\frac{2}{s+1} + \frac{-1}{s+2}\right] =$$

$$2e^{-t} u(t) - e^{-2t} u(t)$$

$$r(t) = h(t) * e(t) =$$

$$\int_{-\infty}^{\infty} e^{\tau} u(-\tau) \cdot [2e^{-(t-\tau)} u(t-\tau) - e^{-2(t-\tau)} u(t-\tau)] d\tau$$

当 $t \leqslant 0$
$$r(t) = \int_{-\infty}^{t} [2e^{-(t-\tau)} - e^{-2(t-\tau)}] d\tau = e^t - \frac{1}{3} e^t = \frac{2}{3} e^t$$

当 $t > 0$
$$r(t) = \int_{-\infty}^{0} e^{\tau} [2e^{-(t-\tau)} - e^{-2(t-\tau)}] d\tau = e^{-t} - \frac{1}{3} e^{-2t}$$

所以
$$r(t) = \left(e^{-t} - \frac{1}{3} e^{-2t}\right) u(t) + \frac{2}{3} e^t u(-t)$$

7.22 已知滤波器转移函数 $H(s) = \dfrac{s}{s^2 + 10s + 100}$，试问此滤波器呈何种幅频特性（低通、高通、带通和全通）。

解 先求 $H(s)$ 的零极点分布

$$H(s) = \frac{s}{s^2 + 10s + 100} = \frac{s}{(s+5+j5\sqrt{3})(s+5-j5\sqrt{3})}$$

零点 $Z_1 = 0$

极点 $P_1 = -5 - j5\sqrt{3}$，$P_2 = -5 + j5\sqrt{3}$

系统幅频特性为

$$H(\omega) = H(s)|_{s=j\omega} =$$

$$\frac{j\omega}{-\omega^2 + 10j\omega + 100}$$

$$|H(\omega)| = \frac{\omega}{\sqrt{(100-\omega^2)^2 + (10\omega)^2}}$$

当 $\omega = 0$，$|H(\omega)| = 0$

当 $\omega \to \infty$，$|H(\omega)| = 0$

当 $\omega = 10$，$|H(\omega)| = \dfrac{1}{10}$ 为极大值。

图选 7.22.1

所以滤波器为带通,其幅频特性如图选 7.22.2 所示。

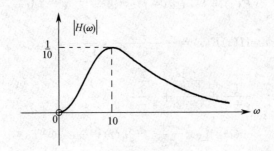

图选 7.22.2

7.23 研究图选 7.23.1 所示 RC 高通滤波网络的频响特性

$$H(j\omega) = \frac{U_2(j\omega)}{U_1(j\omega)}$$

解 写出网络转移函数表示式

$$H(s) = \frac{U_2(s)}{U_1(s)} = \frac{R}{R + \frac{1}{sC}} = \frac{s}{s + \frac{1}{RC}}$$

它有一个零点在坐标原点,而极点位于 $-\frac{1}{RC}$ 处,也即 $Z_1 = 0, P_1 = -\frac{1}{RC}$。零极点在 s 平面分布如图选 7.23.2。将 $H(s)|_{s=j\omega}$ 以矢量因子表示为

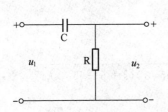

图 7.23.1

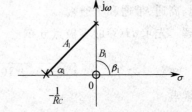

图选 7.23.2 RC 高通滤波网络的 s 平面分析

$$H(j\omega) = \frac{B_1 e^{jB_1}}{A_1 e^{j\alpha_1}} = \frac{U_2}{U_1} \cdot e^{j\varphi(\omega)}$$

式中

$$\frac{U_2}{U_1} = \frac{B_1}{A_1}$$

$$\varphi = \beta_1 - \alpha_1$$

我们来观察当 ω 从 0 沿虚轴向 ∞ 增长时,$H(j\omega)$ 如何随之改变。当 $\omega = 0, B_1 = 0$,$A_1 = \frac{1}{RC}$ 时,$\frac{B_1}{A_1} = 0$,也即 $\frac{U_2}{U_1} = 0$;又因为 $\alpha_1 = 0, \beta_1 = 90°$,所以 $\varphi = 90°$;当 $\omega = \frac{1}{RC}$ 时,$B_1 = \frac{1}{RC}, \alpha_1 = 45°$,所以 $\varphi = 45°$ 而且 $A_1 = \frac{\sqrt{2}}{RC}$,于是 $\frac{U_2}{U_1} = \frac{B_1}{A_1} = \frac{1}{\sqrt{2}}$,此点为高通滤波网络的

截止频率点。最后,当 ω 趋于 ∞ 时,B_1/A_1 趋于 1,也即 $U_2/U_1=1$,$\alpha_1 \to 90°$,所以 $\varphi \to 0°$。按照上述分析,绘出幅频特性与相频特性曲线如图选7.23.3所示。

7.24 已知系统函数的极零图如图选7.24.1所示。

(1)写出与此极零图对应的系统函数。若系统是电网络,说明它们各为何种具体的网络函数。

(2)由每个极零图至少构成两个不同的网络。

解 (1)(a)$H(s)=s$ 微分网络

(b)$H(s)=\dfrac{1}{s}$ 积分网络

(2)由图选 7.24.1(a)构成的两个网络如图选 7.24.2。
由图选 7.24.1(b)构成的两个网络如图选 7.24.3。

7.25 已知系统的极零点分布如图选7.25.1所示。
(1)试判断该系统的稳定性。

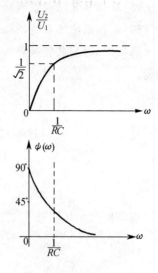

图选 7.23.3

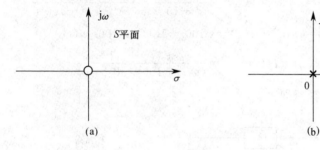

图选 7.24.1

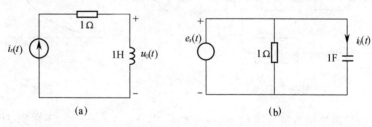

图选 7.24.2

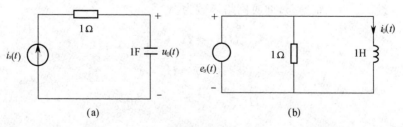

图选 7.24.3

(2)若 $|H(\omega)|_{\omega=0}=10^{-4}$,则画出级联型的系统模拟图。

(3)求该系统的阶跃响应。

(4)定性画出该系统的幅频特性。

解 (1)因为共轭极点位于 S 平面虚轴上,故系统为临界稳定。

(2)因为 $$H(s)=\frac{H_0(s+1)}{(s+j100)(s-j100)}$$

又 $$H(\omega)|_{\omega=0}=10^{-4}$$

所以 $$H_0=1$$

$$H(s)=\frac{s+1}{s^2+100^2}$$

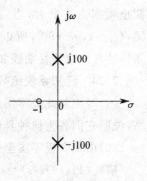

图选 7.25.1

级联模拟图如图选 7.25.2 所示。

(3)因为 $$E(s)=\frac{1}{s}$$

故 $$R(s)=H(s)E(s)=$$

$$\frac{s+1}{s(s^2+10^4)}=\frac{10^{-4}}{s}+\frac{-10^{-4}s+1}{s^2+100^2}$$

所以 $$r(t)=[10^{-4}-10^{-4}\cos 100t+10^{-2}\sin 100t]u(t)$$

(4) $$H(\omega)=H(s)|_{s=j\omega}=\frac{j\omega+1}{(j\omega)^2+100^2}=\frac{1+j\omega}{10^4-\omega^2}$$

幅频特性如图选 7.25.3 所示。

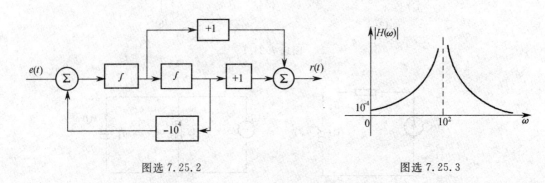

图选 7.25.2　　　　　　　　图选 7.25.3

7.26 已知网络函数的极点位于 $s=-3$ 处,零点在 $s=-a$ 处,还知道 $H(\infty)=1$,此网络的阶跃响应中,包含一项 Ke^{-3t},试问,若 a 从 0 变到 5,相应的 K 如何随之改变。

解 设 H_0 为系统增益,此时网络函数为

$$H(s)=H_0 \cdot \frac{s+a}{s+3}$$

由于 $$H(\infty)=H_0=1$$

所以 $$H(s)=\frac{s+a}{s+3}=1+\frac{a-3}{s+3}$$

冲激响应为

$$h(t)=\mathscr{L}^{-1}[H(s)]=\delta(t)+(a-3)e^{-3t}u(t)$$

阶跃响应为冲激响应的积分

$$g(t) = \int_{-\infty}^{t} [\delta(\tau) + (a-3)e^{-3\tau}u(\tau)]d\tau =$$

$$u(t) + (a-3)\left(-\frac{1}{3}e^{-3\tau}\right)\bigg|_0^t =$$

$$\frac{a}{3}u(t) + (1-\frac{a}{3})e^{-3t}u(t)$$

网络阶跃响应中的系数应为

$$K = 1 - \frac{a}{3}$$

当 a 值从 0 变到 5 时,由上式可得:K 值从 1 变到 $-\frac{2}{3}$。

7.27 系统如图选 7.27 所示,其系统转移函数为 $G(s) = \dfrac{1}{s^2 + 3s + 2}$

(1)当 K 满足什么条件时,系统是稳定的?

(2)当 $K = -1$ 时,求系统的冲激响应。

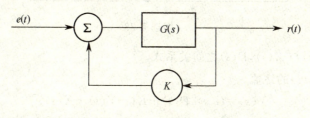

图选 7.27

解 (1)系统稳定的条件是系统函数 $H(s)$ 的极点位于 $[s]$ 平面的左半面或系统冲激响应绝对可积。

$$\int_0^\infty |h(t)|\,dt < \infty$$

由题可得

$$\frac{R(s)}{G(s)} = E(s) + KR(s)$$

$$R(s) = E(s)\frac{G(s)}{1 - KG(s)} = \frac{1}{s^2 + 3s + 2 - K}$$

所以

$$H(s) = \frac{1}{s^2 + 3s + 2 - K} = \frac{1}{(s-P_1)(s-P_2)}$$

$$P_{1,2} = -\frac{3}{2} \pm \frac{\sqrt{1+4K}}{2}$$

若要系统稳定,$H(s)$ 的极点应位于 S 左半平面,必有

$$-\frac{3}{2} + \frac{\sqrt{1+4K}}{2} < 0$$

即

$$K < 2$$

(2)若 $K = -1$,则

$$H(s)=\frac{1}{s^2+3s+3}=\frac{\frac{2}{\sqrt{3}}\cdot\frac{\sqrt{3}}{2}}{(s+\frac{3}{2})^2+(\frac{\sqrt{3}}{2})^2}$$

系统冲激响应

$$h(t)=\mathscr{L}^{-1}[H(s)]=\frac{2}{\sqrt{3}}e^{-\frac{3}{2}t}\cdot\sin\frac{\sqrt{3}}{2}t\cdot u(t)$$

7.28 图选 7.28 所示,$G(s)=\frac{1}{s+1}$;$X(s)=\frac{a}{s}$;$D(s)=\frac{b}{s}$;a,b,K 均为实系数。

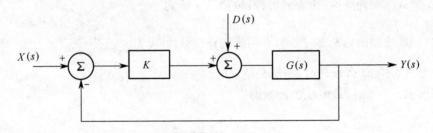

图选 7.28

(1)写出 $Y(s)$ 与 $X(s)$,$D(s)$ 之间关系式。

(2)求响应 $y(t)$ 的终值。

解 (1) $\qquad Y(s)=G(s)[D(s)+K(-Y(s)+X(s))]$

$$Y(s)=\frac{[KX(s)+D(s)]G(s)}{1+KG(s)}$$

(2)因为 $\qquad Y(s)=\frac{[KX(s)+D(s)]G(s)}{1+KG(s)}=$

$$\frac{\left(\frac{Ka}{s}+\frac{b}{s}\right)\frac{1}{s+1}}{1+\frac{K}{s+1}}=\frac{Ka+b}{s(s+1+K)}$$

所以 $\qquad \lim\limits_{t\to\infty}y(t)=\lim\limits_{s\to 0}s\frac{Ka+b}{s(s+1+K)}=\frac{Ka+b}{1+K}$

7.29 图选 7.29.1 所示电路中,

(1)若 $v_1(t)$ 为阶跃信号 $u(t)$,求 $v_2(t)$。

(2)画出 $R_1C_1>R_2C_2$,$R_1C_1<R_2C_2$,$R_1C_1=R_2C_2$ 三种情况下 $v_2(t)$ 的波形图。

(3)根据系统函数 $H(s)$ 表达式零极点分布讨论上述三种情况下系统幅频响应特性区别。

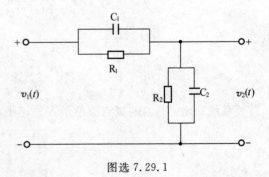

图选 7.29.1

解 (1)因为

$$H(s) = \frac{V_2(s)}{V_1(s)} = \frac{\dfrac{\dfrac{1}{sC_2} \cdot R_2}{\dfrac{1}{sC_2} + R_2}}{\dfrac{\dfrac{1}{sC_2} \cdot R_2}{\dfrac{1}{sC_2} + R_2} + \dfrac{\dfrac{1}{sC_1} \cdot R_1}{\dfrac{1}{sC_1} + R_1}} =$$

$$\frac{R_2(1 + sC_1R_1)}{R_1 + R_2 + sR_1R_2(C_1 + C_2)} =$$

$$\frac{C_1}{C_1 + C_2} \cdot \frac{s + \dfrac{1}{R_1C_1}}{s + \dfrac{R_1 + R_2}{R_1R_2(C_1 + C_2)}}$$

$$V_1(s) = \frac{1}{s}$$

所以

$$V_2(s) = V_1(s)H(s) = \frac{C_1}{C_1 + C_2} \cdot \frac{s + \dfrac{1}{R_1C_1}}{s\left(s + \dfrac{R_1 + R_2}{R_1R_2(C_1 + C_2)}\right)} =$$

$$\frac{\dfrac{R_2}{R_1 + R_2}}{s} + \frac{\dfrac{R_1C_1 - R_2C_2}{(C_1 + C_2)(R_1 + R_2)}}{s + \dfrac{R_1 + R_2}{R_1R_2(C_1 + C_2)}}$$

$$v_2(t) = \frac{R_2}{R_1 + R_2}u(t) + \frac{R_1C_1 - R_2C_2}{(R_1 + R_2)(C_1 + C_2)}e^{-\frac{R_1 + R_2}{R_1R_2(C_1 + C_2)}t}u(t)$$

(2) $R_1C_1 > R_2C_2$ 时

$$v_2(0) = \frac{R_2}{R_1 + R_2} + \frac{R_1C_1 - R_2C_2}{(R_1 + R_2)(C_1 + C_2)} = \frac{C_1}{C_1 + C_2}$$

$v_2(t)$为递增函数,如图选 7.29.2(a)所示。

$R_1C_1 < R_2C_2$ 时

$$v_2(0) = \frac{R_2}{R_1 + R_2} + \frac{R_1C_1 - R_2C_2}{(R_1 + R_2)(C_1 + C_2)} = \frac{C_1}{C_1 + C_2}$$

$v_2(t)$为递减函数,如图选 7.29.2(b)所示。

$R_1C_1 = R_2C_2$ 时

$$v_2(t) = \frac{R_2}{R_1 + R_2}u(t)$$

$v_2(t)$为常值,如图选 7.29.2(c)所示。

(3) $H(s)$有一个零点: $Z_1 = -\dfrac{1}{R_1C_1}$

一个极点: $P_1 = -\dfrac{R_1 + R_2}{R_1R_2(C_1 + C_2)}$

应用几何法分析系统幅频特性。

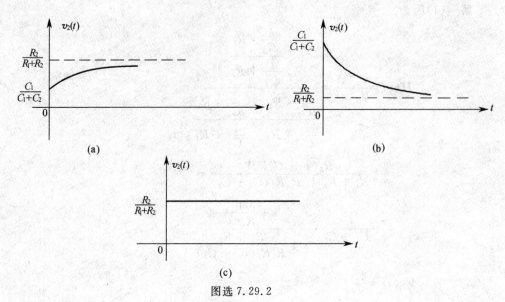

图选 7.29.2

当 $R_1C_1 = R_2C_2$ 时

$$P_1 = -\frac{R_1 + R_2}{R_1C_1 \cdot R_2 + R_1 \cdot R_1C_1} = -\frac{1}{R_1C_1}$$

即 $P_1 = Z_1$,零极点对消,$|H(\omega)| = H_0 = \dfrac{C_1}{C_1 + C_2}$

当 $R_1C_1 > R_2C_2$ 时,极点位于零点左边,即 $P_1 < Z_1$

$$H(\omega) = H_0 \frac{j\omega + Z_1}{j\omega + P_1} = H_0 \frac{B_1}{A_1} e^{j(\beta_1 - \alpha_1)}$$

当 $\omega = 0$ 时:$B_1 < A_1$,$|H(\omega)| = \dfrac{B_1}{A_1} H_0 < H_0$

当 $\omega = \infty$ 时:$B_1 = A_1$,$|H(\omega)| = H_0$

极零点分布和幅频特性如图选 7.29.3 所示。

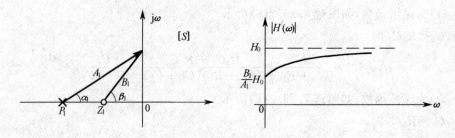

图选 7.29.3

当 $R_1C_1 < R_2C_2$ 时,极点位于零点右边,即 $Z_1 < P_1$。

$$H(\omega) = H_0 \frac{j\omega + Z_1}{j\omega + P_1} = H_0 \frac{B_1}{A_1} e^{j(\beta_1 - \alpha_1)}$$

当 $\omega = 0$ 时,$B_1 > A_1$,$|H(\omega)| = H_0 \dfrac{B_1}{A_1} > H_0$

当 $\omega = \infty$ 时,$B_1 = A_1$,$|H(\omega)| = H_0$

极零点分布和幅频特性如图选 7.29.4 所示。

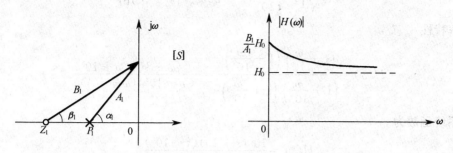

图选 7.29.4

7.30 已知最小相移系统波特图如图选 7.30.1 所示,根据此图写出系统函数 $H(s)$。

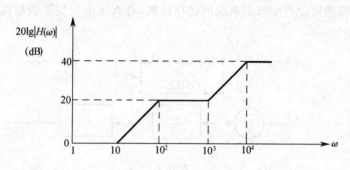

图选 7.30.1

解 根据图选 7.30.1,可知其对数幅频特性由四项组成:第一项为通过 $\omega=10$ 点的斜率为 20dB/10 倍频的直线;第二项为由断点 $\omega=10^2$ 起始斜率为 -20dB/10 倍频的直线;第三项为由断点 $\omega=10^3$ 起始斜率为 20dB/10 倍频的直线,第四项为由断点 $\omega=10^4$ 起始斜率为 -20dB/10 倍频的直线,如图选 7.30.2 所示。

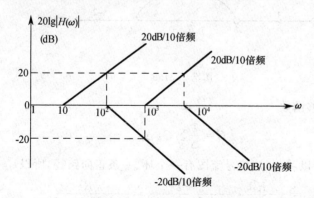

图选 7.30.2

由图选 7.30.2 可以写出对数幅频特性

$$G(\omega) = 20\lg |H(\omega)| =$$

$$20\lg\sqrt{\left(1+\frac{\omega}{10}\right)^2} - 20\lg\sqrt{\left(1+\frac{\omega}{10^2}\right)^2} +$$

$$20\lg\sqrt{\left(1+\frac{\omega}{10^3}\right)^2}-20\lg\sqrt{\left(1+\frac{\omega}{10^4}\right)^2}$$

则频率特性

$$H(\omega)=\frac{\left(1+\frac{\omega}{10}\right)\left(1+\frac{\omega}{10^3}\right)}{\left(1+\frac{\omega}{10^2}\right)\left(1+\frac{\omega}{10^4}\right)}=\frac{10^2(\omega+10)(\omega+10^3)}{(\omega+10^2)(\omega+10^4)}$$

所以系统函数为

$$H(s)=\frac{10^2(s+10)(s+10^3)}{(s+10^2)(s+10^4)}$$

7.31 有一反馈系统如图选 7.31.1 所示,试构作其信号流图,并由信号流图用梅森公式或信号流图简化规则求出系统的转移函数,再直接由反馈系统模拟图求反馈转移函数,并核对结果。

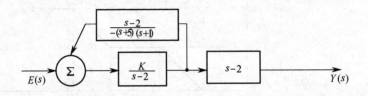

图选 7.31.1

解 由图选 7.31.1 可得其信号流图如图选 7.31.2 所示。

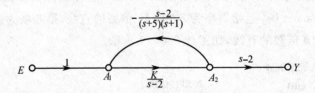

图选 7.31.2

用梅森公式求转移函数

$$H=\frac{1}{\Delta}\sum_K G_K \Delta_K$$

由图选 7.31.2 可以看到,该信号流图有一个环、一条正向路径,所以

$$L_1=-\frac{K}{s-2}\cdot\frac{s-2}{(s+5)(s+1)}=\frac{K}{(s+5)(s+1)}$$

$$G_1=\frac{K}{s-2}(s-2)=K$$

可以看到没有与 G_1 路径不接触的环,所以

$$\Delta=1$$

于是有

$$H=\frac{1}{\Delta}G_1\Delta_1=\frac{G_1\Delta_1}{1-L_1}=\frac{K(s+1)(s+5)}{s^2+6s+5+K}$$

用信号流图简化规则求转移函数。

对图选 7.31.2 进行化简,可得图选 7.31.3。

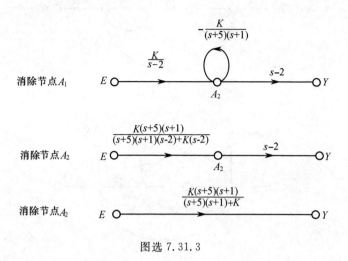

图选 7.31.3

于是有

$$H(s)=\frac{K(s+5)(s+1)}{(s+5)(s+1)+K}$$

若由系统模拟图直接求 $H(s)$。

由图选 7.31.1 得

$$\left[E(s)-\frac{s-2}{(s+5)(s+1)}\cdot Y'(s)\right]\frac{K}{s-2}=Y'(s)$$

即

$$Y'(s)=\frac{K}{s-2}\cdot\frac{(s+1)(s+5)}{(s+1)(s+5)+K}\cdot E(s)$$

而

$$Y(s)=Y'(s)(s-2)$$

故

$$H(s)=\frac{Y(s)}{E(s)}=\frac{K(s+1)(s+5)}{(s+1)(s+5)+K}$$

可见,此结果与用梅森公式及信号流图简化求得的结果一样。

7.32 求图选 7.32 所示系统的传输函数

(1) $\dfrac{Y(s)}{X(s)}$;　　(2) $\dfrac{Y_1(s)}{X_1(s)},\dfrac{Y_2(s)}{X_1(s)},\dfrac{Y_1(s)}{X_2(s)},\dfrac{Y_2(s)}{X_2(s)}$

解 (1) 流图(a)中有 5 个环路。

$$H_2\rightarrow T_2$$
$$H_2\rightarrow H_3\rightarrow T_1$$
$$H_3\rightarrow T_4$$
$$H_6\rightarrow T_4\rightarrow T_1$$
$$T_3$$

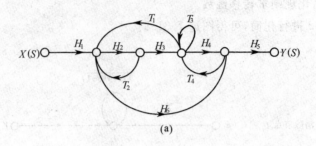

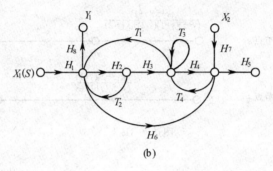

图选 7.32

各环路的传输值分别为
$$L_1 = T_2 H_2$$
$$L_2 = T_1 H_2 H_3$$
$$L_3 = T_4 H_4$$
$$L_4 = T_1 T_4 H_6$$
$$L_5 = T_3$$

互不接触的环路有 $L_1 L_5$, $L_1 L_3$ 两组,其传输乘积分别为
$$L_1 L_5 = T_2 T_3 H_2$$
$$L_1 L_3 = T_2 H_2 T_4 H_4$$

三环互不接触的情况没有,故可得流图行列式为
$$\Delta = 1 - \sum_i L_i + \sum_{i,j} L_i L_j =$$
$$1 - (T_2 H_2 + T_1 H_2 H_3 + T_4 H_4 + T_1 T_4 H_6 + T_3) +$$
$$(T_2 T_3 H_2 + T_2 H_2 T_4 H_4) =$$
$$1 - T_2 H_2 - T_1 H_2 H_3 - T_4 H_4 - T_1 T_4 H_6 -$$
$$T_3 + T_2 H_2 (T_3 + T_4 H_4)$$

流图中有两条前向路径
$$H_1 \rightarrow H_2 \rightarrow H_3 \rightarrow H_4 \rightarrow H_5$$
$$H_1 \rightarrow H_6 \rightarrow H_5$$

其传输值分别为
$$G_1 = H_1 H_2 H_3 H_4 H_5$$
$$G_2 = H_1 H_5 H_6$$

与 G_1 路径不接触的环路没有,与 G_2 路径不接触的环路为 L_5,故路径因子分别为
$$\Delta_1 = 1 - 0 = 1$$
$$\Delta_2 = 1 - T_3$$

将以上各式代入梅森公式可得转移函数

$$H(s) = \frac{Y(s)}{X(s)} = \frac{1}{\Delta} \sum_K G_K \Delta_K =$$

$$\frac{H_1 H_2 H_3 H_4 H_5 + H_1 H_5 H_6 (1 - T_3)}{1 - T_2 H_2 - T_1 H_2 H_3 - T_4 H_4 - T_1 T_4 H_6 - T_3 + T_2 H_2 (T_3 + T_4 H_4)}$$

(2)信号流图的特征式 Δ 由其结构决定。系统流图中,不论其输入、输出位置如何选取,Δ 是固定的。对于 $\dfrac{Y_1(s)}{z_1(s)}, \dfrac{Y_2(s)}{z_2(s)}, \dfrac{Y_1(s)}{z_2(s)}, \dfrac{Y_2(s)}{z_2(s)}$,$\Delta$ 为相同的。

流图(b)中有 5 个环路

$$H_2 \to T_2$$
$$H_2 \to H_3 \to T_1$$
$$T_3$$
$$H_4 \to T_4$$
$$T_4 \to H_1 \to H_6$$

各环路的传输值分别为

$$L_1 = T_2 H_2$$
$$L_2 = T_1 H_2 H_3$$
$$L_3 = T_3$$
$$L_4 = T_4 H_4$$
$$L_5 = T_1 T_4 H_6$$

互不接触的环路有 $L_1 L_3, L_1 L_4$ 两组,其传输乘积分别为

$$L_1 L_3 = T_2 H_2 T_3$$
$$L_1 L_4 = T_2 H_2 \to T_4 H_4$$

三环互不接触的情况没有,故可得流图行列式为

$$\Delta = 1 - \sum_i L_i + \sum_{i,j} L_i L_j =$$
$$1 - (T_2 H_2 + T_1 H_2 H_3 + T_3 + T_4 H_4 + T_1 T_4 H_6) +$$
$$(T_2 T_3 H_2 + T_2 H_2 T_4 H_4) =$$
$$1 - T_2 H_2 - T_1 H_2 H_3 - T_3 - T_4 H_4 - T_1 T_4 H_6 +$$
$$T_2 H_2 (T_3 + T_4 H_4)$$

求 $\dfrac{Y_1(s)}{X_1(s)}$

从 X_1 到 Y_1 有一条前向路径

$$H_1 \to H_8$$

其传输值为

$$G_1 = H_1 H_8$$

与 G_1 路径不接触的环路是 L_3 和 L_4,所以路径因子为
$$\Delta_1 = 1-(T_3+T_4H_4)$$

将以上各式代入梅森公式可得转移函数
$$\frac{Y_1(s)}{Z_1(s)} = \frac{1}{\Delta}\sum_K G_K\Delta_K =$$
$$\frac{1}{\Delta}[H_1H_8(1-T_3-T_4H_4)]$$

求 $\dfrac{Y_2(s)}{X_1(s)}$

从 X_1 到 Y_2 有两条前向路径
$$H_1 \to H_2 \to H_3 \to H_4 \to H_5$$
$$H_1 \to H_6 \to H_5$$

其传输值分别为
$$\Delta_1 = 1-0 = 1$$
$$\Delta = 1-T_3$$

由梅森公式
$$\frac{Y_2(s)}{X_1(s)} = \frac{1}{\Delta}\sum_K G_K\Delta_K =$$
$$\frac{1}{\Delta}[H_1H_2H_3H_4H_5 \cdot 1 + H_1H_5H_6(1-T_3)] =$$
$$\frac{1}{\Delta}[H_1H_2H_3H_4H_5 + H_1H_5H_6(1-T_3)]$$

求 $\dfrac{Y_1(s)}{X_2(s)}$

从 X_2 到 Y_1 有一条前向路径
$$H_7 \to T_4 \to T_1 \to H_8$$

其传输值为
$$G_1 = T_1T_4H_7H_8$$

与 G_1 路径不接触的环路没有,所以路径因子为
$$\Delta_1 = 1-0 = 1$$

由梅森公式
$$\frac{Y_1(s)}{X_2(s)} = \frac{1}{\Delta}\sum_K G_K\Delta_K =$$
$$\frac{1}{\Delta}[T_1T_4H_7H_8]$$

最后求 $\dfrac{Y_2(s)}{X_2(s)}$

从 X_2 到 Y_2 有一条前向路径
$$H_7 \to H_5$$

其传输值为

$$G_1 = H_5 H_7$$

与 G_1 路径不接触的环路是 L_1, L_2 和 L_3,同时其中还有两两互不接触的路径 $L_1 L_3$,所以路径因子为

$$\Delta_1 = 1 - (T_2 H_2 + T_1 H_2 H_3 + T_3) + T_2 H_2 T_3 =$$
$$1 - T_3 - T_2 H_2 - T_1 H_2 H_3 + T_2 T_3 H_2$$

在求前向通路的路径因子时,应注意不要遗漏互不接触的环路(如上式中的 $T_2 T_3 H_2$)。

由梅森公式

$$\frac{Y_2(s)}{X_2(s)} = \frac{1}{\Delta} \sum_K G_K \Delta_K =$$
$$\frac{1}{\Delta}[H_5 H_7 (1 - T_3 - T_2 H_2 - T_1 H_2 H_3 + T_2 T_3 H_2)]$$

7.3 习题(25题)

7.1 图习 7.1 所示有源网络,理想放大器输入阻抗为无限大,输出阻抗为零,放大倍数为 K,求系统函数 $H(s) = \dfrac{V_2(s)}{V_1(s)}$。

7.2 试求图习 7.2 所示电路的传递函数。

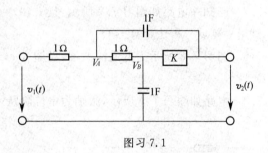

图习 7.1

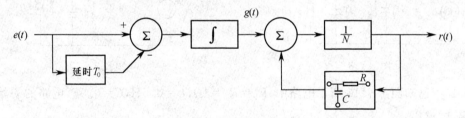

图习 7.2

7.3 图习 7.3 所示电路中,已进入稳态;$t=0$ 开关打开,求 $v(t)$ 表达式,画波形。

7.4 如图习 7.4 所示,电路开关在 $t=0$ 时接通,响应为流过 R_2 的电流 i_2。

(1)求冲激响应 $h(t)$;

(2)求阶跃响应 $g(t)$。

7.5 图习 7.5 所示电路中,当 $t<0$ 时电容无贮能,$t=0$ 时开关闭合,试求电流 $i_1(t)$。

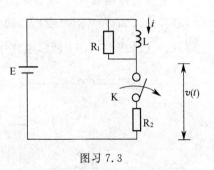

图习 7.3

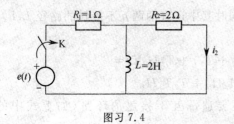
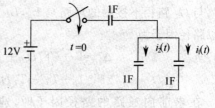

图习 7.4　　　　　　　　　　　图习 7.5

7.6　在图习 7.6 所示电路中,设在 $t=0^-$ 时,电容器上的电压 $u_{c1}(0^-)=-2$ V,电容器 C_2 上电压 $u_{c2}(0^-)=2$ V,开关 K 在 $t=0$ 时闭合,试计算在 $t>0$ 时的响应 $v_0(t)$。

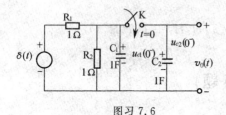

图习 7.6　　　　　　　　　　　图习 7.7

7.7　已知一电路如图习 7.7 所示,且 $i_1(0)=1$A,$v_1(0)=2$V,$v_2(0)=0$,$g_m=0.5$。试用复频域分析法计算 $v_2(t)$。

7.8　图习 7.8 所示为低通滤波器,设输入 $e(t)$ 是单位阶跃函数,试求负载上的电压 $V_R(t)$。

7.9　电路如图习 7.9 所示,激励为单位阶跃函数,求回路电压 $v(t)$。

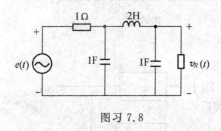
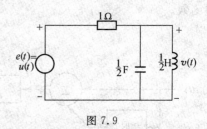

图习 7.8　　　　　　　　　　　图 7.9

7.10　已知图习 7.10 所示电路中,$R_1=R_2=1\Omega$,$L=0.5$H,$C=0.5$F,电路的初始条件为零,试求:

(1)电压转移函数;

(2)若输入 $e(t)=5u(t-2)$ V,确定响应 $u_c(t)$。

7.11　已知图习 7.11 所示电路中,$C_1=1$ F,$C_2=2$ F,$R=2$ Ω,起始条件 $u_{c1}(0^-)=$

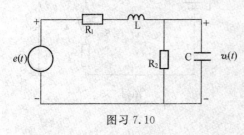
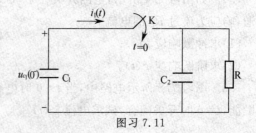

图习 7.10　　　　　　　　　　　图习 7.11

2 V,$t=0$ 时开关闭合,求电流 $i_1(t)$。

7.12 求图习 7.12 所示电阻网络的等效电阻 R_e。

7.13 电路如图 7.13 所示,$t=0$ 之前开关位于"A",电路已进入稳态,$t=0$ 时刻开关由"A"转到"B",求电压 $v_c(t)$。

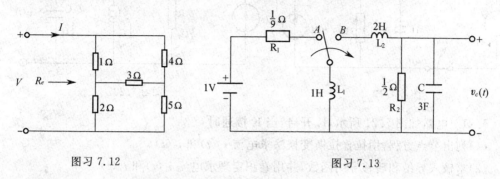

图习 7.12   图习 7.13

7.14 已知系统的传递函数

$$H(s)=\frac{s+3}{s^2+3s+2}$$

且 $r(0^-)=1, r'(0^-)=2$,求 $e(t)$ 分别为 $u(t)$ 及 $e^{-3t}u(t)$ 时的全响应。

7.15 求下列系统的冲激响应。

(1) $H(s)=\dfrac{s+4}{s(s^2+3s+2)}$

(2) $H(s)=\dfrac{3s+1}{s(s+1)^2}$

(3) $H(s)=\dfrac{3s+8}{s(s^2+4s+8)}$

7.16 某系统的输入输出方程式为

$$\frac{d^2r(t)}{dt^2}+5\frac{dr(t)}{dt}+6r(t)=3\frac{de(t)}{dt}+2e(t)$$

若 $e(t)=4e^{-t}u(t), r(0)=1, r'(0)=1$,试求全响应。

7.17 已知某系统的数学描述为

$$\frac{d^2r(t)}{dt^2}+6\frac{dr(t)}{dt}+9r(t)=9e(t)$$

试求当 $e(t)=u(t)$ 时系统的零状态响应 $r_{zs}(t)$。

7.18 已知系统的系统函数

$$H(s)=\frac{s+2}{s^2+2s}$$

若 $e(t)=e^{-t}U(t), r(0)=2, r'(0)=1$,试求全响应 $r(t)$。

7.19 如图习 7.19 所示,系统进入稳态后在 $t=0$ 时 K_1 断开,K_2 闭合,试求 $v_c(t)$ 与 $i_c(t)$。

7.20 图习 7.20 所示电路,已知 $v_c(0^-)=0, i_L(0^-)=0, i_s(t)=3u(t)$,求 $u_c(t), i_c(t), i_L(t)$。

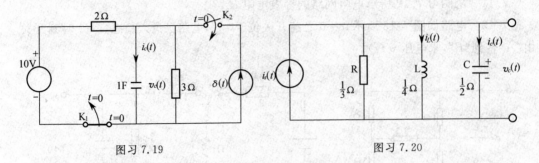

图习 7.19　　　　　　　　　　图习 7.20

7.21　电路如图 7.21 所示，K 开启，当 K 接通时

(1)列出节点方程，用拉普拉斯变换法求电流 $i_1(t)$ 和 $i_2(t)$。

(2)求输入导纳和转移导纳函数，并用卷积定理求电流 $i_1(t)$ 和 $i_2(t)$。

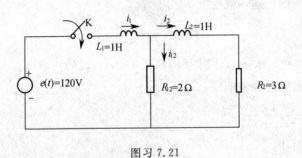

图习 7.21

7.22　对图习 7.22 所示电路

(1)写出系统函数 $H(s)=\dfrac{U_2(s)}{U_1(s)}$。

(2)画出系统函数的极零点分布。

(3)分别求冲激响应 $h(t)$ 和阶跃响应 $g(t)$。

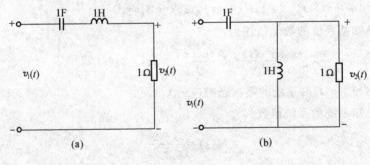

图习 7.22

7.23　图习 7.23 所示线性反馈系统，讨论当 K 从 0 增长时，系统稳定性的变化。

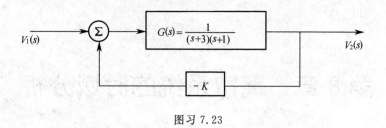

图习 7.23

7.24 将信号流图(a)化简为(b),如图习 7.24 所示。试以转移函数 a,b,c,d 表示转移函数 A,B。

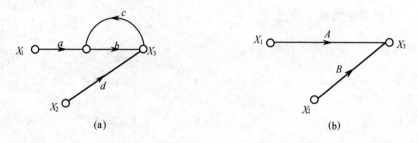

图习 7.24

7.25 设系统转移函数 $H(s)$ 为

(1) $\dfrac{s+2}{(s+1)(s+3)(s+4)}$

(2) $\dfrac{2s+3}{s(s+2)^2(s+3)}$

(3) $\dfrac{s^3}{(s+1)(s+2)(s+3)}$

分别用直接(根据微分方程式)、并联和串联形式画出其系统模拟图。

第8章 离散系统的时域分析

8.1 公式及要点

8.1.1 离散系统的数学模型

1. 差分方程的一般形式

前向差分 $\quad \sum_{i=0}^{N} a_i y(n+i) = \sum_{j=0}^{M} b_j x(n+j) \quad (a_N = 1)$

后向差分 $\quad \sum_{i=0}^{N} a_i y(n-i) = \sum_{j=0}^{M} b_j x(n-j) \quad (a_0 = 1)$

2. 根据系统差分方程画系统模拟框图
3. 根据模拟框图列写差分方程

8.1.2 差分方程的经典解法

1. 经典法
$$y(n) = y_c(n) + y_p(n) \tag{8.1}$$

其中 $y_c(n)$ 为齐次解,$y_p(n)$ 为特解。

设齐次方程为
$$\sum_{i=0}^{N} a_i y(n+i) = 0 \quad (a_N = 1)$$

特征方程为 $\quad \alpha^n + a_{N-1}\alpha^{N-1} + \cdots + a_1\alpha + a_0 = 0$

特征根为 $\quad \alpha_1, \alpha_2, \cdots, \alpha_N$

则齐次解
$$y_c(n) = \sum_{i=1}^{N} A_i \alpha_i^n \tag{8.2}$$

若 α_1 为 K 重根,其余特征根均为单根,则
$$y_c(n) = \sum_{i=1}^{K} A_i n^{i-1} \alpha_1^n + \sum_{i=K+1}^{N} A_i \alpha_i^n \tag{8.3}$$

其中 A_i 为待定系数。

特解 $y_p(n)$ 求解方法:若将激励函数 $x(n)$ 代入差分方程右端,得"自由项",根据自由项的形式在表 8.1 中选取含有待定系数的特解函数 $B(n)$,并代入方程的左端;根据方程两端对应项系数相等的原则求出特解的待定系数。

N 阶差分方程的完全解

$$y(n) = \sum_{i=1}^{N} A_i \alpha_i^n + B(n) \tag{8.4}$$

表 8.1

自由项	特 解 形 式
E	B
a^n (a 不是特征根)	Ba^n
n^k	$B_1 n^k + B_2 n^{k-1} + \cdots + B_k n + B_{k+1}$
$n^k a^n$	$a^n(B_1 n^k + B_2 n^{k-1} + \cdots + B_k n + B_{k+1})$
$\sin bn$ 或 $\cos bn$	$B_1 \sin bn + B_2 \cos bn$
$a^n \sin bn$ 或 $a^n \cos bn$	$a^n(B_1 \sin bn + B_2 \cos bn)$

利用给定的边界条件 $y(0), y(1), \cdots, y(N-1)$;代入完全解的表达式,可得联立方程

$$\begin{cases} y(0) - B(0) = A_1 + A_2 + \cdots + A_N \\ y(1) - B(1) = A_1 \alpha_1 + A_2 \alpha_2 + \cdots + A_N \alpha_N \\ \vdots \\ y(N-1) - B(N-1) = A_1 \alpha_1^{N-1} + A_2 \alpha_2^{N-1} + \cdots + A_N \alpha_N^{N-1} \end{cases} \tag{8.5}$$

解此方程组,可求得系数 $A_1, A_2, \cdots, A_N$。

2. 卷积法

$$y(n) = y_{zi}(n) + y_{zs}(n) \tag{8.6}$$

其中 $y_{zi}(n)$ 为零输入响应,$y_{zs}(n)$ 为零状态响应。

同样地,响应的边界值条件也分为两部分,即

$$y(k) = y_{zi}(k) + y_{zs}(k)$$

式中 $y_{zi}(k)$ 为零输入响应的边界值,$y_{zs}(k)$ 为零状态响应的边界值。

(1)零输入响应是当激励 $x(n)=0$ 时系统的响应,即齐次方程的解

$$y_{zi}(n) = \sum_{i=1}^{N} C_i \alpha_i^n \tag{8.7}$$

若 α_1 为 K 阶重根,其余为单根,则

$$y_{zi}(n) = \sum_{i=1}^{K} C_i n^{i-1} \alpha_1^n + \sum_{i=K+1}^{N} C_i \alpha_i^n \tag{8.8}$$

式中 α_i 为差分方程特征根,C_i 为待定系数,利用给定的零输入响应边界值 $y_{zi}(0), y_{zi}(1), \cdots, y_{zi}(N-1)$ 等条件可以求得。

将边界条件分别代入 $y_{zi}(n)$ 表达式,可得方程组

$$\begin{cases} y_{zi}(0) = C_1 + C_2 + \cdots + C_N \\ y_{zi}(1) = C_1 \alpha_1 + C_2 \alpha_2 + \cdots + C_N \alpha_N \\ \vdots \\ y_{zi}(N-1) = C_1 \alpha_1^{N-1} + C_2 \alpha_2^{N-1} + \cdots + C_N \alpha_N^{N-1} \end{cases} \tag{8.9}$$

解此方程组,可求得系数 $C_1, C_2, \cdots, C_N$。

值得指出:经典法中所用的边界值 $y(k)$ 是零输入响应边界值 $y_{zi}(k)$ 和零状态响应边

界值 $y_{zs}(k)$ 的总和,而此处用来确定系数 C_i 的边界值仅是零输入响应的边界值 $y_{zi}(k)$,此时的零状态响应边界值 $y_{zs}(k)$ 为零。

判断 $y_{zs}(k)$ 为零的条件是其序号 k 应满足不等式

$$k < L - S \tag{8.10}$$

式中 L 为输出序列 $y(n)$ 的最高序号,S 为输入序列 $x(n)$ 的最高序号。

(2)零状态响应

$$y_{zs}(n) = x(n) * h(n) = \sum_{m=-\infty}^{\infty} x(m) h(n-m) \tag{8.11}$$

式中 $h(n)$ 为系统单位函数响应。

(3)单位函数响应 $h(n)$ 计算

$$h(n) = \sum_{i=1}^{N} K_i \alpha_i^n \tag{8.12}$$

式中 α_i 为系统的特征根;

K_i 为待定系数,由单位函数 $\delta(n)$ 的作用转换为系数的边界值 $h(0), h(1), \cdots, h(N-1)$ 来确定,此边界值可使用迭代法求得。

系统的全响应可分解为零输入响应和零状态响应,而零状态响应又可分为自然响应分量和受迫响应分量,它们与经典法中的齐次解和特解之间有如下关系:

系统全响应 $\begin{cases} 零输入响应——自然响应 \\ 零状态响应 \begin{cases} 自然响应 \\ 受迫响应 = 特解 \end{cases} \end{cases}$ = 齐次解 ｝经典法完全解

8.2 选题精解(16题)

8.1 下列各系统中,$x(n)$ 表示激励,$y(n)$ 表示响应。试判断激励与响应的关系是否为线性的? 是否为时不变的?

(1) $y(n) = 2x(n) + 3$ (2) $y(n) = x(n) \sin\left(\frac{2}{7}n + \frac{\pi}{6}\right)$

(3) $y(n) = [x(n)]^2$ (4) $y(n) = \sum_{m=-\infty}^{n} x(m)$

解 (1)系统总响应 $y(n) = 2x(n) + 3$,其中,$y_{zi}(n) = 3$,$y_{zs}(n) = 2x(n)$,只有 $y_{zs}(n)$ 与输入有关。

当激励为 $a_1 x_1(n) + a_2 x_2(n)$ 时,响应为

$$2[a_1 x_1(n) + a_2 x_2(n)] = a_1 y_1(n) + a_2 y_2(n)$$

当激励为 $x(n - n_0)$ 时,响应为

$$2x(n - n_0) + 3 = y(n - n_0)$$

故激励与响应的关系是线性、时不变的。

(2)当激励为 $a_1x_1(n)+a_2x_2(n)$ 时,响应为

$$y(n)=[a_1x_1(n)+a_2x_2(n)]\sin\left(\frac{2}{7}n+\frac{\pi}{6}\right)=a_1y_1(n)+a_2y_2(n)$$

当激励为 $x(n-n_0)$ 时,响应为

$$x(n-n_0)\sin\left(\frac{2}{7}n+\frac{\pi}{6}\right)\neq y(n-n_0)$$

所以激励与响应的关系是线性、时变的。

(3)当激励为 $a_1x_1(n)+a_2x_2(n)$ 时,响应为

$$[a_1x_1(n)+a_2x_2(n)]^2\neq a_1y_1(n)+a_2y_2(n)$$

当激励为 $x(n-n_0)$ 时,响应为

$$[x(n-n_0)]^2=y(n-n_0)$$

所以激励与响应的关系是非线性、时不变的。

(4)当激励为 $a_1x_1(n)+a_2x_2(n)$ 时,响应为

$$\sum_{m=-\infty}^{n}[a_1x_1(m)+a_2x_2(m)]=a_1y_1(n)+a_2y_2(n)$$

当激励为 $x(n-n_0)$ 时,响应为

$$\sum_{m=-\infty}^{n}x(m-n_0)=\sum_{m=-\infty}^{n-n_0}x(m)=y(n-n_0)$$

所以激励与响应的关系是线性、时不变的。

8.2 求与微分方程式

$$\frac{d^2y(t)}{dt^2}-3\frac{dy(t)}{dt}+2y(t)=x(t)$$

相接近的差分方程式。

解 一阶微分可用一阶差分来表示,即

$$\left.\frac{dy(t)}{dt}\right|_{t=nT}=\frac{y(nT+T)-y(nT)}{T}$$

二阶微分可用二阶差分表示,可证明如下

$$\left.\frac{d^2y(t)}{dt^2}\right|_{t=nT}=\frac{d}{dt}\left.\frac{dy(t)}{dt}\right|_{t=nT}=$$

$$\left.\frac{d}{dt}\left[\frac{y(nT+T)-y(nT)}{T}\right]\right|_{t=nT}=$$

$$\frac{1}{T}\left[\frac{y(nT+2T)-y(nT+T)}{T}-\frac{y(nT+T)-y(nT)}{T}\right]=$$

$$\frac{y(nT+2T)-2y(nT+T)+y(nT)}{T^2}$$

将上两式的结果代入微分方程,并将 $x(t)$ 和 $y(t)$ 分别变为 $x(nT)$ 和 $y(nT)$,即

$$\frac{y(nT+2T)-2y(nT+T)+y(nT)}{T^2}-3\frac{y(nT+T)-y(nT)}{T}+2y(nT)=x(nT)$$

$$y(nT+2T)-(2+3T)y(nT+T)+(1+3T+2T^2)y(nT)=T^2x(nT)$$

若抽样周期 T 取时间单位,则此差分方程式变为

$$y(n+2)-5y(n+1)+6y(n)=x(n)$$

8.3 一个乒乓球从 3 m 高度自由下落至地面,每次弹起的最高值是前一次最高值的 $\frac{4}{5}$,现以 $y(n)$ 表示第 n 次跳起的最高值,试列写描述此过程的差分方程式,并求解此差分方程。

解 由题意可得一阶差分方程

$$y(n+1)-\frac{4}{5}y(n)=0$$

因为特征根

$$\alpha=\frac{4}{5}$$

所以

$$y(n)=C\cdot\alpha^n=C\cdot\left(\frac{4}{5}\right)^n$$

根据初始条件得 $C=y(0)=3$

$$y(n)=3\left(\frac{4}{5}\right)^n (m)$$

8.4 已知离散系统差分方程

$$y(n+2)+3y(n+1)+2y(n)=5x(n+1)-2x(n)$$

试画出系统的模拟图。

解

解Ⅰ 引入辅助函数 $q(n)$,则系统的差分方程式可以用以下两式等效

$$\begin{cases} q(n+2)+3q(n+1)+2q(n)=x(n) & (8.4.1) \\ y(n)=5q(n+1)-2q(n) & (8.4.2) \end{cases}$$

由此二式可画出系统的模拟图,如图选 8.4.1 所示。

先由式(8.4.1)绘出图选 8.4.1 的下半部分,再由式(8.4.2)绘出图的上半部分。

解Ⅱ 将原差分方程变为后向差分表示

$$y(n)+3y(n-1)+2y(n-2)=5x(n-1)-2x(n-2)$$

$$y(n)=-3y(n-1)-2y(n-2)+5x(n-1)-2x(n-2)$$

由上式可直接画出系统模拟图,如图选 8.4.2 所示。

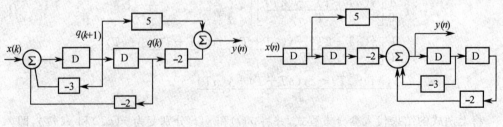

图选 8.4.1　　　　　　　　　　　图选 8.4.2

8.5 试写出图选 8.5.1 所示离散时间系统的差分方程。

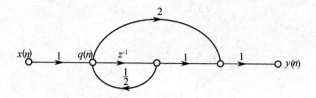

图选 8.5.1

解 I 设辅助变量 $q(n)$，可得

$$q(n)=\frac{1}{2}q(n-1)+x(n)$$

即

$$q(n)-\frac{1}{2}q(n-1)=x(n) \tag{8.5.1}$$

$$y(n)=2q(n)+q(n-1) \tag{8.5.2}$$

借助 Z 变换，可消去中间变量 $q(n)$，建立 $x(n)$ 和 $q(n)$ 之间的关系。

对式(8.5.1)和式(8.5.2)Z 变换得

$$Q(z)\left(1-\frac{1}{2}z^{-1}\right)=X(z)$$

$$Y(z)=Q(z)\left(2+\frac{1}{z}\right)$$

所以

$$Y(z)=\frac{2+z^{-1}}{1-\frac{1}{2}z^{-1}}X(z)$$

故差分方程为

$$y(n)-\frac{1}{2}y(n-1)=2x(n)+x(n-1)$$

8.6 试用经典法求解差分方程

(1) $y(n+1)+2y(n)=(n-1)u(n)$　　边界条件　$y(0)=1$
(2) $y(n+2)+2y(n+1)+y(n)=3^{n+2}u(n)$　　边界条件　$y(-1)=0, y(0)=0$
(3) $y(n+1)-2y(n)=4u(n)$　　边界条件　$y(0)=0$

解 (1)差分方程的特征方程为

$$\alpha+2=0$$

特征根为

$$\alpha=-2$$

设齐次解

$$y_c(n)=A(-2)^n$$

因差分方程自由项为

$$n-1$$

所以特解的函数形式为

$$y_p(n)=B_0+B_1n$$

将 $y_p(n)$ 代入方程左端，有

$$B_0+B_1(n+1)+2(B_0+B_1n)=3B_0+B_1+3B_1n$$

与自由项比较,得
$$\begin{cases} 3B_0 + B_1 = -1 \\ 3B_1 = 1 \end{cases}$$

解得 $B_0 = -\dfrac{4}{9}, B_1 = \dfrac{1}{3}$

所以 $y_p(n) = \dfrac{1}{3}n - \dfrac{4}{9}$

完全解为 $y(n) = y_c(n) + y_p(n) = A(-2)^n + \dfrac{1}{3}n - \dfrac{4}{9}$,代入边界条件得

$$y(0) = A - \dfrac{4}{9} = 1$$

所以 $A = \dfrac{13}{9}$

$$y(n) = \dfrac{13}{9}(-2)^n + \dfrac{1}{3}n - \dfrac{4}{9}$$

(2) 差分方程的特征方程为
$$\alpha^2 + 2\alpha + 1 = 0$$

特征根 $\alpha_1 = \alpha_2 = -1$ （二重根）

所以齐次解
$$y_c(n) = (A_1 + A_2 n)(-1)^n$$

因差分方程自由项为
$$3^{n+2} = 9 \cdot 3^n$$

所以特解的函数形式为
$$y_p(n) = B \cdot 3^n$$

将特解形式代入方程左端,有
$$B \cdot 3^{n+2} + 2B \cdot 3^{n+1} + B \cdot 3^n = 16B \cdot 3^n$$

与右端的自由项比较得
$$16B = 9$$

解得 $B = \dfrac{9}{16}$

所以 $y_p(n) = \dfrac{9}{16} \cdot 3^n$

完全解为
$$y(n) = y_c(n) + y_p(n) = (A_1 + A_2 n)(-1)^n + \dfrac{9}{16} \cdot 3^n$$

代入边界条件得
$$\begin{cases} y(-1) = (A_1 - A_2)(-1) + \dfrac{3}{16} = 0 \\ y(0) = A_1 + \dfrac{9}{16} = 0 \end{cases}$$

解得 $A_1 = -\dfrac{9}{16}, \quad A_2 = -\dfrac{3}{4}$

所以

$$y(n) = \left(-\frac{9}{16} - \frac{3}{4}n\right)(-1)^n + \frac{9}{16} \cdot 3^n$$

(3) 差分方程的特征方程为
$$\alpha - 2 = 0$$
特征根
$$\alpha = 2$$
齐次解为
$$y_c(n) = A \cdot 2^n$$
差分方程的自由项为 $4u(n)$，所以
$$y_p(n) = B$$
将特解形式代入方程左端，有
$$B - 2B = -B$$
与自由项比较得
$$B = -4$$
所以
$$y_p(n) = -4$$
完全解为
$$y(n) = y_c(n) + y_p(n) = A \cdot 2^n - 4$$
代入边界条件
$$y(0) = A - 4 = 0$$
因此
$$A = 4$$
$$y(n) = 4 \cdot 2^n - 4 = 4(2^n - 1)$$

8.7 求下列差分方程式所描述的离散时间系统的零输入响应。

(1) $y(n+2) - y(n+1) - y(n) = 0 \quad y_{zi}(0) = 0, y_{zi}(1) = 1$
(2) $y(n+3) + 3y(n+2) - 4y(n) = 0 \quad y_{zi}(0) = 1, y_{zi}(1) = 2, y_{zi}(2) = 0$

解 (1) 特征方程为
$$\alpha^2 - \alpha - 1 = 0$$
特征根为
$$\alpha_1 = \frac{1+\sqrt{5}}{2}, \alpha_2 = \frac{1-\sqrt{5}}{2}$$
故
$$y(n) = C_1 \alpha_1^n + C_2 \alpha_2^n$$
根据初始条件 $y_{zi}(0) = 0, y_{zi}(1) = 1$，有
$$\begin{cases} C_1 + C_2 = 0 \\ C_1 \alpha_1 + C_2 \alpha_2 = 1 \end{cases}$$
解得
$$C_1 = \frac{1}{\sqrt{5}}, C_2 = -\frac{1}{\sqrt{5}}$$
所以
$$y(n) = \frac{1}{\sqrt{5}}\left(\frac{1+\sqrt{5}}{2}\right)^n - \frac{1}{\sqrt{5}}\left(\frac{1-\sqrt{5}}{2}\right)^n \quad (n \geqslant 0)$$

(2) 特征方程为
$$\alpha^3 + 3\alpha^2 - 4 = 0$$
特征根
$$\alpha_1 = 1, \alpha_2 = -2, \alpha_3 = -2$$
故
$$y(n) = C_1 + (C_2 + C_3 n)(-2)^n$$
根据初始条件 $y_{zi}(0) = 1, y_{zi}(1) = 2, y_{zi}(2) = 0$，有

$$\begin{cases} C_1+C_2=1 \\ C_1+(C_2+C_3)(-2)=2 \\ C_1+(C_2+2C_3)(-2)^2=0 \end{cases}$$

解得
$$C_1=\frac{4}{3}, C_2=-\frac{1}{3}, C_3=0$$

所以
$$y(n)=\frac{4}{3}-\frac{1}{3}(-2)^n \qquad n\geqslant 0$$

8.8 离散时间系统的差分方程为
$$2y(n)-y(n-1)=4x(n)+2x(n-1)$$
试求此系统的单位函数响应 $h(n)$ 和阶跃响应 $g(n)$。

解 设系统处于零状态，当 $x(n)=\delta(n)$ 时，$y(n)$ 就是单位函数响应 $h(n)$，此时差分方程变为
$$2h(n)-h(n-1)=4\delta(n)+2\delta(n-1)$$

特征方程为
$$2\alpha-1=0$$

特征根
$$\alpha=\frac{1}{2}$$

故 $h(n)$ 的形式为
$$h(n)=K\cdot \alpha^n=K\cdot \left(\frac{1}{2}\right)^n$$

由于一阶差分方程中激励信号为两部分，所以单位函数响应也由两部分组成，即
$$\begin{cases} 2h_1(n)-h_1(n-1)=4\delta(n) & (8.8.1) \\ 2h_2(n)-h_2(n-1)=2\delta(n-1) & (8.8.2) \end{cases}$$

由差分方程(8.8.1)得 $h_1(n)$ 的初始值
$$h_1(0)=2 \quad \text{即} \quad K=2$$

所以
$$h_1(n)=2\left(\frac{1}{2}\right)^n u(n)$$

又由差分方程式(8.8.2)得 $h_2(n)$ 的初始值
$$h_2(1)=1 \quad \text{即} \quad K=2$$

所以
$$h_2(n)=2\left(\frac{1}{2}\right)^n u(n-1)$$

故
$$h(n)=h_1(n)+h_2(n)=$$
$$2\left(\frac{1}{2}\right)^n u(n)+2\left(\frac{1}{2}\right)^n u(n-1)=$$
$$2\delta(n)+4\left(\frac{1}{2}\right)^n u(n-1)$$

考虑到
$$u(n)=\sum_{i=0}^{\infty}\delta(n-i)$$

故对于线性非时变系统有
$$g(n)=\sum_{i=0}^{\infty}h(n-i)$$

所以
$$g(n) = \sum_{i=0}^{\infty} h(n-i) =$$
$$\sum_{i=0}^{\infty} \left[2\delta(n-i) + 4\left(\frac{1}{2}\right)^{n-i} u(n-i-1) \right] =$$
$$2u(n) + \left[4\left(\frac{1}{2}\right)^n \sum_{i=0}^{n-1} \left(\frac{1}{2}\right)^{-i} \right] u(n-1) =$$
$$\left[6 - 4\left(\frac{1}{2}\right)^n \right] u(n)$$

8.9 某离散系统的差分方程为
$$y(n+2) - 5y(n+1) + 6y(n) = x(n)$$
已知 $x(n) = u(n)$，初始条件 $y_{zi}(0) = 2, y_{zi}(1) = 1$，求系统响应 $y(n)$。

解 分别求系统的零输入响应和零状态响应。

(1) 求零输入响应

特征方程为
$$\alpha^2 - 5\alpha + 6 = 0$$
特征根
$$\alpha_1 = 2, \alpha_2 = 3$$
所以
$$y_{zi}(n) = C_1 \cdot 2^n + C_2 \cdot 3^n$$
根据初始条件 $y_{zi}(0) = 2, y_{zi}(1) = 1$，有
$$\begin{cases} C_1 + C_2 = 2 \\ 2C_1 + 3C_2 = 1 \end{cases}$$
解得
$$C_1 = 5, C_2 = -3$$
所以
$$y_{zi}(n) = [5 \cdot 2^n - 3 \cdot 3^n] u(n)$$

(2) 求系统的单位函数响应 $h(n)$
$$h(n) = K_1 \cdot 2^n + K_2 \cdot 3^n$$
用迭代法计算 $h(n)$ 的初始值
$$h(n+2) - 5h(n+1) + 6h(n) = \delta(n)$$
$n = -2$： $h(0) - 5h(-1) + 6h(-2) = \delta(-2) = 0$
$h(0) = 0$

$n = -1$： $h(1) - 5h(0) + 6h(-1) = \delta(-1) = 0$
$h(1) = 0$

$n = 0$： $h(2) - 5h(1) + 6h(0) = \delta(0) = 1$
$h(2) = 1$

$n = 1$： $h(3) - 5h(2) + 6h(1) = \delta(1) = 0$
$h(3) = 5$

所以
$$\begin{cases} h(2) = 1 = 4K_1 + 9K_2 \\ h(3) = 5 = 8K_1 + 29K_2 \end{cases}$$
解得
$$K_1 = -\frac{1}{2}, K_2 = \frac{1}{3}$$
解得
$$h(n) = \left[-\frac{1}{2} \cdot 2^n + \frac{1}{3} \cdot 3^n \right] u(n)$$

(3)求零状态响应

使用卷积法直接求零状态响应

$$y_{zs}(n) = x(n) * h(n) =$$

$$u(n) * \left[-\frac{1}{2} \cdot 2^n + \frac{1}{3} \cdot 3^n\right] u(n-2) =$$

$$\left[\frac{1}{2} - 2^n + \frac{1}{2} \cdot 3^n\right] u(n-2)$$

所以

$$y(n) = y_{zi}(n) + y_{zs}(n) =$$

$$\left[\frac{1}{2} + 4 \cdot 2^n - \frac{5}{2} \cdot 3^n\right] u(n)$$

8.10 已知离散系统的差分方程

$$y(n+3) - 2y(n+2) - y(n+1) + 2y(n) = x(n+1) - x(n)$$

输入信号 $x(n) = (-2)^n u(n)$，试求系统的零状态响应，并指出其中的自由响应分量和受迫响应分量。

解 (1)求系统单位函数响应 $h(n)$

特征方程　　　　　　　　$\alpha^3 - 2\alpha^2 - \alpha + 2 = 0$

$$(\alpha-1)(\alpha+1)(\alpha-2) = 0$$

特征根　　　　　　　　$\alpha_1 = 1, \alpha_2 = -1, \alpha_3 = 2$

$$h(n) = K_1 + K_2(-1)^n + K_3 \cdot 2^n$$

迭代法计算 $h(n)$ 的初始值。

$$h(n+3) - 2h(n+2) - h(n+1) + 2h(n) = \delta(n+1) - \delta(n)$$

$n = -3:$ 　　　　　$h(0) = 0$
$n = -2:$ 　　　　　$h(1) = 0$
$n = -1:$ 　　　　　$h(2) = 1$
$n = 0:$ 　　　　　$h(3) = 1$
$n = 1:$ 　　　　　$h(4) = 2 + 1 = 3$

代入 $h(n)$ 式得

$$\begin{cases} K_1 + K_2 + 4K_3 = 1 \\ K_1 - K_2 + 8K_3 = 1 \\ K_1 + K_2 + 16K_3 = 3 \end{cases}$$

解得　　　　　　　　$K_1 = 0 \quad K_2 = \frac{1}{3} \quad K_3 = \frac{1}{6}$

所以

$$h(n) = \left[\frac{1}{3}(-1)^n + \frac{1}{6} \cdot 2^n\right] u(n-2)$$

(2)求零状态响应

$$y_{zs}(n) = x(n) * h(n) =$$

$$(-2)^n u(n) * \left[\frac{1}{6} \cdot 2^n + \frac{1}{3}(-1)^n\right] u(n-2) =$$

$$\frac{1}{12}[2^n + (-2)^n] u(n-2) - \frac{1}{3}[(-1)^n - 2(-2)^n] u(n-2) =$$

$$\left[\frac{3}{4}(-2)^n+\frac{1}{12}\cdot 2^n-\frac{1}{3}(-1)^n\right]u(n-2)$$

其中 $\left[\frac{1}{12}\cdot 2^n-\frac{1}{3}(-1)^n\right]u(n-2)$ 为自然响应分量；

$\frac{3}{4}(-2)^n u(n-2)$ 为受迫响应分量。

8.11 已知离散系统的差分方程为
$$y(n+2)-3y(n+1)+2y(n)=x(n+1)-2x(n)$$

输入信号 $x(n)=2^n u(n)$，起始条件 $y_{zi}(0)=0$、$y_{zi}(1)=1$，求系统的完全响应 $y(n)$。

解 分别求零输入响应和零状态响应分量。

(1) 求零输入响应

特征方程为
$$\alpha^2-3\alpha+2=0$$

特征根
$$\alpha_1=1, \alpha_2=2$$

所以
$$y_{zi}(n)=C_1+C_2\cdot 2^n$$

根据起始条件，有下列关系式
$$\begin{cases}C_1+C_2=0\\ C_1+2C_2=1\end{cases}$$

解得 $\quad C_1=-1, C_2=1$

故 $\quad y_{zi}(n)=[-1+2^n]u(n)$

(2) 求系统的单位函数响应 $h(n)$
$$h(n)=K_1+K_2\cdot 2^n$$

迭代法计算 $h(n)$ 的初始值
$$h(n+2)-3h(n+1)+2h(n)=\delta(n+1)-2\delta(n)$$

$n=-2$: $\quad h(0)=0$

$n=-1$: $\quad h(1)=1$

$n=0$: $\quad h(2)=3-2=1$

代入 $h(n)$ 式得
$$\begin{cases}K_1+2K_2=1\\ K_1+4K_2=1\end{cases}$$

解得 $\quad K_1=1, K_2=0$
$$h(n)=u(n-1)$$

(3) 求零状态响应
$$y_{zs}(n)=x(n)*h(n)=2^n u(n)*u(n-1)=$$
$$(2^n-1)u(n-1)$$

(4) 全响应 $y(n)$
$$y(n)=y_{zi}(n)+y_{zs}(n)=$$
$$(-1+2^n)u(n)+(2^n-1)u(n-1)=$$
$$2(2^n-1)u(n)$$

8.12 求图选 8.12 所示离散时间系统的单位函数响应 $h(n)$。

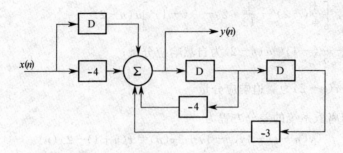

图选 8.12

解 由图写出离散系统的差分方程式
$$y(n)+4y(n-1)+3y(n-2)=-4x(n)+x(n-1)$$

当 $x(n)=\delta(n)$，则 $y(n)=h(n)$，即
$$h(n)+4h(n-1)+3h(n-2)=-4\delta(n)+\delta(n-1)$$

特征方程为
$$\alpha^2+4\alpha+3=0$$

特征根为
$$\alpha_1=-1, \alpha_2=-3$$

所以
$$h(n)=K_1(-1)^n+K_2(-3)^n \qquad (n \geqslant 1)$$

应用迭代法，由差分方程得 $h(n)$ 的初始值
$$h(0)=-4, h(1)=17$$

将此二初值代入 $h(n)$ 表达式得
$$\begin{cases} K_1+K_2=-4 \\ -K_1-3K_2=17 \end{cases}$$

解得
$$K_1=2.5, K_2=-6.5$$

所以
$$h(n)=[2.5(-1)^n-6.5(-3)^n]u(n)$$

8.13 离散时间系统如图选 8.13 所示，初始条件为零。写出系统的差分方程，并求出其单位函数响应。

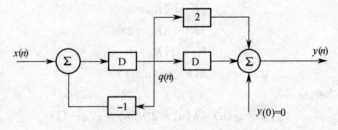

图选 8.13

解 设中间变量 $q(n)$，由图可得
$$x(n)-q(n)=q(n+1)$$
$$x(n)=q(n+1)+q(n) \qquad (8.13.1)$$
$$x(n-1)=q(n)+q(n-1) \qquad (8.13.2)$$
$$2q(n)+q(n-1)=y(n) \qquad (8.13.3)$$

由(8.13.3)得 $y(n+1)=2q(n+1)+q(n)$ (8.13.4)

(8.13.3)+(8.13.4)

$$y(n+1)+y(n)=2[q(n+1)+q(n)]+[q(n)+q(n-1)]\qquad(8.13.5)$$

将式(8.13.1),(8.13.2)代入(8.13.5),得

$$y(n+1)+y(n)=2x(n)+x(x-1)$$

下面求单位函数响应 $h(n)$。

一阶差分方程的右端包含有两项,因此应分别考虑这两项的作用。

设只有 $2x(n)$ 作用时的单位函数响应为 $h_1(n)$。

$$y(n+1)+y(n)=2x(n)$$

特征方程 $\alpha+1=0$

特征根 $\alpha=-1$

所以 $h_1(n)=K(-1)^n$

令 $x(n)=\delta(n)$,求边界条件

$n=-1$: $h_1(0)+h_1(-1)=2\delta(-1)=0$

$h_1(0)=0$

$n=0$: $h_1(1)+h_1(0)=2\delta(0)=2$

$h_1(1)=2$

将边界条件代入 $h_1(n)$ 式得 $K=-2$

所以 $h_1(n)=[-2(-1)^n]u(n-1)$

设 $x(n-1)$ 单独作用时的单位函数响应为 $h_2(n)$,其计算方法与 $h_1(n)$ 相同。也可根据系统的线性时不变特性推出

$$h_2(n)=\frac{1}{2}h_1(n-1)=(-1)^nu(n-2)$$

所以 $h(n)=h_1(n)+h_2(n)=$

$[-2(-1)^n]u(n-1)+(-1)^nu(n-2)=$

$[-2(-1)^n]u(n-2)+2\delta(n-1)+(-1)^nu(n-2)=$

$2\delta(n-1)-(-1)^nu(n-2)$

8.14 已知离散系统的差分方程为

$$y(n+1)+2y(n)=x(n+1)$$

$x(n)=e^{-n}u(n),y(0)=0$。试用卷积法求系统的零状态响应和全响应 $y(n)$。

解 首先求单位函数响应 $h(n)$。

特征方程 $\alpha+2=0$

特征根 $\alpha=-2$

设 $h(n)=K(-2)^n$,且 $h(n)=0$ $(n<0)$

当 $x(n)=\delta(n)$ 时

$$h(n+1)+2h(n)=\delta(n+1)$$

$n=-1$: $h(0)+2h(-1)=\delta(0)=1$

$h(0)=1$

代入 $h(n)$ 式得 $K=1$

所以 $h(n)=(-2)^nu(n)$

$$y_{zs}(n)=x(n)*h(n)=e^{-n}u(n)*(-2)^n u(n)=$$

$$\sum_{m=-\infty}^{\infty}e^{-(n-m)}u(n-m)(-2)^m u(m)=$$

$$e^{-n}\cdot\left[\sum_{m=0}^{n}(-2e)^m\right]u(n)=$$

$$\left[\frac{2e}{2e+1}(-2)^n+\frac{1}{2e+1}e^{-n}\right]u(n)$$

将 $n=0$ 代入上式得,$y_{zs}(0)=1$。而 $y(0)=y_{zi}(0)+y_{zs}(0)=0$ 可知 $y_{zi}(0)=-1$
又零输入响应　　$y_{zi}(n)=C_1(-2)^n$　　　$C_1=-1$
所以　　$y_{zi}(n)=-(-2)^n u(n)$

全响应为　　$y(n)=y_{zi}(n)+y_{zs}(n)=\left[\frac{2e}{2e+1}(-2)^n+\frac{e^{-n}}{2e+1}\right]u(n)-(-2)^n u(n)=$

$$\frac{1}{2e+1}\left[e^{-n}-(-2)^n\right]u(n)$$

8.15 已知线性非移变系统的差分方程为
$$y(n+3)-2\sqrt{2}y(n+2)+y(n+1)=x(n)$$
试求系统的初始条件 $y(0),y(1),y(2)$ 为何值时,其零输入响应为

$$y_{zi}(n)=(1-2\sqrt{2})\delta(n)+\frac{(\sqrt{2}+1)^2}{2}(\sqrt{2}-1)^n u(n)-$$

$$\frac{(\sqrt{2}-1)^2}{2}(\sqrt{2}+1)^n u(n)$$

解　由差分方程可求得系统的特征根

$$\alpha^3-2\sqrt{2}\alpha^2+\alpha=0$$

特征根　　　　　　$\alpha_1=0,\alpha_2=\sqrt{2}-1,\alpha_3=\sqrt{2}+1$
所以　　　　　　　$y_{zi}(n)=C_1\alpha_1^n+C_2\alpha_2^n+C_3\alpha_3^n$
根据已知条件可得

$$C_1=1-2\sqrt{2},C_2=\frac{(\sqrt{2}+1)^2}{2},C_3=-\frac{(\sqrt{2}-1)^2}{2}$$

故　$y(0)=C_1+C_2+C_3=1-2\sqrt{2}+\frac{(\sqrt{2}+1)^2}{2}-\frac{(\sqrt{2}-1)^2}{2}=1$

$$y(1)=C_2\alpha_2+C_3\alpha_3=\frac{(\sqrt{2}+1)^2}{2}(\sqrt{2}-1)-\frac{(\sqrt{2}-1)^2}{2}(\sqrt{2}+1)=1$$

$$y(2)=C_2\alpha_2^2+C_3\alpha_3^2=\frac{(\sqrt{2}+1)^2}{2}(\sqrt{2}-1)^2-\frac{(\sqrt{2}-1)^2}{2}(\sqrt{2}+1)^2=0$$

8.16 某线性非时变系统具有一定的初始状态 $\lambda(0)$,已知当激励为 $x(n)$ 时,响应

$$y_1(n)=\left(\frac{1}{2}\right)^n+u(n) \qquad (n\geqslant 0)$$

若初始状态不变,激励为 $-x(n)$ 时,响应

$$y_2(n)=\left(-\frac{1}{2}\right)^n-u(n) \qquad (n\geqslant 0)$$

试求当初始条件增大一倍,为 $2\lambda(0)$,激励为 $4x(n)$ 时,系统的响应 $y(n)$。

解 系统的全响应包括零输入响应 $y_{zi}(n)$ 和零状态响应 $y_{zs}(n)$。$y_{zi}(n)$ 与初始状态 $\lambda(0)$ 呈线性关系,而 $y_{zs}(n)$ 与激励 $x(n)$ 呈线性关系,分别称为零输入线性和零状态线性。

由题意知
$$y_1(n) = y_{zi}(n) + y_{zs}(n)$$
$$y_2(n) = y_{zi}(n) - y_{zs}(n)$$

由上二式可得
$$y_{zi}(n) = \frac{1}{2}[y_1(n) + y_2(n)]$$
$$y_{zs}(n) = \frac{1}{2}[y_1(n) - y_2(n)]$$

所以得初始条件为 $2\lambda(0)$,激励为 $4x(n)$ 时的响应为
$$y(n) = 2y_{zi}(n) + 4y_{zs}(n) =$$
$$y_1(n) + y_2(n) + 2y_1(n) - 2y_2(n) =$$
$$3y_1(n) - y_2(n) =$$
$$3\left[\left(\frac{1}{2}\right)^n + u(n)\right] - \left[\left(-\frac{1}{2}\right)^n - u(n)\right] =$$
$$\left[4 + 3\left(\frac{1}{2}\right)^n - \left(-\frac{1}{2}\right)^n\right]u(n)$$

8.3 习题(17题)

8.1 列出图习 8.1 所示离散系统的差分方程,并指出其阶次。

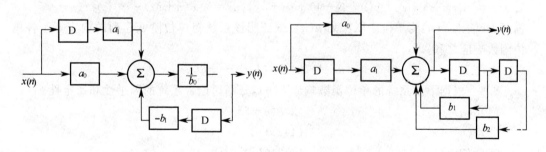

图习 8.1　　　　　　　　图习 8.2

8.2 列出图习 8.2 所示离散系统的差分方程,并指出其阶次。

8.3 在国民经济模型中,假定
$$y(n) = c(n) + p(n)$$
其中 $y(n),c(n)$ 和 $p(n)$ 分别为第 n 年的国民收入,消费和投资。该国民收入的增长与投资比例
$$y(n+1) - y(n) = ap(n)$$
式中 a 为常数,称为增长系数;此外,还假定消费与国民收入成线性关系
$$c(n) = A + \beta y(n)$$
其中 A 和 β 是常数。求 $y(n)$ 的方程式,并画出该国民经济系统的模拟图。

8.4 系统的微分方程为

$$\frac{d^2y(t)}{dt^2}+3\frac{dy(t)}{dt}+2y(t)=x(t) \qquad (t\geqslant 0)$$

若 $x(t)=x(nT), nT\leqslant t\leqslant (k+1)T$，输出是间隔 T 的离散数值，试确定此系统的差分方程。

8.5 设 $x(n)$ 和 $y(n)$ 分别表示离散时间系统的输入和输出序列，试确定下列各式所表示的系统是否是线性的、非时变的系统。

(1) $y(n)=e^{x(n)}$

(2) $y(n+3)-\sqrt{n}y^2(n)=x(n)$

(3) $y(n+3)-2y(n+2)=x(n+1)+x(n)$

(4) $3n^2 y(n+2)+\frac{2}{n+1}y(n)=x(n)$

8.6 在连续时间系统中，通常用有限时间的积分来求连续时间信号 $x(t)$ 在有限时间 τ 秒内的平均值。

$$y(t)=\frac{1}{\tau}\int_{t-\tau}^{t}x(\lambda)d\lambda$$

试证明：求平均值的工作可将上式变换成下述差分方程，由离散时间系统来近似地完成

$$y(n)=\frac{1}{N}[x(n)+x(n-1)+\cdots+x(n-N+1)]=$$
$$\frac{1}{n}\sum_{i=0}^{N-1}x(n-i)$$

画出与此差分方程相应的模拟图。

8.7 某系统由差分方程

$$y(n+N)+a_{N-1}y(n+N-1)+\cdots+a_0 y(n)=b_M x(n+M)+\cdots+b_0 x(n)$$

描述，若输入 $x(n)$ 为单位阶跃序列 $u(n)$，试证明该系统对单位阶跃序列的响应等于各单位函数响应之和，即

$$y(n)=h(0)+h(1)+\cdots+h(n)$$

8.8 根据下列系统的单位函数响应 $h(n)$，分别讨论各系统的因果性和稳定性。

(1) $\delta(n)$ (2) $\delta(n-5)$

(3) $\delta(n+4)$ (4) $2u(n)$

(5) $u(3-n)$ (6) $2^n u(n)$

(7) $3^n u(-n)$ (8) $2^n[u(n)-u(n-5)]$

(9) $0.5^n u(n)$ (10) $0.5^n u(-n)$

(11) $\frac{1}{n}u(n)$ (12) $\frac{1}{n!}u(n)$

8.9 对于线性非时变系统，已知其对单位阶跃序列 $u(n)$ 的响应为 $6[1-0.5(\frac{1}{2})^n]$，试求此系统的单位函数响应。

8.10 对于线性非时变系统，已知其对单位函数序列 $\delta(n)$ 的响应为

$$\left[\frac{1}{6}\delta(n)-\frac{1}{2}\cdot 2^n+\frac{1}{3}\cdot 3^n\right]u(n)$$

试求此系统的单位阶跃序列的响应。

8.11 离散系统差分方程为

$$y(n+3)=-3y(n+2)+4y(n)$$
若已知 $y(0)=1, y(2)=0, y(5)=12$,求 $y(1)$。

8.12 离散时间系统的差分方程为
$$y(n+2)+y(n+1)+y(n)=u(n-1)$$
初始条件 $y_{zi}(0)=1, y_{zi}(1)=2$,试求:
(1)系统的零输入响应和零状态响应;
(2)系统响应初值 $y(0), y(1)$。

8.13 系统的差分方程为
$$y(n+2)-3y(n+1)+2y(n)=x(n+1)-2x(n)$$
初始条件 $y_{zi}(0)=1, y_{zi}(1)=1$,输入激励 $x(n)=u(n)$。试求:
(1)系统的零输入响应、零状态响应和全响应;
(2)判断该系统是否稳定;
3.给出该系统的模拟框图。

8.14 已知系统的单位函数响应如下
(1) $h(n)=1+|x|+x^2+|x|^3+\cdots$
(2) $h(n)=1-x+x^2-x^3+x^4-\cdots$
试分析系统稳定性和因果性。

8.15 试用经典法求下列差分方程式所描述的离散系统的零状态响应。
(1) $y(n+2)-5y(n+1)+6y(n)=(1+7^n)u(n)$
(2) $y(n+1)-5y(n)=\sin nu(n)$

8.16 已知离散时间系统的单位函数响应 $h(n)=\left(\dfrac{2}{3}\right)^n u(n)$,输入信号 $x(n)=5[u(n)-u(n-6)]$,试用卷积法求系统的输出响应 $y(n)$。

8.17 求下列差分方程式所表示的离散时间系统的零输入响应。
(1) $y(n+2)+2y(n+1)+y(n)=x(n)$ $\quad y_{zi}(0)=y_{zi}(1)=1$
(2) $y(n+3)-7y(n+2)+16y(n+1)-12y(n)=x(n)$
$\quad y_{zi}(1)=0, y_{zi}(2)=1, y_{zi}(3)=8$

第9章 离散系统的 Z 域分析

9.1 公式及要点

9.1.1 Z 变换分析法

线性非时变系统的差分方程

$$\sum_{i=0}^{N} a_i y(n+i) = \sum_{j=0}^{M} b_j x(n+j) \quad (a_N = 1)$$

系统响应

$$y(n) = y_{zi}(n) + y_{zs}(n)$$

1. 零输入响应计算步骤

(1) 对齐次差分方程

$$\sum_{i=0}^{N} a_i y(n+i) = 0$$

进行 Z 变换,并应用移序特性;

(2) 代入初始条件 $y_{zi}(0), y_{zi}(1)$ 等,解出 $Y_{zi}(z)$;

(3) 对 $Y_{zi}(z)$ 进行反变换

$$y_{zi}(n) = \mathscr{Z}^{-1}[Y_{zi}(z)]$$

2. 零状态响应计算步骤

(1) 求激励函数 $x(n)$ 的 Z 变换 $X(z)$;

(2) 求系统转移函数 $H(z)$;

(3) 零状态响应

$$y_{zs}(n) = \mathscr{Z}^{-1}[Y_{zs}(z)]$$

式中 $Y_{zs}(z) = X(z) H(z)$

3. 由差分方程直接求全响应的计算步骤

(1) 对差分方程两边进行 Z 变换,并令等式左端的边界值 $y(0), y(1), \cdots,$ 等为 $y_{zi}(0), y_{zi}(1), \cdots$ 等,等式右端的边界值 $x(0), x(1), \cdots$ 等为零;

(2) 对 $Y(z)$ 进行反变换得全响应时域解

$$y(n) = \mathscr{Z}^{-1}[Y(z)]$$

9.1.2 离散系统的系统函数

1. 系统函数定义:系统零状态响应与激励的 Z 变换之比,即

$$H(z) = \frac{Y_{zs}(z)}{X(z)}$$

2. 系统函数与系统时域特性的关系

$$H(z) = \mathscr{Z}[h(n)]$$
$$h(n) = \mathscr{Z}^{-1}[H(z)]$$

3. 系统稳定条件

(1) 系统稳定的充分必要条件是其单位函数响应绝对可和,即

$$\sum_{n=-\infty}^{\infty} |h(n)| < \infty$$

(2) 稳定的因果系统其收敛域为 $|z| \geq 1$, 即 $H(z)$ 的全部极点必须落在单位圆之内。

4. 离散系统频率特性

$$H(e^{j\omega T}) = H(z)\big|_{z=e^{j\omega T}}$$
$$= |H(e^{j\omega T})|e^{j\varphi(\omega)}$$

式中 $H(e^{j\omega T})$ 为系统频率特性,是频率 ω 的周期函数,$|H(e^{j\omega T})|$ 称为幅频特性,是频率的偶函数,$\varphi(\omega)$ 称为相频特性,是频率的奇函数。

9.2 选题精解(22题)

9.1 用 Z 变换法解下列差分方程

(1) $y(n+2) + y(n+1) + y(n) = u(n)$ $\quad y(0)=1, y(1)=2$

(2) $y(n) + 5y(n-1) = nu(n)$ $\quad y(-1)=0$

(3) $y(n) + 2y(n-1) = (n-2)u(n)$ $\quad y(0)=1$

解 (1) 对差分方程两边取 Z 变换,得

$$z^2[Y(z) - y(0) - y(1)z^{-1}] + z[Y(z) - y(0)] + Y(z) = \frac{z}{z-1}$$

将 $y(0)=1, y(1)=2$ 代入后整理得

$$(z^2+z+1)Y(z) - z^2 - 3z = \frac{z}{z-1}$$

所以

$$Y(z) = \frac{z^2+3z}{z^2+z+1} + \frac{z}{(z-1)(z^2+z+1)} =$$

$$\frac{z(z^2+2z-2)}{(z-1)(z^2+z+1)} =$$

$$\frac{\frac{1}{3}z}{z-1} + \frac{1}{3}\frac{2z^2+7z}{z^2+z+1} =$$

$$\frac{1}{3}\frac{z}{z-1} + \frac{\left[\frac{2}{3}z\left(z-\cos\frac{2}{3}\pi\right)\right] + \left[\frac{2z}{\sin\frac{2}{3}\pi}\sin\frac{2}{3}\pi\right]}{z^2 - 2z\cos\frac{2}{3}\pi + 1}$$

查 Z 变换表得

$$y(n) = \left[\frac{1}{3} + \frac{2}{3}\cos\frac{2}{3}\pi n + \frac{4\sqrt{3}}{3}\sin\frac{2}{3}\pi n\right]u(n)$$

这是一个周期函数序列。

(2)对差分方程两边取 Z 变换

$$Y(z)+5z^{-1}[Y(z)+y(-1)z]=\frac{z}{(z-1)^2}$$

将 $y(-1)=0$ 代入后整理得

$$Y(z)=\frac{z^2}{(z+5)(z-1)^2}=$$

$$\frac{\left(\frac{5}{36}z+\frac{1}{36}\right)z}{(z-1)^2}+\frac{-\frac{5}{36}z}{z+5}$$

查 Z 变换表知

$$\mathscr{Z}[(n+1)u(n)]=\frac{z^2}{(z-1)^2}, \quad \mathscr{Z}[nu(n)]=\frac{z}{(z-1)^2}$$

所以

$$y(n)=\left[\frac{5}{36}(n+1)+\frac{1}{36}n-\frac{5}{36}(-5)^n\right]u(n)=$$

$$\left[\frac{1}{6}n+\frac{5}{36}-\frac{5}{36}(-5)^n\right]u(n)$$

(3)对差分方程两边取 Z 变换,即

$$Y(z)+2z^{-1}[Y(z)+y(-1)z]=\frac{z}{(z-1)^2}-\frac{2z}{z-1}$$

以 $n=0$ 代入原差分方程可得

$$y(0)+2y(-1)=-2$$

所以

$$y(-1)=-\frac{3}{2}$$

将 $y(-1)=-\frac{3}{2}$ 代入 Z 变换式整理后得

$$Y(z)=\frac{-2z^2+3z}{(z-1)^2(1+2z^{-1})}+\frac{3}{1+2z^{-1}}=$$

$$\frac{\frac{4}{9}z^2+\frac{7}{9}z}{(z-1)^2}+\frac{\frac{13}{9}z}{z+2} \qquad |z|>2$$

所以

$$y(n)=\left[-\frac{4}{9}(n+1)+\frac{7}{9}n+\frac{13}{9}(-2)^n\right]u(n)=$$

$$\frac{1}{9}[3n-4+13(-2)^n]u(n)$$

9.2 解下列差分方程

(1) $y(n)+0.1y(n-1)-0.02y(n-2)=10u(n)$ $\qquad y(-1)=4, y(-2)=6$

(2) $y(n)-0.9y(n-1)=0.05u(n)$ $\qquad y(-1)=1$

解 (1)对差分方程两边进行 Z 变换,并考虑起始条件有

$$Y(z)+0.1[z^{-1}Y(z)+y(-1)]-0.02[z^{-2}Y(z)+z^{-1}y(-1)+y(-2)]=\frac{10z}{z-1}$$

代入 $y(-1)=4, y(-2)=6$,有

$$Y(z)+0.1z^{-1}Y(z)+0.4-0.02z^{-2}Y(z)-0.08z^{-1}-0.12=\frac{10z}{z-1}$$

所以

$$Y(z)=\frac{z(9.72z^2+0.36z-0.08)}{(z-1)(z+0.2)(z-0.1)} \quad (|z|>1)$$

$$\frac{Y(z)}{z}=\frac{A_1}{z-1}+\frac{A_2}{z+0.2}+\frac{A_3}{z-0.1}$$

$$A_1=\left[(z-1)\frac{Y(z)}{z}\right]_{z=1}=9.26$$

$$A_2=\left[(z+0.2)\frac{Y(z)}{z}\right]_{z=-0.2}=0.66$$

$$A_3=\left[(z-0.1)\frac{Y(z)}{z}\right]_{z=0.1}=-0.20$$

所以

$$Y(z)=9.26\frac{z}{z-1}+0.66\frac{z}{z+0.2}-0.20\frac{z}{z-0.1} \quad (|z|>1)$$

进行逆变换,得到差分方程的解

$$y(n)=[9.26+0.66(-2)^n-0.20(0.1)^n]u(n)$$

(2)对差分方程进行 Z 变换

$$Y(z)-0.9[z^{-1}Y(z)+y(-1)]=0.05\frac{z}{z-1} \quad (|z|>1)$$

代入起始值 $y(-1)=1$,有

$$Y(z)-0.9[z^{-1}Y(z)+1]=0.05\frac{z}{z-1}$$

所以

$$Y(z)=\frac{0.95z^2-0.9z}{(z-1)(z-0.9)}$$

即

$$\frac{Y(z)}{z}=\frac{A_1}{z-1}+\frac{A_2}{z-0.9}$$

其中

$$A_1=\left[(z-1)\frac{Y(z)}{z}\right]_{z=1}=0.5$$

$$A_2=\left[(z-0.9)\frac{Y(z)}{z}\right]_{z=0.9}=0.45$$

因此

$$Y(z)=0.5\frac{z}{z-1}+0.45\frac{z}{z-0.9} \quad (|z|>1)$$

进行逆变换,得到差分方程的解

$$y(n)=[0.5+0.45 \cdot 0.9^n]u(n)$$

9.3 描述离散零阶积分器的差分方程为

$$y(n)=y(n-1)+Tx(n-1)$$

式中 T 为常数

(1)试写出系统的转换函数；

(2)当 $x(n)=\mathrm{e}^{-naT}$ 时，求系统的零状态响应。

解 (1)将差分方程两边各项进行 Z 变换，即
$$Y(z)=z^{-1}Y(z)+Tz^{-1}X(z)$$
根据转移函数定义得
$$H(z)=\frac{Y(z)}{X(z)}=\frac{Tz^{-1}}{1-z^{-1}}=\frac{T}{z-1}$$

(2)将输入序列进行 Z 变换
$$X(z)=\mathscr{Z}[\mathrm{e}^{-naT}]=\frac{z}{z-\mathrm{e}^{-aT}}$$

系统的零状态响应的 Z 变换为
$$Y_{zs}(z)=H(z)X(z)=\frac{z}{z-\mathrm{e}^{-aT}}\cdot\frac{T}{z-1}=$$
$$\frac{\frac{T}{1-\mathrm{e}^{-aT}}z}{z-1}-\frac{\frac{T}{1-\mathrm{e}^{-aT}}z}{z-\mathrm{e}^{-aT}}$$

所以
$$y_{zs}(n)=z^{-1}[H(z)X(z)]=\frac{T}{1-\mathrm{e}^{-aT}}(1-\mathrm{e}^{-anT})u(n)$$

9.4 已知一因果系统的差分方程
$$y(n)+3y(n-1)=x(n)$$
试求：

(1)系统的单位函数响应 $h(n)$；

(2)若 $x(n)=(n+n^2)u(n)$，求响应 $y(n)$。

解 对差分方程两边取 Z 变换，得
$$Y(z)+3z^{-1}[Y(z)+y(-1)z]=X(z)$$
对于因果系统，且输入为因果序列，则 $y(-1)=0$，所以
$$Y(z)=\frac{1}{1+3z^{-1}}X(z)$$

(1)当 $x(n)=\delta(n)$ 时，$X(z)=1$

所以
$$H(z)=\frac{1}{1+3z^{-1}}=\frac{z}{z+3}$$

故单位函数响应
$$h(n)=\mathscr{Z}^{-1}[H(z)]=(-3)^n u(n)$$

(2)当 $x(n)=(n+n^2)u(n)$ 时
$$X(z)=\frac{z}{(z-1)^2}+\frac{z(z+1)}{(z-1)^3}$$

所以
$$Y(z)=H(z)X(z)=$$
$$\frac{z}{z+3}\left[\frac{z}{(z-1)^2}+\frac{z(z+1)}{(z-1)^3}\right]=$$
$$\frac{2z^3}{(z+3)(z-1)^3}\quad(|z|>3)$$

用留数法求 $Y(z)$ 的反变换

$$y(n) = \frac{1}{2\pi j} \oint_c \frac{2z^{n+2}}{(z+3)(z-1)^3} dz$$

对于因果系统,当输入为因果序列时,输出也是因果序列,其收敛域 $|z|>3$,故闭合围线有一个一阶极点 $p_1 = -3$ 和一个三阶极点 $p_2 = 1$,因此

$$y(n) = \sum \text{Res}\left[\frac{2z^{n+2}}{(z+3)(z-1)^3}\right]_{z=p_i} =$$

$$\frac{2z^{n+2}}{(z-1)^3}\bigg|_{z=-3} + \frac{1}{2!}\left[\frac{d^2}{dz^2}(z-1)^3 \frac{2z^{n+2}}{(z+3)(z-1)^3}\right]_{z=1} =$$

$$-\frac{1}{32}(-3)^{n+2}u(n) + \left[\frac{(n+2)(n+1)z^n}{n+3} - \frac{2(n+2)z^{n-1}}{(z+3)^2} + \frac{2z^{n+2}}{(z+3)^3}\right]_{z=1} =$$

$$-\frac{1}{32}(-3)^{n+2}u(n) + \left[\frac{(n+2)(n+1)}{4} - \frac{n+2}{8} + \frac{1}{32}\right] =$$

$$\frac{1}{32}[8n^2 + 20n + 9 - (-3)^{n+2}]u(n)$$

9.5 离散系统差分方程式为

$$y(n) + y(n-1) = x(n)$$

(1) 求系统转移函数 $H(z)$ 及单位函数响应 $h(n)$;
(2) 如果 $x(n) = 10u(n)$,求系统的零状态响应。

解 (1) 设系统为因果系统,对差分方程两边取 Z 变换

$$Y(z)(1+z^{-1}) = X(z)$$

所以

$$H(z) = \frac{Y(z)}{X(z)} = \frac{z}{z+1}, \qquad |Z|>1$$

故

$$h(n) = (-1)^n u(n)$$

(2) 设系统起始状态为零

$$X(z) = \mathscr{Z}[10u(n)] = \frac{10z}{z-1}$$

$$Y(z) = H(z)X(z) = \frac{z}{z+1} \cdot \frac{10z}{z-1} =$$

$$5\left(\frac{z}{z+1} + \frac{z}{z-1}\right)$$

所以

$$y(n) = 5[1+(-1)^n]u(n)$$

9.6 设有一连续时间系统用下列微分方程描述

$$\frac{d}{dt}y(t) + ay(t) = x(t)$$

若有一离散系统,其单位阶跃响应 $g(n)$ 等于上述连续系统的单位阶跃响应 $g_c(t)$ 之抽样,即 $g(n) = g_c(nT)$。求此离散系统的差分方程表达式。

解 求连续系统阶跃响应 $g_c(t)$

因为

$$H(s) = \frac{1}{s+a}, \quad X(s) = \frac{1}{s}$$

所以
$$G_c(s) = \frac{1}{s(s+a)} = \frac{\frac{1}{a}}{s} + \frac{-\frac{1}{a}}{s+a}$$

$$g_c(t) = \frac{1}{a}(1-e^{-at})u(t)$$

因为
$$g(n) = g(t)|_{t=nT} = \frac{1}{a}(1-e^{-anT})u(nT)$$

$$G(z) = \frac{1}{a}\left[\frac{z}{z-1} - \frac{z}{z-e^{-aT}}\right] = \frac{\frac{1}{a}(1-e^{-aT})z}{(z-1)(z-e^{-aT})}$$

又
$$G(z) = H(z) \cdot \frac{z}{z-1}$$

所以
$$H(z) = G(z) \cdot \frac{z-1}{Z} = \frac{\frac{1}{a}(1-e^{-aT})z}{(z-1)(z-e^{-aT})} \cdot \frac{(z-1)}{z} = $$

$$\frac{\frac{1}{a}(1-e^{-aT})}{z-e^{-aT}}$$

差分方程表达式为
$$y(n+1) - e^{-aT}y(n) = \frac{1}{a}(1-e^{-aT})x(n)$$

9.7 已知系统差分方程和初始条件,求系统的全响应。

(1) $y(n+2) - 2y(n+1) + y(n) = \delta(n) + \delta(n-1) + u(n-2)$
  $y_{zi}(0) = 0, y_{zi}(1) = 1$

(2) $y(n+2) - 3y(n+1) + 2y(n) = x(n+1) - 2x(n)$
  $y_{zi}(0) = 0, y_{zi}(1) = 1, x(n) = 2^n u(n)$

(3) $y(n+2) + 2y(n+1) + 2y(n) = (e^{n+1} + 2e^n)u(n)$
  $y_{zi}(0) = y_{zi}(1) = 0$

解 (1) 因为 $\delta(n) + \delta(n-1) + u(n-2) = u(n)$

所以 $y(n+2) - 2y(n+1) + 2y(n) = u(n)$

对方程两边进行 Z 变换,得
$$z^2[Y(z) - y_{zi}(0) - z^{-1}y_{zi}(1)] - 2z[Y(z) - y_{zi}(0)] + Y(z) = \frac{z}{z-1} \quad (|z|>1)$$

代入初始条件 $y_{zi}(0) = 0, y_{zi}(1) = 1$,有
$$Y(z)(z^2 - 2z + 1) = z + \frac{z}{z-1}$$

所以
$$Y(z) = \frac{z^2}{(z-1)(z^2-2z+1)} =$$

$$\frac{z^2}{(z-1)^3} = \frac{K_{31}z}{(z-1)^3} + \frac{K_{21}z}{(z-1)^2} + \frac{K_{11}z}{z-1} \quad (|z|>1)$$

其中 $K_{31} = (z-1)^3 \frac{Y(z)}{z}\Big|_{z=1} = 1$

$$K_{21} = \frac{d}{dz}\left[(z-1)^3 \frac{Y(z)}{z}\right]\bigg|_{z=1} = 1$$

$$K_{11} = \frac{1}{2}\frac{d^2}{dz^2}\left[(z-1)^3 \frac{Y(z)}{z}\right]\bigg|_{z=1} = 0$$

所以
$$Y(z) = \frac{z}{(z-1)^3} + \frac{z}{(z-1)^2} \quad (|z|>1)$$

$$y(n) = \mathscr{Z}^{-1}[Y(z)] = \left(\frac{n(n-1)}{2!} + n\right)u(n) = \frac{1}{2}n(n+1)u(n)$$

(2) 对差分方程两边进行 Z 变换

$$z^2Y(z) - z^2 y_{zi}(0) - z \cdot y_{zi}(1) - 3[zY(z) - zy_{zi}(0)] + 2Y(z) = zX(z) - 2X(z)$$

代入初始条件,得

$$z^2Y(z) - z - 3zY(z) + 2Y(z) = zX(z) - 2X(z)$$

因为 $X(z) = \mathscr{Z}[2^n u(n)] = \dfrac{z}{z-2} \quad (|z|>2)$

所以 $Y(z) = \dfrac{2z}{z^2 - 3z + 2} \quad (|z|>2)$

$$y(n) = \mathscr{Z}^{-1}\left[\frac{2z}{z^2 - 3z + 2}\right] = \mathscr{Z}^{-1}\left[\frac{-2z}{z-1} + \frac{2z}{z-2}\right] = 2(2^n - 1)u(n)$$

(3) 对差分方程两边进行 Z 变换,得

$$z^2 Y(z) - z^2 y_{zi}(0) - z y_{zi}(1) + 2[zY(z) - zy_{zi}(0)] + 2Y(z) = e \cdot \frac{z}{z-e} + 2 \cdot \frac{z}{z-e}$$

代入初始条件 $y_{zi}(0), y_{zi}(1)$ 得

$$Y(z) = \frac{z(e+2)}{(z^2 + 2z + 2)(z-e)}$$

所以 $Y(z)$ 有三个极点 $z_{1,2} = -1 \pm j, z_3 = e$

$$\frac{Y(z)}{z} = \frac{e+2}{(z^2+2z+2)(z-e)} = \frac{A_1}{z+1-j} + \frac{A_2}{z+1+j} + \frac{A_3}{z-e}$$

其中 $A_1 = \left[(z+1-j)\dfrac{Y(z)}{z}\right]_{z=-1+j} = \dfrac{e+2}{(z+1+j)(z-e)}\bigg|_{z=-1+j} = -0.16 + 0.59j$

$A_2 = A_1^* = -0.16 - 0.59j$

$A_3 = \left[(z-e)\dfrac{Y(z)}{z}\right]_{z=e} = \dfrac{e+2}{e^2 + 2e + 2} = 0.32$

所以
$$Y(z) = (-0.16 + 0.59j)\frac{z}{z+1-j} + (-0.16 - 0.59j)\frac{z}{z+1+j} + 0.32\frac{z}{z-e}$$

$$y(n) = \mathscr{Z}^{-1}[Y(z)] = (-0.16 + 0.59j)(-1+j)^n u(n) + (-0.16 - 0.59j)(-1-j)^n u(n) + 0.32 e^n u(n) =$$

$$[2(\sqrt{2})^n\cos(\frac{3}{4}n\pi+105°)+0.32e^n]u(n)$$

9.8 一离散系统如图选 9.8 所示，其中 D 为单位延时器，初始条件为零，试写出系统的差分方程，并求其单位函数响应 $h(n)$。

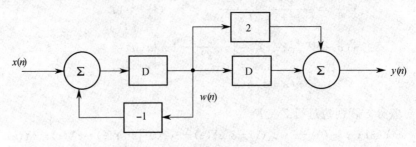

图选 9.8

解 本题可设中间变量 $w(n)$，更易列写方程组

$$w(n+1)+w(n)=x(n) \quad (9.8.1)$$
$$y(n)=2w(n)+w(n-1) \quad (9.8.2)$$

将式(9.8.1)和式(9.8.2)Z 变换得

$$(z+1)W(z)=X(z) \quad (9.8.3)$$
$$Y(z)=(2+z^{-1})W(z) \quad (9.8.4)$$

由式(9.8.3)得

$$W(z)=\frac{X(z)}{z+1}$$

代入式(9.8.4)得

$$Y(z)=(2+z^{-1})\frac{X(z)}{z+1}$$
$$(z+1)Y(z)=(2+z^{-1})X(z) \quad (9.8.5)$$

可得系统差分方程为

$$y(n+1)+y(n)=2x(n)+x(n-1)$$

由式(9.8.5)可得

$$H(z)=\frac{2+z^{-1}}{z+1}=\frac{2z+1}{z(z+1)}=\frac{1}{z}+\frac{1}{z+1}$$
$$h(n)=\mathscr{Z}^{-1}[H(z)]=\delta(n-1)+(-1)^{n-1}u(n-1)$$

9.9 某离散系统差分方程为

$$y(n+2)-3y(n+1)+2y(n)=x(n+1)-2x(n)$$

系统初始条件为 $y(0)=1, y(-1)=1$，输入激励 $x(n)$ 为单位阶跃函数，试求系统的零输入响应 $y_{zi}(n)$，零状态响应 $y_{zs}(n)$ 和全响应 $y(n)$，并画出该系统的模拟框图。

解 首先求零输入响应 $y_{zi}(n)$。

特征方程 $\qquad \alpha^2-3\alpha+2=0$

特征根 $\qquad \alpha_1=1, \alpha_2=2$

所以 $\qquad y_{zi}(n)=[C_1+C_2\cdot 2^n]u(n)$

因为
$$y(0)=C_1+C_2=1$$
$$y(1)=C_1+\frac{1}{2}C_2=-1$$

解之得 $C_1=1, C_2=0$,

故 $y_{zi}(n)=u(n)$

再求零状态响应 $y_{zs}(n)$。先将差分方程 Z 变换求系统函数
$$(z^2-3z+2)Y(z)=(z-2)X(z)$$

所以
$$H(z)=\frac{Y(z)}{X(z)}=\frac{z-2}{z^2-3z+2}=\frac{1}{z-1}$$

又
$$X(z)=\frac{z}{z-1}$$

所以
$$Y_{zs}(z)=\frac{z}{(z-1)^2}$$
$$y_{zs}(n)=\mathscr{Z}^{-1}[Y_{zs}(z)]=nu(n)$$

全响应为
$$y(n)=y_{zi}(n)+y_{zs}(n)=u(n)+nu(n)$$

系统的模拟框图如图选 9.9 所示。

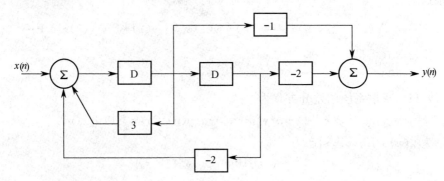

图选 9.9

9.10 已知线性非时变系统的差分方程为

$$y(n+2)-\frac{7}{2}y(n+1)+\frac{3}{2}y(n)=x(n)$$

(1)若 $x(n)=u(n)$,求系统的响应 $y_1(n)$;

(2)若 $x(n)$ 如图选 9.10 所示,求 $n=2$ 时输出响应 $y_2(n)$ 的值。

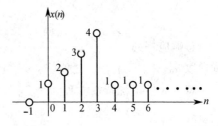

图选 9.10

解 (1)由系统差分方程得系统函数

$$H(z)=\frac{1}{z^2-\frac{7}{2}z+\frac{3}{2}} \quad (|z|>3)$$

又 $X(z)=\frac{z}{z-1}$

所以 $Y(z)=X(z)H(z)=\frac{z}{(z-\frac{1}{2})(z-3)(z-1)}=$

$$\frac{\frac{4}{5}z}{z-\frac{1}{2}}+\frac{\frac{1}{5}z}{z-3}-\frac{z}{z-1} \qquad (|z|>3)$$

所以
$$y(n)=\left[\frac{4}{5}\left(\frac{1}{2}\right)^n+\frac{1}{5}(3)^n-1\right]u(n)$$

(2) 有两个问题需要说明,第一,由于题目只要求出响应一点的值 $y(2)$,故可使用长除法而不必求 $y(n)$ 的表达式。第二,对于因果系统,对 $y(2)$ 的值只有 $x(0),x(1),x(2)$ 三个值起作用,故取 $x(n)=\delta(n)+2\delta(n-1)+3\delta(n-2)$。

因为
$$X(z)=1+2z^{-1}+3z^{-2}$$

所以
$$Y(z)=X(z)H(z)=\frac{1+2z^{-1}+3z^{-2}}{z^2-\frac{7}{2}z+\frac{3}{2}}=$$

$$\frac{z^2+2z+3}{z^2(z^2-\frac{7}{2}z+\frac{3}{2})}$$

使用长除法展开
$$Y(z)=z^{-2}+\frac{11}{2}z^{-3}+\cdots$$

又根据定义
$$Y(z)=\sum_{n=0}^{\infty}y(n)z^{-n}=y(0)+y(1)z^{-1}+y(2)z^{-2}+y(3)z^{-3}+\cdots$$

比较两式可得
$$y(2)=1$$

9.11 离散系统的差分方程为
$$y(n+2)+a_1 y(n+1)+a_0 y(n)=x(n+1)+x(n)$$

激励为 $x(n)=Eu(n)$,初态为
$$y_{zi}(0)=A_0, \quad y_{zi}(1)=A_1$$

若已知该系统特征根为
$$\alpha_1=-\frac{1}{2}, \quad \alpha_2=-3$$

总响应序列
$$y(n)=2u(n)$$

试求取 a_0, a_1, E, A_0, A_1 之值。

解 离散系统特征方程为
$$\alpha^2+a_1\alpha+a_0=0$$

特征根为
$$\alpha_{1,2}=\frac{-a_1\pm\sqrt{a_1^2-4a_0}}{2}$$

所以
$$\alpha_1=\frac{-a_1+\sqrt{a_1^2-4a_0}}{2}=-\frac{1}{2}$$

$$\alpha_2=\frac{-a_1-\sqrt{a_1^2-4a_0}}{2}=-3$$

解以上二式可得
$$a_1=\frac{7}{2}, a_0=\frac{3}{2}$$

对差分方程 Z 变换,代入 $X(z) = \dfrac{Ez}{z-1}$,可得

$$z^2 Y(z) - z^2 y_{zi}(0) - z y_{zi}(1) + \dfrac{7}{2} z Y(z) - \dfrac{7}{2} z y_{zi}(0) + \dfrac{3}{2} Y(z) = (z+1) X(z)$$

$$Y(z) = \dfrac{z^2 y_{zi}(0) + z y_{zi}(1) + \dfrac{7}{2} z y_{zi}(0)}{z^2 + \dfrac{7}{2} z + \dfrac{3}{2}} + \dfrac{Ez(z+1)}{\left(z^2 + \dfrac{7}{2} z + \dfrac{3}{2}\right)(z-1)} =$$

$$\dfrac{A_0 z^2 + \left(A_1 + \dfrac{7}{2} A_0\right) z}{z^2 + \dfrac{7}{2} z + \dfrac{3}{2}} + \dfrac{Ez(z+1)}{\left(z^2 + \dfrac{7}{2} z + \dfrac{3}{2}\right)(z-1)} =$$

$$\dfrac{A_0 z^2 + \left(A_1 + \dfrac{7}{2} A_0\right) z}{z^2 + \dfrac{7}{2} z + \dfrac{3}{2}} + \dfrac{-\dfrac{E}{3} z^2 - \dfrac{E}{2} z}{z^2 + \dfrac{7}{2} z + \dfrac{3}{2}} + \dfrac{\dfrac{1}{3} Ez}{z-1}$$

又由题意可知

$$Y(z) = \dfrac{2z}{z-1}$$

比较以上两式对应项系数可得

$$\begin{cases} \dfrac{1}{3} E = 2 \\ A_0 - \dfrac{E}{3} = 0 \\ A_1 + \dfrac{7}{2} A_0 - \dfrac{E}{2} = 0 \end{cases}$$

所以 $\qquad E = 6, A_0 = 2, A_1 = 4$

9.12 已知一离散系统差分方程为

$$y(n+2) + 6y(n+1) + 8y(n) = x(n+2) + 5x(n+1) + 12x(n)$$

若 $x(n) = u(n)$ 时系统响应为

$$y(n) = [1.2 + (-2)^{n+1} + 2.8(-4)^n] u(n)$$

(1) 试说明该系统的稳定性;

(2) 计算该系统的初始值 $y_{zi}(0), y_{zi}(1)$ 及激励引起的初始值 $y_{zs}(0), y_{zs}(1)$。

解 (1) 对差分方程进行 Z 变换并令初始条件为零,得

$$Y(z) \cdot z^2 + 6zY(z) + 8Y(z) = X(z) \cdot z^2 + 5zX(z) + 12X(z)$$

$$H(z) = \dfrac{Y(z)}{X(z)} = \dfrac{z^2 + 5z + 12}{z^2 + 6z + 8} = \dfrac{z^2 + 5z + 12}{(z+2)(z+4)}$$

由于极点 $P_1 = -2, P_2 = -4$ 在单位圆外,所以系统不稳定。

(2) 对差分方程进行 Z 变换

$$z^2 Y(z) - z^2 y_{zi}(0) - z y_{zi}(1) + 6zY(z) - 6z y_{zi}(0) + 8Y(z) = (z^2 + 5z + 12) X(z)$$

$$Y(z) = \dfrac{z^2 + 5z + 12}{z^2 + 6z + 8} X(z) + \dfrac{y_{zi}(0) z^2 + [y_{zi}(1) + 6 y_{zi}(0)] z}{z^2 + 6z + 8}$$

$$Y_{zi}(z) = \dfrac{y_{zi}(0) z^2 + [y_{zi}(1) + 6 y_{zi}(0)] z}{z^2 + 6z + 8}$$

$$Y_{zs}(z) = \frac{z(z^2+5z+12)}{(z+2)(z+4)(z-1)} = \frac{\frac{6}{5}z}{z-1} - \frac{z}{z+2} + \frac{4}{5}\frac{z}{z+4}$$

$$y_{zs}(n) = \left[\frac{6}{5} - (-2)^n + \frac{4}{5}(-4)^n\right]u(n)$$

由此可得 $\quad y_{zs}(0) = 1, y_{zs}(1) = 0$

因为 $\quad y(n) = [1.2 - 2(-2)^n + 2.8(-4)^n]u(n)$

所以 $\quad y_{zi}(n) = y(n) - y_{zs}(n) = [-(-2)^n + 2(-4)^n]u(n)$

$$Y_{zi}(z) = -\frac{z}{z+2} + 2 \cdot \frac{z}{z+4} = \frac{z^2}{z^2+6z+8}$$

比较两个所得 $Y_{zi}(z)$ 可知

$$y_{zi}(0) = 1$$
$$y_{zi}(1) = -6 y_{zi}(0) = -6$$

9.13 已知系统输入 $x(n) = 2^n u(n)$，系统零状态响应

$$y(n) = \left[-\frac{1}{3}(-1)^n + (-2)^n + \frac{1}{3}(2)^n\right]u(n)$$

求系统单位函数响应 $h(n)$，并画出系统模拟框图。

解 根据系统响应的基本关系式：$Y(z) = X(z)H(z)$ 可先计算出 $H(z)$，再求 $h(n)$。

因为 $\quad X(z) = \dfrac{z}{z-2}$

$$Y(z) = \left[-\frac{1}{3}\frac{z}{z+1} + \frac{z}{z+2} + \frac{1}{3}\frac{z}{z-2}\right]$$

所以 $\quad H(z) = \dfrac{Y(z)}{X(z)} =$

$$\frac{-\frac{1}{3}(z+2)(z-2) + (z+1)(z-2) + \frac{1}{3}(z+1)(z+2)}{(z+1)(z+2)} \cdot \frac{z-2}{z} =$$

$$\frac{z^2}{(z+1)(z+2)} =$$

$$\frac{-z}{z+1} + \frac{2z}{z+2}$$

故 $\quad h(n) = [2(-2)^n - (-1)^n]u(n)$

系统模拟图如图选 9.13 所示。

9.14 设系统输入 $x(n)$ 为因果序列，系统响应 $y(n)$ 可表示为

$$y(n) = \sum_{j=0}^{n}\sum_{i=0}^{j} x(i)$$

图选 9.13

试求该系统的单位函数响应。

解 由题给 $y(n)$ 的表示式可知

$$y(n) = x(n) * u(n) * u(n)$$

其 Z 变换为

$$Y(z) = X(z) \frac{z}{z-1} \cdot \frac{z}{z-1}$$

所以
$$H(z) = \frac{Y(z)}{X(z)} = \frac{z^2}{(z-1)^2}$$

$$h(n) = \mathscr{L}[H(z)] = (n+1)u(n+1)$$

9.15 已知离散线性时不变系统可用一对差分方程确定

$$y(n) + \frac{1}{4}y(n-1) + w(n) + \frac{1}{2}w(n-1) = \frac{2}{3}x(n)$$

$$y(n) - \frac{5}{4}y(n-1) + 2w(n) - 2w(n-1) = -\frac{5}{3}x(n)$$

其中 $x(n)$ 为输入序列，$y(n)$ 为输出响应，$w(n)$ 为中间变量，试求：

(1) 该系统的系统函数和单位函数响应；
(2) 以 $x(n)$ 和 $y(n)$ 为变量的单一差分方程。

解 本题在时域求解有困难，可从 Z 域着手。
(1) 对两方程进行 Z 变换

$$\left(1 + \frac{1}{4}z^{-1}\right)Y(z) + \left(1 + \frac{1}{2}z^{-1}\right)W(z) = \frac{2}{3}X(z) \tag{9.15.1}$$

$$\left(1 - \frac{5}{4}z^{-1}\right)Y(z) + (2 - 2z^{-1})W(z) = -\frac{5}{3}X(z) \tag{9.15.2}$$

式(9.15.1) × (2 − 2z^{-1}) − 式(9.15.2) × $\left(1 + \frac{1}{2}z^{-1}\right)$

$$\left(1 + \frac{1}{4}z^{-1}\right)(2 - 2z^{-1})Y(z) - \left(1 - \frac{5}{4}z^{-1}\right)\left(1 + \frac{1}{2}z^{-1}\right)Y(z) =$$

$$\frac{2}{3}X(z)(2 - 2z^{-1}) + \frac{5}{3}X(z)\left(1 + \frac{1}{2}z^{-1}\right)$$

$$\left(1 - \frac{3}{4}z^{-1} + \frac{1}{8}z^{-2}\right)Y(z) = \left(3 - \frac{1}{2}z^{-1}\right)X(z) \tag{9.15.3}$$

所以
$$H(z) = \frac{3 - \frac{1}{2}z^{-1}}{1 - \frac{3}{4}z^{-1} + \frac{1}{8}z^{-2}}$$

$$h(n) = \mathscr{L}^{-1}[H(z)] = \left[4\left(\frac{1}{2}\right)^n - \left(\frac{1}{4}\right)^n\right]u(n)$$

(2) 由式(9.15.3)可得系统差分方程

$$y(n) - \frac{3}{4}y(n-1) + \frac{1}{8}y(n-2) = 3x(n) - \frac{1}{2}x(n-1)$$

9.16 图选 9.16.1 为一抽头延迟线系统框图，D 为延时器，$x(n)$ 为激励，$y(n)$ 为响应。

(1) 列写延迟线系统的差分方程；
(2) 求系统的单位函数响应 $h(n)$；
(3) 求系统转移函数，并绘出极零点分布图。

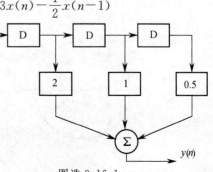

图选 9.16.1

解 (1) 系统差分方程

$$y(n)=2x(n-1)+x(n-2)+0.5x(n-3)$$

(2) 对差分方程求 Z 变换

$$Y(z)=(2z^{-1}+z^{-2}+\frac{1}{2}z^{-3})X(z)$$

$$H(z)=2z^{-1}+z^{-2}+\frac{1}{2}z^{-3}$$

所以 $\qquad h(n)=z^{-1}[H(z)]=2\delta(n-1)+\delta(n-2)+\frac{1}{2}\delta(n-3)$

(3) $H(z)=2z^{-1}+z^{-2}+\dfrac{1}{2}z^{-3}=\dfrac{2(z^2+\dfrac{1}{2}z+\dfrac{1}{4})}{z^3}=$

$$\frac{2\left(z-\dfrac{1+j\sqrt{3}}{4}\right)\left(z-\dfrac{-1-j\sqrt{3}}{4}\right)}{z^3}$$

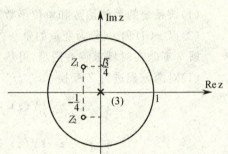

所以,极点 $P=0$ 三重极点

零点 $\quad Z_1=\dfrac{1+j\sqrt{3}}{4}=-\dfrac{1}{2}e^{j120°}$

$\qquad Z_2=-\dfrac{-1-j\sqrt{3}}{4}=-\dfrac{1}{2}e^{-j120°}$

极零点分布图如图选 9.16.2 所示。

图选 9.16.2

9.17 某离散系统函数为

$$H(z)=\frac{z^2-2az\cos\omega+a^2}{z^2-2a^{-1}z\cos\omega+a^{-2}}\qquad(a>1)$$

试利用系统的零极点分布和 s-z 平面映射关系说明该系统的特点。

解 将 $H(z)$ 分子分母多项式因式分解求出零点和极点。

$$H(z)=\frac{z^2-2az\cos\omega+a^2}{z^2-2a^{-1}z\cos\omega+a^{-2}}=\frac{(z-ae^{j\omega})(z-ae^{-j\omega})}{(z-a^{-1}e^{j\omega})(z-a^{-1}e^{-j\omega})}$$

零点 $\qquad Z_1=ae^{j\omega},\quad Z_2=ae^{-j\omega}$

极点 $\qquad P_1=a^{-1}e^{j\omega},\quad P_2=a^{-1}e^{-j\omega}$

若将零点和极点映射到 s 平面:

因为 $\qquad s=\ln z,\quad z=e^s$

所以 零点 $\qquad Z_1=\ln a+j\omega,\quad Z_2=\ln a-j\omega$

极点 $\qquad P_1=-\ln a+j\omega,\quad P_2=-\ln a-j\omega$

在 z 平面和 s 平面的极零点分布如图选 9.17 所示。

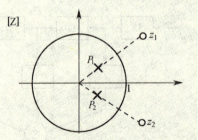 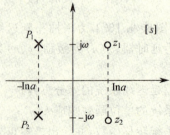

图选 9.17

由 s 平面极零点分布可见,零点与极点对称于虚轴,故系统为全通型系统。

9.18 已知离散系统函数分布如图选 9.18 所示,且已知 $\lim\limits_{n\to\infty}h(n)=4$,求:

(1)系统函数;

(2)若已知系统零状态响应
$$y(n)=u(n)+3(-3)^n\cdot u(n)$$
求产生此响应的输入序列 $x(n)$。

解 (1)根据题意及系统函数的一般形式可得
$$H(z)=H_0\frac{z}{z-1}$$

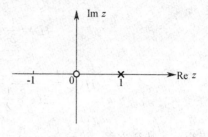

图选 9.18

由 Z 变换的终值定理
$$\lim_{n\to\infty}h(n)=\lim_{z\to 1}(z-1)H(z)=H_0=4$$

所以
$$H(z)=\frac{4z}{z-1}$$

(2)由零状态响应得
$$Y(z)=\frac{z}{z-1}+\frac{3z}{z+3}=H(z)X(z)$$

$$X(z)=\frac{Y(z)}{H(z)}=\frac{\dfrac{z^2+3z+3z^2-3z}{(z-1)(z+3)}}{\dfrac{4z}{z-1}}=\frac{z}{z+3}$$

所以 $x(n)=(-3)^n u(n)$

9.19 已知一离散系统在 z 平面上的零点极点分布如图选 9.19,且已知系统的单位函数响应 $h(n)$ 的极限值 $\lim\limits_{n\to\infty}h(n)=\dfrac{1}{3}$,系统的初始条件为 $y(0)=2,y(1)=1$,求系统的转移函数及零输入响应。若系统激励为 $(-3)^n u(n)$,求零状态响应。

解 由图可知系统有零点:$z_1=0$,极点:$P_1=-\dfrac{1}{2},P_2=1$。设系统增益为 H_0,系统函数
$$H(z)=H_0\frac{z}{(z+\dfrac{1}{2})(z-1)}$$

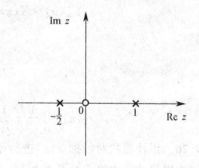

图选 9.19

所以
$$\lim_{n\to\infty}h(n)=\frac{1}{3}$$

又由 Z 变换终值定理
$$\lim_{n\to\infty}h(n)=\lim_{z\to 1}(z-1)H(z)=$$

$$\lim_{z\to 1}(z-1)H_0\frac{z}{(z+\frac{1}{2})(z-1)}=\frac{2}{3}H_0$$

所以 $$H_0=\frac{1}{2}$$

故 $$H(z)=\frac{z}{2(z+\frac{1}{2})(z-1)}=\frac{\frac{1}{2}z}{z^2-\frac{1}{2}z-\frac{1}{2}}$$

因为 特征方程 $\alpha^2-\frac{1}{2}\alpha-\frac{1}{2}=0$

特征根 $\alpha_1=-\frac{1}{2},\quad \alpha_2=1$

所以 $$y_{zi}(n)=C_1(-\frac{1}{2})^n+C_2$$

代入初始条件,有
$$\begin{cases}y(0)=2=C_1+C_2\\ y(1)=1=-\frac{1}{2}C_1+C_2\end{cases}$$

解得 $C_1=\frac{2}{3}\quad C_2=\frac{4}{3}$

所以 $$y_{zi}(n)=\left[\frac{2}{3}\left(-\frac{1}{2}\right)^n+\frac{4}{3}\right]u(n)$$

因为 $$X(z)=\mathscr{L}[x(n)]=\frac{z}{z+3}$$

所以 $$Y_{zs}(z)=X(z)H(z)=\frac{z^2}{2(z+3)(z-1)(z+\frac{1}{2})}=$$

$$-\frac{3}{20}\frac{z}{z+3}+\frac{1}{15}\frac{z}{z+\frac{1}{2}}+\frac{1}{12}\frac{z}{z-1}$$

所以 $$y_{zs}(n)=\left[\frac{1}{12}+\frac{1}{15}\left(-\frac{1}{2}\right)^n-\frac{3}{20}(-3)^n\right]u(n)$$

9.20 用计算机对数据 $x(n)$ 进行平均处理,当收到一个数据后,计算机就把这一次输入的数据与前三次输入的数据相加,并平均。求这一数据处理过程的频率响应函数,并粗略画出频率特性曲线。

解 设本次输入为 $x(n)$,四次平均为
$$y(n)=\frac{1}{4}[x(n)+x(n-1)+x(n-2)+x(n-3)]$$

系统处理过程的函数为
$$Y(z)=\frac{1}{4}X(z)[1+z^{-1}+z^{-2}+z^{-3}]$$

$$H(z)=\frac{Y(z)}{X(z)}=\frac{1}{4}[1+z^{-1}+z^{-2}+z^{-3}]=\frac{1}{4}(1+z^{-1})(1+z^{-2})$$

频率响应函数为

$$H(e^{j\omega}) = \frac{1}{4}(1+e^{-j\omega})(1+e^{-j2\omega}) =$$

$$\frac{1}{4}e^{-j\frac{\omega}{2}} \cdot 2\cos\frac{\omega}{2} \cdot e^{-j\omega} \cdot 2\cos\omega =$$

$$e^{-j\frac{3}{2}\omega}\cos\frac{\omega}{2}\cos\omega$$

系统频率特性如图选 9.20 所示。

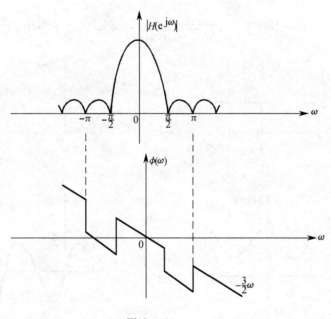

图选 9.20

可见此数据处理过程相当于低通滤波器特性。

9.21 已知系统转移函数

$$H(z) = \frac{z}{z-K}$$

其中 K 为常数。

(1) 写出系统的差分方程；

(2) 求系统的频率响应，并画出 $K=0, 0.5, 1.0$ 三种情况下系统的幅频特性和相频特性。

解 (1) 由于 $H(z) = \frac{Y(z)}{X(z)} = \frac{1}{1-Kz^{-1}}$

所以 $(1-Kz^{-1})Y(z) = X(z)$

两边取 Z 反变换得系统差分方程

$$y(n) - Ky(n-1) = x(n)$$

(2) 根据系统转移函数 $H(z)$ 可得频率响应

$$H(e^{j\omega}) = H(z)\big|_{z=e^{j\omega}} = \frac{1}{1-Ke^{-j\omega}} = \frac{1}{(1-K\cos\omega) + jK\sin\omega}$$

幅频特性和相频特性分别为

$$|H(e^{j\omega})| = \frac{1}{\sqrt{1+K^2-K2\cos\omega}}$$

$$\varphi(\omega) = -\arctan\frac{K\sin\omega}{1-K\cos\omega}$$

图(a): $K=0$, $|H(e^{j\omega})|=1, \varphi(\omega)=0$

图(b): $K=0.5, |H(e^{j\omega})| = \frac{1}{\sqrt{1.25-\cos\omega}}$, $\varphi(\omega) = -\arctan\frac{\sin\omega}{2-\cos\omega}$

图(c): $K=1.0, |H(e^{j\omega})| = \frac{1}{\sqrt{2(1-\cos\omega)}}$, $\varphi(\omega) = -\arctan\frac{\sin\omega}{1-\cos\omega} = \frac{\omega-\pi}{2}$

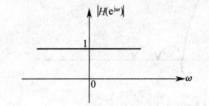
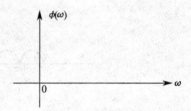

(a) $K=0$

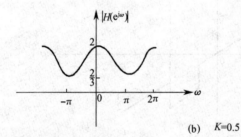
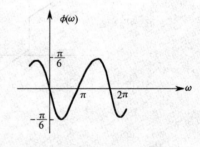

(b) $K=0.5$

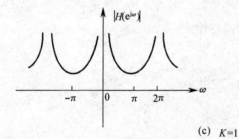
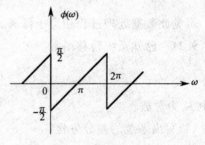

(c) $K=1$

图选 9.21

9.22 试求图选 9.22.1 所示离散系统的频率响应特性，并粗略画出其幅频特性和相频特性。

解 设 $W(z)$ 为辅助变量，则

$$W(z) = X(z) + \frac{1}{2}z^{-1}W(z)$$

$$W(z) = \frac{1}{1-\frac{1}{2}z^{-1}}X(z)$$

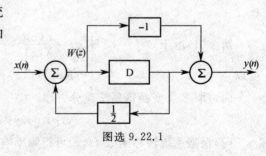

图选 9.22.1

又 $$Y(z)=-W(z)+z^{-1}W(z)=-(1-z^{-1})W(z)$$

所以 $$Y(z)=-\frac{1-z^{-1}}{1-\frac{1}{2}z^{-1}}X(z)$$

故 $$H(z)=\frac{-z+1}{z-\frac{1}{2}}$$

根据系统频率特性与转移函数之间的关系可得

$$H(e^{j\omega T})=H(z)\big|_{z=e^{j\omega T}}=\frac{-e^{j\omega T}+1}{e^{j\omega T}-\frac{1}{2}}=$$

$$\frac{1-\cos\omega T-j\sin\omega T}{\cos\omega T-\frac{1}{2}+\sin\omega T}$$

其幅频特性和相频特性分别为

$$|H(e^{j\omega T})|=\sqrt{\frac{(1-\cos\omega T)^2+\sin^2\omega T}{(\cos\omega T-\frac{1}{2})^2+\sin^2\omega T}}=\sqrt{\frac{2(1-\cos\omega T)}{1.25-\cos\omega T}}$$

$$\varphi(\omega)=-\arctan\frac{\sin\omega T}{1-\cos\omega T}-\arctan\frac{\sin\omega T}{\cos\omega T-\frac{1}{2}}=-\arctan\frac{\sin\omega T}{3(\cos\omega T-1)}=$$

$$-\arctan\left(-\frac{1}{3}\cot\frac{\omega T}{2}\right)$$

其幅频特性和相频特性曲线示于图选 9.22.2 中。

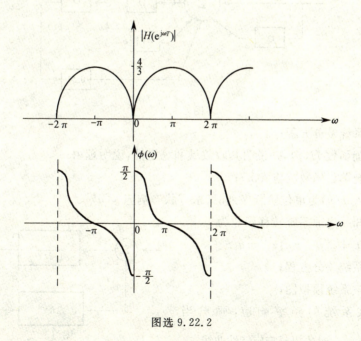

图选 9.22.2

9.3　习题(16题)

9.1　已知离散系统的差分方程为
$$2y(n)-y(n-1)=4x(n)-2x(n-1)$$
试求此系统的单位函数响应 $h(n)$。

9.2　某离散系统如图习 9.2 所示。已知系统的输入 $x(n)=u(n)$，初始条件 $y(0)=1, y(1)=2$，试列出系统的差分方程，并求响应 $y(n)$。

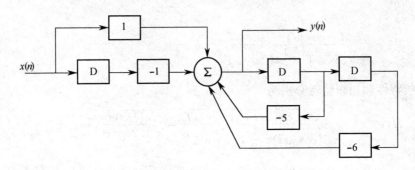

图习 9.2

9.3　对图习 9.3 所示离散系统

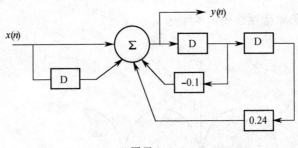

图习 9.3

(1) 写出系统差分方程；
(2) 求系统函数 $H(z)$，并说明其收敛域和稳定性，说明理由；
(3) 求系统单位函数响应 $h(n)$；
(4) 当输入 $x(n)$ 为单位阶跃序列时，求零状态响应 $y(n)$。

9.4　已知一离散系统转移函数为
$$H(z)=a_0+a_1z^{-1}+a_2z^{-2}+a_3z^{-3}$$
(1) 写出系统差分方程；
(2) 画出该系统模拟图；
(3) 求该系统的频率响应，画出当 $a_0=a_1=a_2=a_3=\dfrac{1}{4}$ 时的幅频响应特性曲线。

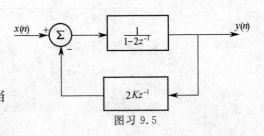

图习 9.5

9.5 图习 9.5 为因果离散反馈系统,为使系统稳定,试确定实系数 K 的取值范围。

9.6 求图习 9.6 所示离散系统在单位阶跃序列 $u(n)$ 作用下的响应 $y(n)$。

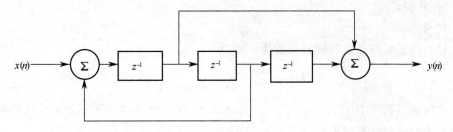

图习 9.6

9.7 离散系统的模拟图如图习 9.7 所示,试求:
(1)系统的单位函数响应;
(2)若 $x(n)=u(n)$,计算响应 $y(n)$。

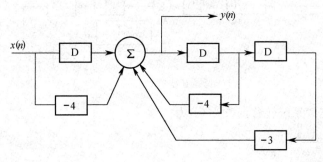

图习 9.7

9.8 系统转移函数为

$$H(z)=\frac{b_m z^m+b_{m-1} z^{m-1}+\cdots+b_0}{a_n z^n+a_{n-1} z^{n-1}+\cdots+a_0}$$

试证明:

(1)如 $m \leqslant n$,则系统为因果系统。

(2)系统的单位函数响应为

$$h(k)=\begin{cases} 0 & (k<n-m) \\ \dfrac{b_m}{a_n} & (k=n-m) \end{cases}$$

9.9 二阶差分方程

$$2y(n+1)-3y(n)+y(n-1)=x(n)$$

求当输入激励为以下序列时的零状态响应。

(1) $x(n)=u(n)$

(2) $x(n)=nu(n)$

(3) $x(n)=2^n u(n)$

9.10 已知离散时间系统的转移函数为

$$H(z)=\frac{3+3.6z^{-1}+0.6z^{-2}}{1+0.1z^{-1}-0.2z^{-2}}$$

试绘出下面实现该系统的三种形式的框图
(1)直接形式
(2)并联形式
(3)串联形式

9.11 离散时间系统的转移函数为

$$H(z)=\frac{9.5z}{(z-0.5)(10-z)}$$

试求转移函数在 $10<|z|\leqslant\infty$ 及 $0.5<|z|<10$ 两种收敛域情况下的单位函数响应,并说明系统的稳定性和因果性。

9.12 求图习 9.12 所示离散系统的差分方程、系统转移函数及单位函数响应,并大致画出系统转移函数 $H(z)$ 的极零点图及系统的幅频特性。

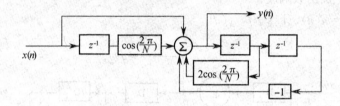

图习 9.12

9.13 已知连续系统转移函数 $H(s)$ 为

(1) $H(s)=\dfrac{A}{s^2+\omega^2}$

(2) $H(s)=\dfrac{A}{s(s+\lambda)}$

试求对应于 $H(s)$ 的离散系统转移函数 $H(z)$。

9.14 若 $F(z)=\dfrac{N(z)}{D(z)}$ 为有理函数,且其反变换 $f(k)$ 在 $k\geqslant 10$ 时为零,试问对多项式 $N(z)$ 和 $D(z)$ 有何要求?

9.15 图习 9.15(a)所示系统为具有无限多个延迟元件的非递归系统,图习 9.15(b)为一阶递归系统,若使两个系统在端口上等效,即 $y_1(n)=y_2(n)$,求加权系数 $b_0,b_1,b_2,\cdots$。

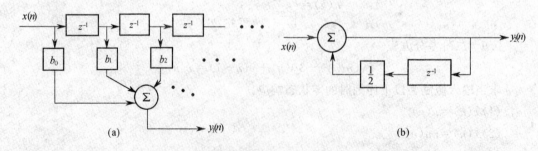

图习 9.15

9.16 图习 9.16 所示两个离散系统具有相同的输入 $x(n)$,

(1)证明零状态响应 $y_1(n)$ 和 $y_2(n)$ 相等;

(2)如果使此二系统产生的零输入响应相等,第一个系统初始条件
$$p_1(-1)=A, q(-1)=B$$
试求第二个系统初始条件 $p_2(-1)$ 和 $q_2(-1)$;

(3)若 $x(n)=n, A=1, B=2$
试求 $y_1(n)$ 和 $y_2(n)$。

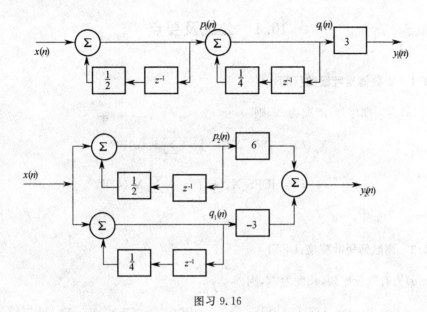

图习 9.16

第10章 离散傅里叶变换

10.1 公式及要点

10.1.1 离散傅里叶级数(DFS)

设 $x_p(n)$ 为周期序列,周期为 N,则

$$X_p(k) = \text{DFS}[X_p(n)] = \sum_{n=0}^{N-1} x_p(n) W^{kn} \tag{10.1}$$

$$x_p(n) = \text{IDFS}[X_p(k)] = \frac{1}{N} \sum_{k=0}^{N-1} X_p(k) W^{-kn} \tag{10.2}$$

式中 $W = e^{-j\frac{2\pi}{N}}$ 或 $W_N = e^{-j\frac{2\pi}{N}}$

10.1.2 离散傅里叶变换(DFT)

设 $x(n)$ 为有限长序列,长度为 N,则

$$X(k) = \text{DFT}[x(n)] = \sum_{n=0}^{N-1} x(n) W^{kn} \quad (0 \leqslant k \leqslant N-1) \tag{10.3}$$

$$x(n) = \text{IDFT}[X(k)] = \frac{1}{N} \sum_{k=0}^{N-1} X(k) W^{-kn} \quad (0 \leqslant n \leqslant N-1) \tag{10.4}$$

10.1.3 离散傅里叶变换性质

离散傅里叶变换性质见表10.1。

表 10.1

性质名称	序列 $x(n)$	DFT
线性	$a_1 x_1(n) + a_2 x_2(n)$	$a_1 X_1(k) + a_2 X_2(k)$
时移特性	$x(n-m)$	$W^{mk} X(k)$
频移特性	$W^{-Ln} x(n)$	$X(k-L)$
时域圆卷积	$\sum_{m=0}^{N-1} x(m) h((n-m))_N G_N(n)$	$X(k) H(k)$
频域圆卷积	$x(n) h(n)$	$\frac{1}{N} \sum_{l=0}^{N-1} X(l) H(k-l)_N G_N(k)$
循环相关特性	$\sum_{m=0}^{N-1} x(m) y((m-n))_N G_N(n)$	$X(k) Y^*(k)$
帕色伐尔定理	$\sum_{n=0}^{N-1} x^2(n)$	$\frac{1}{N} \sum_{k=0}^{N-1} |X(k)|^2$

10.1.4 离散傅里叶变换与 Z 变换的关系

1. 有限长序列 $x(n)$ 的 DFT 等于其 Z 变换 $X(z)$ 在单位圆上的均匀抽样,即

$$X(k) = X(z)\big|_{z=e^{j\frac{2\pi}{N}k}} \quad (0 \leqslant k \leqslant N-1) \tag{10.5}$$

2. $X(z)$ 可根据 $X(k)$ 由下式得以恢复,即

$$X(z) = \sum_{k=0}^{N-1} X(k)\Phi_k(z) \tag{10.6}$$

式中

$$\Phi_k(z) = \frac{1}{N} \frac{1-z^{-N}}{1-W^{-k}z^{-1}} \tag{10.7}$$

$$W = e^{-j\frac{2\pi}{N}}$$

$\Phi_k(z)$ 称为内插函数。

10.1.5 快速傅里叶变换(FFT)

1. DFT 和 FFT 运算次数比较

DFT 复数乘法 N^2 次

复数加法 $N(N-1)$ 次

FFT 复数乘法 $\frac{N}{2}\log_2 N$ 次

复数加法 $N\log_2 N$ 次

运算次数之比 $\dfrac{\text{DFT}}{\text{FFT}} = \dfrac{N^2}{\frac{N}{2}\log_2 N} = \dfrac{2N}{\log_2 N}$

2. 基 2 时间抽选 FFT 算法流图特点

(1) 同址运算

(2) 码位倒读

(3) 蝶形类型随迭代轮次成倍增加

10.2 选题精解(15 题)

10.1 已知周期序列

$$x_p(n) = \begin{cases} 10 & (2 \leqslant n \leqslant 6) \\ 0 & (n=0,1,7,8,9) \end{cases}$$

周期 $N=10$,试求 $\text{DFS}[x_p(n)] = X_p(k)$,并画出 $X_p(k)$ 的幅度和相位特性。

解 $X_p(k) = \sum\limits_{n=0}^{9} 10[u(n-2)-u(n-7)]W_{10}^{kn} =$

$10[e^{-j\frac{2\pi}{10}k\cdot 2} + e^{-j\frac{2\pi}{10}k\cdot 3} + e^{-j\frac{2\pi}{10}k\cdot 4} + e^{-j\frac{2\pi}{10}k\cdot 5} + e^{-j\frac{2\pi}{10}k\cdot 6}] =$

$10\dfrac{e^{-j\frac{2\pi}{10}k\cdot 2} - e^{-j\frac{2\pi}{10}k\cdot 7}}{1-e^{-j\frac{2\pi}{10}k}} = 10\dfrac{e^{-j\frac{9\pi k}{10}}(e^{j\frac{5\pi k}{10}} - e^{-j\frac{5\pi k}{10}})}{e^{-j\frac{\pi k}{10}}(e^{j\frac{\pi k}{10}} - e^{-j\frac{\pi k}{10}})} =$

$10e^{-j\frac{4\pi k}{5}} \dfrac{\sin\left(\dfrac{\pi}{2}k\right)}{\sin\left(\dfrac{\pi k}{10}\right)} \quad (0 \leqslant k \leqslant 9)$

$X_p(k)$ 的幅度和相位特性如图选 10.1 所示。

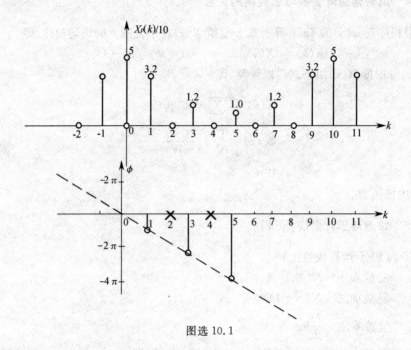

图选 10.1

10.2 周期性实序列 $x_p(n)$ 如图选 10.2 所示,试判断下述论点是否正确。

(1) $X_p(k) = X_p(k+10)$

(2) $X_p(k) = X_p(-k)$

(3) $X_p(0) = 0$

(4) $X_p(k) e^{j(\frac{2\pi}{5})k}$,对于所有的 k,此式为实数。

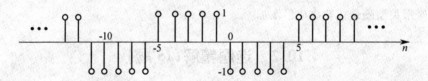

图选 10.2

解 (1) 因为 $x(n) = -[u(n) - u(n-5)] + [u(n-5) - u(n-10)]$

$$x_p(n) = \sum_r x(n - rN) \quad (N = 10)$$

所以 $\quad X_p(k) = X_p(k+10) \quad$ (此式正确)

(2) $X_p(k) = X_p(-k)$,此式不正确

因为实周期序列的傅里叶级数是共轭对称的,只有 $x_p(n)$ 为实偶序列时 DFS 才是实偶序列。

(3) $X_p(0) = 0$,此式正确

因为序列 $x_p(n)$ 正负面积相等,故直流分量为零。

(4) $X_p(k) = \sum_{n=0}^{9} x_p(n) W_{10}^{kn} =$

220

$$-[e^{-j\frac{2\pi}{10}k\cdot 0}+e^{-j\frac{2\pi}{10}k}+e^{-j\frac{2\pi}{10}k\cdot 2}+e^{-j\frac{2\pi}{10}k\cdot 3}+e^{-j\frac{2\pi}{10}k\cdot 4}]+e^{-j\frac{2\pi}{10}k\cdot 5}+e^{-j\frac{2\pi}{10}k\cdot 6}+$$
$$e^{-j\frac{2\pi}{10}k\cdot 7}+e^{-j\frac{2\pi}{10}k\cdot 8}+e^{-j\frac{2\pi}{10}k\cdot 9}=$$
$$-\frac{1-e^{-j\frac{2\pi}{10}k\cdot 5}}{1-e^{-j\frac{2\pi}{10}k}}+\frac{e^{-j\frac{2\pi}{10}k\cdot 5}-e^{-j\frac{2\pi}{10}k\cdot 10}}{1-e^{-j\frac{2\pi}{10}k}}=$$
$$-\frac{2-2e^{-j\frac{2\pi}{10}k\cdot 5}}{1-e^{-j\frac{2\pi}{10}k}}=-2\,\frac{e^{-j\frac{5\pi}{10}k}}{e^{-j\frac{\pi}{10}k}}\,\frac{\sin\dfrac{5\pi k}{10}}{\sin\dfrac{\pi}{10}k}=$$
$$-2e^{-j\frac{2\pi}{5}k}\frac{\sin\dfrac{5}{10}\pi k}{\sin\dfrac{\pi k}{10}}$$

所以 $X_P(k)\cdot e^{j\frac{2\pi k}{5}}$ 必为实数。

10.3 如果 $x_p(n)$ 是一个周期为 N 的序列，也是周期为 $2N$ 的序列，令 $X_{p1}(k)$ 表示当周期为 N 时的 DFS 系数，$X_{p2}(k)$ 是当周期为 $2N$ 时的 DFS 系数。试以 $X_{p1}(k)$ 表示 $X_{p2}(k)$。

解 由题意知
$$X_{p1}(k)=\sum_{n=0}^{N-1}x_p(n)W_N^{kn}$$
$$X_{p2}(k)=\sum_{n=0}^{2N-1}x_p(n)W_{2N}^{kn}=$$
$$\sum_{n=0}^{N-1}x_p(n)e^{-j\frac{2\pi}{2N}kn}+\sum_{n=N}^{2N-1}x_p(n)e^{-j\frac{2\pi}{2N}kn}$$

在第二个式子中，令 $n'=n-N$，则 $n=n'+N$
$$X_{p2}(k)=X_{p1}\left(\frac{k}{2}\right)+\sum_{n'=0}^{N-1}x_p(n')e^{-j\frac{2\pi}{N}\left(\frac{k}{2}\right)n'}e^{-j\frac{2\pi}{N}\frac{k}{2}N}=$$
$$X_{p1}\left(\frac{k}{2}\right)+X_{p1}\left(\frac{k}{2}\right)e^{-j\pi k}=$$
$$X_{p1}\left(\frac{k}{2}\right)(1+e^{-j\pi k})=X_{p1}\left(\frac{k}{2}\right)(1+\cos\pi k)=$$
$$\begin{cases}0 & (k\text{ 为奇数})\\ 2X_{p1}\left(\dfrac{k}{2}\right) & (k\text{ 为偶数})\end{cases}$$

10.4 已知周期序列 $x_p(n)$ 如图选 10.4 所示

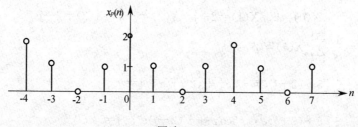

图选 10.4

(1) 试求 $\mathrm{DFS}[x_p(n)]=X_p(k)$；

(2)取 $x_p(n)$ 的主值序列，$x(n)=x_p(n)G_N(n)$，试求其离散傅里叶变换
$$X(k)=\text{DFT}[x(n)]$$

解 (1)设 $x(n)=2\delta(n)+\delta(n-1)+\delta(n-3)$

则 $\quad x_p(n)=\sum_r x(n-rN) \quad (N=4)$

所以
$$X_p(k)=\sum_{n=0}^{3}x_p(n)W_4^{kn}=2+e^{-j\frac{2\pi}{4}k}+e^{-j\frac{2\pi}{4}k\cdot 3}=$$
$$2+e^{-j\pi k}(e^{j\frac{\pi k}{2}}+e^{-j\frac{\pi k}{2}})=2\left(1+e^{-j\pi k}\cos\frac{\pi k}{2}\right)=$$
$$2\left(1+\cos\pi k\cos\frac{\pi k}{2}\right)=$$
$$2\left(1+\cos\frac{\pi k}{2}\right)$$

(2)有限长序列($N=4$)
$$x(n)=2\delta(n)+\delta(n-1)+\delta(n-3)$$
$$X(k)=\sum_{n=0}^{3}x(n)W_N^{kn}=2e^{-j\frac{2\pi}{4}k\cdot 0}+2e^{-j\frac{2\pi}{4}k}+2e^{-j\frac{2\pi}{4}k\cdot 3}=$$
$$2+e^{-j\frac{2\pi}{2}}+e^{-j\frac{3\pi k}{2}}=2\left(1+\cos\pi k\cos\frac{\pi k}{2}\right)=$$
$$2\left(1+\cos\frac{\pi k}{2}\right) \quad (k=0,1,2,3)$$

10.5 若已知有限长序列 $x(n)$ 如下式
$$x(n)=\begin{cases} 1 & (n=0) \\ 2 & (n=1) \\ -1 & (n=2) \\ 3 & (n=3) \end{cases}$$

求 $X(k)=\text{DFT}[x(n)]$，再由所得结果求 $\text{IDFT}[X(k)]=x(n)$。

解 有限长序列 $N=4$
$$x(n)=\delta(n)+2\delta((n-1)-\delta(n-2)+3\delta(n-3)$$
$$X(k)=\sum_{n=0}^{3}x(n)W_4^{kn}=$$
$$1+2e^{-j\frac{2\pi}{4}k}-e^{-j\frac{2\pi}{4}k\cdot 2}+3e^{-j\frac{2\pi}{4}k\cdot 3}=$$
$$1+2e^{-j\frac{\pi k}{2}}-e^{-j\pi k}+3e^{-j\frac{3\pi k}{2}}$$
$$X(0)=5 \quad X(1)=2+j \quad X(2)=-5 \quad X(3)=2-j$$

又 $\quad x(n)=\dfrac{1}{N}\sum_{k=0}^{N-1}X(k)W_N^{-kn}=$
$$\frac{1}{4}[5+(2+j)e^{j\frac{\pi n}{2}}-5e^{j\pi n}+(2-j)e^{j\frac{3\pi n}{2}}]=$$
$$\frac{1}{4}[5+(2+j)e^{j\frac{\pi n}{2}}-5\cos\pi n+(2-j)e^{-j\frac{\pi n}{2}}]=$$
$$\frac{1}{4}\left[5+4\cos\frac{\pi n}{2}-2\sin\frac{\pi n}{2}-5\cos\pi n\right]$$

所以 $x(0)=1$, $x(1)=2$, $x(2)=-1$, $x(3)=3$

经验算,结果正确。

10.6 有限长序列 $x(n)$, $\text{DFT}[x(n)]=X(k)$, 试利用频移定理求:

(1) $\text{DFT}\left[x(n)\cos\left(\dfrac{2\pi rn}{N}\right)\right]$

(2) $\text{DFT}\left[x(n)\sin\left(\dfrac{2\pi rn}{N}\right)\right]$

解 (1) $\cos\dfrac{2\pi rn}{N}=\dfrac{1}{2}(\mathrm{e}^{\mathrm{j}\frac{2\pi rn}{N}}+\mathrm{e}^{-\mathrm{j}\frac{2\pi rn}{N}})=\dfrac{1}{2}(W^{-rn}+W^{rn})$

所以 $\text{DFT}\left[x(n)\cos\dfrac{2\pi rn}{N}\right]=\dfrac{1}{2}\text{DFT}[x(n)W^{-rn}+x(n)W^{rn}]=$

$\dfrac{1}{2}[X((k-r))_N+X((k+r))_N]G_N(k)$

(2) $\sin\dfrac{2\pi rn}{N}=\dfrac{1}{2\mathrm{j}}[\mathrm{e}^{\mathrm{j}\frac{2\pi rn}{N}}-\mathrm{e}^{-\mathrm{j}\frac{2\pi rn}{N}})=\dfrac{1}{2\mathrm{j}}(W^{-rn}-W^{rn})$

所以 $\text{DFT}\left[x(n)\sin\dfrac{2\pi rn}{N}\right]=\dfrac{1}{2\mathrm{j}}\text{DFT}[x(n)W^{-rn}-x(n)W^{rn}]=$

$\dfrac{1}{2\mathrm{j}}[X((k-r))_N-X((k+r))_N]G_N(k)$

10.7 图选 10.7.1 所示为 $N=4$ 之有限长序列 $x(n)$, 试绘图解答。

(1) $x(n)$ 与 $x(n)$ 之线卷积;

(2) $x(n)$ 与 $x(n)$ 之 4 点圆卷积;

(3) $x(n)$ 与 $x(n)$ 之 10 点圆卷积;

(4) 欲使 $x(n)$ 与 $x(n)$ 的圆卷积和线卷积相同,求长度 L 之最小值。

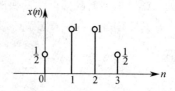

图选 10.7.1

解 (1) 如图选 10.7.2 所示;

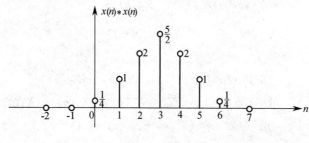

图选 10.7.2

(2) 4 点圆卷积如图选 10.7.3 所示;

(3) 10 点圆卷积如图选 10.7.4 所示;

(4) 欲使 $x(n)$ 的圆卷积与线卷积相同,其卷积长度 L 最小值应为 $2N-1$, 即 $L=2N-1=7$。

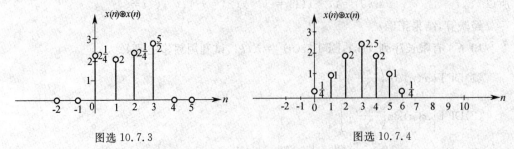

图选 10.7.3　　　　　　　　　　　图选 10.7.4

10.8 若已知实数有限长序列 $x_1(n), x_2(n)$，其长度都为 N。

$$DFT[x_1(n)] = X_1(k)$$
$$DFT[x_2(n)] = X_2(k)$$
$$x_1(n) + jx_2(n) = x(n)$$
$$DFT[x(n)] = X(k)$$

试证明下列关系式成立

$$X_1(k) = \frac{1}{2}[X(k) + X^*(N-k)]$$

$$X_2(k) = \frac{1}{2j}[X(k) - X^*(N-k)]$$

解　根据离散傅里叶变换的定义可以很容易证明

若　$DFT[x(n)] = X(k)$

则　$DFT[x^*(n)] = \sum_{n=0}^{N-1} x^*(n) W_N^{kn} =$

$\left[\sum_{n=0}^{N-1} x_p^*(n) W_N^{kn}\right] R_N(k) =$

$\left[\sum_{n=0}^{N-1} x_p(n) W_N^{kn}\right]^* R_N(k) =$

$\left[\sum_{n=0}^{N-1} x_p(n) W_N^{(N-k)n}\right]^* R_N(k) =$

$X^*(N-k) \quad (0 \leqslant k \leqslant N-1)$

据此关系式可有

$$DFT[x(n)] = X(k) = X_1(k) + jX_2(k) \tag{10.8.1}$$
$$DFT[x^*(n)] = X^*(N-k) = X_1(k) - jX_2(k) \tag{10.8.2}$$

其中　$x(n) = x_1(n) + jx_2(n)$，$x^*(n) = x_1(n) - jx_2(n)$

由式(10.8.1)和式(10.8.2)可得

$$[式(10.8.1) + 式(10.8.2)]/2: \quad X_1(k) = \frac{1}{2}[X(k) + X^*(N-k)]$$

$$[式(10.8.1) - 式(10.8.2)]/2: \quad X_2(k) = \frac{1}{2j}[X(k) - X^*(N-k)]$$

10.9　若 $x(n) = G_N(n)$（矩形序列）

(1)求 $\mathscr{Z}[x(n)]$；

(2) 求 DFT[$x(n)$];
(3) 求频响特性 $X(e^{j\omega})$,作幅频特性曲线图。

解 (1) $$X(z)=\sum_{n=0}^{N-1}G_N(n)z^{-n}=\frac{1-z^{-N}}{1-z^{-1}}$$

(2) $$X(k)=\text{DFT}[x(n)]=\sum_{n=0}^{N-1}W_N^{kn}=\sum_{n=0}^{N-1}e^{-j\frac{2\pi}{N}kn}=\frac{1-e^{-j\frac{2\pi}{N}kN}}{1-e^{-j\frac{2\pi}{N}k}}=N\delta(n)$$

(3) $$X(e^{j\omega})=X(z)|_{z=e^{j\omega}}=\frac{1-e^{-j\omega N}}{1-e^{-j\omega}}=\frac{e^{-j\frac{\omega N}{2}}}{e^{-j\frac{\omega}{2}}}\cdot\frac{\sin\frac{\omega N}{2}}{\sin\frac{\omega}{2}}=e^{-j\frac{N-1}{2}\omega}\cdot\frac{\sin\frac{\omega N}{2}}{\sin\frac{\omega}{2}}$$

$$|X(e^{j\omega})|=\left|\frac{\sin\frac{\omega N}{2}}{\sin\frac{\omega}{2}}\right|$$

当 $\omega=0$ 时,$|X(e^{j\omega})|=N$

当 $\omega=\frac{2\pi}{N}k$ 时,$|X(e^{j\omega})|=0$

幅频特性曲线如图选 10.9 所示。

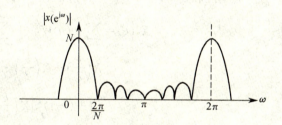

图选 10.9

10.10 设 $x(n)$ 为一有限长序列,当 $n<0$ 和 $n\geqslant N$ 时 $x(n)=0$,且 N 等于偶数。已知 DFT[$x(n)$]=$X(k)$,试利用 $X(k)$ 表示以下各序列的 DFT:

(1) $x_1(n)=x(N-1-n)$

(2) $x_2(n)=(-1)^n x(n)$

(3) $x_3(n)=\begin{cases}x(n) & (0\leqslant n\leqslant N-1)\\ x(n-N) & (N\leqslant n\leqslant 2N-1)\\ 0 & (n\text{ 为其他值})\end{cases}$

(4) $x_4(n)=\begin{cases}x(n)+x\left(n+\frac{N}{2}\right) & \left(0\leqslant n\leqslant \frac{N}{2}-1\right)\\ 0 & (n\text{ 为其他值})\end{cases}$

(5) $x_5(n)=\begin{cases}x(n) & (0\leqslant n\leqslant N-1)\\ 0 & (N\leqslant n\leqslant 2N-1)\\ 0 & (n\text{ 为其他值})\end{cases}$ (DFT 有限长度取 $2N$)

(6) $x_6(n)=\begin{cases}x\left(\dfrac{n}{2}\right) & (n\text{ 为偶数})\\ 0 & (n\text{ 为奇数})\end{cases}$

(7) $x_7(n) = x(2n)$ （DFT 有限长度取 $\dfrac{N}{2}$）

解 (1) $X_1(k) = \displaystyle\sum_{n=0}^{N-1} x(N-1-n) W^{kn} =$

$\displaystyle\sum_{n=N-1}^{0} x(n) W^{k(N-1-n)} = \sum_{n=0}^{N-1} x(n) W^{-kn} \cdot W^{-k} =$

$e^{j\frac{2\pi}{N}k} X(-k)$

(2) $X_2(k) = \displaystyle\sum_{n=0}^{N-1} (-1)^n x(n) W^{kn} =$

$\displaystyle\sum_{n=0}^{N-1} x(n) W^{(k+\frac{N}{2})n} = X\left(k+\dfrac{N}{2}\right)$

(3) $X_3(k) = \displaystyle\sum_{n=0}^{2N-1} x_3(n) W_{2N}^{kn} =$ $(0 \leqslant k \leqslant N-1)$

$\displaystyle\sum_{n=0}^{N-1} x(n) W_{2N}^{kn} + \sum_{n=N}^{2N-1} x(n-N) W_{2N}^{kn}$

在第二和式中，令 $n' = n - N$，则 $n = n' + N$

$X_3(k) = \displaystyle\sum_{n=0}^{N-1} x(n) W_{N}^{\frac{k}{2}n} + \sum_{n'=0}^{N-1} x(n') W_{N}^{\frac{k}{2}n'} \cdot W_{N}^{\frac{k}{2}N} =$

$X\left(\dfrac{k}{2}\right) + X\left(\dfrac{k}{2}\right) \cdot \cos \pi k =$

$[1+(-1)^k] X\left(\dfrac{k}{2}\right)$

(4) $X_4(k) = \displaystyle\sum_{n=0}^{N-1} \left[x(n)+x\left(n+\dfrac{N}{2}\right)\right] W_{\frac{N}{2}}^{kn} = \sum_{n=0}^{\frac{N}{2}-1} x(n) W_{\frac{N}{2}}^{kn} + \sum_{n=\frac{N}{2}}^{N-1} x(n) W_{\frac{N}{2}}^{k(n-\frac{N}{2})} =$

$\displaystyle\sum_{n=0}^{\frac{N}{2}-1} x(n) W_N^{2kn} + \sum_{n=\frac{N}{2}}^{N-1} x(n) W_N^{2kn} \cdot W_N^{-kN} =$

$\displaystyle\sum_{n=0}^{N-1} x(n) W_N^{2kn} = X(2k)$

(5) $X_5(k) = \displaystyle\sum_{n=0}^{N-1} x(n) W_{2N}^{kn} = X\left(\dfrac{k}{2}\right)$

(6) 由题意知，$x(n)$ 的长度为 N，故对 $x\left(\dfrac{n}{2}\right)$ 有 $n = 0, 1, 2, \cdots, 2N-1$；但当 n 为奇数时，均为零。即可取：$n = 2r, r = \dfrac{n}{2}$

$X_6(k) = \displaystyle\sum_{n=0}^{2N-1} x\left(\dfrac{n}{2}\right) W_{2N}^{kn} = \sum_{r=0}^{N-1} x(r) W_N^{kr} = X(k)$

(7) $X_7(k) = \displaystyle\sum_{n=0}^{\frac{N}{2}-1} x(2n) W_{\frac{N}{2}}^{kn} = \sum_{m=0}^{N-1} x(m) W_N^{km}$

式中 $n = 0, 1, 2, \cdots, \dfrac{N}{2}-1; m = 0, 1, 2, \cdots, N-1$

即 $m=2n$,但 m 只能为偶数;m 为奇数时 $x(n)$ 为零。

$$X_7(k) = \frac{1}{2}\left[\sum_{m=0}^{N-1} x(m)W_N^{km} + (-1)^n \sum_{m=0}^{N-1} x(m)W_N^{km}\right] = \frac{1}{2}\left[X(k) + X\left(k+\frac{N}{2}\right)\right]$$

10.11 $X(k)$ 是 N 点序列 $x(n)$ 的 N 点 DFT,新序列 $x_1(n)$ 是由 $x(n)$ 重复出现 M 次,即作 M 个周期延拓的 MN 点序列,试求 $\text{DFT}[x_1(n)]$。

解
$$X(k) = \sum_{n=0}^{N-1} x(n)W^{kn}$$

$$x_1(n) = \sum_{r=0}^{M-1} x(n+rN)$$

$$X_1(k) = \sum_{n=0}^{MN-1} x_1(n)W^{kn} =$$

$$\sum_{n=0}^{N-1} x(n)e^{j\frac{2\pi}{N}\frac{k}{m}n} + \sum_{n=N}^{2N-1} x(n+N)e^{j\frac{2\pi}{N}\frac{k}{m}n} + \cdots + \sum_{n=N(m-1)}^{MN-1} x(n+N(m-1))e^{j\frac{2\pi}{N}\frac{k}{m}n}$$

将上式作变量代换,从第二个和式开始,分别令 $n'=n+N$, $n'=n+2N$ $\cdots$ $n'=n+N(m-1)$,代换得

$$X_1(k) = \sum_{n=0}^{N-1} x(n)e^{-j\frac{2\pi}{N}\frac{k}{m}n} + \sum_{n=0}^{N-1} x(n)e^{-j\frac{2\pi}{N}\frac{k}{m}n}e^{j\frac{2\pi k}{m}} + \cdots + \sum_{n=0}^{N-1} x(n)e^{-j\frac{2\pi}{N}\frac{k}{m}n} \cdot e^{j\frac{2\pi k}{m}(m-1)} =$$

$$X\left(\frac{k}{m}\right)\left[1 + e^{j\frac{2\pi k}{m}} + e^{j\frac{2\pi k}{m}\cdot 2} + \cdots + e^{j\frac{2\pi k}{m}(m-1)}\right] =$$

$$X\left(\frac{k}{m}\right)\left[\frac{1-e^{j2\pi k}}{1-e^{j\frac{2\pi k}{m}}}\right] = \qquad (k=0,1,\cdots,MN-1)$$

$$X\left(\frac{k}{m}\right) \cdot M \cdot \sum_{i=0}^{N-1} \delta(k-iM)$$

10.12 已知序列 $x(n) = \left(\frac{1}{2}\right)^n u(n)$ 的傅里叶为 $X(e^{j\omega})$,又知一有限长序列 $y(n)$ 除 $0 \leqslant n \leqslant 9$ 外,均有 $y(n)=0$,其 10 点 DFT $Y(k)$ 等于 $X(e^{j\omega})$ 在其主周期内等间隔的 10 点抽样,求 $y(n)$。

解 由定义可得

$$Y(k) = \text{DFT}[y(n)] = \sum_{n=0}^{9} y(n)e^{-j\frac{2\pi}{10}kn}$$

$$X(e^{j\omega}) = \mathscr{F}[x(n)] = \sum_{n=0}^{\infty} x(n)e^{-j\omega n} =$$

$$\sum_{r=0}^{\infty} \sum_{n=0}^{9} x(n+rN)e^{-j\omega(n+rN)} \qquad (N=10)$$

对 $X(e^{j\omega})$ 在主周期内等间隔 10 点取样

$$X(e^{j\omega})\big|_{\omega=\frac{2\pi}{10}k} = \sum_{n=0}^{9} \sum_{r=0}^{\infty} x(n+rN)e^{-j\frac{2\pi}{10}k(n+rN)} =$$

$$\sum_{n=0}^{9} \sum_{r=0}^{\infty} x(n+rN)e^{-j\frac{2\pi}{10}kn} \qquad (N=10)$$

根据题意
$$Y(k) = X(e^{j\omega})|_{\omega=\frac{2\pi}{10}k}$$
比较两式可得
$$y(n) = \sum_{r=0}^{\infty} x(n+rN) = \sum_{r=0}^{\infty} \left(\frac{1}{2}\right)^{n+rN} =$$
$$\left(\frac{1}{2}\right)^n \frac{1}{1-\left(\frac{1}{2}\right)^{10}} \quad (N=10)$$

10.13 序列 $x(n)$ 长度 $N=10$，它的 10 点离散傅里叶变换 $X(k)$ 就是其 Z 变换 $X(z)$ 在单位圆上 10 点等间隔抽样，如图选 10.13.1 所示。现要由 $x(n)$ 构成一个新序列 $x_1(n)$，其 10 点 DFT 为 $X_1(k)$，可以用 $X(z)$ 在 $z = \frac{1}{2}e^{j\left(\frac{2\pi}{10}k+\frac{\pi}{10}\right)}$ 上的抽样表示，试求序列 $x_1(n)$ 与 $x(n)$ 的关系。

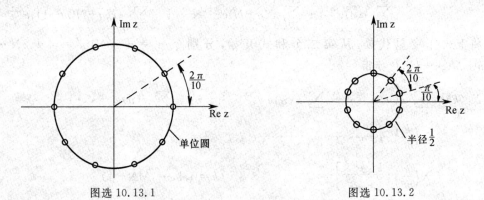

图选 10.13.1　　　　　　　　图选 10.13.2

解　$x(n)$ 的 DFT 等于其 Z 变换单位圆上的 10 点均匀抽样，即
$$X(k) = X(z)|_{z=e^{j\frac{2\pi}{10}k}} \quad (k=0,1,\cdots,9)$$
若在 $z = \frac{1}{2}e^{j\left(\frac{2\pi}{10}k+\frac{\pi}{10}\right)}$ 点上抽样，可得
$$X(z) = \sum_{n=0}^{9} x(n)z^{-n}\Big|_{z=\frac{1}{2}e^{j\left(\frac{2\pi}{10}k+\frac{\pi}{10}\right)}} =$$
$$\sum_{n=0}^{9} x(n)\frac{1}{2}e^{-j\frac{2\pi}{10}n}e^{-j\frac{2\pi}{10}kn} \quad (k=0,1,\cdots,9)$$
如图选 10.13.2 所示。

根据题意，$X(z)$ 新的抽样可用 $X_1(k)$ 表示
$$X(z)|_{z=\frac{1}{2}e^{j\left(\frac{2\pi}{10}k+\frac{\pi}{10}\right)}} = X_1(k) = \sum_{n=0}^{9} x_1(n)e^{-j\frac{2\pi}{10}kn}$$
比较上两式可知
$$x_1(n) = \frac{1}{2}e^{-j\frac{\pi}{10}n}x(n)$$

10.14 计算机平均每做一次复数乘法需时 10 μs，每做一次复数加法需时 2 μs，今用计算 $N=4096$ 点的 DFT，估算直接计算 DFT 或用 FFT 计算分别各需多少时间。

解 DFT 运算次数:复数乘法 N^2,复数加法 $N(N-1)$

FFT 运算次数:复数乘法 $\frac{N}{2}\log_2 N$,复数加法 $N\log_2 N$

计算时间分别为

$$T_{\text{DFT}} = 10N^2 + 2N(N-1) \quad (\mu s) =$$
$$10 \times (4\,096)^2 + 2 \times 4\,096(4096-1) \quad (\mu s) =$$
$$201.32(s)$$

$$T_{\text{FFT}} = 10\frac{N}{2}\log_2 N + 2N\log_2 N \quad (\mu s) =$$
$$10 \cdot \frac{4\,096}{2}\log_2 4\,096 + 2 \times 4\,096 \times \log_2 4\,096 (\mu s) =$$
$$0.344 \ (s)$$

10.15 画出 $N=16$ 的 FFT 算法流程图,输入序列按码位倒读顺序排列,输出为自然顺序排列。

解 FFT 流程图如图选 10.15 所示。

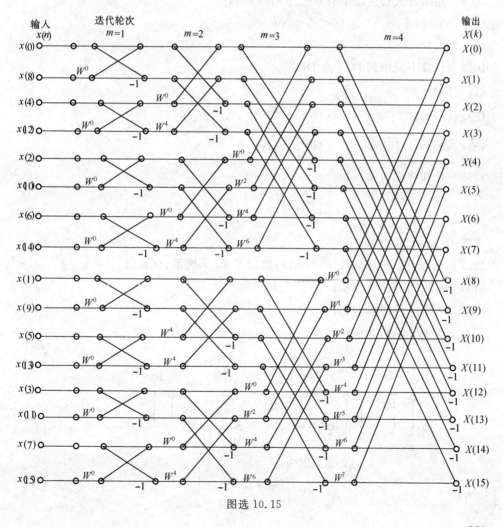

图选 10.15

10.3 习题(10题)

10.1 设周期序列 $x_p(n)$ 及 DFS 的系统 $X_p(k)$ 的周期均为 N,试利用 $X_p(n)$ 表示 $X_p(k)$ 的 DFS 的系数。

10.2 设周期序列 $x_p(n)$ 的周期为 N,同时 $x_p(n)$ 也是周期为 $2N$ 的周期序列。令

$X_{p1}(k) = \text{DFS}[x_p(n)]$ （其中 $x_p(n)$ 以 N 为周期）

$X_{p2}(k) = \text{DFS}[x_p(n)]$ （其中 $x_p(n)$ 以 $2N$ 为周期）

试利用 $X_{p1}(k)$ 表示 $X_{p2}(k)$。

10.3 两周期序列 $x_p(n)$ 和 $y_p(n)$,周期分别为 N 和 M,序列 $w_p(n) = x_p(n) + y_p(n)$

(1)试证明 $w_p(n)$ 也是周期序列,周期为 MN。

(2)由 $x_p(n)$ 及其 DFS 系数 $X_p(k)$ 的周期均为 N,$y_p(n)$ 及其 DFS 的系数 $Y_p(k)$ 的周期均为 M,$w_p(n)$ 及其 DFS 的系数 $W_p(k)$ 的周期均为 MN,试利用 $X_p(k)$ 和 $Y_p(k)$ 确定 $W_p(k)$。

10.4 用闭合式表达以下有限长序列的 DFT

(1) $x(n) = \delta(n-n_0)$ ($0 < n_0 < N$)

(2) $x(n) = G_N(n)$

10.5 计算下列序列的 N 点 DFT

(1) $x_1(n) = a^n$

(2) $x_2(n) = e^{j\frac{2\pi}{N}mn}$ ($0 < m < N$)

(3) $x_3(n) = \cos\left(\frac{2\pi}{N}mn\right)$ ($0 < m < N$)

10.6 已知序列

$$x(n) = \begin{cases} a^n & (0 \leqslant n \leqslant 9) \\ 0 & (\text{其他}) \end{cases}$$

求其 10 点和 20 点 DFT。

10.7 已知有限长序列 $x(n)$ 与 $h(n)$ 如图习 10.7 所示,试画出

(1) $x(n)$ 与 $h(n)$ 的线卷积;

(2) $x(n)$ 与 $h(n)$ 的圆卷积;

(3) $x(n)$ 与 $h(n)$ 的 8 点圆卷积。

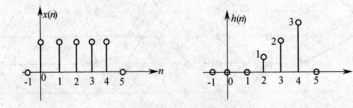

图习 10.7

10.8 已知有限长序列 $x(n)$ 如图习 10.8 所示,试分别求

(1) $x_1(n) = \begin{cases} x\left(\dfrac{n}{2}\right) & (n \text{ 为 2 的倍数}) \\ 0 & (n \text{ 为其他}) \end{cases}$

(2) $x_2(n) = \begin{cases} x\left(\dfrac{n}{3}\right) & (n \text{ 为 3 的倍数}) \\ 0 & (n \text{ 为其他}) \end{cases}$

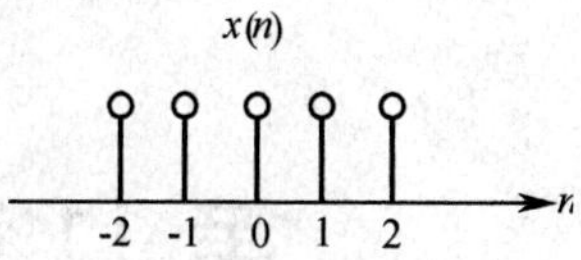

序列的频谱,并作图。

图习 10.8

10.9 设 $X(k)$ 为序列 $x(n)$ 的 N 点 DFT,现对 $X(k)$ 仍作 N 点 DFT 运算,则得 $x_1(n)$,即

$$x_1(n) = \sum_{k=0}^{N-1} X(k) W_N^{kn}$$

试找出 $x_1(n)$ 与 $x(n)$ 的关系。

10.10 已知 8 点实序列 DFT 前 5 点的值为 [0.25, 0.125−j0.3018, 0, 0.125−j0.0518, 0],求其余三点的值。

第11章 系统的状态变量分析

11.1 公式及要点

11.1.1 状态方程的建立

1. 状态方程和输出方程的标准形式

设 $e(t),r(t)$ 为输入输出矢量，$\lambda(t)$ 为状态矢量，A,B,C,D 为系数矩阵。

$$\dot{\boldsymbol{\lambda}}_{n\times 1} = \boldsymbol{A}_{n\times n}\boldsymbol{\lambda}_{n\times 1}(t) + \boldsymbol{B}_{n\times m}\boldsymbol{e}_{m\times 1}(t) \tag{11.1}$$

$$\boldsymbol{r}_{r\times 1}(t) = \boldsymbol{C}_{r\times n}\boldsymbol{\lambda}_{n\times 1}(t) + \boldsymbol{D}_{r\times m}\boldsymbol{e}_{m\times 1}(t) \tag{11.2}$$

式中

$$\dot{\boldsymbol{\lambda}}(t) = \begin{bmatrix} \dot{\lambda}_1(t) \\ \dot{\lambda}_2(t) \\ \vdots \\ \dot{\lambda}_n(t) \end{bmatrix} \qquad \boldsymbol{\lambda}(t) = \begin{bmatrix} \lambda_1(t) \\ \lambda_2(t) \\ \vdots \\ \lambda_n(t) \end{bmatrix}$$

$$\boldsymbol{r}(t) = \begin{bmatrix} r_1(t) \\ r_2(t) \\ \vdots \\ r_r(t) \end{bmatrix} \qquad \boldsymbol{e}(t) = \begin{bmatrix} e_1(t) \\ e_2(t) \\ \vdots \\ e_m(t) \end{bmatrix}$$

$$\boldsymbol{A} = \begin{bmatrix} a_{11} & a_{12} & \cdots & a_{1n} \\ a_{21} & a_{22} & \cdots & a_{2n} \\ \vdots & \vdots & & \vdots \\ a_{n1} & a_{n2} & \cdots & a_{nn} \end{bmatrix} \qquad \boldsymbol{B} = \begin{bmatrix} b_{11} & b_{12} & \cdots & b_{1m} \\ b_{21} & b_{22} & \cdots & b_{2m} \\ \vdots & \vdots & & \vdots \\ b_{n1} & b_{n2} & \cdots & b_{nm} \end{bmatrix}$$

$$\boldsymbol{C} = \begin{bmatrix} c_{11} & c_{12} & \cdots & c_{1n} \\ c_{21} & c_{22} & \cdots & c_{2n} \\ \vdots & \vdots & & \vdots \\ c_{n1} & c_{n2} & \cdots & c_{rn} \end{bmatrix} \qquad \boldsymbol{D} = \begin{bmatrix} d_{11} & d_{12} & \cdots & d_{1m} \\ d_{21} & d_{22} & \cdots & d_{2m} \\ \vdots & \vdots & & \vdots \\ d_{r1} & d_{r2} & \cdots & d_{rm} \end{bmatrix}$$

2. 连续系统状态方程的建立

(1) 根据电路结构直接列写状态方程

a. 选取独立的电容上电压和电感中电流为状态变量；

b.对包含有电感的回路列写回路电压方程,其中必然包括 $L\dfrac{\mathrm{d}i_L(t)}{\mathrm{d}t}$ 项,对连接有电容的节点列写节点电流方程,其中必然包括 $C\dfrac{\mathrm{d}u_C(t)}{\mathrm{d}t}$ 项,注意只能将此项放在方程左边;

c.把方程中非状态变量用状态变量表示;

d.把状态方程和输出方程表示为矩阵形式。

(2)根据输入-输出方程、系统转移函数或模拟框图列写状态方程:

设有一 n 阶系统,其输入-输出微分方程为

$$\frac{\mathrm{d}^n}{\mathrm{d}t^n}r(t)+a_{n-1}\frac{\mathrm{d}^{n-1}}{\mathrm{d}t^{n-1}}r(t)+\cdots+a_1\frac{\mathrm{d}r(t)}{\mathrm{d}t}+a_0 r(t)=$$

$$b_m\frac{\mathrm{d}^m\mathrm{e}(t)}{\mathrm{d}t^m}+b_{m-1}\frac{\mathrm{d}^{m-1}\mathrm{e}(t)}{\mathrm{d}t^{m-1}}+\cdots+b_1\frac{\mathrm{d}\mathrm{e}(t)}{\mathrm{d}t}+b_0\mathrm{e}(t) \tag{11.3}$$

系统的转移函数为

$$H(s)=\frac{b_m s^m+b_{m-1}s^{m-1}+\cdots+b_1 s+b_0}{s^n+a_{n-1}s^{n-1}+\cdots+a_1 s+a_0}= \tag{11.4}$$

$$\frac{K_1}{s-P_1}+\frac{K_2}{s-P_2}+\cdots+\frac{K_n}{s-P_n} \tag{11.5}$$

根据式(11.4)和(11.5)可分别画出两种模拟框图。

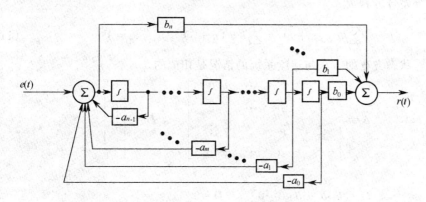

图 11.1 n 阶系统级联模拟框图

a.根据微分方程、系统函数或级联模拟框图写出系统矩阵

设 $m=n$

$$\boldsymbol{A}=\begin{bmatrix} 0 & 1 & \cdots & 0 \\ 0 & 0 & \cdots & 0 \\ \vdots & \vdots & & \vdots \\ -a_0 & -a_1 & \cdots & -a_{n-1} \end{bmatrix} \quad \boldsymbol{B}=\begin{bmatrix} 0 \\ 0 \\ \vdots \\ 1 \end{bmatrix}$$

$$\boldsymbol{C}=[b_0-b_n a_1 \quad b_1-b_n a_1 \cdots b_{n-1}-b_n a_{n-1}] \quad \boldsymbol{D}=b_n \tag{11.6}$$

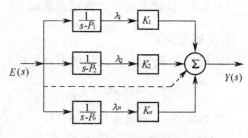

图 11.2 n 阶系统并联模拟框图

如果 $m<n$,则系数矩阵 $\boldsymbol{A},\boldsymbol{B}$ 不变,而

$$\boldsymbol{C}=[b_0 \ b_1 \cdots \ b_m \ 0 \cdots 0] \quad \boldsymbol{D}=0 \tag{11.7}$$

系数矩阵构成规律：A 矩阵的最后一行是倒置以后的系统函数分母多项式系数的负数(或微分方程左边各项系数)，其他各行除对角线右边元素为 1 外，其余都是零；B 为列矩阵，其最后一行为 1，其余为零；C 为行矩阵，在 $m<n$ 时其前 $m+1$ 个元素为系统函数分子多项系数的置序(或微分方程右边各项系数)，其余为零；D 在 $m<n$ 时为零，在 $m=n$ 时为 b_n。

b. 根据系统函数的部分分式或并联模拟框图写出系数矩阵

$$A = \begin{bmatrix} P_1 & 0 & \cdots & 0 \\ 0 & P_2 & \cdots & 0 \\ \vdots & \vdots & \ddots & \vdots \\ 0 & 0 & \cdots & P_n \end{bmatrix} \quad B = \begin{bmatrix} 1 \\ 1 \\ \vdots \\ 1 \end{bmatrix}$$

$$C = [K_1 \ K_2 \cdots K_n] \quad D = \begin{cases} 0 & (m<n) \\ b_n & (m=n) \end{cases} \tag{11.8}$$

构成规律：A 为对角线矩阵，对角线上元素依次是转移函数的各极点；B 是列矩阵，其元素均为 1；C 是行矩阵，各元素依次是各部分分式的系数；D 矩阵为零($m<n$) 或 $b_n(m=n)$。

3. 离散系统状态方程的建立

离散系统差分方程为

$$\sum_{i=0}^{N} a_i y(n+i) = \sum_{j=0}^{M} b_j x(n+j) \qquad a_n = 1 \tag{11.9}$$

由此列写状态方程的方法与连续系统的情况是相似的。

$$A = \begin{bmatrix} 0 & 1 & \cdots & 0 \\ 0 & 0 & \cdots & 0 \\ \vdots & \vdots & & \vdots \\ -a_0 & -a_1 & \cdots & -a_{N-1} \end{bmatrix} \quad B = \begin{bmatrix} 0 \\ 0 \\ \vdots \\ 1 \end{bmatrix}$$

$$C = [b_1 \ b_2 \cdots b_m \ 0 \cdots 0] \quad D = 0$$

若 $m=n$，则 A，B 不变

$$C = [b_0 - b_N a_0 \quad b_1 - b_N a_1 \cdots b_{N-1} - b_N a_{N-1}] \quad D = b_N$$

11.1.2 连续系统状态方程的求解

1. 矩阵指数 e^{At}

(1) 根据矩阵指数的定义，使用计算机直接计算

$$e^{At} = I + At + \frac{1}{2!}A^2 t^2 + \cdots + \frac{1}{k!}A^k t^k + \cdots = \sum_{k=0}^{\infty} \frac{1}{k!} A^k t^k \tag{11.10}$$

(2) 利用凯莱-哈密尔顿定理计算

$$e^{At} = \sum_{i=0}^{n-1} C_i A^i \tag{11.11}$$

式中 n 为 A 矩阵的阶数；C_i 为待定系数，由矩阵 A 的特征值 $\alpha_1, \alpha_2, \cdots, \alpha_n$ 决定。

若 α_i 为互异单极点，则

$$\left.\begin{aligned}
e^{\alpha_1 t} &= C_0 + C_1\alpha_1 + C_2\alpha_1^2 + \cdots + C_{n-1}\alpha_1^{n-1} \\
e^{\alpha_2 t} &= C_0 + C_1\alpha_2 + C_2\alpha_2^2 + \cdots + C_{n-1}\alpha_2^{n-1} \\
&\vdots \\
e^{\alpha_n t} &= C_0 + C_1\alpha_n + C_2\alpha_n^2 + \cdots + C_{n-1}\alpha_n^{n-1}
\end{aligned}\right\} \tag{11.12}$$

联立求解式(11.12)，可求得 $C_0, C_1, \cdots, C_{n-1}$，代入式(11.11)得 e^{At}。

若 A 的特征值 α_1 具有 m 阶重根，则重根部分方程为

$$\left.\begin{aligned}
e^{\alpha_1 t} &= C_0 + C_1\alpha_1 + C_2\alpha_1^2 + \cdots + C_{n-1}\alpha_1^{n-1} \\
\frac{de^{\alpha t}}{d\alpha}\bigg|_{\alpha=\alpha_1} &= C_1 + 2C_2\alpha_1 + 3C_3\alpha_1^2 + \cdots + (n-1)C_{n-1}\alpha_1^{n-2} \\
\frac{d^2 e^{\alpha t}}{d\alpha^2}\bigg|_{\alpha=\alpha_1} &= 2C_2 + 6C_3\alpha_1 + \cdots + (n-1)(n-2)C_{n-1}\alpha_1^{n-3} \\
&\vdots \\
\frac{d^{m-1} e^{\alpha t}}{d\alpha^{m-1}}\bigg|_{\alpha=\alpha_1} &= (m-1)!\,C_{m-1} + m!\,C_m\alpha_1 + \cdots + \frac{(n-1)!}{(n-m)!}C_{n-1}\alpha_1^{n-m}
\end{aligned}\right\} \tag{11.13}$$

其他非重根部分列出 $n-m$ 个方程，与式(11.13)一起联立求解，可得 m 个系数。

2. 连续系统状态方程的求解

状态矢量解为

$$\boldsymbol{\lambda}(t) = \boldsymbol{\varphi}(t)\boldsymbol{\lambda}(0) + \boldsymbol{\varphi}(t)B * e(t) \tag{11.14}$$

式中 $\boldsymbol{\varphi}(t) = e^{At}$ 称为状态转移矩阵。

零输入响应为

$$\boldsymbol{r}_{zi}(t) = C\boldsymbol{\varphi}(t)\boldsymbol{\lambda}(0) \tag{11.15}$$

零状态响应为

$$\boldsymbol{y}_{zs}(t) = \boldsymbol{h}(t) * \boldsymbol{e}(t) \tag{11.16}$$

式中 $\boldsymbol{h}(t) = C\boldsymbol{\varphi}(t)B + D\boldsymbol{\delta}(t)$ 称为单位冲激响应矩阵。

3. 连续系统状态方程的 s 域解

$$\boldsymbol{\Lambda}(s) = \boldsymbol{\Phi}(s)\boldsymbol{\lambda}(0) + \boldsymbol{\Phi}(s)B\boldsymbol{E}(s) \tag{11.17}$$

式中

$$\boldsymbol{\Phi}(s) = (sI - A)^{-1} = \mathscr{L}[\boldsymbol{\varphi}(t)] \tag{11.18}$$

$$\boldsymbol{R}_{zi}(s) = C\boldsymbol{\Phi}(s)\boldsymbol{\lambda}(0) \tag{11.19}$$

$$\boldsymbol{R}_{zs}(s) = \boldsymbol{H}(s)\boldsymbol{E}(s) \tag{11.20}$$

式中 $\boldsymbol{H}(s) = C\boldsymbol{\Phi}(s)B + D = \mathscr{L}[\boldsymbol{h}(t)]$ 称为系统的转移函数矩阵。

11.1.3 离散系统状态方程的求解

1. 离散系统状态方程的时域解

状态转移矩阵 $\boldsymbol{A}^n$ 的计算与连续系统中矩阵指数 e^{At} 的计算方法相似，利用凯莱-哈密尔顿定理

$$\boldsymbol{A}^n = C_0\boldsymbol{I} + C_1\boldsymbol{A} + C_2\boldsymbol{A}^2 + \cdots + C_{k-1}\boldsymbol{A}^{k-1} \tag{11.21}$$

式中系数 $C_0, C_1, \cdots C_{k-1}$ 由 $\boldsymbol{A}$ 的特征根决定，参见式(11.12)和(11.13)。

状态变量为

$$\lambda(n) = A^n \lambda(0) + \sum_{i=0}^{n-1} A^{n-1-i} Bx(i) = \varphi(n)\lambda(0) + \varphi(n-1)B * x(n) \quad (11.22)$$

式中 $\varphi(n) = A^n$ 称为离散系统的状态转移矩阵。

零输入响应为

$$y_{zi}(n) = C\varphi(n)\lambda(0) \quad (11.23)$$

零状态响应为

$$y_{zs}(n) = h(n) * x(n) \quad (11.24)$$

式中 $h(n) = C\varphi(n-1)B + D\delta(n)$ 称为单位函数响应矩阵。

2. 离散系统状态方程的 Z 域解

状态矢量和输出矢量的 Z 变换为

$$\Lambda(z) = \Phi(z)\lambda(0) + z^{-1}\Phi(z)BX(z) \quad (11.25)$$

$$Y(z) = C\Phi(z)\lambda(0) + [Cz^{-1}\Phi(z)B + D]X(z) \quad (11.26)$$

式中 $\Phi(z) = (I - z^{-1}A)^{-1} = \mathscr{Z}[\varphi(n)]$ \quad (11.27)

离散系统转移函数矩阵为

$$H(z) = Cz^{-1}\Phi(z)B + D \quad (11.28)$$

$H(z)$ 与单位函数响应矩阵 $h(n)$ 的关系为

$$H(z) = \mathscr{Z}[h(n)] \quad \text{或} \quad h(n) = \mathscr{Z}^{-1}[H(z)]$$

11.2 选题精解(27题)

11.1 写出图选 11.1 所示网络状态方程和输出方程(图中电阻均为 1Ω)。

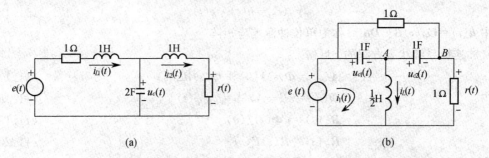

图选 11.1

解 求解步骤如下:

图(a):选取电容两端电压 $u_C(t)$,电感中电流 $i_{L1}(t), i_{L2}(t)$ 为状态变量,对连接电容的节点列电流方程,对包含电感的回路列电压方程

$$2\frac{du_C(t)}{dt} = i_{L1}(t) - i_{L2}(t)$$

$$\frac{di_{L1}(t)}{dt} = -u_C(t) - i_{L1}(t) + e(t)$$

$$\frac{\mathrm{d}i_{L2}(t)}{\mathrm{d}t}=u_C(t)-i_{L2}(t)$$

整理并写成状态方程的矩阵形式

$$\begin{bmatrix}\dfrac{\mathrm{d}u_C(t)}{\mathrm{d}t}\\ \dfrac{\mathrm{d}i_{L1}(t)}{\mathrm{d}t}\\ \dfrac{\mathrm{d}i_{L2}(t)}{\mathrm{d}t}\end{bmatrix}=\begin{bmatrix}0 & \dfrac{1}{2} & -\dfrac{1}{2}\\ -1 & -1 & 0\\ 1 & 0 & -1\end{bmatrix}\cdot\begin{bmatrix}u_c(t)\\ i_{L1}(t)\\ i_{L2}(t)\end{bmatrix}+\begin{bmatrix}0\\ 1\\ 0\end{bmatrix}e(t)$$

输出方程为

$$y(t)=i_{L2}(t)$$

图(b)：选取电感中电流 $i_L(t)$，电容两端电压 $u_{c1}(t)$，$u_{c2}(t)$ 为状态变量，分别列写连接电容的结点电流方程和包含电感的回路电压方程：

列回路 1 电压方程

$$\frac{1}{2}\frac{\mathrm{d}i_L(t)}{\mathrm{d}t}=-u_{c1}(t)+e(t)$$

列节点 A 电流方程

$$\frac{\mathrm{d}u_{c1}(t)}{\mathrm{d}t}=i_L(t)+i_y(t)+i_R(t)$$

列节点 B 电流方程

$$\frac{\mathrm{d}u_{c2}(t)}{\mathrm{d}t}=i_R(t)+i_y(t)$$

将以上方程中的非状态变量项用状态变量代替，即设法消去非状态变量

$$i_y(t)=e(t)-u_{c1}(t)-u_{c2}(t)$$
$$i_R(t)=-u_{c1}(t)-u_{c2}(t)$$

将 $i_y(t)$ 和 $i_R(t)$ 代入上式并经整理可得

$$\begin{bmatrix}\dfrac{\mathrm{d}i_L(t)}{\mathrm{d}t}\\ \dfrac{\mathrm{d}u_{c1}(t)}{\mathrm{d}t}\\ \dfrac{\mathrm{d}u_{c2}(t)}{\mathrm{d}t}\end{bmatrix}=\begin{bmatrix}0 & -2 & 0\\ 1 & -2 & -2\\ 0 & -2 & -2\end{bmatrix}\begin{bmatrix}i_L(t)\\ u_{c1}(t)\\ u_{c2}(t)\end{bmatrix}+\begin{bmatrix}2\\ 1\\ 1\end{bmatrix}e(t)$$

输出方程为

$$y(t)=-u_{c1}(t)-u_{c2}(t)+e(t)$$

11.2 列写图选 11.2 所示网络的状态方程和输出方程。

解 设回路电流为 $i_1(t)$，$i_2(t)$，$i_3(t)$。

(1) 选取状态变量

$x_1(t)=i_L(t)$，$x_2(t)=i_L(t)$

$x_3(t)=u_c(t)$，$x_4(t)=u_c(t)$

(2) 列回路电压方程和节点电流方程

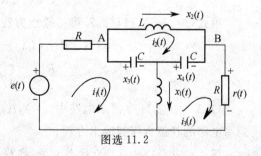

图选 11.2

回路 1 $\qquad L\dot{x}_1 = -Ri_1 - x_3 + e(t)$ (11.2.1)

回路 2 $\qquad L\dot{x}_2 = x_3 + x_4$ (11.2.2)

结点 A $\qquad C\dot{x}_3 = i_1 - x_2$ (11.2.3)

结点 B $\qquad C\dot{x}_4 = i_3 - x_2$ (11.2.4)

(3)消除非状态变量

回路 3 $\qquad L\dot{x}_1 = x_4 + Ri_3$ (11.2.5)

式(11.2.1)+(11.2.5) $\quad 2L\dot{x}_1 = -R(i_1 - i_3) - x_3 + x_4 + e(t)$ (11.2.6)

因为 $\qquad x_1 = i_1 - i_3$

所以 $\qquad \dot{x}_1 = \dfrac{-R}{2L}x_1 - \dfrac{1}{2L}x_3 + \dfrac{1}{2L}x_4 + \dfrac{1}{2L}e(t)$ (11.2.7)

由式(11.2.2)得 $\qquad i_1(t) = -\dfrac{L}{R}\dot{x}_1 - \dfrac{1}{R}x_3 + \dfrac{1}{R}e(t)$

将式(11.2.7) $\dot{x}_1$ 代入 $i_1(t)$ 得

$$i_1(t) = \dfrac{1}{2}x_1 - \dfrac{1}{2R}x_3 - \dfrac{1}{2R}x_4 + \dfrac{1}{2R}e(t) \qquad (11.2.8)$$

将 $i_1(t)$ 代入(11.2.3)得

$$\dot{x}_3 = \dfrac{1}{2C}x_1 - \dfrac{1}{C}x_2 - \dfrac{1}{2RC}x_3 - \dfrac{1}{2RC}x_4 + \dfrac{1}{2RC}e(t) \qquad (11.2.9)$$

又因为 $\qquad i_3 = i_1 - x_1 = -\dfrac{1}{2}x_1 - \dfrac{1}{2R}x_3 - \dfrac{1}{2R}x_4 + \dfrac{1}{2R}e(t)$

所以由式(11.2.4)可得

$$\dot{x}_4 = -\dfrac{1}{2C}x_1 - \dfrac{1}{C}x_2 - \dfrac{1}{2RC}x_3 - \dfrac{1}{2RC}x_4 + \dfrac{1}{2RC}e(t) \qquad (11.2.10)$$

于是由式(11.2.7),(11.2.8),(11.2.9),(11.2.10)写出状态方程

$$\begin{bmatrix}\dot{x}_1\\ \dot{x}_2\\ \dot{x}_3\\ \dot{x}_4\end{bmatrix} = \begin{bmatrix}-\dfrac{R}{2L} & 0 & \dfrac{1}{2L} & \dfrac{1}{2L}\\ 0 & 0 & \dfrac{1}{L} & \dfrac{1}{L}\\ \dfrac{1}{2C} & -\dfrac{1}{C} & -\dfrac{1}{2RC} & -\dfrac{1}{2RC}\\ -\dfrac{1}{2C} & -\dfrac{1}{C} & -\dfrac{1}{2RC} & -\dfrac{1}{2RC}\end{bmatrix}\begin{bmatrix}x_1\\ x_2\\ x_3\\ x_4\end{bmatrix} + \begin{bmatrix}\dfrac{1}{2L}\\ 0\\ \dfrac{1}{2RC}\\ \dfrac{1}{2RC}\end{bmatrix}e(t)$$

由式(11.2.5),(11.2.7)可得输出方程

$$y(t) = Ri_3 = L\dot{x}_1 - x_4$$

$$= -\dfrac{R}{2}x_1 - \dfrac{1}{2}x_3 - \dfrac{1}{2}x_4 + \dfrac{1}{2}e(t)$$

11.3 图选 11.3 所示电路中,$e(t)$,$i(t)$ 为输入信号;$r_1(t)$,$r_2(t)$ 为输出信号电压,试列写电路的状态方程和输出方程。

解 设 $u_c(t)$ 和 $i_L(t)$ 为状态变量,列写连接电容支路的 A 节点电流方程,以及含有电感的回路电压方程。

$$\begin{cases} C\dfrac{\mathrm{d}u_c(t)}{\mathrm{d}t} = i_L(t) + \dfrac{1}{R_2}[e(t) - u_c(t)] & (11.3.1) \\ L\dfrac{\mathrm{d}i_L(t)}{\mathrm{d}t} = -u_c(t) + R_1[i(t) - i_c(t)] & (11.3.2) \end{cases}$$

由(11.3.1)有　　　$\dot{u}_c(t) = -\dfrac{1}{R_2C}u_c(t) + \dfrac{1}{C}i_L(t) + \dfrac{1}{R_2C}e(t)$

由式(11.3.2)有　　　$\dot{i}_L(t) = -\dfrac{1}{L}u_c(t) - \dfrac{R_1}{L}i_L(t) + \dfrac{R_1}{L}i(t)$

状态方程为

$$\begin{bmatrix} \dot{u}_c(t) \\ \dot{i}(t) \end{bmatrix} = \begin{bmatrix} -\dfrac{1}{R_2C} & \dfrac{1}{C} \\ -\dfrac{1}{L} & \dfrac{R_1}{L} \end{bmatrix} \begin{bmatrix} u_c(t) \\ i_L(t) \end{bmatrix} +$$

$$\begin{bmatrix} \dfrac{1}{R_2C} & 0 \\ 0 & \dfrac{R_1}{L} \end{bmatrix} \begin{bmatrix} e(t) \\ i(t) \end{bmatrix}$$

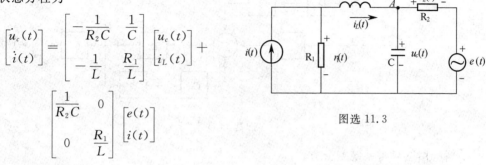

图选 11.3

输出方程列写

$$\begin{cases} r_1(t) = -R_1 i_L(t) + R_1 i(t) \\ r_2(t) = u_c(t) - e(t) \end{cases}$$

$$\begin{bmatrix} r_1(t) \\ r_2(t) \end{bmatrix} = \begin{bmatrix} 0 & -R_1 \\ 1 & 0 \end{bmatrix} \begin{bmatrix} u_c(t) \\ i_L(t) \end{bmatrix} + \begin{bmatrix} 0 & R_1 \\ -1 & 0 \end{bmatrix} \begin{bmatrix} e(t) \\ i(t) \end{bmatrix}$$

11.4 列出图选 11.4 所示离散系统的状态方程和输出方程。

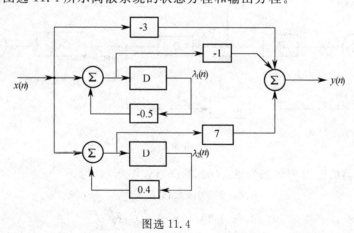

图选 11.4

解　设延时器输出为状态变量 $\lambda_1(n), \lambda_2(n)$，列写输入端加法器和输出端加法器的方程为

$$\lambda_1(n+1) = -0.5\lambda_1(n) + x(n)$$
$$\lambda_2(n+1) = 0.4\lambda_2(n) + x(n)$$
$$y(n) = -3x(n) - x(n) + 0.5\lambda_1(n) + 7x(n) + 2.8\lambda_2(n) =$$
$$0.5\lambda_1(n) + 2.8\lambda_2(n) + 3x(n)$$

表示为矩阵形式

$$\begin{bmatrix} \lambda_1(n+1) \\ \lambda_2(n+1) \end{bmatrix} = \begin{bmatrix} -0.5 & 0 \\ 0 & 0.4 \end{bmatrix} \begin{bmatrix} \lambda_1(n) \\ \lambda_2(n) \end{bmatrix} + \begin{bmatrix} 1 \\ 1 \end{bmatrix} x(n)$$

$$y(n) = \begin{bmatrix} 0.5 & 2.8 \end{bmatrix} \begin{bmatrix} \lambda_1(n) \\ \lambda_2(n) \end{bmatrix} + [3] x(n)$$

11.5 列出图选 11.5.1 所示系统的状态方程和输出方程。

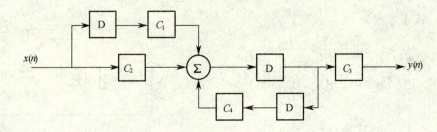

图选 11.5.1

解 由图可得系统差分方程

$$\frac{1}{C_3} y(n+1) = \frac{1}{C_3} C_4 y(n-1) + C_2 x(n) + C_1 x(n-1)$$

即

$$y(n+1) - C_4 y(n-1) = C_2 C_3 x(n) + C_1 C_3 x(n-1)$$

系统模拟图如图选 11.5.2 所示。

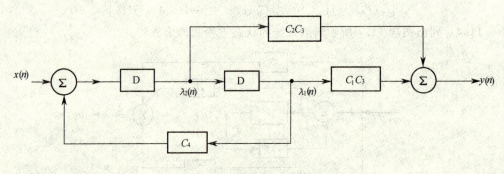

图选 11.5.2

设延时器的输出为状态变量 $\lambda_1(n), \lambda_2(n)$，如图所示，可得

$$\lambda_1(n+1) = \lambda_2(n)$$
$$\lambda_2(n+1) = x(n) + C_4 \lambda_1(n)$$
$$y(n) = C_1 C_3 \lambda_1(n) + C_2 C_3 \lambda_2(n)$$

整理可得

$$\begin{bmatrix} \lambda_1(n+1) \\ \lambda_2(n+1) \end{bmatrix} = \begin{bmatrix} 0 & 1 \\ C_4 & 0 \end{bmatrix} \begin{bmatrix} \lambda_1(n) \\ \lambda_2(n) \end{bmatrix} + \begin{bmatrix} 0 \\ 1 \end{bmatrix} x(n)$$

$$y(n) = \begin{bmatrix} C_1 C_3 & C_2 C_3 \end{bmatrix} \begin{bmatrix} \lambda_1(n) \\ \lambda_2(n) \end{bmatrix}$$

11.6 根据系统的微分方程式，列写对应的状态方程和输出方程

(1) $\dfrac{d^2}{dt^2}r(t)+5\dfrac{d}{dt}r(t)+6r(t)=\dfrac{de(t)}{dt}+e(t)$

(2) $\begin{cases}\dfrac{dr_1(t)}{dt}+r_2(t)=e_1(t)\\ \dfrac{d^2r_2(t)}{dt^2}+\dfrac{dr_1(t)}{dt}+\dfrac{dr_2(t)}{dt}+r_1(t)=e_2(t)\end{cases}$

解 (1)设状态变量为 $\lambda_1(t)$ 和 $\lambda_2(t)$。根据系统微分方程可直接写出状态方程和输出方程的系数矩阵：矩阵 A 最后一行是倒置以后的方程左边各项系数的负数，其他各行除对角线右边的元素为1外，其余都是零；B 为列矩阵，其最后一行为1，其余为零；C 为行矩阵，为方程右边各项系数的倒置，D 矩阵为零。

即 $A=\begin{bmatrix}0 & 1\\ -6 & -5\end{bmatrix}\quad B=\begin{bmatrix}0\\ 1\end{bmatrix}$

$C=[1\ \ 1]\quad D=[0]$

表示成矩阵形式则为

$$\begin{bmatrix}\dot\lambda_1\\ \dot\lambda_2\end{bmatrix}=\begin{bmatrix}0 & 1\\ -6 & -5\end{bmatrix}\begin{bmatrix}\lambda_1\\ \lambda_2\end{bmatrix}+\begin{bmatrix}0\\ 1\end{bmatrix}e(t)$$

$$r(t)=[1\ \ 1]\begin{bmatrix}\lambda_1\\ \lambda_2\end{bmatrix}$$

(2) $\begin{cases}\dfrac{dr_1(t)}{dt}+r_2(t)=e_1(t) & (11.6.1)\\ \dfrac{d^2r_2(t)}{dt^2}+\dfrac{dr_1(t)}{dt}+\dfrac{dr_2(t)}{dt}+r_1(t)=e_2(t) & (11.6.2)\end{cases}$

设状态变量 $\lambda_1(t)=r_1(t),\lambda_2(t)=r_2(t),\lambda_3(t)=\dot r_2(t)$，于是由式(11.6.1)得

$$\dot\lambda_1(t)=\dot r_1(t)=e_1(t)-r_2(t)=e_1(t)-\lambda_2(t)$$
$$\dot\lambda_2(t)=\dot r_2(t)=\lambda_3(t)$$

由式(11.6.2)得

$$\dot\lambda_3(t)=\ddot r_2(t)=e_2(t)-r_1(t)-\dot r_2(t)-\dot r_1(t)=$$
$$e_2(t)-\lambda_1(t)-\lambda_3(t)-e_1(t)+\lambda_2(t)=$$
$$-\lambda_1(t)+\lambda_2(t)-\lambda_3(t)-e_1(t)+e_2(t)$$

输出响应为

$$r_1(t)=\lambda_1(t)$$
$$r_2(t)=\lambda_2(t)$$

写成矩阵形式为

$$\begin{bmatrix}\dot\lambda_1(t)\\ \dot\lambda_2(t)\\ \dot\lambda_3(t)\end{bmatrix}=\begin{bmatrix}0 & -1 & 0\\ 0 & 0 & 1\\ -1 & 1 & -1\end{bmatrix}\begin{bmatrix}\lambda_1(t)\\ \lambda_2(t)\\ \lambda_3(t)\end{bmatrix}+\begin{bmatrix}1 & 0\\ 0 & 0\\ -1 & 1\end{bmatrix}\begin{bmatrix}e_1(t)\\ e_2(t)\end{bmatrix}$$

$$\begin{bmatrix}r_1(t)\\ r_2(t)\end{bmatrix}=\begin{bmatrix}1 & 0\\ 0 & 1\end{bmatrix}\begin{bmatrix}\lambda_1(t)\\ \lambda_2(t)\end{bmatrix}$$

11.7 依据下列微分方程组列写状态方程

(1) $\begin{cases} 2\ddot{r}_1(t) + 3\dot{r}_2(t) + r_2(t) = 2e_1(t) \\ \ddot{r}_2(t) + 2\dot{r}_1(t) + \dot{r}_2(t) + r_1(t) = e_1(t) + e_2(t) \end{cases}$

(2) $\begin{cases} \ddot{r}_1(t) + \dot{r}_1(t) + \dot{r}_2(t) + r_1(t) = 10e_2(t) \\ \ddot{r}_2(t) + \dot{r}_2(t) + \dot{r}_1(t) = 3e_1(t) + 2e_2(t) \end{cases}$

解 (1) 设 $r_1(t) = \lambda_1, r_2(t) = \lambda_2, \dot{r}_2(t) = \lambda_3$

因此

$$\dot{\lambda}_2 = \lambda_3 \tag{11.7.1}$$

由微分方程组

$$2\dot{\lambda}_1 + 3\lambda_3 + \lambda_2 = 2e_1(t) \tag{11.7.2}$$

$$\dot{\lambda}_3 + 2\dot{\lambda}_1 + \lambda_3 + \lambda_1 = e_1(t) + e_2(t) \tag{11.7.3}$$

由式(11.7.2)得

$$\dot{\lambda}_1 = -\frac{1}{2}\lambda_2 - \frac{3}{2}\lambda_3 + e_1(t) \tag{11.7.4}$$

把式(11.7.4)代入式(11.7.3)得

$$\dot{\lambda}_3 = -\lambda_1 + \lambda_2 + 2\lambda_3 - e_1(t) + e_2(t)$$

状态方程为

$$\begin{bmatrix} \dot{\lambda}_1 \\ \dot{\lambda}_2 \\ \dot{\lambda}_3 \end{bmatrix} = \begin{bmatrix} 0 & -\frac{1}{2} & -\frac{3}{2} \\ 0 & 0 & 1 \\ -1 & 1 & 2 \end{bmatrix} \begin{bmatrix} \lambda_1 \\ \lambda_2 \\ \lambda_3 \end{bmatrix} + \begin{bmatrix} 1 & 0 \\ 0 & 0 \\ -1 & 1 \end{bmatrix} \begin{bmatrix} e_1(t) \\ e_2(t) \end{bmatrix}$$

$$\begin{bmatrix} \dot{r}_1(t) \\ \dot{r}_2(t) \end{bmatrix} = \begin{bmatrix} 1 & 0 & 0 \\ 0 & 1 & 0 \end{bmatrix} \begin{bmatrix} \lambda_1 \\ \lambda_2 \\ \lambda_3 \end{bmatrix}$$

(2) 设 $r_1(t) = \lambda_1, \dot{r}_1(t) = \lambda_2, r_2(t) = \lambda_3, \dot{r}_2(t) = \lambda_4$

则

$$\dot{\lambda}_1 = \lambda_2$$

$$\dot{\lambda}_3 = \lambda_4$$

由微分方程组得

$$\begin{cases} \dot{\lambda}_2 + \lambda_2 + \lambda_4 + \lambda_1 = 10e_2(t) \\ \dot{\lambda}_4 + \lambda_4 + \lambda_2 = 3e_1(t) + 2e_2(t) \end{cases}$$

即

$$\begin{cases} \dot{\lambda}_2 = -\lambda_1 - \lambda_2 - \lambda_4 + 10e_2(t) \\ \dot{\lambda}_4 = -\lambda_2 - \lambda_4 + 3e_1(t) + 2e_2(t) \end{cases}$$

所以

$$\begin{bmatrix} \dot{\lambda}_1 \\ \dot{\lambda}_2 \\ \dot{\lambda}_3 \\ \dot{\lambda}_4 \end{bmatrix} = \begin{bmatrix} 0 & 1 & 0 & 0 \\ -1 & -1 & 0 & -1 \\ 0 & 0 & 0 & 1 \\ 0 & -1 & 0 & -1 \end{bmatrix} \begin{bmatrix} \lambda_1 \\ \lambda_2 \\ \lambda_3 \\ \lambda_4 \end{bmatrix} + \begin{bmatrix} 0 & 0 \\ 0 & 10 \\ 0 & 0 \\ 3 & 2 \end{bmatrix} \begin{bmatrix} e_1(t) \\ e_2(t) \end{bmatrix}$$

$$\begin{bmatrix} r_1(t) \\ r_2(t) \end{bmatrix} = \begin{bmatrix} 1 & 0 & 0 & 0 \\ 0 & 0 & 1 & 0 \end{bmatrix} \begin{bmatrix} \lambda_1 \\ \lambda_2 \\ \lambda_3 \\ \lambda_4 \end{bmatrix}$$

11.8 已知

$$\boldsymbol{A} = \begin{bmatrix} 0 & 1 & 0 \\ 0 & 0 & 1 \\ 0 & 1 & 0 \end{bmatrix}$$

试计算矩阵指数 e^{At}。

解 I 使用凯莱-哈密尔顿定理计算 e^{At},$\boldsymbol{A}$ 的特征方程

$$|\alpha \boldsymbol{I} - \boldsymbol{A}| = \begin{vmatrix} \alpha & -1 & 0 \\ 0 & \alpha & -1 \\ 0 & -1 & \alpha \end{vmatrix} = \alpha^3 - \alpha = 0$$

特征根为 $\quad\quad\quad\quad \alpha_1 = 0, \alpha_2 = 1, \alpha_3 = -1$

由关系式 $e^{\alpha t} = C_0 + C_1 \alpha + C_2 \alpha^2$ 可得

$$\begin{cases} 1 = C_0 \\ e^t = C_0 + C_1 + C_2 \\ e^{-t} = C_0 - C_1 + C_2 \end{cases}$$

解得 $\quad\quad\quad C_0 = 1, C_1 = \dfrac{1}{2}(e^t - e^{-t}), C_2 = \dfrac{1}{2}(e^t + e^{-t}) - 1$

所以

$e^{At} = C_0 \boldsymbol{I} + C_1 \boldsymbol{A} + C_2 \boldsymbol{A}^2 =$

$\begin{bmatrix} 1 & 0 & 0 \\ 0 & 1 & 0 \\ 0 & 0 & 1 \end{bmatrix} + \dfrac{1}{2}(e^t - e^{-t}) \begin{bmatrix} 0 & 1 & 0 \\ 0 & 0 & 1 \\ 0 & 1 & 0 \end{bmatrix} + \left[\dfrac{1}{2}(e^t + e^{-t}) - 1\right] \begin{bmatrix} 0 & 0 & 1 \\ 0 & 1 & 0 \\ 0 & 0 & 1 \end{bmatrix} =$

$$\begin{bmatrix} 1 & \dfrac{1}{2}(e^t - e^{-t}) & \dfrac{1}{2}(e^t + e^{-t}) - 1 \\ 0 & \dfrac{1}{2}(e^t + e^{-t}) & \dfrac{1}{2}(e^t - e^{-t}) \\ 0 & \dfrac{1}{2}(e^t - e^{-t}) & \dfrac{1}{2}(e^t + e^{-t}) \end{bmatrix}$$

解 II 用拉普拉变换法求 e^{At}

因为 $\mathscr{L}[e^{At}] = (s\boldsymbol{I} - \boldsymbol{A})^{-1} =$

$\begin{bmatrix} s & -1 & 0 \\ 0 & s & -1 \\ 0 & -1 & s \end{bmatrix} = \dfrac{1}{s^2 - s} \begin{bmatrix} s^2 - 1 & s & 1 \\ 0 & s^2 & s \\ 0 & s & s^2 \end{bmatrix} =$

$$\begin{bmatrix} \dfrac{1}{s} & \dfrac{1}{s^2-1} & \dfrac{1}{s^3-s} \\ 0 & \dfrac{s}{s^2-1} & \dfrac{1}{s^2-1} \\ 0 & \dfrac{1}{s^2-1} & \dfrac{s}{s^2-s} \end{bmatrix}$$

所以
$$e^{At} = \begin{bmatrix} 1 & \dfrac{1}{2}(e^t-e^{-t}) & \dfrac{1}{2}(e^t+e^{-t})-1 \\ 0 & \dfrac{1}{2}(e^t+e^{-t}) & \dfrac{1}{2}(e^t-e^{-t}) \\ 0 & \dfrac{1}{2}(e^t-e^{-t}) & \dfrac{1}{2}(e^t-e^{-t}) \end{bmatrix}$$

两种解法结果相同。

11.9 已知二阶系统的微分方程
$$y''(t) + a^2 y(t) = 0$$
试求该系统的状态转移矩阵 e^{At}。

解 根据系统微分方程画出级联形式的模拟图如图选 11.9 所示。

图选 11.9

设积分器的输出为状态变量 $\lambda_1(t)$，$\lambda_2(t)$，并列状态方程为
$$\dot{\lambda}_1(t) = \lambda_2(t)$$
$$\dot{\lambda}_2(t) = -a^2 \lambda_1(t)$$

所以
$$A = \begin{bmatrix} 0 & 1 \\ -a^2 & 0 \end{bmatrix}$$

状态转移矩阵 e^{At} 为
$$e^{At} = \mathscr{L}^{-1}[(s\boldsymbol{I}-\boldsymbol{A})^{-1}] = \mathscr{L}^{-1}\left[\begin{bmatrix} s & -1 \\ a^2 & s \end{bmatrix}^{-1}\right] =$$
$$\mathscr{L}^{-1}\left[\dfrac{1}{s^2+a}\begin{bmatrix} s & 1 \\ -a^2 & s \end{bmatrix}\right] =$$
$$\begin{bmatrix} \cos at & \dfrac{1}{a}\sin at \\ -a\sin at & \cos at \end{bmatrix}$$

11.10 已知系统的状态方程和初始条件为
$$\begin{bmatrix} \dot{\lambda}_1(t) \\ \dot{\lambda}_2(t) \end{bmatrix} = \begin{bmatrix} 1 & -2 \\ 1 & 4 \end{bmatrix} \begin{bmatrix} \lambda_1(t) \\ \lambda_2(t) \end{bmatrix}$$
$$\begin{bmatrix} \lambda_1(0) \\ \lambda_2(0) \end{bmatrix} = \begin{bmatrix} 3 \\ 2 \end{bmatrix}$$

试求系统的状态变量。

解 I 时域法求解。

先确定 A 的特征根

$$|\alpha I - A| = \begin{vmatrix} \alpha-1 & 2 \\ -1 & \alpha-4 \end{vmatrix} = \alpha^2 - 5\alpha + 6 = 0$$

特征根 $\quad\quad\quad\quad\quad\quad \alpha_1 = 2, \alpha_2 = 3$

根据关系式 $\quad e^{\alpha t} = C_0 + C_1 \alpha$,可得

$$\begin{cases} e^{2t} = C_0 + 2C_1 \\ e^{3t} = C_0 + 3C_1 \end{cases}$$

解得 $\quad\quad\quad\quad C_0 = -2e^{3t} + 3e^{2t}, C_1 = e^{3t} - e^{2t}$

故 $\quad\quad\quad e^{At} = C_0 I + C_1 A =$

$$(-2e^{3t} + 3e^{2t})\begin{bmatrix} 1 & 0 \\ 0 & 1 \end{bmatrix} + (e^{3t} - e^{2t})\begin{bmatrix} 1 & -2 \\ 1 & 4 \end{bmatrix} =$$

$$\begin{bmatrix} -e^{3t} + 2e^{2t} & -2e^{3t} + 2e^{2t} \\ e^{3t} - e^{2t} & 2e^{3t} - e^{2t} \end{bmatrix}$$

所以 $\quad\quad\quad \boldsymbol{\lambda}(t) = e^{At}\boldsymbol{\lambda}(0) =$

$$\begin{bmatrix} -e^{3t} + 2e^{2t} & -2e^{3t} + 2e^{2t} \\ e^{3t} - e^{2t} & 2e^{3t} - e^{2t} \end{bmatrix} \begin{bmatrix} 3 \\ 2 \end{bmatrix} =$$

$$\begin{bmatrix} -7e^{3t} + 10e^{2t} \\ 7e^{3t} - 5e^{2t} \end{bmatrix}$$

解 II 变换域求解

因为 $\quad \mathscr{L}[e^{At}] = (sI - A)^{-1} = \begin{bmatrix} s-1 & 2 \\ -1 & s-4 \end{bmatrix}^{-1} =$

$$\frac{1}{(s-2)(s-3)}\begin{bmatrix} s-4 & -2 \\ 1 & s-1 \end{bmatrix} =$$

$$\begin{bmatrix} \dfrac{-1}{s-3} + \dfrac{2}{s-2} & \dfrac{-2}{s-3} + \dfrac{2}{s-2} \\ \dfrac{1}{s-3} - \dfrac{1}{s-2} & \dfrac{2}{s-3} - \dfrac{1}{s-2} \end{bmatrix}$$

所以 $\quad\quad\quad e^{At} = \begin{bmatrix} -e^{3t} + 2e^{2t} & -2e^{3t} + 2e^{2t} \\ e^{3t} - e^{2t} & 2e^{3t} - e^{2t} \end{bmatrix}$

于是状态变量

$$\boldsymbol{\lambda}(t) = e^{At}\boldsymbol{\lambda}(0) = \begin{bmatrix} -7e^{3t} + 10e^{2t} \\ 7e^{3t} - 5e^{2t} \end{bmatrix}$$

两种解法结果相同。

11.11 用变换域法解下列状态方程

$$\begin{bmatrix} \dot{\lambda}_1 \\ \dot{\lambda}_2 \end{bmatrix} = \begin{bmatrix} -3 & -2 \\ 2 & 2 \end{bmatrix} \begin{bmatrix} \lambda_1 \\ \lambda_2 \end{bmatrix} + \begin{bmatrix} 3 \\ 0 \end{bmatrix} e(t)$$

其初始状态 $\lambda_1(0)=2, \lambda_2(0)=1$；激励 $e(t)=u(t)$。

解 首先计算矩阵指数和激励的拉普拉斯变换

$$(sI-A)^{-1} = \begin{bmatrix} s+3 & 2 \\ -2 & s+2 \end{bmatrix}^{-1} =$$

$$\frac{1}{(s+3)(s-2)+4} \begin{bmatrix} s-2 & -2 \\ 2 & s+3 \end{bmatrix} =$$

$$\frac{1}{(s+2)(s-1)} \begin{bmatrix} s-2 & -2 \\ 2 & s+2 \end{bmatrix}$$

$$E(s) = \frac{1}{s}$$

故 $\Lambda(s) = (sI-A)^{-1}\lambda(0) + (sI-A)^{-1}BE(s) =$

$$\frac{1}{(s+2)(s-1)} \begin{bmatrix} s-2 & -2 \\ 2 & s+3 \end{bmatrix} \begin{bmatrix} 2 \\ -1 \end{bmatrix} +$$

$$\frac{1}{(s+2)(s-1)} \begin{bmatrix} s-2 & -2 \\ 2 & s+3 \end{bmatrix} \begin{bmatrix} 3 \\ 0 \end{bmatrix} \frac{1}{s} =$$

$$\begin{bmatrix} \frac{2}{s+2} + \frac{0}{s-1} \\ \frac{-1}{s+2} + \frac{0}{s-1} \end{bmatrix} + \begin{bmatrix} \frac{3}{s} + \frac{-2}{s+2} + \frac{-1}{s-1} \\ \frac{-3}{s} + \frac{1}{s+2} + \frac{2}{s-1} \end{bmatrix} =$$

$$\begin{bmatrix} \frac{3}{s} + \frac{-1}{s-1} \\ \frac{-3}{s} + \frac{2}{s-1} \end{bmatrix}$$

所以
$$\lambda(t) = \begin{bmatrix} 3-e^t \\ -3+2e^t \end{bmatrix} u(t)$$

11.12 已知一线性时不变系统在零输入条件下有

当 $\lambda(0^-) = \begin{bmatrix} 1 \\ -1 \end{bmatrix}$ 时，$\lambda(t) = \begin{bmatrix} e^{-2t} \\ -e^{-2t} \end{bmatrix}$

当 $\lambda(0^-) = \begin{bmatrix} 2 \\ -1 \end{bmatrix}$ 时，$\lambda(t) = \begin{bmatrix} 2e^{-t} \\ -e^{-t} \end{bmatrix}$

试求：(1)系统的状态转移矩阵 $\varphi(t)$；

(2)系统状态方程的系数矩阵 A。

解 (1)二阶系统的状态转移矩阵 $\varphi(t) = e^{At}$ 应为 2×2 矩阵。零输入条件下，状态变量为

$$\lambda(t) = e^{At}\lambda(0^-)$$

根据题中给定的两种条件可以分别表示为

$$\begin{bmatrix} e^{-2t} & 0 \\ -e^{-2t} & 0 \end{bmatrix} = [e^{At}]_{2\times 2} \cdot \begin{bmatrix} 1 & 0 \\ -1 & 0 \end{bmatrix} \tag{11.12.1}$$

$$\begin{bmatrix} 0 & 2\mathrm{e}^{-t} \\ 0 & -\mathrm{e}^{-t} \end{bmatrix} = [\mathrm{e}^{At}]_{2\times 2} \cdot \begin{bmatrix} 0 & 2 \\ 0 & -1 \end{bmatrix} \qquad (11.12.2)$$

式(11.12.1)+(11.12.2)

$$\begin{bmatrix} \mathrm{e}^{-2t} & 2\mathrm{e}^{-t} \\ -\mathrm{e}^{-2t} & -\mathrm{e}^{-t} \end{bmatrix} = \mathrm{e}^{At} \begin{bmatrix} 1 & 2 \\ -1 & -1 \end{bmatrix}$$

所以

$$\mathrm{e}^{At} = \begin{bmatrix} \mathrm{e}^{-2t} & 2\mathrm{e}^{-t} \\ -\mathrm{e}^{-2t} & -\mathrm{e}^{-t} \end{bmatrix} \begin{bmatrix} 1 & 2 \\ -1 & -1 \end{bmatrix}^{-1} =$$

$$\begin{bmatrix} \mathrm{e}^{-2t} & 2\mathrm{e}^{-t} \\ -\mathrm{e}^{-2t} & -\mathrm{e}^{-t} \end{bmatrix} \begin{bmatrix} -1 & -2 \\ 1 & 1 \end{bmatrix} =$$

$$\begin{bmatrix} 2\mathrm{e}^{-t} - \mathrm{e}^{-2t} & 2\mathrm{e}^{-t} - 2\mathrm{e}^{-2t} \\ \mathrm{e}^{-2t} - \mathrm{e}^{-t} & 2\mathrm{e}^{-2t} - \mathrm{e}^{-t} \end{bmatrix}$$

(2) 由状态转移矩阵性质可得

$$A = \frac{\mathrm{d}\mathrm{e}^{At}}{\mathrm{d}t}\bigg|_{t=0} = \begin{bmatrix} -2\mathrm{e}^{-t} + 2\mathrm{e}^{-2t} & -2\mathrm{e}^{-t} + 4\mathrm{e}^{-2t} \\ -2\mathrm{e}^{-2t} + \mathrm{e}^{-t} & -4\mathrm{e}^{-2t} + \mathrm{e}^{-t} \end{bmatrix}_{t=0} =$$

$$\begin{bmatrix} -2+2 & -2+4 \\ -2+1 & -4+1 \end{bmatrix} = \begin{bmatrix} 0 & 2 \\ -1 & -3 \end{bmatrix}$$

11.13 线性非时变系统的状态方程和输出方程为

$$\dot{\boldsymbol{\lambda}}(t) = \begin{bmatrix} -2 & 1 \\ 0 & -1 \end{bmatrix} \boldsymbol{\lambda}(t) + \begin{bmatrix} 1 \\ 0 \end{bmatrix} e(t)$$

$$r(t) = \begin{bmatrix} 1 & 0 \end{bmatrix} \boldsymbol{\lambda}(t)$$

设初始状态 $\boldsymbol{\lambda}(0) = \begin{bmatrix} 1 \\ 1 \end{bmatrix}$,输入激励 $e(t) = u(t)$,试用时域法求响应 $r(t)$。

解 (1) 首先计算矩阵指数 e^{At}

矩阵 A 的特征方程为

$$|\alpha \boldsymbol{I} - \boldsymbol{A}| = \begin{vmatrix} \alpha+2 & -1 \\ 0 & \alpha+1 \end{vmatrix} = (\alpha+2)(\alpha+1) = 0$$

特征根 $\qquad\qquad \alpha_1 = -1, \alpha_2 = -2$

根据关系式 $\mathrm{e}^{\alpha t} = C_0 + C_1 \alpha$,可得

$$\begin{cases} \mathrm{e}^{-t} = C_0 - C_1 \\ \mathrm{e}^{-2t} = C_0 - 2C_1 \end{cases}$$

解得 $\qquad\qquad C_0 = 2\mathrm{e}^{-t} - \mathrm{e}^{-2t}, C_1 = \mathrm{e}^{-t} - \mathrm{e}^{-2t}$

所以

$$\mathrm{e}^{At} = C_0 \boldsymbol{I} + C_1 \boldsymbol{A} = (2\mathrm{e}^{-t} - \mathrm{e}^{-2t}) \begin{bmatrix} 1 & 0 \\ 0 & 1 \end{bmatrix} + (\mathrm{e}^{-t} - \mathrm{e}^{-2t}) \begin{bmatrix} -2 & 1 \\ 0 & -1 \end{bmatrix} =$$

$$\begin{bmatrix} \mathrm{e}^{-2t} & \mathrm{e}^{-t} - \mathrm{e}^{-2t} \\ 0 & \mathrm{e}^{-t} \end{bmatrix}$$

(2) 计算状态变量 $\boldsymbol{\lambda}(t)$

$$\boldsymbol{\lambda}(t)=e^{At}\boldsymbol{\lambda}(0)+e^{At}\boldsymbol{B}*\boldsymbol{e}(t)=$$

$$\begin{bmatrix} e^{-2t} & e^{-t}-e^{-2t} \\ 0 & e^{-t} \end{bmatrix}\begin{bmatrix} 1 \\ 1 \end{bmatrix}+\begin{bmatrix} e^{-2t} & e^{-t}-e^{-2t} \\ 0 & e^{-t} \end{bmatrix}\begin{bmatrix} 1 \\ 0 \end{bmatrix}*u(t)=$$

$$\begin{bmatrix} e^{-t} \\ e^{-t} \end{bmatrix}+\begin{bmatrix} e^{-2t}*u(t) \\ 0 \end{bmatrix}=$$

$$\begin{bmatrix} e^{-t}+\dfrac{1}{2}(1-e^{-2t}) \\ e^{-t} \end{bmatrix}$$

(3) 计算输出响应 $r(t)$

$$r(t)=\boldsymbol{C}\boldsymbol{\lambda}(t)+\boldsymbol{D}\boldsymbol{e}(t)$$

$$\boldsymbol{C}=\begin{bmatrix} 1 & 0 \end{bmatrix},\boldsymbol{D}=0$$

所以

$$r(t)=\begin{bmatrix} 1 & 0 \end{bmatrix}\begin{bmatrix} e^{-t}+\dfrac{1}{2}(1-e^{-2t}) \\ e^{-t} \end{bmatrix}=$$

$$\left(\dfrac{1}{2}+e^{-t}-\dfrac{1}{2}e^{-2t}\right)u(t)$$

11.14 线性非时变系统的状态方程和输出方程为

$$\dot{\boldsymbol{\lambda}}(t)=\begin{bmatrix} -1 & 0 \\ 1 & 0 \end{bmatrix}\boldsymbol{\lambda}(t)+\begin{bmatrix} 1 \\ 1 \end{bmatrix}e(t)$$

$$r(t)=\begin{bmatrix} 1 & 0 \\ 0 & 1 \end{bmatrix}\boldsymbol{\lambda}(t)+\begin{bmatrix} 1 \\ 0 \end{bmatrix}e(t)$$

设初始状态 $\boldsymbol{\lambda}(0)=\begin{bmatrix} 1 \\ 1 \end{bmatrix}$,输入激励 $e(t)=e^{2t}u(t)$,试求系统响应 $r(t)$。

解 用变换域法求解

(1) 先计算 $(s\boldsymbol{I}-\boldsymbol{A})^{-1}$ 和 $E(s)$

$$(s\boldsymbol{I}-\boldsymbol{A})^{-1}=\begin{bmatrix} s+1 & 0 \\ -1 & s \end{bmatrix}^{-1}=\dfrac{1}{s(s+1)}\begin{bmatrix} s & 0 \\ 1 & s+1 \end{bmatrix}=$$

$$\begin{bmatrix} \dfrac{1}{s+1} & 0 \\ \dfrac{1}{s(s+1)} & \dfrac{1}{s} \end{bmatrix}$$

$$E(s)=\dfrac{1}{s-2}$$

(2) 计算 $\boldsymbol{\Lambda}(s)$

$$\boldsymbol{\Lambda}(s)=(s\boldsymbol{I}-\boldsymbol{A})^{-1}\boldsymbol{\lambda}(0)+(s\boldsymbol{I}-\boldsymbol{A})^{-1}\boldsymbol{B}E(s)=$$

$$\begin{bmatrix} \dfrac{1}{s+1} & 0 \\ \dfrac{1}{s(s+1)} & \dfrac{1}{s} \end{bmatrix}\begin{bmatrix} 1 \\ 1 \end{bmatrix}+\begin{bmatrix} \dfrac{1}{s+1} & 0 \\ \dfrac{1}{s(s+1)} & \dfrac{1}{s} \end{bmatrix}\begin{bmatrix} 1 \\ 1 \end{bmatrix}\dfrac{1}{s-2}=$$

$$\begin{bmatrix} \dfrac{1}{s+1} \\ \dfrac{1}{s(s+1)} + \dfrac{1}{s} \end{bmatrix} + \begin{bmatrix} \dfrac{1}{(s+1)(s-2)} \\ \dfrac{1}{s(s+1)(s-2)} \end{bmatrix} =$$

$$\begin{bmatrix} \dfrac{s-1}{(s+1)(s-2)} \\ \dfrac{s^2-3}{s(s+1)(s-2)} \end{bmatrix}$$

(3) 计算 $R(s)$

$$R(s) = C\Lambda(s) + DE(s) =$$

$$\begin{bmatrix} 1 & 0 \\ 0 & 1 \end{bmatrix} \begin{bmatrix} \dfrac{s-1}{(s+1)(s-2)} \\ \dfrac{s^2-3}{s(s+1)(s-2)} \end{bmatrix} + \begin{bmatrix} 1 \\ 0 \end{bmatrix} \dfrac{1}{s-2} =$$

$$\begin{bmatrix} \dfrac{s-1}{(s+1)(s-2)} + \dfrac{1}{s-2} \\ \dfrac{s^2-3}{s(s+1)(s-3)} \end{bmatrix}$$

(4) 计算 $r(t)$

$$r(t) = \mathscr{L}^{-1}[R(s)] = \mathscr{L}^{-1}\begin{bmatrix} \dfrac{2s}{(s+1)(s-2)} \\ \dfrac{s^2-3}{s(s+1)(s-2)} \end{bmatrix} =$$

$$\mathscr{L}^{-1} \begin{bmatrix} \dfrac{2/3}{s+1} + \dfrac{4/3}{s-2} \\ \dfrac{3/2}{s} + \dfrac{-2/3}{s+1} + \dfrac{1/6}{s-2} \end{bmatrix} =$$

$$\begin{bmatrix} \dfrac{2}{3}e^{-t} + \dfrac{4}{3}e^{2t} \\ \dfrac{3}{2} - \dfrac{2}{3}e^{-t} + \dfrac{1}{6}e^{2t} \end{bmatrix}$$

11.15 已知系统状态方程的系数矩阵为

$$A = \begin{bmatrix} -1 & 0 & 0 \\ 0 & -4 & 0 \\ 0 & 0 & -2 \end{bmatrix}, \quad B = \begin{bmatrix} 1 \\ 4 \\ 2 \end{bmatrix}, \quad C = \begin{bmatrix} 1 & 2 & 1 \end{bmatrix}, \quad D = 0$$

输入 $e(t)$ 为单位阶跃序列 $u(t)$，系统初始状态 $\lambda(0^-) = \begin{bmatrix} 1 \\ 3 \\ 1 \end{bmatrix}$

试计算：(1) 状态转移矩阵；

(2) 系统输出响应 $r(t)$。

解 (1) 根据关系式 $e^{At} = \mathscr{L}^{-1}[(sI-A)^{-1}]$ 计算 e^{At}。

$$(s\bm{I}-\bm{A})=\begin{bmatrix} s+1 & 0 & 0 \\ 0 & s+4 & 0 \\ 0 & 0 & s+2 \end{bmatrix}$$

$$(s\bm{I}-\bm{A})^{-1}=\frac{1}{(s+1)(s+4)(s+2)}\begin{bmatrix} (s+4)(s+2) & 0 & 0 \\ 0 & (s+1)(s+2) & 0 \\ 0 & 0 & (s+1)(s+4) \end{bmatrix}=$$

$$\begin{bmatrix} \dfrac{1}{s+1} & 0 & 0 \\ 0 & \dfrac{1}{s+4} & 0 \\ 0 & 0 & \dfrac{1}{s+2} \end{bmatrix}$$

所以 $\quad e^{\bm{A}t}=\mathscr{L}^{-1}[(s\bm{I}-\bm{A})^{-1}]=\begin{bmatrix} e^{-t} & 0 & 0 \\ 0 & e^{-4t} & 0 \\ 0 & 0 & e^{-2t} \end{bmatrix}$

（2）根据已知条件计算 $r(t)$

$$\bm{R}(s)=\bm{C}(s\bm{I}-\bm{A})^{-1}\bm{\lambda}(0^-)+[\bm{C}(s\bm{I}-\bm{A})^{-1}\bm{B}+\bm{D}]\bm{E}(s)=$$

$$\begin{bmatrix} 1 & 2 & 1 \end{bmatrix}\begin{bmatrix} \dfrac{1}{s+1} & & \\ & \dfrac{1}{s+4} & \\ & & \dfrac{1}{s+2} \end{bmatrix}\begin{bmatrix} 1 \\ 3 \\ 1 \end{bmatrix}+$$

$$\begin{bmatrix} 1 & 2 & 1 \end{bmatrix}\begin{bmatrix} \dfrac{1}{s+1} & & \\ & \dfrac{1}{s+4} & \\ & & \dfrac{1}{s+2} \end{bmatrix}\begin{bmatrix} 1 \\ 4 \\ 2 \end{bmatrix}\dfrac{1}{s}=$$

$$\left(\dfrac{1}{s+1}+\dfrac{6}{s+4}+\dfrac{1}{s+2}\right)+\left(\dfrac{1}{s+1}+\dfrac{8}{s+4}+\dfrac{2}{s+2}\right)\dfrac{1}{s}=$$

$$\left(\dfrac{1}{s+1}+\dfrac{6}{s+4}+\dfrac{1}{s+2}\right)\left(\dfrac{4}{s}+\dfrac{-1}{s+1}+\dfrac{-2}{s+4}+\dfrac{-1}{s+2}\right)=$$

$$\dfrac{4}{s}+\dfrac{4}{s+4}$$

所以 $\quad r(t)=4+4e^{-4t}=4(1+e^{-4t})u(t)$

11.16 某线性系统模拟图如图选 11.16 所示。

(1) 试写出系统的状态方程和输出方程；

(2) 若初始状态 $\bm{\lambda}(0)=\begin{bmatrix} 1 \\ 2 \\ 1 \end{bmatrix}$，激励为单位阶跃 $u(t)$，求系统的输出响应 $r(t)$。

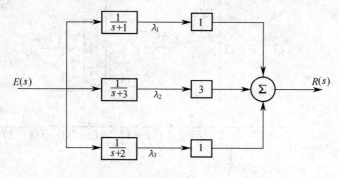

图选 11.16

解 (1)设三个支路积分器的输出为状态变量 $\lambda_1, \lambda_2, \lambda_3$。

因为
$$R(s) = E(s)\left[\frac{1}{s+1} + \frac{3}{s+3} + \frac{1}{s+2}\right]$$

$$H(s) = \frac{1}{s+1} + \frac{3}{s+3} + \frac{1}{s+2}$$

所以
$$\begin{bmatrix}\dot\lambda_1\\\dot\lambda_2\\\dot\lambda_3\end{bmatrix} = \begin{bmatrix}-1 & 0 & 0\\ 0 & -3 & 0\\ 0 & 0 & -2\end{bmatrix}\begin{bmatrix}\lambda_1\\\lambda_2\\\lambda_3\end{bmatrix} + \begin{bmatrix}1\\1\\1\end{bmatrix}e(t)$$

$$r(t) = (1\ \ 3\ \ 1)\begin{bmatrix}\lambda_1\\\lambda_2\\\lambda_3\end{bmatrix}$$

(2)首先计算矩阵 $\boldsymbol{\Phi}(s) = (s\boldsymbol{I} - \boldsymbol{A})^{-1}$

$$(s\boldsymbol{I}-\boldsymbol{A})^{-1} = \left(\begin{bmatrix}s & & \\ & s & \\ & & s\end{bmatrix} - \begin{bmatrix}-1 & & \\ & -3 & \\ & & -2\end{bmatrix}\right)^{-1} =$$

$$\begin{bmatrix}s+1 & & \\ & s+3 & \\ & & s+2\end{bmatrix}^{-1} = \begin{bmatrix}\dfrac{1}{s+1} & & \\ & \dfrac{1}{s+3} & \\ & & \dfrac{1}{s+2}\end{bmatrix}$$

$$R(s) = \boldsymbol{C}(s\boldsymbol{I}-\boldsymbol{A})^{-1}\boldsymbol{\lambda}(0) + [\boldsymbol{C}(s\boldsymbol{I}-\boldsymbol{A})^{-1}\boldsymbol{B} + \boldsymbol{D}]E(s) =$$

$$(1\ \ 3\ \ 1)\begin{bmatrix}\dfrac{1}{s+1} & & \\ & \dfrac{1}{s+3} & \\ & & \dfrac{1}{s+2}\end{bmatrix}\begin{bmatrix}1\\2\\1\end{bmatrix} +$$

$$(1 \quad 3 \quad 1)\begin{pmatrix} \frac{1}{s+1} & & \\ & \frac{1}{s+3} & \\ & & \frac{1}{s+2} \end{pmatrix}\begin{pmatrix} 1 \\ 1 \\ 1 \end{pmatrix} \cdot \frac{1}{s} =$$

$$\frac{1}{s+1} + \frac{6}{s+3} + \frac{1}{s+2} + \frac{1}{s(s+1)} + \frac{3}{s(s+3)} + \frac{1}{s(s+2)} =$$

$$\frac{5}{2}\frac{1}{s} + \frac{\frac{1}{2}}{s+2} + \frac{5}{s+3}$$

所以 $$r(t) = \left(\frac{5}{2} + \frac{1}{2}e^{-2t} + 5e^{-3t}\right)u(t)$$

11.17 已知线性时不变系统的状态方程和输出方程为

$$\dot{\boldsymbol{\lambda}}(t) = \boldsymbol{A}\boldsymbol{\lambda}(t) + \boldsymbol{B}e(t)$$
$$r(t) = \boldsymbol{C}\boldsymbol{\lambda}(t) + \boldsymbol{D}e(t)$$

其中

$$\boldsymbol{A} = \begin{bmatrix} -1 & 0 & 0 & 0 \\ 0 & -2 & 0 & 0 \\ 0 & 0 & -3 & 0 \\ 0 & 0 & 0 & -4 \end{bmatrix}, \quad \boldsymbol{B} = \begin{bmatrix} 0 & 0 \\ 1 & 0 \\ 0 & 1 \\ 0 & 1 \end{bmatrix}$$

$$\boldsymbol{C} = \begin{bmatrix} 1 & 1 & 0 & 0 \\ 0 & 1 & 1 & 0 \end{bmatrix}, \quad \boldsymbol{D} = 0$$

(1) 求系统转移函数矩阵 $\boldsymbol{H}(s)$；

(2) 画出系统模拟框图；

(3) 若系统输入 $e(t) = \begin{bmatrix} \delta(t) \\ \delta(t) \end{bmatrix}$，求系统零状态响应 $r(t)$。

解 (1) $$(s\boldsymbol{I} - \boldsymbol{A})^{-1} = \begin{pmatrix} s+1 & & & \\ & s+2 & & \\ & & s+3 & \\ & & & s+4 \end{pmatrix}^{-1} =$$

$$\begin{pmatrix} \frac{1}{s+1} & & & \\ & \frac{1}{s+2} & & \\ & & \frac{1}{s+3} & \\ & & & \frac{1}{s+4} \end{pmatrix}$$

$$H(s)=C(sI-A)^{-1}B+D=$$

$$\begin{bmatrix} 1 & 1 & 0 & 0 \\ 0 & 1 & 1 & 0 \end{bmatrix} \begin{bmatrix} \dfrac{1}{s+1} & & & \\ & \dfrac{1}{s+2} & & \\ & & \dfrac{1}{s+3} & \\ & & & \dfrac{1}{s+4} \end{bmatrix} \begin{bmatrix} 0 & 0 \\ 1 & 0 \\ 0 & 1 \\ 0 & 1 \end{bmatrix} =$$

$$\begin{bmatrix} \dfrac{1}{s+2} & 0 \\ \dfrac{1}{s+2} & \dfrac{1}{s+3} \end{bmatrix}$$

(2) 系统模拟图如图选 11.17 所示。

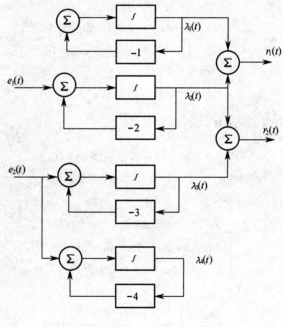

图选 11.17

(3) 因为 $\quad E(s)=\begin{bmatrix} 1 \\ 1 \end{bmatrix}$

所以 $\quad R(s)=H(s)E(s)=$

$$\begin{bmatrix} \dfrac{1}{s+2} \\ \dfrac{1}{s+2}+\dfrac{1}{s+3} \end{bmatrix}$$

故 $\quad r(t)=\begin{bmatrix} \mathrm{e}^{-2t}u(t) \\ (\mathrm{e}^{-2t}+\mathrm{e}^{-3t})u(t) \end{bmatrix}$

11.18 设系统状态方程为

$$\begin{bmatrix} \dot{\lambda}_1(t) \\ \dot{\lambda}_2(t) \end{bmatrix} = \boldsymbol{A} \begin{bmatrix} \lambda_1(t) \\ \lambda_2(t) \end{bmatrix} + \boldsymbol{B} e(t)$$

$$r(t) = \boldsymbol{C} \begin{bmatrix} \lambda_1(t) \\ \lambda_2(t) \end{bmatrix} + \boldsymbol{D} e(t)$$

状态转移矩阵为

$$\boldsymbol{\varphi}(t) = \begin{bmatrix} 2e^{-t} - e^{-2t} & -2e^{-t} + 2e^{-2t} \\ e^{-t} - e^{-2t} & -e^{-t} + 2e^{-2t} \end{bmatrix} u(t)$$

在 $e(t) = \delta(t)$ 作用下零状态解和零状态响应分别为

$$\begin{bmatrix} \lambda_1(t) \\ \lambda_2(t) \end{bmatrix} = \begin{bmatrix} 12e^{-t} - 12e^{-2t} \\ 6e^{-t} - 12e^{-2t} \end{bmatrix} u(t)$$

$$r(t) = \delta(t) + (6e^{-t} - 12e^{-2t}) u(t)$$

求系统的 $\boldsymbol{A}, \boldsymbol{B}, \boldsymbol{C}, \boldsymbol{D}$ 矩阵。

解 因为
$$\frac{\mathrm{d}\boldsymbol{\varphi}(t)}{\mathrm{d}t} = \frac{\mathrm{d}e^{\boldsymbol{A}t}}{\mathrm{d}t} = \boldsymbol{A} e^{\boldsymbol{A}t}$$

所以
$$\boldsymbol{A} = \frac{\mathrm{d}e^{\boldsymbol{A}t}}{\mathrm{d}t}\bigg|_{t=0} = \begin{bmatrix} -2e^{-t} + 2e^{-2t} & 2e^{-t} - 4e^{-2t} \\ -e^{-t} + 2e^{-2t} & e^{-t} - 4e^{-2t} \end{bmatrix}_{t=0} =$$

$$\begin{bmatrix} 0 & -2 \\ 1 & -3 \end{bmatrix}$$

又
$$\begin{bmatrix} \lambda_1(t) \\ \lambda_2(t) \end{bmatrix} = e^{\boldsymbol{A}t} \boldsymbol{B} * e(t) =$$

$$\begin{bmatrix} 2e^{-t} - e^{-2t} & -2e^{-t} + 2e^{-2t} \\ e^{-t} - e^{-2t} & -e^{-t} + 2e^{-2t} \end{bmatrix} \begin{bmatrix} b_1 \\ b_2 \end{bmatrix} * \delta(t) =$$

$$\begin{bmatrix} b_1(2e^{-t} - e^{-2t}) + b_2(-2e^{-t} + 2e^{-2t}) \\ b_1(e^{-t} - e^{-2t}) + b_2(-e^{-t} + 2e^{-2t}) \end{bmatrix} u(t) =$$

$$\begin{bmatrix} (2b_1 - 2b_2)e^{-t} + (-b_1 + 2b_2)e^{-2t} \\ (b_1 - b_2)e^{-t} + (-b_1 + 2b_2)e^{-2t} \end{bmatrix} u(t)$$

由题给定

$$\begin{bmatrix} \lambda_1(t) \\ \lambda_2(t) \end{bmatrix} = \begin{bmatrix} 12e^{-t} - 12e^{-2t} \\ 6e^{-t} - 12e^{-2t} \end{bmatrix} u(t)$$

比较以上二式得

$$b_1 = 0 \quad b_2 = -6$$

所以
$$\boldsymbol{B} = \begin{bmatrix} 0 \\ -6 \end{bmatrix}$$

由题意知

$$r(t) = \delta(t) + (6e^{-t} - 12e^{-2t}) u(t)$$

又
$$r(t) = \boldsymbol{C}\boldsymbol{\lambda}(t) + \boldsymbol{D} e(t) =$$

$$\begin{bmatrix} c_1 & c_2 \end{bmatrix} \begin{bmatrix} 12e^{-t} - 12e^{-2t} \\ 6e^{-t} - 12e^{-2t} \end{bmatrix} + d\delta(t) =$$

$$c_1(12\mathrm{e}^{-t}-12\mathrm{e}^{-2t})+c_2(6\mathrm{e}^{-t}-12\mathrm{e}^{-2t})+d\delta(t)=$$
$$(12c_1+6c_2)\mathrm{e}^{-t}+(-12c_1-12c_2)\mathrm{e}^{-2t}+d\delta(t)$$

比较上面两式对应项系数可得
$$12c_1+6c_2=6$$
$$-12c_1-12c_2=12$$
所以
$$c_1=0, c_2=1, d=1$$
即
$$\boldsymbol{C}=\begin{bmatrix}0 & 1\end{bmatrix} \quad \boldsymbol{D}=1$$

11.19 图选 11.19 所示为模拟系统,取积分器输出为状态变量,求

(1)系统的状态方程表示式;

(2)已知系统在单位阶跃信号 $e(t)=u(t)$ 作用下有
$$\begin{bmatrix}\lambda_1(t)\\ \lambda_2(t)\end{bmatrix}=\begin{bmatrix}3\mathrm{e}^{-2t}-2\mathrm{e}^{-t}-1\\ 3\mathrm{e}^{-2t}-4\mathrm{e}^{-t}+1\end{bmatrix}u(t)$$

求图选 11.19 中 a,b,c 各参数。

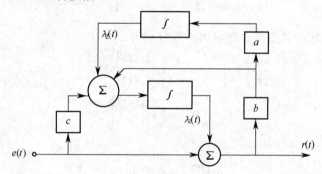

图选 11.19

解 (1)列状态方程
$$r(t)=\lambda_1(t)+e(t)$$
$$\dot{\lambda}_1(t)=br(t)+\lambda_2(t)+ce(t)=$$
$$b\lambda_1(t)+\lambda_2(t)+(b+c)e(t)$$
$$\dot{\lambda}_2(t)=abr(t)=ab\lambda_1(t)+abe(t)$$
$$\begin{bmatrix}\dot{\lambda}_1(t)\\ \dot{\lambda}_2(t)\end{bmatrix}=\begin{bmatrix}b & 1\\ ab & 0\end{bmatrix}\begin{bmatrix}\lambda_1(t)\\ \lambda_2(t)\end{bmatrix}+\begin{bmatrix}b+c\\ ab\end{bmatrix}e(t)$$
$$r(t)=\begin{bmatrix}1 & 0\end{bmatrix}\begin{bmatrix}\lambda_1(t)\\ \lambda_2(t)\end{bmatrix}+e(t)$$

(2)求系统的状态变量

因为 $(s\boldsymbol{I}-\boldsymbol{A})^{-1}=\begin{bmatrix}s-b & -1\\ -ab & s\end{bmatrix}=\dfrac{1}{s^2-bs-ab}\begin{bmatrix}s & 1\\ ab & s-b\end{bmatrix}$

$E(s)=\dfrac{1}{s}$

所以 $\begin{bmatrix}\Lambda_1(s)\\ \Lambda_2(s)\end{bmatrix}=(s\boldsymbol{I}-\boldsymbol{A})^{-1}\boldsymbol{\lambda}(0)+(s\boldsymbol{I}-\boldsymbol{A})^{-1}\boldsymbol{B}E(s)=$

$$\frac{1}{s^2-bs-ab}\begin{bmatrix} s & 1 \\ ab & s-b \end{bmatrix}\begin{bmatrix} b+c \\ ab \end{bmatrix}\frac{1}{s}=$$

$$\frac{1}{s(s^2-bs-ab)}\begin{bmatrix} (b+c)s+ab \\ abc+abs \end{bmatrix}$$

又根据题意得

$$\begin{bmatrix} \Lambda_1(s) \\ \Lambda_2(s) \end{bmatrix}=\begin{bmatrix} \dfrac{3}{s+2}-\dfrac{2}{s+1}-\dfrac{1}{s} \\ \dfrac{3}{s+2}-\dfrac{4}{s+1}+\dfrac{1}{s} \end{bmatrix}=\frac{1}{s(s^2+3s+2)}\begin{bmatrix} -4s-2 \\ -2s+2 \end{bmatrix}$$

比较以上两种结果可得

$$\begin{cases} b+c=-4 \\ -b=3 \\ -ab=2 \end{cases}$$

所以 $a=\dfrac{2}{3}, b=-3, c=-1$

11.20 设某系统的状态方程和输出方程分别为

$$\frac{\mathrm{d}}{\mathrm{d}t}\begin{bmatrix} \lambda_1(t) \\ \lambda_2(t) \end{bmatrix}=\begin{bmatrix} -1 & 2 \\ -1 & -4 \end{bmatrix}\begin{bmatrix} \lambda_1(t) \\ \lambda_2(t) \end{bmatrix}+\begin{bmatrix} 1 \\ 1 \end{bmatrix}u(t)$$

$$r(t)=\begin{bmatrix} 1 & -1 \end{bmatrix}\begin{bmatrix} \lambda_1(t) \\ \lambda_2(t) \end{bmatrix}$$

且

$$\begin{bmatrix} \lambda_1(0^-) \\ \lambda_2(0^-) \end{bmatrix}=\begin{bmatrix} 1 \\ -1 \end{bmatrix}$$

(1)求状态方程与输出方程的解;

(2)若选另一组状态变量

$$\begin{bmatrix} g_1(t) \\ g_2(t) \end{bmatrix}=\begin{bmatrix} 1 & 1 \\ -1 & -2 \end{bmatrix}\begin{bmatrix} \lambda_1(t) \\ \lambda_2(t) \end{bmatrix}$$

试推导以 $g(t)$ 为状态变量的状态方程和输出方程;

(3)求(2)中状态方程与输出方程的解。

解 (1) $|\alpha\boldsymbol{I}-\boldsymbol{A}|=\begin{vmatrix} \alpha+1 & -2 \\ 1 & \alpha+4 \end{vmatrix}=\alpha^2+5\alpha+6=0$

特征根 $\alpha_1=-2, \alpha_2=-3$

$$\begin{cases} \mathrm{e}^{-2t}=C_0-2C_1 \\ \mathrm{e}^{-3t}=C_0-3C_1 \end{cases}$$

解得 $C_0=3\mathrm{e}^{-2t}-2\mathrm{e}^{-3t}, C_1=\mathrm{e}^{-2t}-\mathrm{e}^{-3t}$

$$\mathrm{e}^{\boldsymbol{A}t}=C_0\boldsymbol{I}+C_1\boldsymbol{A}=(3\mathrm{e}^{-2t}-2\mathrm{e}^{-3t})\begin{bmatrix} 1 & 0 \\ 0 & 1 \end{bmatrix}+(\mathrm{e}^{-2t}-\mathrm{e}^{-3t})\begin{bmatrix} -1 & 2 \\ -1 & 4 \end{bmatrix}=$$

$$\begin{bmatrix} 2\mathrm{e}^{-2t}-\mathrm{e}^{-3t} & 2\mathrm{e}^{-2t}-2\mathrm{e}^{-3t} \\ -\mathrm{e}^{-2t}+\mathrm{e}^{-3t} & -\mathrm{e}^{-2t}+2\mathrm{e}^{-3t} \end{bmatrix}$$

$$\boldsymbol{\lambda}(t)=\mathrm{e}^{\boldsymbol{A}t}\boldsymbol{\lambda}(0)+\int_{0^-}^{t}\mathrm{e}^{\boldsymbol{A}(t-\tau)}\boldsymbol{B}\mathrm{e}(\tau)\mathrm{d}\tau=$$

$$\begin{bmatrix} 2\mathrm{e}^{-2t}-\mathrm{e}^{-3t} & 2\mathrm{e}^{-2t}-2\mathrm{e}^{-3t} \\ -\mathrm{e}^{-2t}+\mathrm{e}^{-3t} & -\mathrm{e}^{-2t}+2\mathrm{e}^{-3t} \end{bmatrix}\begin{bmatrix}1\\-1\end{bmatrix}+$$

$$\int_{0^-}^{t}\begin{bmatrix} 2\mathrm{e}^{-2(t-\tau)}-\mathrm{e}^{-3(t-\tau)} & 2\mathrm{e}^{-2(t-\tau)}-2\mathrm{e}^{-3(t-\tau)} \\ -\mathrm{e}^{-2(t-\tau)}+\mathrm{e}^{-3(t-\tau)} & -\mathrm{e}^{-2(t-\tau)}+2\mathrm{e}^{-3(t-\tau)} \end{bmatrix}\begin{bmatrix}1\\1\end{bmatrix}u(\tau)\mathrm{d}\tau=$$

$$\begin{bmatrix}1-2\mathrm{e}^{-2t}+2\mathrm{e}^{-3t}\\ \mathrm{e}^{-2t}-2\mathrm{e}^{-3t}\end{bmatrix} \qquad (t>0)$$

$$r(t)=\lambda_1(t)-\lambda_2(t)=1-2\mathrm{e}^{-2t}+2\mathrm{e}^{-3t}-\mathrm{e}^{-2t}+2\mathrm{e}^{-3t}=$$
$$1-3\mathrm{e}^{-2t}+4\mathrm{e}^{-3t} \qquad (t>0)$$

(2) $\quad g_1(t)=\lambda_1(t)-\lambda_2(t)$

$$\frac{\mathrm{d}g_1(t)}{\mathrm{d}t}=\frac{\mathrm{d}\lambda_1(t)}{\mathrm{d}t}+\frac{\mathrm{d}\lambda_2(t)}{\mathrm{d}t}=$$
$$-\lambda_1(t)+2\lambda_2(t)+u(t)-\lambda_1(t)-4\lambda_2(t)+u(t)=$$
$$-2g_1(t)+2u(t)$$

$$g_2(t)=-\lambda_1(t)-2\lambda_2(t)$$

$$\frac{\mathrm{d}g_2(t)}{\mathrm{d}t}=-\frac{\mathrm{d}\lambda_1(t)}{\mathrm{d}t}-2\frac{\mathrm{d}\lambda_2(t)}{\mathrm{d}t}=$$
$$\lambda_1(t)-2\lambda_2(t)-u(t)+2\lambda_1(t)+8\lambda_2(t)-2u(t)=$$
$$-3g_2(t)-3u(t)$$

$$\frac{\mathrm{d}}{\mathrm{d}t}\begin{bmatrix}g_1(t)\\g_2(t)\end{bmatrix}=\begin{bmatrix}-2&0\\0&-3\end{bmatrix}\begin{bmatrix}g_1(t)\\g_2(t)\end{bmatrix}+\begin{bmatrix}2\\-3\end{bmatrix}u(t)$$

由

$$\begin{bmatrix}g_1(t)\\g_2(t)\end{bmatrix}=\begin{bmatrix}1&1\\-1&-2\end{bmatrix}\begin{bmatrix}\lambda_1(t)\\\lambda_2(t)\end{bmatrix}$$

得

$$\begin{bmatrix}\lambda_1(t)\\\lambda_2(t)\end{bmatrix}=\begin{bmatrix}2&1\\-1&-1\end{bmatrix}\begin{bmatrix}g_1(t)\\g_2(t)\end{bmatrix}$$

$$r(t)=\begin{bmatrix}1&-1\end{bmatrix}\begin{bmatrix}2&1\\-1&-1\end{bmatrix}\begin{bmatrix}g_1(t)\\g_2(t)\end{bmatrix}=$$

$$\begin{bmatrix}3&2\end{bmatrix}\begin{bmatrix}g_1(t)\\g_2(t)\end{bmatrix}$$

(3) $\quad |\alpha\boldsymbol{I}-\boldsymbol{A}|=\begin{vmatrix}\alpha+2&0\\0&\alpha+3\end{vmatrix}=(\alpha+2)(\alpha+3)=0$

特征根 $\qquad \alpha_1=-2,\alpha_2=-3$

$$\begin{cases}\mathrm{e}^{-2t}=C_0-2C_1\\\mathrm{e}^{-3t}=C_0-3C_1\end{cases}$$

解得 $\quad C_0=3\mathrm{e}^{-2t}-2\mathrm{e}^{-3t},C_1=\mathrm{e}^{-2t}-\mathrm{e}^{-3t}$

所以 $\quad \mathrm{e}^{\boldsymbol{A}t}=C_0\boldsymbol{I}+C_1\boldsymbol{A}=$

$$(3\mathrm{e}^{-2t}-2\mathrm{e}^{-3t})\begin{bmatrix}1&0\\0&1\end{bmatrix}+(\mathrm{e}^{-2t}-\mathrm{e}^{-3t})\begin{bmatrix}-2&0\\0&-3\end{bmatrix}=$$

$$\begin{bmatrix}\mathrm{e}^{-2t}&0\\0&\mathrm{e}^{-3t}\end{bmatrix}$$

$$\begin{bmatrix} g_1(0^-) \\ g_2(0^-) \end{bmatrix} = \begin{bmatrix} 1 & 1 \\ -1 & -2 \end{bmatrix} \begin{bmatrix} \lambda_1(0^-) \\ \lambda_2(0^-) \end{bmatrix} = \begin{bmatrix} 1 & 1 \\ -1 & -2 \end{bmatrix} \begin{bmatrix} 1 \\ -1 \end{bmatrix} = \begin{bmatrix} 0 \\ 1 \end{bmatrix}$$

所以 $\boldsymbol{g}(t) = e^{\boldsymbol{A}t} g(0) + \int_{0^-}^{t} e^{\boldsymbol{A}(t-\tau)} \boldsymbol{B} e(\tau) d\tau =$

$$\begin{bmatrix} e^{-2t} & 0 \\ 0 & e^{-3t} \end{bmatrix} \begin{bmatrix} 0 \\ 1 \end{bmatrix} + \int_{0^-}^{t} \begin{bmatrix} e^{-2(t-\tau)} & 0 \\ 0 & e^{-3(t-\tau)} \end{bmatrix} \begin{bmatrix} 2 \\ -3 \end{bmatrix} u(\tau) d\tau =$$

$$\begin{bmatrix} 1 - e^{-2t} \\ -1 + 2e^{-3t} \end{bmatrix} \qquad (t > 0)$$

$$r(t) = \begin{bmatrix} 3 & 2 \end{bmatrix} \begin{bmatrix} g_1(t) \\ g_2(t) \end{bmatrix} = \begin{bmatrix} 3 & 2 \end{bmatrix} \begin{bmatrix} 1 - e^{-2t} \\ -1 + 2e^{-3t} \end{bmatrix} =$$

$$5 - 3e^{-2t} + 4e^{-3t} \qquad (t > 0)$$

11.21 已知矩阵 $\boldsymbol{A} = \begin{bmatrix} \dfrac{3}{4} & 0 \\ \dfrac{1}{2} & \dfrac{1}{2} \end{bmatrix}$，求矩阵函数 $\boldsymbol{A}^n$。

解 I 时域解法

矩阵 $\boldsymbol{A}$ 的特征方程

$$|\alpha \boldsymbol{I} - \boldsymbol{A}| = \begin{vmatrix} \alpha - \dfrac{3}{4} & 0 \\ -\dfrac{1}{2} & \alpha - \dfrac{1}{2} \end{vmatrix} = \left(\alpha - \dfrac{3}{4}\right)\left(\alpha - \dfrac{1}{2}\right) = 0$$

特征根为 $\alpha_1 = \dfrac{3}{4}, \alpha_2 = \dfrac{1}{2}$

根据关系式 $\alpha^n = C_0 + C_1 \alpha$

可得
$$\begin{cases} \left(\dfrac{3}{4}\right)^n = C_0 + \dfrac{3}{4} C_1 \\ \left(\dfrac{1}{2}\right)^n = C_0 + \dfrac{1}{2} C_1 \end{cases}$$

联立求解可得

$$C_0 = -2\left(\dfrac{3}{4}\right)^n + 3\left(\dfrac{1}{2}\right)^n, \quad C_1 = 4\left(\dfrac{3}{4}\right)^n - 4\left(\dfrac{1}{2}\right)^n$$

所以 $\boldsymbol{A}^n = C_0 \boldsymbol{I} + C_1 \boldsymbol{A} =$

$$\left(-2\left(\dfrac{3}{4}\right)^n + 3\left(\dfrac{1}{2}\right)^n\right) \begin{bmatrix} 1 & 0 \\ 0 & 1 \end{bmatrix} + \left(4\left(\dfrac{3}{4}\right)^n - 4\left(\dfrac{1}{2}\right)^n\right) \begin{bmatrix} \dfrac{3}{4} & 0 \\ \dfrac{1}{2} & \dfrac{1}{2} \end{bmatrix} =$$

$$\begin{bmatrix} \left(\dfrac{3}{4}\right)^n & 0 \\ 2\left(\dfrac{3}{4}\right)^n - 2\left(\dfrac{1}{2}\right)^n & \left(\dfrac{1}{2}\right)^n \end{bmatrix}$$

解 II Z 变换解法

因为 $\boldsymbol{\Phi}(z)=(\boldsymbol{I}-z^{-1}\boldsymbol{A})^{-1}=\begin{bmatrix}1-\dfrac{3}{4}z^{-1} & 0 \\ -\dfrac{1}{2}z^{-1} & 1-\dfrac{1}{2}z^{-1}\end{bmatrix}^{-1}=$

$$\dfrac{1}{\left(1-\dfrac{3}{4}z^{-1}\right)\left(1-\dfrac{1}{2}z^{-1}\right)}\begin{bmatrix}1-\dfrac{1}{2}z^{-1} & 0 \\ \dfrac{1}{2}z^{-1} & 1-\dfrac{3}{4}z^{-1}\end{bmatrix}=$$

$$\begin{bmatrix}\dfrac{1}{1-\dfrac{3}{4}z^{-1}} & 0 \\ \dfrac{2z}{z-\dfrac{3}{4}}+\dfrac{-2z}{z-\dfrac{1}{2}} & \dfrac{z}{1-\dfrac{1}{2}z^{-1}}\end{bmatrix}$$

所以 $\boldsymbol{A}^n = \mathscr{Z}^{-1}[\boldsymbol{\Phi}(z)] =$

$$\begin{bmatrix}\left(\dfrac{3}{4}\right)^n & 0 \\ 2\left(\dfrac{3}{4}\right)^n-2\left(\dfrac{1}{2}\right)^n & \left(\dfrac{1}{2}\right)^n\end{bmatrix}$$

11.22 已知离散系统状态方程和输出方程为

$$\begin{bmatrix}\lambda_1(n+1) \\ \lambda_2(n+1)\end{bmatrix}=\begin{bmatrix}1 & -2 \\ a & b\end{bmatrix}\begin{bmatrix}\lambda_1(n) \\ \lambda_2(n)\end{bmatrix}+\begin{bmatrix}1 \\ 0\end{bmatrix}x(n)$$

$$y(n)=\begin{bmatrix}1 & 1\end{bmatrix}\begin{bmatrix}\lambda_1(n) \\ \lambda_2(n)\end{bmatrix}$$

零输入响应 $y(n)=8(-1)^n-5(-2)^n$,试求

(1)常数 a 和 b;

(2)状态变量 $\lambda_1(n)$ 和 $\lambda_2(n)$ 的解。

解 (1)因为 $y(n)=8(-1)^n-5(-2)^n$

所以系统的特征值 $\alpha_1=-1,\alpha_2=-2$,即系数矩阵 $\boldsymbol{A}$ 的特征根。

又由状态方程得特征方程

$$\det(\alpha\boldsymbol{I}-\boldsymbol{A})=\begin{vmatrix}\alpha-1 & 2 \\ -a & \alpha-b\end{vmatrix}=\alpha^2-(b+1)\alpha+b+2a=0$$

将 $\alpha_1=-1,\alpha_2=-2$ 分别代入特征方程,可得

$$\begin{cases}a+b+1=0 \\ 2a+3b+6=0\end{cases}$$

解得 $a=3,b=-4$

(2)**解 I** 设 $\begin{bmatrix}\lambda_1(n) \\ \lambda_2(n)\end{bmatrix}=\begin{bmatrix}c_1(-1)^n+c_2(-2)^n \\ c_3(-1)^n+c_4(-2)^n\end{bmatrix}$

$$y(n)=\lambda_1(n)+\lambda_2(n)=$$
$$(c_1+c_3)(-1)^n+(c_2+c_4)(-2)^n$$

又 $y(n)=8(-1)^n-5(-2)^n$

所以
$$\begin{cases} c_1+c_3=8 \\ c_2+c_4=-5 \end{cases} \begin{cases} c_3=8-c_1 \\ c_4=-5-c_2 \end{cases}$$

即
$$\begin{bmatrix} \lambda_1(n) \\ \lambda_2(n) \end{bmatrix} = \begin{bmatrix} c_1(-1)^n+c_2(-2)^n \\ (8-c_1)(-1)^n-(5+c_2)(-2)^n \end{bmatrix} \tag{11.22.1}$$

由状态方程得
$$\lambda_1(n+1)=\lambda_1(n)-2\lambda_2(n)=$$
$$(3c_1-16)(-1)^n+(3c_2+10)(-2)^n$$
$$\lambda_2(n+1)=3\lambda_1(n)-4\lambda_2(n)=$$
$$(7c_1-32)(-1)^n+(7c_2+20)(-2)^n$$

令 $n=n-1$,得
$$\begin{cases} \lambda_1(n)=(16-3c_1)(-1)^n-\left(\dfrac{3}{2}c_2+5\right)(-2)^n \\ \lambda_2(n)=(-7c_1+32)(-1)^n-\left(\dfrac{7}{2}c_2+10\right)(-2)^n \end{cases} \tag{11.22.2}$$

比较式(11.22.1),(11.22.2)得
$$\begin{cases} 16-3c_1=c_1 \\ \dfrac{3}{2}c_2+5=-c_2 \end{cases}$$

解得 $c_1=4, c_2=-2$。代入式(11.22.1)可得
$$\begin{cases} \lambda_1(0)=4(-1)^n-2(-2)^n \\ \lambda_2(n)=4(-1)^n-3(-2)^n \end{cases}$$

解Ⅱ 首先分别求 A^n 及初始条件 $\lambda(0)$

由于 $\qquad \alpha_n=C_0+C_1\alpha$, 且 $\alpha_1=-1, \alpha_2=-2$

所以
$$\begin{cases} C_0-C_1=(-1)^n \\ C_0-2C_1=(-2)^n \end{cases}$$

解得
$$\begin{cases} C_0=2(-1)^n-(-2)^n \\ C_1=(-1)^n-(-2)^n \end{cases}$$

$$A^n=C_0 I+C_1 A=$$
$$[2(-1)^n-(-2)^n]\begin{bmatrix} 1 & 0 \\ 0 & 1 \end{bmatrix}+[(-1)^n-(-2)^n]\begin{bmatrix} 1 & -2 \\ 3 & -4 \end{bmatrix}=$$
$$\begin{bmatrix} 3(-1)^n-2(-2)^n & -2(-1)^n+2(-2)^n \\ 3(-1)^n-3(-2)^n & -2(-1)^n+3(-2)^n \end{bmatrix}$$

设
$$\begin{cases} \lambda_1(n)=c_1(-1)^n+c_2(-2)^n \\ \lambda_2(n)=c_3(-1)^n+c_4(-2)^n \end{cases}$$

因为 $\qquad y(n)=\lambda_1(n)+\lambda_2(n)$

所以 $\qquad y(0)=\lambda_1(0)+\lambda_2(0)$
$$y(1)=\lambda_1(1)+\lambda_2(1)$$

又根据 $y(n)=8(-1)^n-5(-2)^n$ 可得 $y(0)=3, y(1)=2$

所以 $\qquad \lambda_1(0)+\lambda_2(0)=3$

$$\lambda_1(1)+\lambda_2(1)=2$$

由状态方程

$$\begin{cases}\lambda_1(n+1)=\lambda_1(n)-2\lambda_2(n)\\ \lambda_2(n+1)=3\lambda_1(n)-4\lambda_2(n)\end{cases}$$

得

$$\begin{cases}\lambda_1(1)=\lambda_1(0)-2\lambda_2(0)\\ \lambda_2(1)=3\lambda_1(0)-4\lambda_2(0)\end{cases}$$

所以 $\lambda_1(1)+\lambda_2(1)=4\lambda_1(0)-6\lambda_2(0)=2$

上式与式(3)联立解得

$$\lambda_1(0)=2,\lambda_2(0)=1$$

所以
$$\begin{bmatrix}\lambda_1(n)\\ \lambda_2(n)\end{bmatrix}=\boldsymbol{A}^n\boldsymbol{\lambda}(0)=$$

$$\begin{bmatrix}3(-1)^n-2(-2)^n & -2(-1)^n+2(-2)^n\\ 3(-1)^n-3(-2)^n & -2(-1)^n+3(-2)^n\end{bmatrix}\begin{bmatrix}2\\ 1\end{bmatrix}=$$

$$\begin{bmatrix}4(-1)^n-2(-2)^n\\ 4(-1)^n-3(-2)^n\end{bmatrix}$$

11.23 已知离散系统如图选 11.23 所示。
(1)当输入 $x(n)=\delta(n)$ 时,求其状态变量 $\boldsymbol{\lambda}(n)$;
(2)列出系统的差分方程。

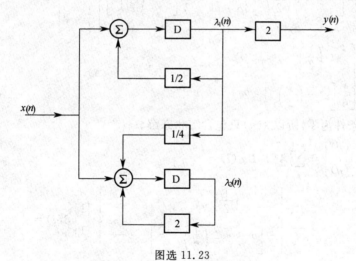

图选 11.23

解 (1)将每个延时器的输出作为状态变量,如图示,由图可得方程

$$\lambda_1(n+1)=\frac{1}{2}\lambda_1(n)+x(n) \qquad (11.23.1)$$

$$\lambda_2(n+1)=\frac{1}{4}\lambda_1(n)+2\lambda_2(n)+x(n)$$

所以
$$\begin{bmatrix} \lambda_1(n+1) \\ \lambda_2(n+1) \end{bmatrix} = \begin{bmatrix} \frac{1}{2} & 0 \\ \frac{1}{4} & 2 \end{bmatrix} \begin{bmatrix} \lambda_1(n) \\ \lambda_2(n) \end{bmatrix} + \begin{bmatrix} 1 \\ 1 \end{bmatrix} x(n)$$

特征方程
$$|\alpha \boldsymbol{I} - \boldsymbol{A}| = \begin{vmatrix} \alpha - \frac{1}{2} & 0 \\ -\frac{1}{4} & \alpha - 2 \end{vmatrix} = \left(\alpha - \frac{1}{2}\right)(\alpha - 2) = 0$$

特征根
$$\alpha_1 = \frac{1}{2}, \alpha_2 = 2$$

因为
$$\alpha^n = C_0 + C_1 \alpha$$

所以
$$\begin{cases} \left(\frac{1}{2}\right)^n = C_0 + \frac{1}{2} C_1 \\ 2^n = C_0 + 2 C_1 \end{cases}$$

$$\begin{cases} C_0 = \frac{1}{3}\left[-2^n + 4\left(\frac{1}{2}\right)^n\right] \\ C_1 = \frac{2}{3}\left[2^n - \left(\frac{1}{2}\right)^n\right] \end{cases}$$

$$\boldsymbol{A}^n = C_0 \boldsymbol{I} + C_1 \boldsymbol{A} =$$

$$\frac{1}{3}\left[-2^n + 4\left(\frac{1}{2}\right)^n\right] \begin{bmatrix} 1 & 0 \\ 0 & 1 \end{bmatrix} + \frac{2}{3}\left[2^n - \left(\frac{1}{2}\right)^n\right] \begin{bmatrix} \frac{1}{2} & 0 \\ \frac{1}{4} & 2 \end{bmatrix} =$$

$$\begin{bmatrix} \left(\frac{1}{2}\right)^n & 0 \\ \frac{1}{6}\left[2^n - \left(\frac{1}{2}\right)^n\right] & 2^n \end{bmatrix}$$

系统初始条件为零，所以 $\lambda(n)$ 只包含零状态解。

$$\begin{bmatrix} \lambda_1(n) \\ \lambda_2(n) \end{bmatrix} = \sum_{i=0}^{n-1} \boldsymbol{A}^{n-1-i} \boldsymbol{B} x(i) =$$

$$\sum_{i=0}^{n-1} \begin{bmatrix} \left(\frac{1}{2}\right)^{n-1-i} & 0 \\ \frac{1}{6}\left[2^{n-1-i} - \left(\frac{1}{2}\right)^{n-1-i}\right] & 2^{n-1-i} \end{bmatrix} \begin{bmatrix} 1 \\ 1 \end{bmatrix} \delta(i) =$$

$$\begin{bmatrix} \left(\frac{1}{2}\right)^{n-1} u(n-1) \\ \frac{1}{6}\left[7 \cdot 2^{n-1} - \left(\frac{1}{2}\right)^{n-1}\right] u(n-1) \end{bmatrix}$$

输出 $\quad y(n) = 2\lambda_1(n) = \left(\frac{1}{2}\right)^{n-2} u(n-1)$ \hfill (11.23.2)

(2) 用 Z 变换法求解，首先求 $H(z)$。对式(1)进行 Z 变换

$$z \boldsymbol{\Lambda}_1(z) = \frac{1}{2} \boldsymbol{\Lambda}_1(z) + X(z)$$

$$\Lambda_1(z) = \frac{X(z)}{z - \frac{1}{2}}$$

由式(2)
$$Y(z) = 2\Lambda_1(z)$$

所以
$$Y(z) = \frac{2X(z)}{z - \frac{1}{2}}$$

$$H(z) = \frac{Y(z)}{X(z)} = \frac{2}{z - \frac{1}{2}}$$

由 $H(z)$ 可得差分方程

$$y(n+1) - \frac{1}{2}y(n) = 2x(n)$$

11.24 已知离散系统的状态方程和输出方程为

$$\lambda_1(n+1) = \lambda_2(n)$$
$$\lambda_2(n+1) = -2\lambda_1(n) - 3\lambda_2(n) + x(n)$$
$$y(n) = -2\lambda_1(n) - 3\lambda_2(n) + x(n)$$

激励 $x(n) = \delta(n)$，初始状态为零，试求

(1) 状态转移矩阵 $\boldsymbol{A}^n$；
(2) 转移函数矩阵 $\boldsymbol{H}(z)$；
(3) 状态变量 $\boldsymbol{\lambda}(n)$ 和输出向量 $\boldsymbol{y}(n)$。

解 (1) 由状态方程写出系数矩阵

$$\boldsymbol{A} = \begin{bmatrix} 0 & 1 \\ -2 & -3 \end{bmatrix}, \quad \boldsymbol{B} = \begin{bmatrix} 0 \\ 1 \end{bmatrix}, \quad \boldsymbol{C} = [-2 \quad -3], \quad \boldsymbol{D} = [1]$$

$$(z\boldsymbol{I} - \boldsymbol{A})^{-1} = \begin{pmatrix} z & -1 \\ 2 & z+3 \end{pmatrix}^{-1} = \frac{1}{z^2 + 3z + 2} \begin{pmatrix} z+3 & 1 \\ -2 & z \end{pmatrix}$$

$$\boldsymbol{\Phi}(z) = (z\boldsymbol{I} - \boldsymbol{A})^{-1} z = \frac{z}{z^2 + 3z + 2} \begin{pmatrix} z+3 & 1 \\ -2 & z \end{pmatrix} =$$

$$\begin{bmatrix} \dfrac{z(z+3)}{(z+1)(z+2)} & \dfrac{z}{(z+1)(z+2)} \\ \dfrac{-2z}{(z+1)(z+2)} & \dfrac{z^2}{(z+1)(z+2)} \end{bmatrix} =$$

$$\begin{bmatrix} \dfrac{2z}{z+1} + \dfrac{-z}{z+2} & \dfrac{z}{(z+1)} + \dfrac{-z}{z+2} \\ \dfrac{-2z}{z+1} + \dfrac{2z}{z+2} & -\dfrac{z}{z+1} + \dfrac{2z}{z+2} \end{bmatrix}$$

所以 $\boldsymbol{\varphi}(n) = \boldsymbol{A}^n = \mathscr{Z}^{-1}[\boldsymbol{\Phi}(z)] =$

$$\begin{bmatrix} 2(-1)^n - (-2)^n & (-1)^n - (-2)^n \\ -2(-1)^n + 2(-2)^n & -(-1)^n + 2(-2)^n \end{bmatrix} u(n)$$

(2) $\boldsymbol{H}(z) = \boldsymbol{C}(z\boldsymbol{I} - \boldsymbol{A})^{-1} \boldsymbol{B} + \boldsymbol{D} =$

$$(-2 \quad -3) \begin{bmatrix} \dfrac{z+3}{(z+1)(z+2)} & \dfrac{1}{(z+1)(z+2)} \\ \dfrac{-2}{(z+1)(z+2)} & \dfrac{z}{(z+1)(z+2)} \end{bmatrix} \begin{bmatrix} 0 \\ 1 \end{bmatrix} + 1 =$$

$$\frac{-2}{(z+1)(z+2)}+\frac{-3z}{(z+1)(z+2)}+1=$$

$$\frac{z^2}{(z+1)(z+2)}=$$

$$\frac{z^2}{z^2+3z+2}$$

(3) 因为 $E(z)=1$

又 $\Lambda(z)=(z\mathbf{I}-\mathbf{A})^{-1}\mathbf{B}E(z)=$

$$\frac{1}{(z+1)(z+2)}\begin{pmatrix}z+3 & 1\\ -2 & z\end{pmatrix}\begin{pmatrix}0\\ 1\end{pmatrix}\cdot 1=$$

$$\begin{bmatrix}\dfrac{1}{(z+1)(z+2)}\\ \dfrac{z}{(z+1)(z+2)}\end{bmatrix}=\begin{bmatrix}\dfrac{1}{z+1}+\dfrac{-1}{z+2}\\ \dfrac{z}{z+1}+\dfrac{-z}{z+2}\end{bmatrix}$$

所以 $\boldsymbol{\lambda}(n)=\mathscr{Z}^{-1}[\boldsymbol{\Lambda}(z)]=\begin{bmatrix}(-1)^{n-1}u(n-1)-(-2)^{n-1}u(n-1)\\ (-1)^nu(n)-(-2)^nu(n)\end{bmatrix}$

又 $Y(z)=H(z)E(z)=\dfrac{z^2}{(z+1)(z+2)}=\dfrac{-z}{z+1}+\dfrac{2z}{z+2}$

所以 $y(n)=\mathscr{Z}^{-1}[Y(z)]=[-(-1)^n+2(-2)^n]u(n)$

11.25 离散系统如图选 11.25 所示,取各延时单位的输出为状态变量,试求:

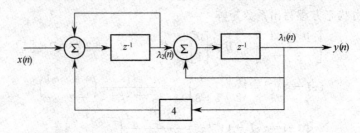

图选 11.25

(1) 系统的状态方程和输出方程;

(2) 系统的单位函数响应;

(3) 若初始条件 $\boldsymbol{\lambda}(0^-)=\begin{bmatrix}1\\ 1\end{bmatrix}$,输入激励 $x(n)=u(n)$,求其状态变量 $\boldsymbol{\lambda}(n)$ 和响应 $y(n)$。

解 设延时器输出为状态变量 $\lambda_1(n),\lambda_2(n)$

(1) 列写加法器方程即为状态方程

$$\begin{cases}\lambda_1(n+1)=\lambda_1(n)+\lambda_2(n)\\ \lambda_2(n+1)=4\lambda_1(n)+\lambda_2(n)+x(n)\end{cases}$$

$$y(n)=\lambda_1(n)$$

将上式表示成矩阵形式

$$\begin{bmatrix}\lambda_1(n+1)\\ \lambda_2(n+1)\end{bmatrix}=\begin{bmatrix}1 & 1\\ 4 & 1\end{bmatrix}\begin{bmatrix}\lambda_1(n)\\ \lambda_2(n)\end{bmatrix}+\begin{bmatrix}0\\ 1\end{bmatrix}x(n)$$

$$y(n)=\begin{bmatrix}1 & 0\end{bmatrix}\begin{bmatrix}\lambda_1(n)\\ \lambda_2(n)\end{bmatrix}$$

(2) 求单位函数响应

先求矩阵函数 A^n

因为 $\boldsymbol{\Phi}(z)=(\boldsymbol{I}-z^{-1}\boldsymbol{A})^{-1}=\begin{bmatrix}1-z^{-1} & -z^{-1}\\ -4z^{-1} & 1-z^{-1}\end{bmatrix}^{-1}=$

$$\frac{1}{(1+z^{-1})(1-3z^{-1})}\begin{bmatrix}1-z^{-1} & z^{-1}\\ 4z^{-1} & 1-z^{-1}\end{bmatrix}=$$

$$\begin{bmatrix}\dfrac{\frac{1}{2}z}{z+1}+\dfrac{\frac{1}{2}z}{z-3} & \dfrac{-\frac{1}{4}z}{z+1}+\dfrac{\frac{1}{4}z}{z-3}\\[2ex] \dfrac{-z}{z+1}+\dfrac{z}{z-3} & \dfrac{\frac{1}{2}z}{z+1}+\dfrac{\frac{1}{2}z}{z-3}\end{bmatrix}$$

所以 $\boldsymbol{A}^n=\mathscr{Z}^{-1}[\boldsymbol{\Phi}(z)]=$

$$\begin{bmatrix}\dfrac{1}{2}(-1)^n+\dfrac{1}{2}(3)^n & -\dfrac{1}{4}(-1)^n+\dfrac{1}{4}(3)^n\\[2ex] -(-1)^n+(3)^n & \dfrac{1}{2}(-1)^n+\dfrac{1}{2}(3)^n\end{bmatrix}$$

单位函数响应

$\boldsymbol{h}(n)=(\boldsymbol{C}\boldsymbol{A}^{n-1}\boldsymbol{B})u(n-1)=$

$$\begin{bmatrix}1 & 0\end{bmatrix}\begin{bmatrix}\dfrac{1}{2}(-1)^{n-1}+\dfrac{1}{2}(3)^{n-1} & -\dfrac{1}{4}(-1)^{n-1}+\dfrac{1}{4}(3)^{n-1}\\[2ex] -(-1)^{n-1}+(3)^{n-1} & \dfrac{1}{2}(-1)^{n-1}+\dfrac{1}{2}(3)^{n-1}\end{bmatrix}\begin{bmatrix}0\\1\end{bmatrix}=$$

$$\frac{1}{4}[3^{n-1}-(-1)^{n-1}]u(n-1)$$

(3) 求 $\lambda(n)$ 和 $y(n)$

由于 $E(z)=\mathscr{Z}[u(n)]=\dfrac{z}{z-1}$

所以 $\boldsymbol{\Lambda}(z)=\boldsymbol{\Phi}(z)\lambda(0^-)+\boldsymbol{\Phi}(z)z^{-1}\boldsymbol{B}E(z)=$

$$\begin{bmatrix}\dfrac{1-z^{-1}}{(1+z^{-1})(1-3z^{-1})} & \dfrac{z^{-1}}{(1+z^{-1})(1-3z^{-1})}\\[2ex] \dfrac{4z^{-1}}{(1-z^{-1})(1-3z^{-1})} & \dfrac{1-z^{-1}}{(1+z^{-1})(1-3z^{-1})}\end{bmatrix}\begin{bmatrix}1\\1\end{bmatrix}+$$

$$\begin{bmatrix}\dfrac{z-1}{(z+1)(z-3)} & \dfrac{1}{(z+1)(z-3)}\\[2ex] \dfrac{4}{(z+1)(z-3)} & \dfrac{z-1}{(z+1)(z-3)}\end{bmatrix}\begin{bmatrix}0\\1\end{bmatrix}\dfrac{z}{z-1}=$$

$$\begin{bmatrix}\dfrac{z^2}{(z+1)(z-3)}\\[2ex] \dfrac{z^2+3z}{(z+1)(z-3)}\end{bmatrix}+\begin{bmatrix}\dfrac{z}{(z+1)(z-3)(z-1)}\\[2ex] \dfrac{z}{(z+1)(z-3)}\end{bmatrix}=$$

$$\begin{bmatrix} \dfrac{\dfrac{3}{8}z}{z+1} + \dfrac{\dfrac{7}{8}z}{z-3} + \dfrac{-\dfrac{1}{4}z}{z-1} \\ -\dfrac{\dfrac{3}{4}}{z+1} + \dfrac{\dfrac{7}{4}z}{z-3} \end{bmatrix}$$

于是

$$\boldsymbol{\lambda}(n) = \mathscr{Z}^{-1}[\boldsymbol{\Lambda}(z)] = \begin{bmatrix} \dfrac{7}{8}(3)^n + \dfrac{3}{8}(-1)^n - \dfrac{1}{4} \\ \dfrac{7}{4}(3)^n - \dfrac{3}{4}(-1)^n \end{bmatrix}$$

$$y(n) = \lambda_1(n) = \frac{7}{8}(3)^n + \frac{3}{8}(-1)^n - \frac{1}{4}$$

11.26 已知一离散系统的状态方程和输出方程为

$$\begin{cases} \lambda_1(n+1) = \lambda_1(n) - \lambda_2(n) \\ \lambda_2(n+1) = -\lambda_1(n) - \lambda_2(n) \end{cases}$$

$$y(n) = \lambda_1(n)\lambda_2(n) + x(n)$$

(1) 设 $\lambda_1(0)=2, \lambda_2(0)=2$,求状态方程的零输入解;

(2) 写出系统的差分方程;

(3) 若 $x(n)=2^n u(n)$,初始条件同(1),求输出响应 $y(n)$。

解 (1) 因为
$$\boldsymbol{A} = \begin{bmatrix} 1 & -1 \\ -1 & -1 \end{bmatrix}$$

特征方程为

$$\det(\alpha \boldsymbol{I} - \boldsymbol{A}) = \begin{vmatrix} \alpha-1 & 1 \\ 1 & \alpha+1 \end{vmatrix} = \alpha^2 - 2 = (\alpha+\sqrt{2})(\alpha-\sqrt{2}) = 0$$

特征根 $\alpha_1 = -\sqrt{2}, \alpha_2 = \sqrt{2}$

所以
$$\begin{cases} (-\sqrt{2})^n = C_0 + C_1(-\sqrt{2}) \\ (\sqrt{2})^n = C_0 + C_1\sqrt{2} \end{cases}$$

$$\begin{cases} C_0 = \dfrac{(\sqrt{2})^n + (-\sqrt{2})^n}{2} \\ C_1 = \dfrac{(\sqrt{2})^n - (-\sqrt{2})^n}{2\sqrt{2}} \end{cases}$$

又 $\boldsymbol{A}^n = C_0 \boldsymbol{I} + C_1 \boldsymbol{A} = \dfrac{(\sqrt{2})^n + (-\sqrt{2})^n}{2}\begin{bmatrix}1&0\\0&1\end{bmatrix} + \dfrac{(\sqrt{2})^n - (-\sqrt{2})^n}{2\sqrt{2}}\begin{bmatrix}1&-1\\-1&-1\end{bmatrix} =$

$$\frac{1}{2\sqrt{2}}\begin{bmatrix} (\sqrt{2}+1)(\sqrt{2})^n + (\sqrt{2}-1)(-\sqrt{2})^n & (-\sqrt{2})^n - (\sqrt{2})^n \\ (-\sqrt{2})^n - (\sqrt{2})^n & (\sqrt{2}-1)(\sqrt{2})^n + (\sqrt{2}+1)(-\sqrt{2})^n \end{bmatrix}$$

因
$$\boldsymbol{\lambda}(0) = \begin{bmatrix} 2 \\ 2 \end{bmatrix}$$

所以 $\boldsymbol{\lambda}(n) = \boldsymbol{A}^n \boldsymbol{\lambda}(0) =$

$$\frac{1}{2\sqrt{2}}\begin{bmatrix} (\sqrt{2}+1)(\sqrt{2})^n + (\sqrt{2}-1)(-\sqrt{2})^n & (-\sqrt{2})^n - (\sqrt{2})^n \\ (-\sqrt{2})^n - (\sqrt{2})^n & (\sqrt{2}-1)(\sqrt{2})^n + (\sqrt{2}+1)(-\sqrt{2})^n \end{bmatrix} \cdot \begin{bmatrix} 2 \\ 2 \end{bmatrix} =$$

$$\begin{bmatrix} 1+(-1)^n \\ (1-\sqrt{2})+(-1)^n(1+\sqrt{2}) \end{bmatrix}(\sqrt{2})^n$$

(2) 由状态方程可得

$$[\lambda_1(n+1)]^2 = [\lambda_1(n)-\lambda_2(n)]^2 \qquad (11.26.1)$$
$$[\lambda_2(n+1)]^2 = [-\lambda_1(n)-\lambda_2(n)]^2 \qquad (11.26.2)$$
$$\lambda_1(n+2)\lambda_2(n+2) = -[(\lambda_1(n+1))^2 - (\lambda_2(n+1))^2] \qquad (11.26.3)$$

式(11.26.1)−式(11.26.2)

$$[\lambda_1(n+1)]^2 - [\lambda_2(n+1)]^2 = -4\lambda_1(n)\lambda_2(n) \qquad (11.26.4)$$

由式(11.26.3)

$$[\lambda_1(n+1)]^2 - [\lambda_2(n+1)]^2 = -\lambda_1(n+2)\lambda_2(n+2) \qquad (11.26.5)$$

比较式(11.26.4)、(11.26.5)可得

$$\lambda_1(n)\lambda_2(n) = \frac{1}{4}\lambda_1(n+2)\lambda_2(n+2) \qquad (11.26.6)$$

又据输出方程得

$$\lambda_1(n)\lambda_2(n) = y(n) - x(n)$$
$$\lambda_1(n+2)\lambda_2(n+2) = y(n+2) - x(n+2)$$

所以
$$y(n+2) - x(n+2) = 4[y(n) - x(n)]$$
$$y(n+2) - 4y(n) = x(n+2) - 4x(n)$$

(3) 将 $\lambda_1(n), \lambda_2(n)$ 及 $x(n)$ 代入输出方程

$$y(n) = (1+(-1)^n)[1-\sqrt{2}+(-1)^n+(-1)^n\sqrt{2}] \cdot 2^n + 2^n = $$
$$2(1+(-1)^n)2^n + 2^n = $$
$$3 \cdot 2^n + 2(-2)^n$$

11.27 给定线性时不变系统的状态方程和输出方程为

$$\dot{\boldsymbol{\lambda}}(t) = \boldsymbol{A}\boldsymbol{\lambda}(t) + \boldsymbol{B}e(t)$$
$$r(t) = \boldsymbol{C}\boldsymbol{\lambda}(t)$$

其中 $\boldsymbol{A} = \begin{bmatrix} -2 & 2 & -1 \\ 0 & -2 & 0 \\ 1 & -4 & 0 \end{bmatrix}, \boldsymbol{B} = \begin{bmatrix} 0 \\ 1 \\ 1 \end{bmatrix}, \boldsymbol{C} = [1 \ 0 \ 0]$

(1) 检查系统的可控性和可观性；
(2) 求系统的转移函数。

解 系统的可控性与可观性由 $\boldsymbol{M}$ 及 $\boldsymbol{N}$ 矩阵确定

(1) $\boldsymbol{AB} = \begin{bmatrix} -2 & 2 & -1 \\ 0 & -2 & 0 \\ 1 & -4 & 0 \end{bmatrix} \begin{bmatrix} 0 \\ 0 \\ 1 \end{bmatrix} = \begin{bmatrix} 1 \\ -2 \\ -4 \end{bmatrix}$

$\boldsymbol{A}^2\boldsymbol{B} = \begin{bmatrix} -2 & 2 & -1 \\ 0 & -2 & 0 \\ 1 & -4 & 0 \end{bmatrix} \begin{bmatrix} -2 & 2 & -1 \\ 0 & -2 & 0 \\ 1 & -4 & 0 \end{bmatrix} \begin{bmatrix} 0 \\ 1 \\ 1 \end{bmatrix} = \begin{bmatrix} -2 \\ 4 \\ 9 \end{bmatrix}$

$\boldsymbol{M} = [\boldsymbol{B} \vdots \boldsymbol{AB} \vdots \boldsymbol{A}^2\boldsymbol{B}] = \begin{bmatrix} 0 & 1 & -2 \\ 1 & -2 & 4 \\ 1 & -4 & 9 \end{bmatrix}$

M 经初等变换后化为 $\begin{bmatrix} 0 & 1 & 0 \\ 1 & 0 & 0 \\ 0 & 0 & 1 \end{bmatrix}$

显然 $\text{rank}[M]=3$,M 满秩,因此系统完全可控。

$$CA=\begin{bmatrix} 1 & 0 & 0 \end{bmatrix}\begin{bmatrix} -2 & 2 & -1 \\ 0 & -2 & 0 \\ 1 & -4 & 0 \end{bmatrix}=\begin{bmatrix} -2 & 2 & -1 \end{bmatrix}$$

$$CA^2=\begin{bmatrix} 1 & 0 & 0 \end{bmatrix}\begin{bmatrix} -2 & 2 & -1 \\ 0 & -2 & 0 \\ 1 & -4 & 0 \end{bmatrix}\begin{bmatrix} -2 & 2 & -1 \\ 0 & -2 & 0 \\ 1 & -4 & 0 \end{bmatrix}=\begin{bmatrix} 3 & -4 & 2 \end{bmatrix}$$

$$N=\begin{bmatrix} C \\ \cdots \\ CA \\ \cdots \\ CA^2 \end{bmatrix}=\begin{bmatrix} 1 & 0 & 0 \\ -2 & 2 & -1 \\ 3 & -4 & 2 \end{bmatrix}$$

N 经初等变换后化为 $\begin{bmatrix} 1 & 0 & 0 \\ 0 & 2 & -1 \\ 0 & 0 & 0 \end{bmatrix}$

因此 $\text{rank}N=2$,矩阵 N 不满秩,系统不完全可观。

所以该系统可控但不可观。

(2)首先计算分解矩阵 $\boldsymbol{\Phi}(s)$

$$(s\boldsymbol{I}-\boldsymbol{A})=\begin{bmatrix} s+2 & -2 & 1 \\ 0 & s+2 & 0 \\ -1 & 4 & s \end{bmatrix}$$

$$\det(s\boldsymbol{I}-\boldsymbol{A})=(s+2)(s+1)^2$$

$$\text{adj}(s\boldsymbol{I}-\boldsymbol{A})=\begin{bmatrix} s(s+2) & 2(s+2) & -(s+2) \\ 0 & (s+1)^2 & 0 \\ s+2 & -(4s+6) & (s+2)^2 \end{bmatrix}$$

$$\boldsymbol{\Phi}(s)=(s\boldsymbol{I}-\boldsymbol{A})^{-1}=\frac{\text{adj}(s\boldsymbol{I}-\boldsymbol{A})}{\det(s\boldsymbol{I}-\boldsymbol{A})}=$$

$$\frac{1}{(s+1)^2}\begin{bmatrix} s & 2 & -1 \\ 0 & \dfrac{(s+1)^2}{s+2} & 0 \\ 1 & -\dfrac{4s+6}{s+2} & s+2 \end{bmatrix}$$

所以 $H(s)=\boldsymbol{C}\boldsymbol{\Phi}(s)\boldsymbol{B}+\boldsymbol{D}=$

$$\begin{bmatrix} 1 & 0 & 0 \end{bmatrix}\cdot\frac{1}{(s+1)^2}\begin{bmatrix} s & 2 & -1 \\ 0 & \dfrac{(s+1)^2}{s+2} & 0 \\ 1 & -\dfrac{4s+6}{s+2} & s+2 \end{bmatrix}\begin{bmatrix} 0 \\ 1 \\ 1 \end{bmatrix}=\frac{1}{(s+1)^2}$$

11.3 习题(19题)

11.1 列写图习 11.1 所示网络的状态方程。

11.2 系统的微分方程为
$$a\dddot{r}(t)+b\ddot{r}(t)+c\dot{r}(t)+dr(t)=0$$
若选取状态变量为
$$\lambda_1(t)=ar(t)$$
$$\lambda_2(t)=ar'(t)+br(t)$$
$$\lambda_3(t)=a\ddot{r}(t)+b\dot{r}(t)+cr(t)$$
试写出系统的状态方程和输出方程。

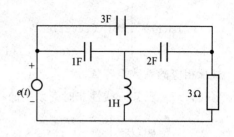

图习 11.1

11.3 写出图习 11.3 所示系统的状态方程和输出方程。

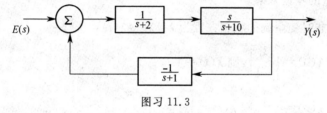

图习 11.3

11.4 试根据图习 11.4 写出系统的状态方程。

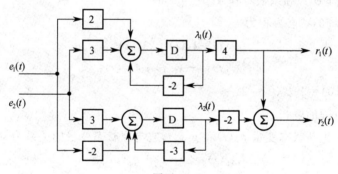

图习 11.4

11.5 求图习 11.5 所示系统的状态方程和输出方程。

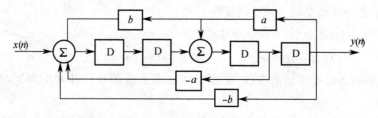

图习 11.5

11.6 已知线性非时变系统的状态转移矩阵为

(1) $\boldsymbol{\varphi}(t) = \begin{bmatrix} e^{-at} & te^{-at} \\ 0 & e^{-at} \end{bmatrix}$

(2) $\boldsymbol{\varphi}(t) = \begin{bmatrix} e^{-t} & 0 & 0 \\ 0 & (1-2t)e^{-2t} & 4te^{-2t} \\ 0 & -te^{-2t} & (1+2t)e^{-2t} \end{bmatrix}$

试求相应的系数矩阵 $\boldsymbol{A}$。

11.7 已知一线性非时变系统的状态转移矩阵

$$\boldsymbol{\varphi}(t) = \begin{bmatrix} e^{-at} & te^{-at} \\ 0 & e^{-at} \end{bmatrix}$$

系统初始状态 $\boldsymbol{\lambda}(0^-) = \begin{bmatrix} 10 \\ -5 \end{bmatrix}$,试求

(1) 系数矩阵 $\boldsymbol{A}$;

(2) 状态变量的零输入解。

11.8 线性非时变系统的状态方程为 $\dot{\boldsymbol{\lambda}}(t) = \boldsymbol{A}\boldsymbol{\lambda}(t)$,

若初始状态 $\boldsymbol{\lambda}(0) = \begin{bmatrix} 1 \\ -1 \end{bmatrix}$,则 $\boldsymbol{\lambda}(t) = \begin{bmatrix} e^t \\ e^{-t} \end{bmatrix}$

若初始状态 $\boldsymbol{\lambda}(0) = \begin{bmatrix} 2 \\ 1 \end{bmatrix}$,则 $\boldsymbol{\lambda}(t) = \begin{bmatrix} 5e^t - 3e^{-2t} \\ -5e^t + 6e^{-2t} \end{bmatrix}$

试求状态转移矩阵 $\boldsymbol{\varphi}(t)$ 和系数矩阵 $\boldsymbol{A}$。

11.9 设系统的状态方程为

$$\begin{cases} \dot{\lambda}_1(t) = \lambda_1(t) + 2\lambda_2(t) \\ \dot{\lambda}_2(t) = -\lambda_1(t) + 4\lambda_2(t) \end{cases}$$

其初始状态 $\lambda_1(0) = 3, \lambda_2(0) = 2$

(1) 求状态方程的解;

(2) 如果选一组新状态变量 $g_1(t)$ 和 $g_2(t)$,它与原状态变量的关系为

$$\begin{cases} \lambda_1(t) = 2g_1(t) + g_2(t) \\ \lambda_2(t) = g_1(t) + g_2(t) \end{cases}$$

试推导出描述该系统的新状态方程和初始状态,并求解该方程。

11.10 已知线性非时变系统的微分方程

(1) $\dddot{r}(t) + 4\ddot{r}(t) + 5\dot{r}(t) + 6r(t) = 4e(t)$ $e(t) = \delta(t)$

(2) $\ddot{r}(t) + 7\dot{r}(t) + 12r(t) = \dot{e}(t) + 2e(t)$ $e(t) = u(t)$

试写出系统的状态方程和输出方程,并用时域法求系统的单位冲激响应矩阵 $h(t)$ 和零状态响应 $r(t)$。

11.11 如图习 11.11 所示网络,其参数为 $C = 1F, R = \frac{1}{3}\Omega, L = \frac{1}{2}H$,

(1) 列写网络状态方程;

(2) 设 i_c, i_L 为输出变量,列写输出方程;

(3)设网络的初始状态为 $u_C(0^-)=1$V,$i_L(0)=2$A,激励 $e(t)=Eu(t)$,求网络的响应 $r(t)$,注明零状态响应和零输入响应。

11.12 图习 11.12 所示电路中,取电感中电流 $i_L(t)$ 和电容两端电压 $u_c(t)$ 为状态变量,两个输入信号分别为恒压源 $x_1(t)$ 和恒流源 $x_2(t)$,取 $x_2(t)$ 端电压作为输出信号 $y(t)$。

(1)列写电路的状态方程和输出方程表示式;

(2)若 $x_1(t)=0$,$x_2(t)=u(t)$,求零状态响应 $y(t)$。

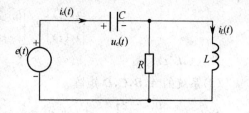

图习 11.11

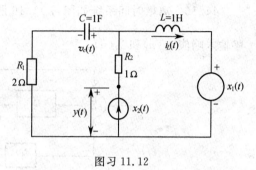

图习 11.12

11.13 已知系统状态方程和输出方程

$$\begin{bmatrix}\dot{\lambda}_1(t)\\ \dot{\lambda}_2(t)\end{bmatrix}=\begin{bmatrix}-1 & 0\\ 0 & -2\end{bmatrix}\begin{bmatrix}\lambda_1(t)\\ \lambda_2(t)\end{bmatrix}+\begin{bmatrix}\frac{3}{2}\\ -1\end{bmatrix}e(t)$$

$$r(t)=\begin{bmatrix}1 & 2\end{bmatrix}\begin{bmatrix}\lambda_1(t)\\ \lambda_2(t)\end{bmatrix}$$

(1)画出系统信号流图或模拟框图;

(2)写出系统转移函数 $H(s)=\dfrac{R(s)}{E(s)}$。

11.14 若线性时不变系统的状态方程和输出方程表示式为

$$\dot{\boldsymbol{\lambda}}(t)=\boldsymbol{A}\boldsymbol{\lambda}(t)+\boldsymbol{B}e(t)$$
$$r(t)=\boldsymbol{C}\boldsymbol{\lambda}(t)+\boldsymbol{D}e(t)$$

(1)若 $\boldsymbol{A}=\begin{bmatrix}-1 & 0 & 0\\ 0 & -2 & 0\\ 0 & 0 & -3\end{bmatrix}$,$\boldsymbol{B}=\begin{bmatrix}0\\ 1\\ 1\end{bmatrix}$,$\boldsymbol{C}=[1\ 1\ 0]$,$\boldsymbol{D}=0$,求 $\boldsymbol{H}(s)$;

(2)参数如 1,画出系统的模拟框图;

(3)参数如 1,若起始状态 $\boldsymbol{\lambda}(0^-)=\begin{bmatrix}1\\ 1\\ 1\end{bmatrix}$,求系统的零输入响应。

11.15 设有一连续系统,用下列状态方程描述

$$\begin{bmatrix}\dot{\lambda}_1(t)\\ \dot{\lambda}_2(t)\end{bmatrix}=\begin{bmatrix}0 & -2\\ p & q\end{bmatrix}\begin{bmatrix}\lambda_1(t)\\ \lambda_2(t)\end{bmatrix}+\boldsymbol{B}e(t)$$

$$r(t)=\boldsymbol{C}\begin{bmatrix}\lambda_1(t)\\ \lambda_2(t)\end{bmatrix}+\boldsymbol{D}e(t)$$

该系统是全通系统,其冲激响应 $h(t)$ 满足

$$h(t)|_{t=0^+}=-12$$

在 $e(t)=u(t)$ 作用下,零状态响应为

$$\begin{bmatrix} \lambda_1(t) \\ \lambda_2(t) \end{bmatrix} = \begin{bmatrix} b - 12e^{-t} + 6e^{-2t} \\ -6e^{-t} + 6e^{-2t} \end{bmatrix} u(t)$$

求：(1) $h(t)$；

(2) 系统的 A, B, C, D 矩阵

其中 $A = \begin{bmatrix} 0 & -2 \\ a & b \end{bmatrix}$，$a$ 及 b 为实系数待求。

11.16 离散时间系统如图习 11.16 所示，其初始状态 $\lambda(0) = \begin{bmatrix} 1 \\ 1 \end{bmatrix}$，试用时域法求其零输入响应 $\lambda_1(n)$ 和 $\lambda_2(n)$。

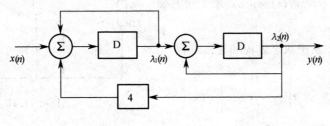

图习 11.16

11.17 已知离散时间系统的转移函数为

$$H(z) = \frac{1}{1 - z^{-1} - 0.11 z^{-2}}$$

试求：(1) 该系统的状态方程和输出方程，并求状态矢量 $\lambda(n)$ 和输出矢量 $y(n)$；

(2) 求系统单位函数响应 $h(n)$；

(3) 画出该系统的级联和并联模拟图。

11.18 某离散系统由两个一阶系统组成，如图习 11.18 所示。令延时器输出为状态变量 $\lambda_1(n)$ 和 $\lambda_2(n)$，求：

(1) 该系统的状态方程和输出方程；

(2) 若 $x(n) = \delta(n-2)$，求状态矢量 $\lambda_{zs}(n)$ 和输出 $y_{zs}(n)$。

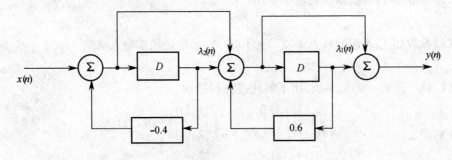

图习 11.18

11.19 离散系统如图习 11.19 所示，它有两个输入一个输出。

(1) 列出该系统的状态方程和输出方程，并写出系数矩阵 A, B, C, D。

(2) 已知系统的零输入响应为

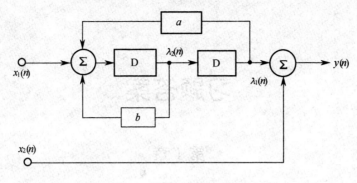

图习 11.19

$$y(n) = \left[\frac{6}{5}\left(\frac{1}{2}\right)^n - \frac{6}{5}\left(\frac{1}{3}\right)^n\right]u(n)$$

试求常数 a,b 及 $\lambda_1(n)$ 和 $\lambda_2(n)$ 的闭式解。

习题答案

第1章

1.1 (1)非周期 (2)周期 $N=8$ (3)周期 $N=30$ (4)非周期

1.3 (1)$\delta'(t), u(t)$ (2)$\delta(t)-\sin tu(t), \sin tu(t)$
(3)$\delta'(t), u(t)$

1.4 $f(t)=u(t+5)-u(t+3)+2\delta(t+1)$

1.5 (1)$1+e^{-6}+e^{-12}$ (2)e^{-1}
(3)$2a(18a-1)e^{-9a}$ (4)$\dfrac{1}{8}k^2 e^{-j\frac{k}{2}}$

1.6 (1)$tu(t)$ (2)$\dfrac{1}{\alpha}[1-e^{-\alpha t}]u(t)$
(3)$\cos\left[\beta(t+1)+\dfrac{\pi}{4}\right]u(t+1)-\cos\left[\beta(t-1)+\dfrac{\pi}{4}\right]u(t-1)$

1.7 (1)不正确 (2)正确 (3)正确 (4)不正确 (5)正确

1.8 (1)不正确 (2)正确 (3)正确 (4)不正确

第2章

2.1 $\sin t$

2.2 $f(t)=\dfrac{A\tau}{T}\sum_{n=-\infty}^{\infty}\text{Sa}\left(\dfrac{n\omega_1\tau}{2}\right)e^{jn\omega_1(t-\frac{\tau}{2})}$

2.3 $f_1(t)=\dfrac{1-e^{-2}}{2}+\sum_{n=1}^{\infty}a_n\cos\dfrac{n\pi}{2}t$

2.4 $a_n=0(n\neq 0), a_0=3;\quad b_n=\dfrac{3(1-\cos n\pi)}{n\pi}$

$f(x)=\dfrac{3}{2}+\sum_{n=1}^{\infty}\dfrac{3(1-\cos n\pi)}{n\pi}\sin\dfrac{n\pi x}{5}$

2.5 $f_1(t)=\dfrac{A}{\pi}+\dfrac{A}{2}\cos\omega t+\dfrac{A}{3\pi}\cos 2\omega t-\dfrac{2A}{15\pi}\cos 4\omega t+\cdots$

$f_2(t)=\dfrac{A}{\pi}+\dfrac{A}{2}\sin\omega t-\dfrac{2A}{3\pi}\sin 2\omega t-\dfrac{2A}{15\pi}\cos 4\omega t\cdots$

2.6 $f_1(t)$: A_n 为虚数，$a_n=0$
$f_2(t)$: A_n 为实数，$b_n=0$,只有奇次谐波

2.7 $f(t)=\dfrac{A}{2}+\dfrac{4A}{\pi^2}\cos t$

2.8　图(a)　只有奇次谐波的余弦，无直流
　　　图(b)　a 中的余弦变为正弦，振幅不变
　　　图(c)　a 中的级数加上直流分量 A
　　　图(d)　b 中的级数加上直流分量 A

2.9　$F(\omega)=2\pi\delta(\omega)+\dfrac{2}{\omega}(\sin 2\omega-2\sin\omega)$

2.10　$F_2(\omega)=\dfrac{E\tau}{4}\left[\text{Sa}^2\left(\dfrac{\omega-\omega_0}{4}\tau\right)+\text{Sa}^2\left(\dfrac{\omega+\omega_0}{4}\tau\right)\right]$

　　　$F_3(\omega)=\dfrac{E\tau}{4}e^{-j\frac{\omega\tau}{2}}\left[\text{Sa}^2\left(\dfrac{\omega-\omega_0}{4}\tau\right)e^{j\frac{\omega_0\tau}{2}}+\text{Sa}^2\left(\dfrac{\omega+\omega_0}{4}\tau\right)e^{-j\frac{\omega_0\tau}{2}}\right]$

2.11　$\dot{A}n=\dfrac{(T+\tau)E}{T}\cdot\text{Sa}\left(\dfrac{T+\tau}{4}n\omega_1\right)\cdot\text{Sa}\left(\dfrac{T-\tau}{4}n\omega_1\right)$

　　　$F_T(\omega)=\pi\displaystyle\sum_{n=-\infty}^{\infty}\dot{A}n\delta(\omega-n\omega_1)$　　其中　$\omega_1=\dfrac{2\pi}{T}$

2.12　$G(\omega)=A\tau\left[\text{Sa}^2\left(\dfrac{\omega\tau}{4}\right)+\text{Sa}\left(\dfrac{\omega\tau}{2}\right)\right]$

2.13　$f_1(t)=\dfrac{E}{2}f\left(\dfrac{t}{2}\right)+2Ef(t)\cos\omega_0 t$

2.16　(1) $j\dfrac{dF(\omega)}{d\omega}-\alpha F(\omega)$　　(2) $\dfrac{j}{\beta}\dfrac{dF\left(-\dfrac{\omega}{\beta}\right)}{d\omega}$

　　　(3) $j\pi F(0)\delta'(\omega)+\dfrac{j}{\omega^2}F(\omega)+\dfrac{1}{j\omega}\dfrac{d}{d\omega}F(\omega)$　(4) $j\dfrac{d}{d\omega}F(\omega)e^{j\omega\tau}$

　　　(5) $\dfrac{1}{3}F\left(-j\dfrac{\omega}{3}\right)e^{j\frac{5}{9}\omega}$　　(6) $-F(\omega)-\omega\dfrac{d}{d\omega}F(\omega)$

2.17　(1) $\dfrac{1}{(\alpha+j\omega)^2}$　　(2) $-\dfrac{1}{\alpha-j\omega}$

　　　(3) $j\pi\delta'(\omega)-\dfrac{1}{\omega^2}$

2.18　(1) $F(\omega)=\dfrac{1}{j\omega}\left[\dfrac{1}{\omega}\text{Sa}\left(\dfrac{\omega t_0}{2}\right)e^{-j\frac{\omega t_0}{2}}-1\right]$

　　　(2) $F(\omega)=\dfrac{\omega_0}{(\alpha+j\omega)^2-\omega_0^2}$

　　　(3) $F(\omega)=\begin{cases}1-e^{-j2\tau\omega} & |\omega|\leqslant\omega_c\\ 0 & |\omega|>\omega_c\end{cases}$

2.19　(1) $\dfrac{1}{2}\text{sgn}\,t$

　　　(2) $\mathscr{F}^{-1}[F_1(\omega)]=2f(t)\cos\omega_0 t$

2.23　(1) $\dfrac{E\tau}{2\pi}\displaystyle\sum_{n=-\infty}^{\infty}F\left(\omega-n\dfrac{2\pi}{T}\right)\text{Sa}\dfrac{n\pi\tau}{T}$
　　　$\tau=0.1\mu s$　$T=10^{-4}s$

2.24　(1) 0.4；　0.1；　0.3
　　　(2) ω_0；　$\omega_0\pm\omega_1$；　$\omega_0\pm\omega_2$；　$B_S=10\text{kHz}$
　　　(3) 55ω；　110ω；　50ω；　5ω

第 3 章

3.1 (1)拉氏变换存在
$$F(s)=\frac{1}{2}\left[\frac{s}{s^2+(\omega_1-\omega_2)^2}-\frac{s}{s^2+(\omega_1+\omega_2)^2}\right] \quad 收敛域为 \sigma>0$$

(2)拉氏变换不存在

(3) $\int_0^\infty e^s ds$，收敛域 $\sigma<0$

(4)收敛域 $-2<\sigma<2$

(5)拉氏变换不存在

3.3 图(a) $\dfrac{E}{s}[e^{-t_1 s}-e^{-(t_1+\tau)s}+e^{t_2 s}-e^{-(t_2+\tau)s}]$

图(b) $\dfrac{E}{4s}[1+e^{-\frac{T}{4}s}+e^{-\frac{T}{2}s}+e^{-\frac{3}{4}Ts}-4e^{-Ts}]$

图(c) $\dfrac{\frac{2\pi}{\tau}}{s^2+\left(\frac{2\pi}{\tau}\right)^2}(1-e^{-\tau s})e^{t_0 s}\dfrac{1}{1-e^{-Ts}}$

图(d) $\dfrac{E}{t_0}\dfrac{1}{s^2}\dfrac{1}{1+e^{-Ts}}[1-e^{-t_0 s}-e^{-(T-t_0)s}]$

3.4 图(a) $F(s)=\dfrac{2-2e^{-s}+e^{-3s}}{3}$

图(b) $F(s)=\dfrac{a(1-e^{-s}-e^{-2s}+e^{-3s})}{s^2}$

图(c) $F(s)=\dfrac{a(1+s-e^{-s})}{s(s+1)}$

图(d) $F(s)=\dfrac{\pi}{s(s^2+\pi^2)}(1-e^{-2s})$

3.5 图(a) $F(s)=\dfrac{(1-e^{-2s})(1-e^{-(\frac{1}{\tau}+1)})}{3+\frac{1}{\tau}}$ 图(b) $F(s)=\dfrac{(1-e^{-s})^2}{s^2(1-e^{-4s})}$

图(c) $F(s)=\dfrac{(1-e^{-s})^2}{s(1-e^{-4s})}$ 图(d) $F(s)=\dfrac{1-e^{-s}-e^{-2s}+e^{-3s}}{s^2(1-e^{-3s})}$

3.6 $\dfrac{1}{s}\arctan\dfrac{1}{s}$

3.7 (1) $f(t)=(te^{-t}-\dfrac{1}{2}t^2 e^{-t})u(t)$

(2) $f(t)=\left[\dfrac{e^{-at}}{(b-a)(c-a)}+\dfrac{e^{-bt}}{(a-b)(c-b)}+\dfrac{e^{-ct}}{(a-c)(b-c)}\right]u(t)$

(3) $f(t)=\left(\dfrac{1}{9}-\dfrac{1}{9}e^{-3t}-\dfrac{1}{3}te^{-3t}\right)u(t)-$
$\qquad\left[\dfrac{1}{9}-\dfrac{1}{9}e^{-3(t-3)}-\dfrac{1}{3}(t-2)e^{-3(t-2)}\right]u(t-2)$

(4) $f(t)=\delta(t)-(e^{-2t}+2e^{-4t})u(t)$

3.8 (1) $\frac{1}{2}t^2$ (2) $\delta(t)-2e^{-t}+te^{-t}$ (3) $\frac{1}{2}\sin^2 t$

(4) $\frac{1}{2\omega_1\omega_2}\left\{\frac{1}{\omega_1+\omega_2}[\cos\omega_1 t+\cos\omega_2 t]-\frac{1}{\omega_1-\omega_2}[\cos\omega_1 t-\cos\omega_2 t]\right\}$

(5) $tu(t)-2(t-2)u(t-2)+(t-2a)u(t-2a)$

(6) $\frac{1}{a^2+1}(a\cos t+\sin t-ae^{-at})u(t)$

3.9 $f\left(\frac{t}{2}\right)=e^{-(t-2)}[\cos(t-2)+\sin(t-2)]u(t-2)$

3.10 (1) $f(\infty)=10$

(2) $f(0^+)=0, f'(0^+)=1$

(3) $f(0^+)=1, f'(0^+)=-3, f''(0^+)=10$

第 4 章

4.1 z^i $(0\leqslant|z|<\infty)$; z^{-i} $(0<|z|\leqslant\infty)$

4.2 (1) $F(z)=\dfrac{Az^2\cos\varphi-\gamma Az\cos(\omega_0-\varphi)}{z^2-2\gamma z\cos\omega_0+\gamma^2}$ $(|z|>\gamma)$

(2) $F(z)=\dfrac{z^8-1}{z^7(z-1)}$ $(|z|>0)$

4.3 (1) $F(z)=\dfrac{z}{a}\ln\left(\dfrac{z}{z-a}\right)$ (2) $F(z)=\ln\left(\dfrac{z-b}{z-a}\right)$

(3) $F(z)=e^a\cdot\dfrac{z}{z-1}$ (4) $F(z)=\dfrac{z^3+z^2}{(z-1)^4}$

4.4 (2) $f(\infty)=b$

4.5 $Y(z)=\dfrac{z^3}{(z-\frac{1}{2})(z-1)^2}$ $(|z|>1)$

4.7 (1) $F(z)=e^{\frac{1}{z}}\dfrac{z}{z-a}$

(2) $F(z)=e^{\frac{3}{z}}+e^{\frac{1}{3z}}$

(3) $F(z)=\dfrac{\dfrac{z}{a}\cos\theta\sin\theta}{\left(\dfrac{z}{a}\right)^2-2\dfrac{z}{a}\cos 2\theta+1}$

(4) $F(z)=e^{\frac{a}{z}}+(z^{-1}+z^{-2})e^{\frac{1}{z}}$

(5) $F(z)=\dfrac{z^2}{(z-a)(z-ab)}$

4.8 (1) $f(0)=0, f(1)=2, f(\infty)$ 不存在

(2) $f(0)=0, f(1)=1, f(\infty)=\dfrac{2}{3}$

(3) $f(0)=2, f(1)=5, f(\infty)$ 不存在

4.9 (1) $\{1,\ 3,\ 6,\ 10,\ 15,\cdots\}$

(2){0, 0.3, 0.24, 0.117, 0.034,⋯}
(3){1, 1, 0.5, 0, −0.25,⋯}
(4){1, 4, 12.5, 37.75, 113.38,⋯}

4.10 (1) $f(n)=\begin{cases}(-1)^{\frac{n}{2}} & (n \text{ 为偶数})\\ (-1)^{\frac{n-1}{2}} & (n \text{ 为奇数})\end{cases}$

(2) $f(n)=\dfrac{5}{4}(0.5)^n-\dfrac{1}{4}(0.1)^n \qquad (n\geqslant 0)$

(3) $f(n)=\dfrac{1}{3}\left[(-1)^n+2\cos\dfrac{n\pi}{3}\right] \qquad (n\geqslant 0)$

(4) $f(n)=\begin{cases}0 & (n \text{ 为偶数})\\ (-1)^{\frac{n-1}{2}} & (n \text{ 为奇数})\end{cases}$

(5) $f(n)=\begin{cases}0 & (n \text{ 为偶数})\\ 2n(-1)^{\frac{n-1}{2}} & (n \text{ 为奇数})\end{cases}$

(6) $f(n)=a^n\left[(-1)^n+2\cos(n-2)\dfrac{\pi}{3}\right]$

4.11 (1) $f(n)=(2^n-n-1)u(n)$

(2) $f(n)=\dfrac{1}{2}n(n+1)\mathrm{e}^{-(n+2)}u(n)$

(3) $f(n)=\left[\dfrac{\sin(n+1)\omega+\sin n\omega}{\sin\omega}\right]u(n)$

(4) $f(n)=\delta(n)-\cos\dfrac{n\pi}{2}u(n)$

4.12 $f(n)=\dfrac{5}{12}\delta(n)-\dfrac{1}{3}(-1)^n-\dfrac{32}{3}(-3)^n+\dfrac{157}{12}(-4)^n u(n)$

4.13 (1) $f(n)=-\dfrac{1}{2}\left(\dfrac{1}{2}\right)^{n-1}u(n-1)+3^{n-1}u(n-1)$

(2) $f(n)=\dfrac{1}{2}\left(\dfrac{1}{2}\right)^{n-1}u(-n)-3^{n-1}u(-n)$

(3) $f(n)=-\dfrac{1}{2}\left(\dfrac{1}{2}\right)^{n-1}u(n-1)-3^{n-1}u(-n)$

4.14 $f(n)=(-1)^{n+1}\dfrac{a^n}{n}u(n-1)$

第5章

5.1 (1)非线性系统 (2)非线性系统 (3)线性系统
(4)非线性系统 (5)非线性系统

5.2 (1)非线性、时变系统 (2)非线性、时变系统
(3)线性、非时变系统 (4)非线变、非时性系统
(5)线性、非时变系统

5.3 $r(t)=\mathrm{e}^{-t}u(t)+3\mathrm{e}^{-(t+1)}u(t+1)+3\mathrm{e}^{-(t+2)}u(t+2)$

5.4 $r_2(t)=4[u(t)-u(t-1)]-4[u(t-2)-u(t-3)]$

5.5 (1) $r_2(t) = r_1(t+1) - r_1(t-1)$
     (2) $r_3(t) = r_1(t) - r_1(t-1)$

5.6 $g(t) = (1 + e^{-2t} - 2e^{-t})u(t)$
     $h(t) = (2e^{-2t} - 2e^{-t})u(t)$

5.7 (1) $r(0^+) - r(0^-) = -2$, $r'(0^+) - r'(0^-) = 3$
     (2) $h(t) = e^{-t}(-2\cos t + \sin t)u(t) + \delta(t)$
     $g(t) = \frac{1}{2}[1 + e^{-t}(\cos t - 3\sin t)]u(t)$

5.8 (1) $h(t) = 3\delta(t) - 5e^{-2t}u(t)$
     (2) $h(t) = e^{-t}u(t)$

5.9 $r(t) = (1-\cos t)u(t) - 2[1-\cos(t-\pi)]u(t-\pi) + [1-\cos(t-2\pi)]u(t-2\pi)$

5.10 (1) $u_c(t) = (t + e^{-t} - 1)u(t) - (t + e^{-t+1} - 2)u(t-1) + (e^{-t+3} - 1)u(t-3)$
     (2) $u_c(t) = (t + e^{-t} - 1)u(t) - (t + e^{-t+1} - 2)u(t-1) + (e^{-t+3} - 1)u(t-3)$

5.11 (1) $r(t) = \left[-e^{-t} + \frac{1}{2}e^{-2t} + e^{-(t-2)} - \frac{1}{2}e^{-2(t-2)}\right]u(t)$
     (2) $r(t) = \left[3e^{-t} - \frac{2}{5}e^{-2t} + e^{-(t-2)} - \frac{1}{2}e^{-2(t-2)}\right]u(t)$

5.12 $h(t) = u(t) - u(t-1)$

5.13 (1) $r(t) = -3e^{-2t} + 5e^{-t}$ ($t \geq 0$)
     (2) $r(t) = 9e^{-2t} + e^{-t}$ ($t \geq 0$)

第6章

6.1 $\frac{0.9A}{\pi}\cos\left(\frac{\pi}{2}t + 30.5°\right) - \frac{0.129}{\pi}\cos\left(\frac{3}{2}\pi t - 66°\right) + \cdots$

6.2 若 $\omega_0 \gg \frac{\pi}{T}$,是;否则不是

6.3 $H(\omega) = \frac{1}{j\omega C} + \frac{1}{C}\pi\delta(\omega)$

6.4 (1) $\frac{1}{\sqrt{2}}\sin(t - \frac{\pi}{4})$
     (2) $\frac{1}{\sqrt{10}}\sin(3t - 71.6°)$
     (3) $\frac{1}{\sqrt{2}}\sin(t - 45°) + \frac{1}{\sqrt{10}}\sin(3t - 71.6°)$

6.5 (1) $\frac{2E\tau}{T}\sum_{n=1}^{\infty}\text{Sa}\left(\frac{n\omega\tau}{2}\right)\cos n\omega t$ (2) $\frac{E\tau}{T}$
     (3) $\frac{E\tau}{T} + \frac{2E\tau}{T}\text{Sa}\left(\frac{\omega\tau}{2}\right)\cos\omega t$ (4) $\frac{2E\tau}{T}\text{Sa}\left(\frac{\omega\tau}{2}\right)\cos\omega t$
     (5) $\frac{E\tau}{T} + \sum_{n=1}^{\infty}\frac{2E\tau}{T}\text{Sa}\left(\frac{\omega\tau}{2}\right)\cos n\omega t$ 其中 $\omega = \frac{2\pi}{T}$

6.6 (1) $1 - \frac{1}{\pi}\sin 2\pi t$ (2) $4\text{Sa}^2(2\pi t)$

6.8 $u(t)-u(t-T)$,低通

6.9 (1) $(2e^{-2t}-\frac{3}{2}e^{-3t}-\frac{1}{2}e^{-t})u(t)$

(2) $(-1+t+e^{-t})u(t)$

(3) $\left(\frac{2}{3}e^{-t}-\frac{1}{4}e^{-2t}\right)u(t)+\frac{5}{12}e^{2t}u(-t)$

6.10 $E(\omega+\omega_0)U(-\omega-\omega_0)+E(\omega-\omega_0)U(\omega-\omega_0)$

6.11 $\dfrac{4}{1+\omega^2}$ ($|\omega|<1$)

6.12 $\dfrac{1}{T}(1+\cos\omega_0 t)$

6.13 $f_s[2\cos 200\pi t+\cos 400\pi t+\cos 600\pi t]$

6.14 $\text{Sa}[\omega_c(t-t_0)]\cos\omega_0 t$ （无失真）

第7章

7.1 $H(s)=\dfrac{K}{s^2+(3-K)s+1}$

7.2 $H(s)=\dfrac{s+\dfrac{1}{\tau}}{s\left[Ns+\dfrac{N}{\tau}-\dfrac{1}{\tau}\right]}[1-e^{-st_0}]$

7.3 $v(t)=E\left(1-\dfrac{R_1}{R_2}e^{-\frac{R_1}{L}t}\right)u(t)$

7.4 (1) $h(t)=\dfrac{1}{4}\delta(t)-\dfrac{3}{32}e^{-\frac{3}{8}t}u(t)$ (2) $g(t)=\dfrac{1}{4}(1+e^{-\frac{3}{8}t})u(t)$

7.5 $i_1(t)=4\delta(t)$

7.6 $v_0(t)=\dfrac{1}{2}e^{-t}u(t)$

7.7 $v_2(t)=(-8e^{-t}+16e^{-2t}-8e^{-4t})u(t)$

7.8 $v_R(t)=\dfrac{1}{2}\left[1-e^{-t}-\dfrac{2}{\sqrt{3}}e^{-\frac{1}{2}t}\sin\dfrac{\sqrt{3}}{2}t\right]u(t)$

7.9 $v(t)=\dfrac{2}{\sqrt{3}}e^{-t}\sin\sqrt{3}\,t\cdot u(t)$

7.10 $u_c(t)=\dfrac{5}{2}u(t-2)-\dfrac{5}{2}e^{-2(t-2)}[\cos 2(t-2)+\sin 2(t-2)]u(t-2)$

7.11 $i_1(t)=\dfrac{4}{3}\delta(t)+\dfrac{1}{9}e^{-\frac{1}{6}t}u(t)$

7.12 $R_e=2.032\Omega$

7.13 $u_c(t)=-\dfrac{1}{9}te^{-\frac{1}{3}t}u(t)$

7.14 $r(t)=(5e^{-t}-4e^{-2t})u(t)$

7.15 (1) $h(t)=(2-3e^{-t}+e^{-2t})u(t)$

(2) $h(t)=(1+2te^{-t}-e^{-t})u(t)$

(3) $h(t)=\left[1+e^{-2t}\left(\dfrac{1}{2}\sin 2t-\cos 2t\right)\right]u(t)$

7.16 $r(t)=(-2e^{-t}+20e^{-2t}-17e^{-3t})u(t)$

7.17 $r_{zs}(t)=[1-(1+3t)e^{-3t}u(t)]$

7.18 $r(t)=\left(\dfrac{7}{2}-\dfrac{1}{2}e^{-2t}-e^{-t}\right)u(t)$

7.19 $i_c(t)=7\delta(t)-\dfrac{7}{3}e^{-\frac{1}{3}t}u(t)$

7.20 $u_c(t)=3(e^{-2t}-e^{-4t})u(t)$
  $i_c(t)=3(2e^{-4t}-e^{-2t})u(t)$
  $i_L(t)=(3-6e^{-2t}+3e^{-4t})u(t)$

7.21 (1) $i_1(t)=(100-96e^{-t}-4e^{-6t})u(t)$
  $i_2(t)=(40-48e^{-t}+8e^{-6t})u(t)$

  (2) $i_1(t)=(100-96e^{-t}-4e^{-6t})u(t)$
  $i_2(t)=(40-48e^{-t}+8e^{-6t})u(t)$

7.22 (1) $H(s)=\dfrac{s^2}{s^2+s+1}$

  (3) $h(t)=\delta(t)-e^{-\frac{t}{2}}\left[\cos\dfrac{\sqrt{3}}{2}t+\dfrac{1}{\sqrt{3}}\sin\dfrac{\sqrt{3}}{2}t\right]u(t)$

7.23 $K\geqslant 3$ 系统稳定，$K<3$ 系统不稳定。

7.24 $A=\dfrac{ab}{1-bc},B=\dfrac{d}{1-bc}$

第 8 章

8.1 $y(n)+\dfrac{b_1}{b_0}y(n-1)=\dfrac{a_0}{b_0}x(n)+\dfrac{a_1}{b_0}x(n-1)$

8.2 $y(n)-b_1y(n-1)-b_2y(n-2)=a_0x(n)+a_1x(n-1)$

8.3 $y(n+1)-(1+a-a\beta)y(n)=aA$

8.4 $y(n+2)+(3T-2)y(n+1)+(1-3T+2T^2)y(n)=T^2x(n)$

8.5 (1)为非线性非时变系统，   (2)为非线性时变系统，
  (3)为线性非时变系统，   (4)为线性时变系统。

8.8 (1),(2),(8),(9),(12)因果、稳定；   (4),(6),(11)因果、不稳定；
  (3),(7)非因果、稳定；   (5),(10)非因果、不稳定。

8.9 $3\left(\dfrac{1}{2}\right)^n u(n)$

8.10 $\left[-\dfrac{1}{6}+\dfrac{1}{2}\cdot 2^n-\dfrac{1}{6}\cdot 3^n\right]u(n)$

8.11 $y(1)=2$

8.12 (1) $y_{zi}(n)=\left[\cos\dfrac{2}{3}\pi n+\dfrac{5}{\sqrt{3}}\sin\pi n\right]u(n)$

$$y_{zs}(n) = \left[\frac{1}{3} - \frac{2}{3\sqrt{3}}\sin\frac{2}{3}\pi n - \frac{4}{3\sqrt{3}}\sin\frac{2}{3}\pi(n-1)\right]u(n-1)$$

(2) $y(0) = 1, y(1) = 0$

8.13 (1) $y_{zi}(n) = 2^n u(n), y_{zs}(n) = nu(n)$

(2) 不稳定

8.14 (1) 系统稳定，且为因果系统。

(2) 系统稳定，且为因果系统。

8.15 (1) $y_{zs}(n) = \frac{1}{2} - \frac{4}{5} \cdot 2^n - \frac{1}{4} \cdot 3^n + \frac{1}{20} 7^n$

(2) $y_{zs}(n) = 0.04085 \cdot 5^n - 0.216\sin n - 0.04085\cos n$

8.16 $y(n) = 15\left[1 - \left(\frac{2}{3}\right)^{n+1}\right]u(n) - 15\left[1 - \left(\frac{2}{3}\right)^{n-5}\right]u(n-6)$

8.17 (1) $y(n) = (1-2n)(-1)^n$

(2) $y(n) = \frac{4}{3} \cdot 3^n - \left(\frac{5}{4} + \frac{3}{4}n\right)2^n \quad (n \geqslant 0)$

第 9 章

9.1 $h(n) = 2\delta(n)$

9.2 $y(n) + 5y(n-1) + 6y(n-2) = x(n) - x(n-1)$

$y(n) = [3(-2)^n - (-3)^n]u(n)$

9.3 (1) $y(n) + 0.1y(n-1) - 0.24y(n-2) = x(n) + x(n-1)$

(2) $H(z) = \dfrac{z(z+1)}{z^2 + 0.1z - 0.24}$

(3) $h(n) = \left[\frac{1}{7}(-1.2)^n + \frac{6}{7}(0.2)^n\right]u(n)$

(4) $y(n) = \left\{\frac{1}{15.4}[1-(-1.2)^{n+1}] + \frac{6}{5.6}[1-(0.2)^{n+1}]\right\}u(n)$

9.4 (1) $y(n) = a_0 x(n) + a_1 x(n-1) + a_2 x(n-2) + a_3 x(n-3)$

(3) $|H(e^{j\omega T})| = \cos\omega T \cos\dfrac{\omega T}{2} \qquad \varphi(\omega) = -\dfrac{3}{2}\omega$

9.5 $K > \dfrac{1}{2}$

9.6 $y(n) = \dfrac{1}{2}[2n - (-1)^n - 1]u(n-1)$

9.7 (7) $h(n) = \left[\dfrac{5}{2}(-1)^n - \dfrac{13}{2}(-3)^n\right]u(n)$

(2) $y(n) = \left[-\dfrac{3}{8} + \dfrac{5}{4}(-1)^n - \dfrac{39}{8}(-3)^n\right]u(n)$

9.9 (1) $y(n) = (n-1)u(n) + (0.5)^n u(n)$

(2) $y(n) = \left[\dfrac{1}{2}n^2 - \dfrac{3}{2}n + 2 - 2(0.5)^n\right]u(n)$

(3) $y(n) = \left[-1 + \dfrac{2}{3}(2)^n + \dfrac{1}{3}(0.5)^n\right]u(n)$

9.10　(1) $H(z)=\dfrac{3z^2+3.6z+0.6}{z^2+0.1z-0.2}$

　　　(2) $H(z)=3+\dfrac{2.8}{z-0.4}+\dfrac{0.5}{z+0.5}$

　　　(3) $H(z)=3\,\dfrac{z+0.2}{z-0.4}\cdot\dfrac{z+1}{z+0.5}$

9.11　当 $10<|z|\leqslant\infty$ 时，$h(n)=[(0.5)^n-10^n]u(n)$，系统是因果、不稳定的；当 $0.5<|z|<10$ 时，$h(n)=(0.5)^n u(n)+10^n u(-n-1)$，系统是非因果稳定的。

9.12　$y(n)=x(n)-\cos\left(\dfrac{2\pi}{N}\right)x(n-1)+2\cos\left(\dfrac{2\pi}{N}\right)y(n-1)-y(n-2)$

$$H(z)=\dfrac{1-z^{-1}\cos\left(\dfrac{2\pi}{N}\right)}{1-2z^{-1}\cos\left(\dfrac{2\pi}{N}\right)+z^{-2}}$$

$$h(n)=\cos\left(\dfrac{2\pi n}{N}\right)u(n)$$

9.13　(1) $H(z)=\dfrac{Az\sin\omega T}{\omega(z^2-2z\cos\omega T+1)}$

　　　(2) $H(z)=\dfrac{Az(1-\mathrm{e}^{-\lambda T})}{\lambda(z-1)(z-\mathrm{e}^{-\lambda T})}$

9.14　$D(z)$ 由 z 的幂级数两项构成，指数差 1；
　　　$N(z)$ 由 z 的幂级数两项构成，指数差 10。

9.15　$b_0=1$

　　　$b_i=(-1)^{i+1}\left(\dfrac{1}{2}\right)^i$　　$(i=1,2,3\cdots)$

9.16　(1) $H_1(z)=\dfrac{3}{\left(1-\dfrac{1}{2}z^{-1}\right)\left(1+\dfrac{1}{4}z^{-1}\right)}=H_2(z)$

　　　(2) $p_2(-1)=\dfrac{1}{2}A,\ q_2(-1)=-B$

　　　(3) $y_{1zs}(n)=y_{2zs}(n)$

$$=6\left(\dfrac{1}{2}\right)^{n-1}u(n-1)-\dfrac{1}{3}\left(\dfrac{1}{4}\right)^{n-1}-\dfrac{8}{3}n+\dfrac{32}{3}(n-1)u(n-1)$$

第 10 章

10.1　$X_p(r)=Nx_p(-r)$

10.2　$X_{p_2}(k)=\begin{cases}2X_{p_1}\left(\dfrac{k}{2}\right) & (k\text{ 为偶数})\\ 0 & (k\text{ 为奇数})\end{cases}$

10.3　2. $W_p(k)=MX_p\left(\dfrac{k}{M}\right)\delta(k-lm)+NY_p\left(\dfrac{k}{N}\right)\delta(k-l'N)$

10.4　(1) $X(k)=\mathrm{e}^{-\mathrm{j}\frac{2\pi}{N}kn_0}$　　$(0\leqslant k\leqslant N-1)$

　　　(2) $X(k)=N\delta(k)$

10.5 (1) $X_1(k) = \dfrac{1-a^N}{1-ae^{-j\frac{2\pi}{N}k}}$ $(0 \leqslant k \leqslant N-1)$

(2) $X_2(k) = N\delta(k-m)$

(3) $X_3(k) = \dfrac{N}{2}[\delta(k-m)+\delta(k+m)]$

10.6 (1) $X_{10}(k) = \dfrac{1-a^{10}}{1-ae^{-j\frac{\pi}{5}k}}$ $(0 \leqslant k \leqslant 9)$

(2) $X_{20}(k) = \dfrac{1-a^{10}e^{-j\frac{\pi}{10}k}}{1-ae^{-j\frac{\pi}{10}k}}$ $(0 \leqslant k \leqslant 19)$

10.8 (1) $X_1(k) = 5\delta(k)$ (2) $X_2(k) = 5\delta(k)$

10.9 $x_1(n) = Nx(N-n)$

10.10 $(0.125+j0.0518, 0, 0.125+j0.3018)$

第 11 章

11.1 $\begin{bmatrix} \dot{\lambda}_1 \\ \dot{\lambda}_2 \\ \dot{\lambda}_3 \end{bmatrix} = \begin{bmatrix} -\dfrac{2}{33} & -\dfrac{2}{33} & \dfrac{5}{11} \\ -\dfrac{1}{33} & -\dfrac{1}{33} & -\dfrac{3}{11} \\ -1 & 0 & 0 \end{bmatrix} \cdot \begin{bmatrix} \lambda_1 \\ \lambda_2 \\ \lambda_3 \end{bmatrix} + \begin{bmatrix} \dfrac{2}{33} \\ \dfrac{1}{33} \\ 1 \end{bmatrix} e(t)$

11.2 $\begin{bmatrix} \dot{\lambda}_1 \\ \dot{\lambda}_2 \\ \dot{\lambda}_3 \end{bmatrix} = \begin{bmatrix} -\dfrac{b}{a} & 1 & 0 \\ -\dfrac{c}{a} & 0 & 1 \\ -\dfrac{d}{a} & 0 & 0 \end{bmatrix} \begin{bmatrix} \lambda_1 \\ \lambda_2 \\ \lambda_3 \end{bmatrix}$

$r(t) = \begin{bmatrix} -\dfrac{b}{a^2} & \dfrac{1}{a} & 0 \end{bmatrix} \begin{bmatrix} \lambda_1 \\ \lambda_2 \\ \lambda_3 \end{bmatrix}$

11.3 $\begin{bmatrix} \dot{\lambda}_1 \\ \dot{\lambda}_2 \\ \dot{\lambda}_3 \end{bmatrix} = \begin{bmatrix} 0 & 1 & 0 \\ 0 & 0 & 1 \\ -25 & -32 & -13 \end{bmatrix} \begin{bmatrix} \lambda_1 \\ \lambda_2 \\ \lambda_3 \end{bmatrix} + \begin{bmatrix} 0 \\ 0 \\ 1 \end{bmatrix} e(t)$

$\boldsymbol{r}(t) = \begin{bmatrix} 5 & 5 & 0 \end{bmatrix} \begin{bmatrix} \lambda_1 \\ \lambda_2 \\ \lambda_3 \end{bmatrix}$

11.4 $\begin{bmatrix} \dot{\lambda}_1 \\ \dot{\lambda}_2 \end{bmatrix} = \begin{bmatrix} -2 & 0 \\ 0 & -3 \end{bmatrix} \begin{bmatrix} \lambda_1 \\ \lambda_2 \end{bmatrix} + \begin{bmatrix} 2 & 3 \\ -2 & 3 \end{bmatrix} \begin{bmatrix} e_1(t) \\ e_2(t) \end{bmatrix}$

$\begin{bmatrix} r_1 \\ r_2 \end{bmatrix} = \begin{bmatrix} 4 & 0 \\ 4 & -2 \end{bmatrix} \begin{bmatrix} \lambda_1 \\ \lambda_2 \end{bmatrix}$

11.5 $\begin{bmatrix} \lambda_1(n+1) \\ \lambda_2(n+1) \\ \lambda_3(n+1) \\ \lambda_4(n+1) \end{bmatrix} = \begin{bmatrix} 0 & 1 & 0 & 0 \\ a & 0 & 1 & 0 \\ 0 & 0 & 0 & 1 \\ b(a-1) & -a & 0 & 0 \end{bmatrix} \begin{bmatrix} \lambda_1(n) \\ \lambda_2(n) \\ \lambda_3(n) \\ \lambda_4(n) \end{bmatrix} + \begin{bmatrix} 0 \\ 0 \\ 0 \\ 1 \end{bmatrix} x(n)$

$y(n) = \lambda_1(n)$

11.6 (1) $\mathbf{A} = \begin{bmatrix} -a & 1 \\ 0 & -a \end{bmatrix}$

(2) $\mathbf{A} = \begin{bmatrix} -1 & 0 & 0 \\ 0 & -4 & 4 \\ 0 & -1 & 0 \end{bmatrix}$

11.7 (1) $\mathbf{A} = \begin{bmatrix} -a & 1 \\ 0 & -a \end{bmatrix}$

(2) $\boldsymbol{\lambda}(t) = \begin{bmatrix} 5(2-t)e^{-at} \\ -5e^{-at} \end{bmatrix}$

11.8 $e^{At} = \begin{bmatrix} 2e^t - e^{-2t} & e^t - e^{-2t} \\ -2e^t - 2e^{-2t} & -e^t + 2e^{-2t} \end{bmatrix}$ $\mathbf{A} = \begin{bmatrix} 4 & -6 \\ 3 & -5 \end{bmatrix}$

11.9 (1) $\begin{bmatrix} \lambda_1(t) \\ \lambda_2(t) \end{bmatrix} = \begin{bmatrix} 2e^{2t} + e^{3t} \\ e^{2t} + e^{3t} \end{bmatrix}$

(2) $\begin{bmatrix} \dot{g}_1(t) \\ \dot{g}_2(t) \end{bmatrix} = \begin{bmatrix} 2 & 0 \\ 0 & 3 \end{bmatrix} \begin{bmatrix} g_1(t) \\ g_2(t) \end{bmatrix}$ $\begin{bmatrix} g_1(0) \\ g_2(0) \end{bmatrix} = \begin{bmatrix} 1 \\ 1 \end{bmatrix}$

$\begin{bmatrix} g_1(t) \\ g_2(t) \end{bmatrix} = \begin{bmatrix} e^{2t} \\ e^{3t} \end{bmatrix}$

11.10 (1) $\begin{bmatrix} \dot{\lambda}_1 \\ \dot{\lambda}_2 \\ \dot{\lambda}_3 \end{bmatrix} = \begin{bmatrix} 0 & 1 & 0 \\ 0 & 0 & 1 \\ -6 & -5 & -4 \end{bmatrix} \begin{bmatrix} \lambda_1 \\ \lambda_2 \\ \lambda_3 \end{bmatrix} + \begin{bmatrix} 0 \\ 0 \\ 1 \end{bmatrix} e(t)$

$r(t) = \begin{bmatrix} 4 & 0 & 0 \end{bmatrix} \begin{bmatrix} \lambda_1 \\ \lambda_2 \\ \lambda_3 \end{bmatrix}$

$h(t) = \frac{1}{2}e^{-3t} - \frac{1}{2}e^{-\frac{1}{2}t}\cos\frac{\sqrt{7}}{2}t + \frac{5}{2\sqrt{7}}e^{-\frac{1}{2}t}\sin\frac{\sqrt{7}}{2}t$

$r(t) = h(t)$

(2) $\begin{bmatrix} \dot{\lambda}_1 \\ \dot{\lambda}_2 \end{bmatrix} = \begin{bmatrix} 0 & 1 \\ -12 & -7 \end{bmatrix} \begin{bmatrix} \lambda_1 \\ \lambda_2 \end{bmatrix} + \begin{bmatrix} 0 \\ 1 \end{bmatrix} e(t)$

$r(t) = \begin{bmatrix} 2 & 1 \end{bmatrix} \begin{bmatrix} \lambda_1 \\ \lambda_2 \end{bmatrix}$

$h(t) = -e^{-3t} + 2e^{-4t}$

$r(t) = \left(\frac{1}{6} + \frac{1}{3}e^{-3t} - \frac{1}{2}e^{-4t}\right) u(t)$

11.11 (1) $\begin{cases} \dot{u}_c(t) = -3u_c(t) + i_L(t) + 3e(t) \\ \dot{i}_L(t) = -2u_c(t) + 2e(t) \end{cases}$

(2) $\begin{cases} r_1(t) = -3u_c(t) + i_L(t) + 3e(t) \\ r_2(t) = i_L(t) \end{cases}$

(3) $\begin{bmatrix} r_1(t) \\ r_2(t) \end{bmatrix} = \begin{bmatrix} -e^{-t} \\ 2e^{-t} \end{bmatrix} + \begin{bmatrix} E(-e^{-t} + 4e^{-2t})u(t) \\ E(2e^{-t} - 2e^{-2t})u(t) \end{bmatrix}$

11.12 (1) $\begin{bmatrix} \dot{u}_c(t) \\ \dot{i}_L(t) \end{bmatrix} = \begin{bmatrix} 0 & -1 \\ 1 & -2 \end{bmatrix} \begin{bmatrix} u_c(t) \\ i_L(t) \end{bmatrix} + \begin{bmatrix} 0 & 1 \\ -1 & 0 \end{bmatrix} \begin{bmatrix} x_1(t) \\ x_2(t) \end{bmatrix}$

$y(t) = \begin{bmatrix} 1 & -2 \end{bmatrix} \begin{bmatrix} u_c(t) \\ i_L(t) \end{bmatrix} + (0 \quad 1) \begin{pmatrix} x_1(t) \\ x_2(t) \end{pmatrix}$

(2) $y(t) = (1 - e^{-t})u(t)$

11.13 (2) $H(s) = \dfrac{-\dfrac{1}{2}s + 1}{s^2 + 3s + 2}$

11.14 (1) $H(s) = \dfrac{1}{s+2}$

(3) $r(t) = [e^{-t} + e^{-2t}]u(t)$

11.15 (1) $h(t) = K\delta\left(t + \dfrac{d\varphi(\omega)}{d\omega}\right)$

(2) $\boldsymbol{A} = \begin{bmatrix} 0 & -2 \\ 1 & -3 \end{bmatrix}$, $\boldsymbol{B} = \begin{bmatrix} 0 \\ -6 \end{bmatrix}$, $\boldsymbol{C} = 0$, $\boldsymbol{D} = -12$

11.16 $\begin{bmatrix} \lambda_1(n) \\ \lambda_2(n) \end{bmatrix} = \begin{bmatrix} 1.5(3)^n - \dfrac{1}{2}(-1)^n \\ \dfrac{3}{4}(3)^n + \dfrac{1}{4}(-1)^n \end{bmatrix}$

11.17 (1) $\begin{bmatrix} \lambda_1(n+1) \\ \lambda_2(n+1) \end{bmatrix} = \begin{bmatrix} 0 & 1 \\ 0.11 & 1 \end{bmatrix} \begin{bmatrix} \lambda_1(n) \\ \lambda_2(n) \end{bmatrix} + \begin{bmatrix} 0 \\ 1 \end{bmatrix} x(n)$

$y(n) = \begin{bmatrix} 0.11 & 1 \end{bmatrix} \begin{bmatrix} \lambda_1(n) \\ \lambda_2(n) \end{bmatrix} + x(n)$

$\begin{bmatrix} \lambda_1(n) \\ \lambda_2(n) \end{bmatrix} = \begin{bmatrix} \dfrac{1}{1.2}(1.1)^{n-1} - \dfrac{1}{1.2}(-0.1)^{n-1} \\ \dfrac{1.1}{1.2}(1.1)^{n-1} + \dfrac{0.1}{1.2}(-0.1)^{n-1} \end{bmatrix} u(n-1)$

$y(n) = \left[\dfrac{1.21}{1.2}(1.1)^{n-1} - \dfrac{0.01}{1.2}(-0.1)^{n-1}\right]u(n-1) + \delta(n)$

(2) $h(n) = \left[\dfrac{1.21}{1.2}(1.1)^{n-1} - \dfrac{0.01}{1.2}(-0.1)^{n-1}\right]u(n-1) + \delta(n)$

11.18 (1) $\begin{cases} \lambda_1(n+1) = 0.6\lambda_1(n) + 0.6\lambda_2(n) + x(n) \\ \lambda_2(n+1) = -0.4\lambda_2(n) + x(n) \end{cases}$

$y(n) = 1.6\lambda_1(n) + 0.6\lambda_2(n) + x(n)$

(2) $\lambda_{zs}(n) = \begin{bmatrix} [1.6(0.6)^{n-3} - 0.6(-0.4)^{n-3}]u(n-3) \\ (-0.4)^{n-3}u(n-3) \end{bmatrix}$

$y_{zs}(n) = [2.56(0.6)^{n-3} - 0.36(-0.4)^{n-3}]u(n-3) + \delta(n-2)$

11.19 (1) $\begin{cases} \lambda_1(n+1) = \lambda_2(n) \\ \lambda_2(n+1) = a\lambda_1(n) + b\lambda_2(n) + x_1(n) \end{cases}$

$$y(n)=\lambda_1(n)+x_2(n)$$

系数矩阵为

$$\boldsymbol{A}=\begin{bmatrix}0 & 1\\ a & b\end{bmatrix} \quad \boldsymbol{B}=\begin{bmatrix}0 & 0\\ 1 & 0\end{bmatrix} \quad \boldsymbol{C}=\begin{bmatrix}1 & 0\end{bmatrix} \quad \boldsymbol{D}=\begin{bmatrix}0 & 1\end{bmatrix}$$

(2) $a=-\dfrac{1}{6}$，$b=\dfrac{5}{6}$

$$\begin{bmatrix}\lambda_1(n)\\ \lambda_2(n)\end{bmatrix}=\begin{bmatrix}\dfrac{6}{5}\left[\left(\dfrac{1}{2}\right)^n-\left(\dfrac{1}{3}\right)^n\right]\\ \dfrac{3}{5}\left(\dfrac{1}{2}\right)^n-\dfrac{2}{5}\left(\dfrac{1}{3}\right)^n\end{bmatrix}$$